Joachim Haas
Alison Tulloch

# Englischer Wortschatz

## Lernwörterbuch

- **137 Wortfelder**
- **5702 Stichwörter**
- **3390 Beispielsätze**
- **204 Redewendungen**

Verlag Moritz Diesterweg
Frankfurt am Main

ISBN 3-425-04100-2

Satz und Druck: Appl, Wemding
Bindearbeiten: Münchner Industriebuchbinderei, München
Printed in Germany

# Inhalt

## Kapitel 29

# Vorwort

Der ENGLISCHE WORTSCHATZ umfasst 5702 Stichwörter, 3390 Beispielsätze und 204 Redewendungen bzw. Sprichwörter. Dieses Sprachmaterial ist in 137 Wortfeldern angeordnet. Die einzelnen Wortfelder sind entsprechend ihrer gedanklichen Zusammengehörigkeit in 29 Kapitel zusammengefasst. Aufgrund der vielfältigen Themen der Wortfelder, der aktuellen und allgemeingültigen Inhalte der Beispielsätze, der hohen Frequenz der Stichwörter und des mittleren Sprachniveaus ist der ENGLISCHE WORTSCHATZ für alle geeignet, die ihre Kenntnisse in der englischen Sprache auffrischen, festigen und erweitern wollen. Das Buch richtet sich insbesondere an Schüler bzw. erwachsene Lerner, die die Arbeit mit dem Lehrbuch im engeren Sinne beendet haben, und an Studenten der englischen Sprache. Es wird ihnen als Lernwörterbuch neben der Grammatik und den herkömmlichen Lexika von großem Nutzen sein bei der Beschäftigung mit didaktisch wenig oder gar nicht aufbereiteten Texten, beim Verfassen eigener Texte, bei der Vorbereitung auf Klassenarbeiten, Klausuren, Prüfungen, aber auch auf Reisen in Großbritannien und den USA und bei der Begegnung mit anglophonen Personen.

## Zu den Themen

Die Themen decken inhaltlich jene Bereiche ab, die heute in den Lehrplänen aller Bundesländer als verbindliche Lernziele für den Englischunterricht an Gymnasien festgelegt sind und sich in allen Lehrbüchern und Prüfungstexten wiederfinden. Im ENGLISCHEN WORTSCHATZ umfassen sie:
- Situationen des Alltags
- Zwischenmenschliche Beziehungen
- Die zivilisatorische und kulturelle Umwelt des Menschen
- Landeskundliche und politische Aspekte Großbritanniens und der USA
- Sprachliche Strukturen zum korrekten mündlichen und schriftlichen Ausdruck (Kapitel 29).

## Zu den Wortfeldern

Die einzelnen Wortfelder sind so konkret und lebensnah wie möglich gestaltet. In ihrer Gesamtheit stellen sie Lebensbereiche dar, in denen sich der Mensch verwirklicht. Sie enthalten, wo immer das möglich ist, die persönlichen Erfahrungen des Menschen. Durch den Verzicht auf die Eingliederung der Wortfelder in ein stringentes Gedankengebäude hat das einzelne Wortfeld eine große Selbständigkeit und inhaltliche Geschlossenheit. Prägnanz und Übersichtlichkeit werden auch dadurch erreicht, dass bei sehr umfangreichen Themen Teilaspekte herausgelöst und als selbständige Wortfelder behandelt werden. So wird zum Beispiel das Thema „Verkehr" in 9 Wortfeldern dargestellt: „Der Straßenverkehr", „Die Verkehrsmittel", „Die Straßenverkehrsordnung", „Das Fahrrad, das Motorrad", „Das Auto", „Die Eisenbahn", „Das Flugzeug", „Das

Schiff", „Der Unfall". Abstraktere Wortfelder wie „Die Kunst", „Die Sprache" orientieren sich an den Inhalten der Allgemeinbildung. Einige Wortfelder – sie sind in den Kapiteln 26, 27 und 28 zusammengefasst – betreffen landeskundliche und politische Themen, die von Schülern der Oberstufe und von Studenten beherrscht werden müssen, z. B. „Die Verfassung der Vereinigten Staaten", „Das Vereinigte Königreich: Verfassung und Regierung", „Drei ethnische Minderheiten in den USA: Schwarze, Hispanics, Indianer", „Die Europäische Union" usw.

## Zu den Stichwörtern

Alle Stichwörter sind fett gedruckt und farbig unterlegt. Das entscheidende Kriterium für die Auswahl der Stichwörter ist ihre Nähe zu dem jeweiligen Thema. Daher wurden zunächst nur jene Wörter in die Wortfelder aufgenommen, die für das Thema eine zentrale Bedeutung haben. Begriffe, die nur am Rande eine Rolle spielen, wurden nicht berücksichtigt. Zentrale Stichwörter sind aber immer Mittelpunkt eines sprachlichen Gravitationsfeldes. Sie ziehen andere Wörter an, mit denen zusammen sie häufig gebraucht werden und mit denen sie mehr oder weniger stabile Verbindungen eingehen. Diese Wörter erscheinen – je nach Bedeutung für das Wortfeld – daher auch als Stichwörter, oder sie finden sich in den Beispielsätzen wieder. Ein Beispiel möge dies verdeutlichen:
Im Wortfeld „Die Gefühle" sind zentrale Stichwörter: *feeling, emotion, excitement*. Diese werden nun häufig zusammen mit Verben wie *show, suppress, hide, conceal* gebraucht, die in diesem Wortfeld daher auch als Stichwörter erscheinen. Boten sich mehrere Wörter gleicher oder ähnlicher Bedeutung als Stichwörter an, wurde dem gebräuchlicheren Wort der Vorzug gegeben. Dieses Auswahlverfahren stellt sicher, dass die Wortfelder nicht ausufern und jedes Stichwort in einer für den Lerner einsichtigen Beziehung zum Thema steht. Es entstanden somit homogene Wortfelder von hohem praktischem Wert. Jedes Wortfeld deckt ein Thema knapp, aber sprachlich ausreichend ab, und der Lerner wird in der Lage sein, sich kompetent zu diesem Thema zu äußern.

Die einzelnen Stichwörter müssen für den Lerner **anwendbar** sein, d. h. er muss mit ihnen korrekte Sätze bzw. Texte bilden können. Dazu werden ihm zusätzliche Angaben an die Hand gegeben. Zum Beispiel:
– In vielen Fällen wird ein Stichwort nicht als Einzelwort, sondern als Kollokation, d. h. zusammen mit den grammatischen, lexikalischen Angaben, die für seinen Gebrauch unerlässlich sind, aufgeführt.
  Beispiel: *live ... in Glasgow/at 44 King's Road/with my girlfriend/at my aunt's/on the ground floor/on the 1st/2nd floor/in the basement/in the attic/next door/in town/in the centre of town/in the country/on the outskirts/in a quiet residential area usw.* (6.1).
  Solche Kollokationen finden sich an vielen Stellen.
– In jedem Wortfeld steht eine ausreichende Anzahl von Verben zur Verfügung, die es ermöglicht, mit den Substantiven, Adjektiven usw. Sätze zu bilden. Damit wurde einer Nominalisierung des Wortschatzes entgegengewirkt.

- Bei den Verben werden schwierige oder vom Deutschen abweichende Konstruktionen angegeben.
  Beispiele: *blame sb for sth (sth on sb)* – jdm. die Schuld an etw. geben (2.5)/*split up with sb* – sich trennen (4.1)/*subscribe to sth* – etw. abonnieren (21.2).
- Die Stichwörter werden in Bezug auf ihre Wortklasse mit *n (noun), v (verb), adj (adjective)* usw. gekennzeichnet – s. Verzeichnis der Abkürzungen S. 425. Unregelmäßige Pluralformen des Substantivs werden aufgeführt.

Stichwörter in einem Lernwörterbuch müssen **memorierbar** sein, d. h. man muss sie auswendig lernen können. Das menschliche Gedächtnis ist aber so angelegt, dass es Wörter umso leichter aufnimmt, je dichter das Beziehungsgeflecht ist, in das sie eingebettet sind. Isolierte Wörter haben kaum eine Chance, langfristig ins Gedächtnis eingespeichert zu werden. Stichwörter sind aber ihrem Wesen nach isoliert. Es mussten also Strategien angewandt werden, um die Stichwörter in Bedeutungszusammenhänge zu integrieren, sie aus ihrer inhaltlichen, lexikalischen und syntaktischen Isoliertheit herauszunehmen und damit memorierbar zu machen. Im Einzelnen wurde dazu Folgendes unternommen:
- Es wurde auf eine alphabetische Anordnung der Stichwörter verzichtet. Als rein formales Ordnungsprinzip zerstört das Alphabet jede Bedeutungsstruktur und wirkt der Memorierbarkeit entgegen.
- Auf die inhaltliche Kohärenz der Wortfelder wurde größte Sorgfalt verwendet. Jedes Wort ist konstituierendes Element der semantischen Einheit, die das Wortfeld darstellt. Es hat dort seinen unverzichtbaren Platz. Liest man fortlaufend die Stichwörter eines Wortfeldes, dann erkennt man leicht, wie eng sie inhaltlich zusammengehören.
- Die Stichwörter wurden – wann immer möglich – nach ihrer lexikalischen Zusammengehörigkeit gruppiert. Solche Gruppierungen sind zum Beispiel: Die Wortfamilie, die Wortklasse, Synonyme (Wörter gleicher Bedeutung), Antonyme (Wörter gegensätzlicher Bedeutung), Kollokationen (gängige Wortverbindungen).
- Weitere Kriterien zur Strukturierung des Wortschatzes sind: Vom Abstrakten zum Konkreten/Vom Allgemeinen zum Speziellen/Vom Anfang zum Ende/Stufen einer Entwicklung/Natürlicher Zeitablauf, Verlauf eines Vorgangs usw.

## Zu den Beispielsätzen

Das menschliche Gehirn speichert den Inhalt von Sätzen, nicht aber deren syntaktische Form. Geben wir eine Nachricht weiter, dann tun wir das für gewöhnlich nicht wortwörtlich, sondern formulieren sie mit unseren eigenen Worten neu. Unser Gehirn hält für unseren Sprachgebrauch also nicht ganze Sätze zur Verfügung, sondern nur das für die Formulierung von Sätzen notwendige Sprachmaterial. Dennoch werden im ENGLISCHEN WORTSCHATZ gut die Hälfte aller Stichwörter von einem Beispielsatz begleitet, in vielen Fällen auch von zwei oder mehreren Sätzen. Obwohl die Beispielsätze – von ganz wenigen Ausnahmen abgesehen – nicht zum Auswendiglernen gedacht sind wie die Stichwörter und Kollokationen, sind sie für den Aufbau und den Erwerb eines aktiven Wortschatzes wichtig. Sie haben vielfältige Funktionen, insbesondere in den Bereichen **Inhalt**, **Syntax**, **Lexik** und **Kommunikation**.

**Inhaltlich** besteht die Aufgabe der Beispielsätze darin, das Thema des Wortfeldes zu verdichten, zu veranschaulichen, in der Vorstellung des Lerners zu aktualisieren. Ihre Lektüre soll eigene Erfahrungen zum Thema ins Gedächtnis zurückrufen, Interesse wecken, Kenntnisse erweitern. Nur wenn die Beispielsätze dies leisten, werden die Stichwörter aus der Unverbindlichkeit ihrer linearen Auflistung befreit und Teil eines lebendigen, gedanklichen und emotionalen Beziehungsgeflechts. Aus abstrakten Begriffen werden Wörter mit konkreter Bedeutung, die zu lernen es sich lohnt.

Damit die Beispielsätze diesen Zweck erfüllen, wurde bei ihrer Zusammenstellung und Formulierung auf Folgendes geachtet:

– Alle Beispielsätze beziehen sich inhaltlich auf das jeweilige Thema. Zu den Redewendungen und Sprichwörtern siehe Seite XV.
– Die Inhalte der einzelnen Sätze werden nicht als unverbindliche Behauptung präsentiert, sondern aus didaktischen Gründen als
  – exemplarische (Alltags-)Situation, die jeder kennt, vielleicht schon erlebt hat.
    Beispiel: *I'm going to go shopping. Do you want me to get anything for you?* (7.1)
  – allgemeine Lebenserfahrung
    Beispiel: *Conflict between the generations is inevitable.* (4.1)
  – Kern einer möglichen Geschichte
    Beispiel: *Right at the beginning of her stay in San Francisco she fell ill.* (8.3)
  – Information zur Geschichte, Zivilisationskunde, Geografie usw.
    Beispiele: *In 1982 the Argentinians tried in vain to conquer the Falkland Islands.* (24.7)/ *The Tay, the longest river in Scotland, flows through Perth and then into the North Sea.* (16.1)
  – Argument zur Diskussion über aktuelle Probleme
    Beispiel: *There is still no satisfactory waste disposal system for industrial, toxic or radioactive waste.* (16.3)
  – typisches menschliches Verhalten
    Beispiel: *Children quite happily forget to brush (to clean) their teeth before going to bed.* (5.1)
  – Frage zur Person
    Beispiel: *How would you characterize him?* (2.3)
  – Definition eines Begriffs
    Beispiel: *The term smog originally meant a mixture of smoke and fog. Today smog means the general air pollution above conurbations, e.g. the smog over London or over Los Angeles.* (16.3)
  – Redewendung oder Sprichwort
    Beispiel: *Just get to the point. Brevity is the soul of wit.* (1.4)

Auf **syntaktischer** Ebene haben die Beispielsätze die Aufgabe zu zeigen, wie sich das Wort im Satz verhält, nach welchen grammatischen Regeln es sich mit den anderen Satzgliedern verbindet. Bei der Formulierung wurde deshalb immer darauf geachtet, dass der Beispielsatz auch tatsächlich ein Maximum an syntaktischer Information für den deutschen Lerner enthält. In diesem Zusammenhang kommt den **Verben**, da sie in der Regel das tragende Element einer Satzkonstruktion sind, eine besondere Bedeutung zu. Sie werden deshalb immer von einem Beispielsatz begleitet bzw. in einer syntaktischen Verbindung unterhalb der Satzebene aufgeführt. **Substantive** werden sehr häufig nicht in dem syntaktisch einfachen „common case" gebraucht, sondern in präpositionalen Verbindungen.

Beispiele: Stichwort: price, Beispielsatz: *In this shop you can buy products at a very reasonable price.*(7,1)/Stichwort: breakfast, Beispielsatz: *For breakfast we had cornflakes, muesli, toast with butter and marmalade and tea.* (7.3)

Sämtliche Beispielsätze sind ins Deutsche übersetzt. Trotz aller Bemühungen um wörtliche Übereinstimmung von englischem und deutschem Beispielsatz treten die **Gegensätze zwischen englischer und deutscher Syntax** durchgehend klar zutage. Ein bewusster Vergleich der beiden kontrastierenden Versionen bedeutet kognitives Lernen und wird dem Lerner Erkenntnisse über die englische Syntax vermitteln, die ihn befähigen, seine Vokabeln korrekt anzuwenden. Einige Beispiele mögen diesen divergierenden Sprachgebrauch veranschaulichen:

| **Englisch: Possessivbegleiter** | **Deutsch: Bestimmter Artikel** |
|---|---|
| I must wash my hair. (5.1) | I muss mir die Haare waschen. |
| She nodded her head. (1.2) | Sie nickte mit dem Kopf. |
| **Englisch: Progressive (continuous) tenses** | **Deutsch: Präsens, Präteritum usw.** |
| Alexander is looking forward to studying at Oxford. (1.5) | Alexander freut sich auf sein Studium in Oxford. |
| All of his limbs were hurting. (1.2) | Alle Glieder taten ihm weh. |
| **Englisch: Substantiv im Plural ohne Artikel** | **Deutsch: Substantiv im Singular mit dem bestimmten Artikel** |
| Humans have five senses. (1.3) | Der Mensch hat fünf Sinne. |
| Women are equal to men in the eyes of the law. (3.2) | Die Frau ist vor dem Gesetz dem Mann gleichgestellt. |
| **Englisch: Present perfect** | **Deutsch: Präsens** |
| They have been thinking about separating for some time now. (4.1) | Sie denken schon eine Zeitlang daran, sich zu trennen. |
| Shipbuilding has been in decline for years. (12.5) | Der Schiffsbau geht seit Jahren zurück. |
| **Englisch: Present perfect** | **Deutsch: Präteritum** |
| In this hospital there have recently been a few mysterious deaths. (4.4) | In diesem Krenkanhaus ereigneten sich in der letzten Zeit einige mysteriöse Todesfälle. |
| Pandas have been declared an endangered species and must not be hunted any more (15.1) | Der Panda wurde zur bedrohten Art erklärt und darf nicht mehr gejagt werden. |

| **Englisch: Past tense** | **Deutsch: Perfekt** |
|---|---|
| Did you watch the detective film on television last night? (21.1) | Hast du gestern Abend den Krimi im Fernsehen gesehen? |
| I hope you liked it. (7.3) | Ich hoffe, es hat Ihnen geschmeckt. |

| **Englisch: Future** | **Deutsch: Präsens** |
|---|---|
| The meal will be ready in ten minutes. (6.2) | Das Essen ist in zehn Minuten fertig. |
| Who is going to do the shopping today? (7.1) | Wer kauft heute ein? |

| **Englisch: Substantiv ohne bestimmten Artikel** | **Deutsch: Substantiv mit bestimmtem Artikel** |
|---|---|
| Darkness is falling. (1.3) | Die Dunkelheit bricht herein. |
| Common sense tells me that you cannot be right. (1.4) | Der gesunde Menschenverstand sagt mir, dass du nicht Recht haben kannst. |

| **Englisch: Possessivbegleiter im Plural** | **Deutsch: Possessivbegleiter im Singular** |
|---|---|
| The law states that nobody should be discriminated against on the basis of their sex. (3.2) | Das Gesetz sagt, dass niemand aufgrund seines Geschlechts diskriminiert werden darf. |
| On New Year's Day everyone wishes their family and friends all the best. (8.4) | Am Neujahrstag wünscht jeder seinen Angehörigen und Freunden alles Gute. |

| **Englisch: Betonte Satzglieder am Ende des Satzes** | **Deutsch: Betonte Satzglieder am Anfang des Satzes** |
|---|---|
| You can't go there without an invitation. (8.1) | Ohne Einladung kannst du da nicht hingehen. |
| The meadow flowers start to blossom in March. (15.2) | Im März fangen die Wiesenblumen an zu blühen. |

Im Bereich der **Lexik** geben die Beispielsätze Aufschluss darüber, mit welchen Wörtern das Stichwort sich gerne verbindet. Diese Wortverbindungen sind von unterschiedlicher Festigkeit. Sie reichen von lockeren Zusammenstellungen bis zu neuen lexikalischen Begriffen. Viele dieser Kollokationen haben die gleiche Wertigkeit wie die Stichwörter. So werden zum Beispiel im Wortfeld „Das Recht, das Gesetz" als Stichwörter aufgeführt: *law, lawyer, unlawful*. Diese Wortfamilie kann leicht durch Kollokationen aus den Beispielsätzen ergänzt werden. Dort findet man: *obey the law, break the law, against the law, civil law, criminal law, consult a lawyer*. Solche Beispiele gibt es durchgehend.

Im Hinblick auf die **Kommunikationsfähigkeit** wurden nicht nur die Stichwörter ausgewählt und die Themen der Wortfelder zusammengestellt, sondern auch die Beispielsätze formuliert.
Sie transportieren kommunikative Strukturen in Form von Halbdialogen, ausformulierten Dialogen und festen Wendungen. Als Halbdialoge können alle jene Sätze aufgefasst

werden, in denen die kommunikativen Pronomen *I, you* usw. oder Substantive mit den Begleitern *my, your* usw. gebraucht werden, außerdem Sätze, die in der Befehlsform abgefasst sind.

Beispiele: *When we move out we'll have to redecorate the flat.* (6.4)/*Our dishwasher is broken.* (6.4)/*Go and get the hammer for me, please. It's in the tool box.* (6.4)

Ausformulierte Dialoge finden sich vor allem in Wortfeldern, die Alltagssituationen zum Thema haben.

Beispiele: *– I suggest that we meet at my place tomorrow at 5 o'clock. – That suits me fine.*(8.1)/ *– I'll have the escalope with peas. What have you chosen? – The vegetarian dish. – Good. We can now order.* (7.4)

Formelhafte, von der Konvention festgelegte Wendungen werden dort aufgeführt, wo sie fester Bestandteil kommunikativen Verhaltens sind, z. B. in den Wortfeldern „Die Ernährung, das Essen" (7.3), „Freundschaft, Bekanntschaft" (8.1), „Briefe schreiben, die Post" (9.2), „Telefonieren, faxen, im Internet surfen, e-mailen" (9.3).

## Zu den Redewendungen und Sprichwörtern

Eine besondere Kategorie von Beispielsätzen stellen die Redewendungen und Sprichwörter dar. Sie widersetzen sich größtenteils einer Systematisierung, deren Grundlage die semantische Übereinstimmung von Stichwort und Thema eines Wortfeldes ist. So werden sie zwar durch das Stichwort dem jeweiligen Wortfeld zugeordnet, ihr Inhalt entspricht jedoch meistens nicht dem Thema des Wortfeldes. Gerade die Diskrepanz zwischen konkreter Wortbedeutung und Inhalt der Redewendung macht den Reiz dieser Beispielsätze aus. Sie lassen etwas ahnen von der unverbrauchten kreativen Kraft der Sprache, die überraschende, gewagte Sprachbilder produziert, ohne sich um linguistische Kategorien zu kümmern. Die Redewendungen und Sprichwörter stecken voller Witz und Lebensweisheit. Sie werden sicher dem Lerner Vergnügen bereiten, seine Fantasie anregen, ihn bei seiner Arbeit beflügeln.

## Zum Sprachniveau

Insgesamt ist der ENGLISCHE WORTSCHATZ registerneutral; er gehört einer mittleren Sprachschicht an, der sogenannten Standardsprache. In wenigen Fällen wurden Ausdrücke der gehobenen bzw. der Umgangssprache aufgenommen. Sie sind mit *formal* bzw. *informal* gekennzeichnet.

Kurzformen (*I'll, I don't* usw) werden in Sätzen gebraucht, die der gesprochenen Sprache zuzuordnen sind.

Seltener gebrauchte Fachausdrücke wurden – durch die speziellen Themen bedingt – besonders in den Kapiteln 26 bis 28 aufgenommen.

## Zum Plural und zum Gebrauch der Artikel bei den sogenannten „uncountables"

In der englischen Grammatik wird zwischen *countables* und *uncountables* unterschieden. Unter *countables* versteht man Substantive, die zählbare Dinge bezeichnen. Sie kommen in der Regel im Singular und Plural vor und können mit dem unbestimmten Artikel und mit Zahlwörtern gebraucht werden (z. B.: *the house, a house, three houses*). Unter *uncountables* versteht man Substantive, die abstrakte Inhalte, Begriffe, Stoffe usw. bezeichnen, Dinge, die man nicht zählen kann. Sie haben keinen Plural und können nicht mit dem unbestimmten Artikel *a/an* oder mit Zahlwörtern gebraucht werden. Der deutsche unbestimmte Artikel bleibt in diesen Fällen im Englischen unübersetzt oder muss mit *some/any/a piece of* usw. wiedergegeben werden. Dazu einige Beispiele:

| | |
|---|---|
| I can do without your <u>advice</u>. (29.3) | Auf deine <u>Ratschläge</u> kann ich verzichten. |
| This car has low fuel consumption. (12.2) | Dieses Auto hat <u>einen</u> geringen Kraftstoffverbrauch. |
| He bought himself <u>some</u> new photographic equipment. (10.3, S. 1) | Er hat sich <u>eine</u> neue Fotoausrüstung gekauft. |
| The letter was <u>an</u> important <u>piece</u> of evidence in the trial. (25.1) | Der Brief war <u>ein</u> wichtiger Beweis in dem Prozess. |

Darüber hinaus werden *uncountables* im Englischen weniger häufig mit dem bestimmten Artikel gebraucht als ihre deutschen Entsprechungen. Für den deutschen bestimmten Artikel steht im Englischen oft der Possessivbegleiter. Beispiele:

| | |
|---|---|
| Can <u>mankind</u> survive a nuclear war? (1.1) | Kann <u>die Menschheit</u> einen Atomkrieg überleben? |
| <u>Public transport</u> is always overcrowded at this time of day. (11.3) | Zu dieser Tageszeit sind <u>die öffentlichen Verkehrsmittel</u> immer überfüllt. |
| I must hand in <u>my course work</u> on the EU before Christmas. (17.1) | <u>Die Hausarbeit</u> über die EU muss ich vor Weihnachten abgeben. |

*Uncountables* können in bestimmten Bedeutungen jedoch auch im Plural und mit dem unbestimmten Artikel *a/an* gebraucht werden. Auf diese Ausnahmen wird bei den betreffenden Wörtern in einer Anmerkung hingewiesen. Beispiele:

| | |
|---|---|
| Playing tennis is one of my favourite <u>relaxations</u>. (1.5) | Tennisspielen ist eine meiner liebsten Freizeitbeschäftigungen. |
| She has <u>a good knowledge</u> of electronic data-processing. (2.4) | Sie hat gute Kenntnisse in der elektronischen Datenverarbeitung. |

J. H.

# 1.1 Der Mensch

**human** ['hju:mən] *n*
**human being** [,.. 'bi:ɪŋ] *n*

**Mensch** *m*, **menschliche(s) Wesen** *n*

How long have humans (human beings) been living on earth?

Seit wann gibt es Menschen auf der Erde?

**people**[1] ['pi:pl] *n, plural verb*

**Menschen** *Pl*, **Leute** *Pl*

You can't change people.
Are people happier today than they used to be?

Du kannst die Menschen nicht ändern.
Sind die Menschen heute glücklicher als früher?

**mankind** [mæn'kaɪnd] *n*
**human race** [,hju:mən 'reɪs] *n*

**Menschheit** *f*
**Menschengeschlecht** *n*, **Menschheit** *f*

Can mankind (the human race) survive a nuclear war?

Kann die Menschheit einen Atomkrieg überleben?

**humanity** [hju:'mænəti] *n*

**Menschheit** *f*, **Menschlichkeit** *f*

Organizations such as the UN speak in the name of humanity.
Kafka's heroes live in an anonymous world totally lacking in humanity.

Organisationen wie die UNO sprechen im Namen der Menschheit.
Die Helden Kafkas leben in einer anonymen Welt ohne jede Menschlichkeit.

**human** ['hju:mən] *adj*
**inhuman** [ɪn'hju:mən] *adj*

**menschlich**
**unmenschlich**

The accident was put down to human error.
The living conditions in the refugee camp were inhuman.

Das Unglück wurde auf menschliches Versagen zurückgeführt.
Die Lebensbedingungen in dem Flüchtlingslager waren unmenschlich.

**man,** *pl* **men** [mæn/men] *n*
**woman,** *pl* **women** ['wʊmən/'wɪmɪn] *n*
**child,** *pl* **children** [tʃaɪld/'tʃɪldrən] *n*
**girl** [gɜ:l] *n*
**boy** [bɔɪ] *n*
**teenager** ['ti:neɪdʒə] *n*
**adolescent** [,ædə'lesnt] *n*
**adult** ['ædʌlt] *n*

**Mann** *m*
**Frau** *f*
**Kind** *n*
**Mädchen** *n*
**Junge** *m*
**Teenager** *m*
**Heranwachsende(r)** *m/f*
**Erwachsene(r)** *m/f*

**the elderly** ['eldəlɪ] *n, plural verb*
**elderly people** [,... 'pi:pl] *n*
**person,** *pl* **people** ['pɜ:sn/'pi:pl] *n*

**ältere(n) Menschen** *Pl*

**Person** *f*, **Mensch** *m*

---

1 the people, *pl* the peoples – das Volk, die Völker, z. B.: *the peoples of the Middle Eastern countries.*

**young person,** *pl* **young people**
[jʌŋ '..] *n*
Many say that young people today do not have a future.

**Jugendliche(r)** *m/f,* **Jugend** *f*

Viele sagen, die Jugend habe heute keine Zukunft.

**childhood**[1] ['tʃaɪldhʊd] *n*
I have fond memories of my childhood.

**Kindheit** *f*
Ich denke gerne an meine Kindheit zurück.

**youth** [juːθ] *n*
In my youth I admired men like Amundsen, Scott and Nobile.

**Jugend** *f*
In meiner Jugend bewunderte ich Männer wie Amundsen, Scott und Nobile.

**contemporary,** *pl* **-ies**
[kən'temprəri, -z] *n*
This artist was not understood by his contemporaries.

**Zeitgenosse/Zeitgenossin**

Dieser Künstler wurde von seinen Zeitgenossen nicht verstanden.

**others** ['ʌðəz] *n, pl*
Don't worry about what others think!

**Leute** *Pl,* **die anderen**
Kümmere dich nicht darum, was die Leute denken!

**crowd** [kraʊd] *n*
He was carried along by the crowd.

**Menschenmenge** *f*
Er wurde von der Menschenmenge mitgerissen.

**the masses** ['mæsɪz] *n, pl*
This writer is popular with the masses.

**(breite) Masse** *f*
Dieser Schriftsteller kommt bei der breiten Masse an.

● **Expressions**

**To err is human, to forgive divine.**

**Irren ist menschlich, Vergeben göttlich.**

- Excuse me, but that umbrella you're taking is mine.
- Sorry, but to err is human, to forgive divine.

- Entschuldige, aber das ist mein Regenschirm, den du da nimmst.
- Tut mir Leid, aber Irren ist menschlich.

**be the odd man out**
- Sophie and I are going out dancing tonight. Would you like to come too?
- No, thank you. I'd feel like the odd man out.

**das fünfte Rad am Wagen sein**
- Sophie und ich gehen heute Abend tanzen. Kommst du mit?
- Nein, danke. Da würde ich mir wie das fünfte Rad am Wagen vorkommen.

**Man does not live on bread alone.**

**Der Mensch lebt nicht vom Brot allein.**

1 *childhood* wird auch mit dem unbestimmten Artikel *a/an* gebraucht, z. B.: *I had a happy childhood. (Ich hatte eine glückliche Kindheit.)*

# 1.2 Die Körperteile

**part of the body** [pɑːt əv ðə 'bɒdi] *n*
How do you say the parts of the body in English?

**Körperteil** *m*
Wie heißen die Körperteile auf Englisch?

**head** [hed] *n*
She nodded her head.

**Kopf** *m*
Sie nickte mit dem Kopf.

**face** [feɪs] *n*
You must wash your face.

**Gesicht** *n*
Du musst dir das Gesicht waschen.

**hair** [heə] *n, sg*[1]
You need to have your hair cut. It's too long.

**Haar/e** *n/Pl*
Du musst dir die Haare schneiden lassen.
Sie sind zu lang.

**forehead** ['fɒrɪd] *n*
I bumped my forehead on the door.

**Stirn** *f*
Ich bin mit der Stirn gegen die Tür gestoßen.

**eye** [aɪ] *n*
I don't like his eyes.

**Auge** *n*
Ich mag seine Augen nicht.

**eyebrow** ['aɪbraʊ] *n*
He raised his eyebrows.

**Augenbraue** *f*
Er zog die Augenbrauen hoch.

**eyelash** ['aɪlæʃ] *n*
Long, dark eyelashes are beautiful.

**Wimper** *f*
Lange, dunkle Wimpern sind schön.

**ear** [ɪə] *n*
I would like to whisper something in your ear.

**Ohr** *n*
Ich möchte dir etwas ins Ohr sagen.

**nose** [nəʊz] *n*
She has a snub nose.

**Nase** *f*
Sie hat eine Stupsnase.

**cheek** [tʃiːk] *n*
She has rosy cheeks.

**Wange** *f*
Sie hat rosige Wangen.

**mouth** [maʊθ] *n*
Wipe your mouth.
You shouldn't speak with your mouth full.

**Mund** *m*
Wisch dir den Mund ab!
Man spricht nicht mit vollem Mund.

**lip** [lɪp] *n*
He has fat/thin lips.

**Lippe** *f*
Er hat dicke/schmale Lippen.

**tongue** [tʌŋ] *n*
She stuck her tongue out at him.

**Zunge** *f*
Sie hat ihm die Zunge herausgestreckt.

1 *hair* kann auch mit dem unbestimmten Artikel *a/an* und im Plural gebraucht werden. Es heißt dann *ein einzelnes Haar, einzelne Haare*. Z. B.: *She wondered where the two long blonde hairs on his jacket came from.* (Sie fragte sich, woher die zwei langen blonden Haare auf seinem Jackett kamen.)

**tooth**, *pl* **teeth** [tu:θ/ti:θ] *n*
Bite your teeth together!

**Zahn** *m*
Beiß die Zähne zusammen!

**chin** [tʃɪn] *n*
He has a prominent chin.

**Kinn** *n*
Er hat ein vorstehendes Kinn.

**neck** [nek] *n*
She always wears a scarf around her neck.

**Hals** *m*
Sie trägt immer ein Tuch um den Hals.

**chest** [tʃest] *n*
She suddenly felt a sharp pain in her chest.

**Brust** *f*, **Brustkorb** *m*
Plötzlich fühlte sie einen stechenden Schmerz in der Brust.

**breast** [brest] *n*
He pressed the child to his breast.

**Brust** *f*
Er drückte das Kind an die Brust.

**stomach** ['stʌmək] *n*
**belly**, *pl* **-ies** ['beli/-z] *n*
The meal is lying heavily on my stomach.
You can't sleep well with a full belly (stomach).

**Magen** *m*, **Bauch** *m*
**Bauch** *m*
Das Essen liegt mir schwer im Magen.
Mit einem vollen Bauch kann man nicht gut schlafen.

**bottom** ['bɒtəm] *n*
**behind** [bɪ'haɪnd] *n*
He fell on his bottom (his behind).

**Hintern** *m*, **Po** *m*

Er ist auf den Hintern gefallen.

**hip** [hɪp] *n*
She has narrow/wide hips.

**Hüfte** *f*
Sie hat schmale/breite Hüften.

**limbs** [lɪmz] *n*, *pl*
All of his limbs were hurting.

**Glieder** *n*, *Pl*
Alle Glieder taten ihm weh.

**arm** [ɑ:m] *n*
He took the child into his arms.

**Arm** *m*
Er nahm das Kind auf den Arm.

**shoulder** ['ʃəʊldə] *n*
She just shrugged her shoulders.

**Schulter** *f*
Sie zuckte nur mit den Schultern.

**elbow** ['elbəʊ] *n*
You shouldn't put your elbows on the table.

**Ellbogen** *m*
Man stützt sich nicht mit den Ellbogen auf den Tisch!

**wrist** [rɪst] *n*
She has delicate wrists.

**Handgelenk** *n*
Sie hat zarte Handgelenke.

**hand** [hænd] *n*
She has a bunch of flowers in her hand.

**Hand** *f*
Sie hat einen Blumenstrauß in der Hand.

**finger** ['fɪŋgə] *n*
She has slim/fat/short/long fingers.
The five fingers on your hand are called:

**Finger** *m*
Sie hat schlanke/dicke/kurze/lange Finger.
Die fünf Finger an der Hand heißen: der

the thumb, the index finger, the middle finger, the ring finger and the little finger.

Daumen, der Zeigefinger, der Mittelfinger, der Ringfinger und der kleine Finger.

**fingernail** ['..neɪl] *n*
I've broken a fingernail.

**Fingernagel** *m*
Ich habe mir einen Fingernagel abgebrochen.

**leg** [leg] *n*
He broke his leg.

**Bein** *n*
Er hat sich das Bein gebrochen.

**thigh** [θaɪ] *n*
Suddenly I had cramp in my right thigh.

**Schenkel** *m*
Plötzlich bekam ich einen Krampf im rechten Schenkel.

**knee** [niː] *n*
I can't move my right knee any more.

**Knie** *n*
Ich kann das rechte Knie nicht mehr bewegen.

**calf,** *pl* **-ves** [kɑːf/-vz] *n*
Cycling gives you powerful calves.

**Wade** *f*
Vom Radfahren bekommt man kräftige Waden.

**foot,** *pl* **feet** [fʊt/fiːt] *n*
He stamped his foot in anger.

**Fuß** *m*
Er stampfte vor Zorn mit dem Fuß auf.

**ankle** ['æŋkl] *n*
She is wearing an ankle-length dress.

**Knöchel** *m*
Sie trägt ein knöchellanges Kleid.

**heel** [hiːl] *n*
I have a blister on my heel.

**Ferse** *f*
Ich habe eine Blase an der Ferse.

**toe** [təʊ] *n*
These shoes are too small; they hurt my toes.

**Fußzehe** *f*
Diese Schuhe sind zu klein; sie tun mir an den Zehen weh.

**joint** [dʒɔɪnt] *n*
He has ruined his knee joint by playing squash.

**Gelenk** *n*
Er hat sich beim Squash das Kniegelenk ruiniert.

**organ** ['ɔːgən] *n*
Most people die from organ failure.

**Organ** *n*
Die meisten Menschen sterben an Organversagen.

**brain** [breɪn] *n*
The brain is the human computer.

**Gehirn** *n*, **Hirn** *n*
Das Gehirn ist der Computer des Menschen.

You're a birdbrain.

Du hast ein Spatzenhirn.

**heart** [hɑːt] *n*
Her heart stopped beating.

**Herz** *n*
Ihr Herz hat aufgehört zu schlagen.

**lung(s)** [lʌŋ(z)] *n*
The lungs supply the blood with oxygen.

**Lunge** *f*
Die Lunge versorgt das Blut mit Sauerstoff.

**kidney** ['kɪdni] *n*
Mineral water is good for the kidneys.

**Niere** *f*
Mineralwasser ist gut für die Nieren.

**liver** ['lɪvə] *n*
The liver is one of the largest organs in the human body.

**Leber** *f*
Die Leber ist eines der größten Organe im menschlichen Körper.

**bladder** ['blædə] *n*
Urine is collected in the bladder before it is excreted from the body.

**Blase** *f*
In der Blase sammelt sich der Urin, bevor er aus dem Körper ausgeschieden wird.

**skin** [skɪn] *n*
My skin is sensitive to the sun.

**Haut** *f*
Meine Haut verträgt keine Sonne.

**muscle** ['mʌsl] *n*
He has muscles as strong as iron.

**Muskel** *m*
Er hat Muskeln so hart wie Stahl.

**bone** [bəʊn] *n*
She is just skin and bone.

**Knochen** *m*
Sie ist nur Haut und Knochen.

**skull** [skʌl] *n*
They only found the skull, but not the rest of the skeleton.

**Schädel** *m*
Sie fanden nur den Schädel, aber nicht das übrige Skelett.

**spine** [spaɪn] *n*
This exercise is good for the spine.

**Wirbelsäule** *f*
Diese Übung ist gut für die Wirbelsäule.

**blood** [blʌd] *n*
On average an adult has five litres of blood.

**Blut** *n*
Ein Erwachsener hat durchschnittlich fünf Liter Blut.

**artery**, *pl* **-ies** ['ɑːtəri/-z] *n*
**vein** [veɪn] *n*
The blood which leaves the heart flows through arteries.
The blood which comes back to the heart flows through veins.

**Arterie** *f*
**Vene** *f*
Das Blut, das vom Herzen kommt, fließt durch die Arterien.
Das Blut, das zum Herzen zurückfließt, fließt durch die Venen.

**nerve** [nɜːv] *n*
He has really got on our nerves.

**Nerv** *m*
Er ist uns wirklich auf die Nerven gegangen.

**flesh** [fleʃ] *n*
Cannibals eat human flesh.

**Fleisch** *n*
Kannibalen essen Menschenfleisch.

● **Expressions**

**twist sb around one's finger**
She was able to twist him around her finger.

**jdn. um den (kleinen) Finger wickeln**
Sie konnte ihn um den kleinen Finger wickeln.

**Has the cat got your tongue?**
Why don't you respond to my accusation? Has the cat got your tongue?

**Hat es dir die Sprache verschlagen?**
Warum antwortest du nicht auf meine Anschuldigung? Hat es dir die Sprache verschlagen?

**cut off one's nose to spite one's face**
Be careful that you don't cut off your nose to spite your face with your complaints.

**sich ins eigene Fleisch schneiden**
Pass auf, dass du dich mit deiner Beschwerde nicht ins eigene Fleisch schneidest.

**have a bone to pick with sb**

Say hello to your sister from me and let her know that I still have a bone to pick with her. She'll know what it's about.

**mit jdm. ein Hühnchen zu rupfen haben**
Grüße deine Schwester von mir und richte ihr aus, dass ich noch ein Hühnchen mit ihr zu rupfen habe. Sie wird schon wissen warum.

**be head over heels in love**
– What's wrong with John? He comes across as being distracted.
– No wonder. He's head over heels in love.

**bis über beide Ohren verliebt sein**
– Was ist mit John los? Der kommt mir so abwesend vor.
– Kein Wunder. Er ist bis über beide Ohren verliebt.

# 1.3 Die fünf Sinne

**sense** [sens] *n*
Humans have five senses.
I don't have a good sense of direction.

**Sinn** *m*
Der Mensch hat fünf Sinne.
Ich habe keinen guten Orientierungssinn.

**sight** [saɪt] *n*
My sight has been failing a lot recently.

What a magnificent sight!
Many people faint at the sight of blood.

The lorry drivers' strike has already lasted two weeks and the end is still not in sight.

**Gesichtssinn** *m*, **Sehkraft** *f*, **Anblick** *m*
Meine Sehkraft hat in letzter Zeit sehr nachgelassen.
Was für ein herrlicher Anblick!
Viele Menschen werden beim Anblick von Blut ohnmächtig.
Der Streik der Lastwagenfahrer dauert schon 14 Tage und es ist noch kein Ende in Sicht.

We fell in love with the little dog at first sight.

Wir verliebten uns auf Anhieb in den kleinen Hund.

**see** [si:] *v*
I haven't seen this picture yet.

**sehen**
Ich habe dieses Bild noch nicht gesehen.

**look at sb/sth** [lʊk] *v*
She looked at me angrily.
I took my time to look at the pictures.

**jdn./etw. ansehen, betrachten**
Sie sah mich böse an.
Ich betrachtete die Bilder in aller Ruhe.

**take a (close) look at sth** [kləʊs]
I just want to take a closer look at the documents before the meeting.

**etw. (genau) ansehen**
Vor der Besprechung möchte ich mir die Unterlagen noch genauer ansehen.

**glance at sb/sth** [glɑ:ns] *v*

**auf jdn./etw. einen Blick werfen, jdn./etw. flüchtig anschauen**

He glanced at his watch and left the room.

Er warf einen Blick auf seine Uhr und verließ den Raum.

She glanced at me without recognizing me.

Sie schaute mich flüchtig an, ohne mich wieder zu erkennen.

**catch a glimpse of sb/sth** [kætʃ ə 'glɪmps]
Since I only caught a glimpse of him, I can't give an exact description.

**jdn./etw. flüchtig sehen**

Da ich ihn nur flüchtig gesehen habe, kann ich keine genaue Beschreibung von ihm geben.

**light** [laɪt] *n*
The whole landscape was bathed in light.
Get up! It's already light outside.

**Licht** *n*
Die ganze Landschaft war in Licht getaucht.
Steh auf! Es ist schon hell draußen.

**brightness** ['braɪtnɪs] *n*
What we like about this flat is its brightness.

**Helligkeit** *f*
Was wir an dieser Wohnung schätzen, ist die Helligkeit.

**light** [laɪt] *adj*
**bright** [braɪt] *adj*
I love large, light (bright) rooms.

**hell**

Ich liebe große, helle Räume.

**transparent** [træns'pærənt] *adj*
**opaque** [əʊ'peɪk] *adj*
Her dress has transparent sleeves.
The door was made of opaque glass.

**durchsichtig, transparent**
**lichtundurchlässig**
Ihr Kleid hat durchsichtige Ärmel.
Die Tür war aus undurchsichtigem Glas.

**darkness** ['dɑ:knɪs] *n*
The darkness of the forest scared us.

**Dunkelheit** *f*
Die Dunkelheit des Waldes flößte uns Furcht ein.

Darkness is falling.

Die Dunkelheit bricht herein.

**dark** [dɑːk] *adj*
The corridors in this hotel are narrow and dark.

**dunkel**
Die Flure in diesem Hotel sind schmal und dunkel.

**visual** ['vɪʒuəl] *adj*
I don't have a very good visual memory.

**visuell**
Ich habe kein sehr gutes visuelles Gedächtnis.

**blind** [blaɪnd] *v*
**dazzle** [dæzl] *v*
I was blinded (dazzled) by the lights of an oncoming vehicle.

**blenden**

Ich wurde von den Scheinwerfern eines entgegenkommenden Fahrzeugs geblendet.

**blind** [blaɪnd] *adj*
I'm not blind, you know!

**blind**
Ich bin doch nicht blind!

**hearing** ['hɪərɪŋ] *n*
Hearing worsens with age.

**Gehör** *n*, **Gehörsinn** *m*
Mit dem Alter lässt das Gehör nach.

**hear** [hɪə] *v*
Do you hear the birds chirping?

**hören**
Hörst du das Vogelgezwitscher?

**listen to sb/sth** ['lɪsn] *v*
Could you please listen to me for a moment?
I enjoy listening to classical music.

**jdm./etw. zuhören**
Würdest du mir bitte einen Augenblick zuhören?
Ich höre gerne klassische Musik.

**sound** [saʊnd] *n*
I don't like the sound of this instrument.

**Ton** *m*, **Klang** *m*
Der Klang dieses Instruments gefällt mir nicht.

**deep** [diːp] *adj*
**voice** [vɔɪs] *n*
Men normally have deeper voices than women.

**tief**
**Stimme**
Männer haben normalerweise eine tiefere Stimme als Frauen.

**high** [haɪ] *adj*
Some animals can hear higher notes than humans.

**hoch**
Manche Tiere können höhere Töne hören als die Menschen.

**acoustics** [ə'kuːstɪks] *n, pl*
Churches generally have good acoustics.

**Akustik** *f*
Kirchen haben im Allgemeinen eine gute Akustik.

**audiovisual** [ˌɔːdiəʊ'vɪʒuəl] *adj*
I learnt English using audiovisual aids.

**audiovisuell**
Ich habe Englisch nach der audiovisuellen Methode gelernt.

**deaf** [def] *adj*
Can you believe that Beethoven was deaf when he composed the Nineth Symphony?

**taub**
Kannst du dir vorstellen, dass Beethoven taub war, als er die 9. Sinfonie komponierte?

**deaf and dumb** [def ənd dʌm] *adj*
Deaf and dumb people make themselves understood using sign language.

**taubstumm**
Taubstumme machen sich mit Hilfe der Zeichensprache verständlich.

**smell** [smel] *n*
Dogs have a more highly developed sense of smell than humans.
I can't stand the smell of onions.

**Geruchssinn** *m*, **Geruch** *m*
Hunde haben einen höher entwickelten Geruchssinn als Menschen.
Ich kann den Geruch von Zwiebeln nicht ausstehen.

**smell** [smel] *v*
I can't smell anything. I've got a cold.

**riechen**
Ich rieche nichts. Ich habe Schnupfen.

**scent** [sent] *n*
The scent of these flowers is intoxicating.

**Duft** *m*
Der Duft dieser Blumen ist berauschend.

**taste** [teɪst] *n*
A good cook must be able to rely on his sense of taste.

**Geschmackssinn** *m*, **Geschmack** *m*
Ein guter Koch muss sich auf seinen Geschmackssinn verlassen können.

**taste** [teɪst] *v*
This chocolate tastes very bitter/very creamy.
Taste the sauce to see if it needs more salt or pepper.

**schmecken, probieren**
Diese Schokolade schmeckt sehr bitter/ sehr sahnig.
Probiere doch mal die Soße, ob noch Salz oder Pfeffer fehlt.

**touch** [tʌtʃ] *n*
Blind people have a highly developed sense of touch.
This material is pleasant/unpleasant to the touch.

**Tastsinn** *m*, **Berührung** *f*
Blinde haben einen hochentwickelten Tastsinn.
Dieser Stoff ist beim Anfassen angenehm/ unangenehm.

**touch** [tʌtʃ] *v*
Don't touch the plate, it's very hot.

**berühren, anfassen**
Fass den Teller nicht an, er ist sehr heiß!

**feeling** ['fiːlɪŋ] *n*
After he fell he no longer had any feeling in his left leg.

**Gefühl** *n*
Nach dem Sturz hatte er kein Gefühl mehr im linken Bein.

**feel** [fiːl] *v*
When I walk I feel a pain in my knee.

**fühlen, spüren**
Beim Gehen spüre ich Schmerzen im Knie.

**kick** [kɪk] *n*
A lot of people get a real kick out of bungee-jumping.

**Nervenkitzel** *m*
Bungeejumping ist für viele der reine Nervenkitzel.

**numb** [nʌm] *adj*
He was in shock and was completely numb.
My hands were quite numb from the cold.

**gefühllos, taub**
Er stand unter Schock und war vollkommen gefühllos.
Meine Hände waren vor Kälte ganz taub.

**visible** [ˈvɪzəbl] *adj*
**invisible** [ɪnˈvɪzəbl] *adj*
The tumour was clearly visible on the X-ray.
The damage is invisible to the naked eye.

**sichtbar, zu sehen**
**nicht sichtbar, nicht wahrnehmbar**
Der Tumor war auf dem Röntgenbild deutlich sichtbar.
Der Schaden ist mit bloßem Auge nicht wahrnehmbar.

● **Expressions**

**out of sight, out of mind**
Since he started living in America, we have not heard anything from him. You could say, "out of sight, out of mind".

**aus den Augen, aus dem Sinn**
Seit er in Amerika lebt, haben wir nichts mehr von ihm gehört. Da kann man nur sagen: aus den Augen, aus dem Sinn.

**look on the bright side**
Okay, you're in a bit of a tight spot at the moment. But look on the bright side. Things can't get any worse.

**die Sache positiv sehen**
Gut, du sitzt zur Zeit ganz schön in der Klemme. Aber sieh die Sache einmal positiv. Schlimmer kann es nicht mehr kommen.

**It's touch and go.**
– Who won, Manchester or Bavaria Munich?
– Manchester, but it was touch and go right to the very end.

**Es steht auf des Messers Schneide.**
– Wer hat gewonnen, Manchester oder Bayern München?
– Manchester, aber bis zuletzt stand es auf des Messers Schneide.

# 1.4 Der Geist, der Verstand, die Seele

**mind** [maɪnd] *n*
Thanks to his presence of mind, he was able to avoid the accident.
I simply can't get it out of my mind.

When I heard about it, his name came straight to mind.
That drives me out of my mind.

**Geist** *m*, **Verstand** *m*, **Sinn** *m*
Dank seiner Geistesgegenwart konnte er das Unglück verhindern.
Die Sache geht mir einfach nicht aus dem Sinn.
Als ich davon hörte, kam mir sofort sein Name in den Sinn.
Das bringt mich um den Verstand.

**state of mind** [steɪt əv 'maɪnd] *n*
Following his dismissal he was in a very
bad state of mind.

**occur to sb** [ə'kɜː] *v*
It would never occur to me to interfere in
your business.

**be aware of sth** [ə'weə]
**be conscious of sth** ['kɒnʃəs]
He was fully aware (conscious) of his
responsibility.
Mountain climbers are often unaware (not
conscious) of the dangers which lie in wait
for them.

**bring sth into focus** ['fəʊkəs]
The Simpson case brought the unpredict-
ability of American justice into focus.

**focus on sth** ['fəʊkəs] *v*
The research has focused for a long time
on nuclear energy.

**reason** ['riːzn] *n*
That goes against all reason.
When will you finally see reason?

**reasonable** ['riːznəbl] *adj*
Be reasonable!

**sense** [sens] *n*
What you are saying does not make any
sense.

**common sense** ['kɒmən sens] *n*
Common sense tells me that you cannot
be right.

**nonsense** ['nɒnsns] *n*
You don't believe this nonsense, do you?

**sensible** ['sensəbl] *adj*
We must reach a sensible compromise.


It would be more sensible to stay at home
in this weather.

**seelische Verfassung** *f*
Nach seiner Entlassung war er in sehr
schlechter seelischer Verfassung.

**jdm. in den Sinn kommen**
Es würde mir nie in den Sinn kommen,
mich in deine Angelegenheiten ein-
zumischen.

**sich einer Sache bewusst sein**

Er war sich seiner Verantwortung voll
bewusst.
Bergsteiger sind sich oft nicht der
Gefahren bewusst, die im Gebirge auf
sie lauern.

**etw. ins Bewusstsein bringen**
Der Fall Simpson brachte die Un-
berechenbarkeit der amerikanischen
Rechtsprechung ins Bewusstsein.

**sich auf etw. konzentrieren**
Die Forschung hat sich lange Zeit auf die
Atomenergie konzentriert.

**Vernunft** *f*
Das ist gegen alle Vernunft.
Wann wirst du endlich Vernunft annehmen?

**vernünftig**
Sei vernünftig!

**Sinn** *m*, **Verstand** *m*
Was du sagst, macht keinen Sinn.


**gesunde(r) Menschenverstand** *m*
Der gesunde Menschenverstand sagt mir,
dass du nicht Recht haben kannst.

**Unsinn** *m*
Du glaubst doch diesen Unsinn nicht?

**vernünftig**
Wir müssen zu einem vernünftigen
Kompromiss kommen.
Es wäre vernünftiger, bei diesem Wetter
zu Hause zu bleiben.

**senseless** ['sensləs] *adj*
Nothing can be achieved with senseless violence.

**sinnlos**
Mit sinnloser Gewalt kann man nichts erreichen.

**pointless** ['pɔɪntləs] *adj*
I think that it is pointless to wait any longer.

**sinnlos, zwecklos**
Ich denke, es ist sinnlos, noch länger zu warten.

**intellect** ['ɪntəlekt] *n*
Genetic engineering is a challenge for the human intellect.

**Intellekt** *m*, **Verstand** *m*
Die Gentechnologie ist eine Herausforderung für den menschlichen Intellekt.

**intellectual** [ˌɪntə'lektʃuəl] *adj*
Don't you think that French films are more intellectual than British ones?

**geistig, intellektuell**
Findest du nicht, dass französische Filme intellektueller sind als britische?

**thought** [θɔːt] *n*
He was very upset at the thought that he might lose his job.
Try to develop your thoughts logically.

She knows how to express her thoughts clearly.

**Gedanke** *m*
Er war sehr beunruhigt bei dem Gedanken, vielleicht seine Stelle zu verlieren.
Versuche deine Gedanken logisch zu entwickeln.
Sie versteht es, ihre Gedanken klar auszudrücken.

**think of sb/sth (about sth)** [θɪŋk] *v*

She never thought of giving up her work.

What are you thinking about?

**an jdn./etw. denken, über etw. nachdenken**
Sie dachte nicht daran, ihre Arbeit aufzugeben.
Worüber denkst du nach?

**idea** [aɪ'dɪə] *n*
– How about a cup of coffee?
– That's a good idea.
I haven't got the slightest idea what has become of him.

**Idee** *f*, **Vorstellung** *f*, **Ahnung** *f*
– Wie wär's mit einer Tasse Kaffee?
– Das ist eine gute Idee.
Ich habe nicht die geringste Ahnung, was aus ihm geworden ist.

**concept** ['kɒnsept] *n*
**notion** ['nəʊʃn] *n*
You seem to have lost all concept (notion) of time.

**Begriff** *m*, **Vorstellung** *f*

Du scheinst jeden Zeitbegriff verloren zu haben.

**insight into sth** ['ɪnsaɪt] *n*
He lacks insight into human problems.

**Verständnis für etw., Einblick in etw.**
Es fehlt ihm das Verständnis für menschliche Probleme.

**memory,** *pl* **-ies** ['meməri, -z] *n*
He has an excellent memory.
My childhood memories are linked to this house.

**Gedächtnis** *n*, **Erinnerung** *f*
Er hat ein ausgezeichnetes Gedächtnis.
Meine Kindheitserinnerungen sind mit diesem Haus verbunden.

13

**remember sb/sth** [rɪˈmembə] v
Do you remember your first day at school?
I remember Aunt Mary very well.

**sich an jdn./etw. erinnern**
Erinnerst du dich an deinen ersten Schultag?
Ich erinnere mich sehr gut an Tante Maria.

**remind sb of sth/about sth/to do sth**
[rɪˈmaɪnd] v
This landscape reminds me of my home country.
Please remind me about the appointment.
Please remind me to put out the dustbins this evening.

**jdn. an etw. erinnern**

Diese Landschaft erinnert mich an meine Heimat.
Erinnere mich bitte an den Termin.
Erinnere mich daran, heute Abend die Mülleimer hinauszustellen.

**imagination** [ɪˌmædʒɪˈneɪʃn] n
You could have solved the problem if you had used a bit more imagination.

**Vorstellung(sgabe)** f, **Fantasie** f
Du hättest das Problem lösen können, wenn du etwas mehr Fantasie gehabt hättest.

**imagine** [ɪˈmædʒɪn] v
You can't imagine in what conditions these people live.

**sich etw. vorstellen**
Du kannst dir nicht vorstellen, in welchen Verhältnissen diese Leute leben.

**consideration** [kənˌsɪdəˈreɪʃn] n
After due consideration he decided not to accept the offer.

**Überlegung** f, **Berücksichtigung** f
Nach reiflicher Überlegung entschloss er sich das Angebot nicht anzunehmen.

**meaning** [ˈmiːnɪŋ] n
Do you know the meaning of this word?

**Bedeutung** f, **Sinn** m
Kennst du die Bedeutung dieses Wortes?

**mean** [miːn] v
What does this abbreviation mean?

**bedeuten**
Was bedeutet diese Abkürzung?

**logic** [ˈlɒdʒɪk] n
I don't see the logic in your argument.

**Logik** f
Ich sehe keine Logik in deinen Überlegungen.

**logical** [ˈlɒdʒɪkl] adj
**illogical** [ɪˈlɒdʒɪkl] adj
It's quite logical/illogical, isn't it?

**logisch**
**unlogisch**
Das ist doch ganz logisch/unlogisch!

**absurd** [əbˈsɜːd] adj
I've never heard anything so absurd.

Don't be absurd!

**sinnlos, absurd**
So etwas Absurdes habe ich noch nie gehört.
Hör auf zu spinnen!

**soul** [səʊl] n
The human being comprises body and soul.

**Seele** f
Der Mensch besteht aus Körper und Seele.

**psychological** [ˌsaɪkəˈlɒdʒɪkl] *adj*
His tiredness was not due to overwork but had psychological causes.

**psychologisch, seelisch**
Seine Müdigkeit kam nicht von zu viel Arbeit, sondern hatte seelische Ursachen.

**inner** [ˈɪnə] *adj*
She hoped to rediscover her inner harmony by travelling.

**innerlich, seelisch**
Sie hoffte, durch eine Reise ihr seelisches Gleichgewicht wiederzufinden.

**mental** [ˈmentl] *adj*
Schizophrenia is a mental disease.
Mental pain is often greater than physical pain.

**Geistes-, seelisch**
Schizophrenie ist eine Geisteskrankheit.
Der seelische Schmerz ist oft größer als der körperliche Schmerz.

● **Expressions**

**Brevity is the soul of wit.**
Just get to the point. Brevity is the soul of wit.

**In der Kürze liegt die Würze.**
Komm endlich zur Sache. In der Kürze liegt die Würze.

**give sb a piece of one's mind**

**jdm. den Kopf waschen, jdm. die Meinung sagen**

– What did the headmaster want from you?
– Nothing in particular. He just gave me a piece of his mind because I've been late for lessons a few times.

– Was wollte der Direktor von dir?
– Nichts Besonderes. Er hat mir den Kopf gewaschen, weil ich einige Male zu spät in den Unterricht gekommen bin.

# 1.5 Die Gefühle

**feeling** [ˈfiːlɪŋ] *n*
**show** [ʃəʊ] *v*
He hardly ever shows his feelings.
I had the feeling that I was being followed by someone.

**Gefühl** *n*
**zeigen**
Er zeigt fast nie seine Gefühle.
Ich hatte das Gefühl, von jemandem verfolgt zu werden.

**a feeling of ...**
   **unease** [ʌnˈiːz]
   **restlessness** [ˈrestləsnəs]

**ein Gefühl ...**
   **des Unbehagens**
   **der Unruhe**

**emotion** [ɪˈməʊʃn] *n*
**suppress** [səˈpres] *v*
Suppressed emotions play a large role in dream analysis.

**Gefühl** *n*, **Gefühlsregung** *f*
**verdrängen, unterdrücken**
Die verdrängten Gefühle spielen in der Traumanalyse eine große Rolle.

**conflicting feelings (emotions)**
[kənˌflɪktɪŋ ˈfiːlɪŋz (ɪˈməʊʃnz)] *n, pl,* e.g.:
  **love and hate** [lʌv ənd heɪt] *n*
  **affection and dislike** [əˈfekʃn ənd
  dɪsˈlaɪk] *n*

widerstreitende Gefühle, z. B.:

  **Liebe und Hass**
  **Zuneigung und Abneigung**

**emotional** [ɪˈməʊʃənl] *adj*
He gave a very emotional speech.
We were all very emotional when she left.

**emotional, gefühlvoll, bewegt**
Er hielt eine sehr emotionale Rede.
Bei ihrem Abschied waren wir alle sehr
bewegt.

**sentimental** [ˌsentɪˈməntl] *adj*
He likes watching sentimental films.
The picture may be artistically worthless
but for me it has sentimental value.

**Gefühls-, rührselig**
Er sieht gerne rührselige Filme.
Das Bild mag künstlerisch wertlos sein.
Für mich aber hat es einen Gefühlswert.

**excitement** [ɪkˈsaɪtmənt] *n*
**hide** [haɪd] *v*
**conceal** [kənˈsiːl] *v*
He could not hide (conceal) his excitement.

**Erregung** *f,* **Aufregung** *f*

**verbergen, verheimlichen**

Er konnte seine Erregung nicht verbergen.

**be moved by sth** [ˈmuːvd]
She was so deeply moved by the news
that she could not utter a word.

**gerührt, ergriffen sein**
Sie war von der Nachricht so tief gerührt,
dass sie kein Wort herausbringen konnte.

**feel ...** [fiːl]
  **happy/unhappy** [ˈhæpi/ʌnˈhæpi]
  **comfortable/uncomfortable**
  [ˈkʌmftəbl/ʌnˈkʌmftəbl]
  **at ease/uneasy** [ət ˈiːz/ʌnˈiːzɪ] *n/*
  **lonely** [ˈləʊnli]

**sich ... fühlen**
  **glücklich/unglücklich**

  **wohl/unwohl**

  **verlassen**

**it feels ...**
  **good/strange/wonderful**
  [ɡʊd/streɪndʒ/ˈwʌndəfl]
It feels good to be back home again.

**es ist ein ... Gefühl**
  **gutes/befremdliches/wundervolles**

Es ist ein schönes Gefühl, wieder zu
Hause zu sein.

**be ...**
  **angry** [ˈæŋgri]
  **excited** [ɪkˈsaɪtɪd]
  **upset** [ʌpˈset]

**... sein**
  **böse, verärgert**
  **erregt**
  **bestürzt**

**be filled with ... ** [ˈfɪld]
  **admiration** [ˌædməˈreɪʃn]
  **contentment** [kənˈtəntmənt]
  **horror** [ˈhɒrə]

**voller ... sein**
  **Bewunderung** *f*
  **Zufriedenheit** *f*
  **Schrecken** *m*

| | |
|---|---|
| **anger** [ˈæŋɡə] | **Zorn** m |
| **resentment** [rɪˈzentmənt] | **Groll** m |
| **guilt** [ɡɪlt] n | **Schuld** f, **-gefühle** Pl |
| **anxiety** [æŋˈzaɪəti] | **Angst** f |
| **melancholy** [ˈmelənkəli] | **Schwermut** f |
| **amazement** [əˈmeɪzmənt] | **Erstaunen** n |
| **sorrow** [ˈsɒrəʊ] | **Kummer** m |
| **sad/sadness** [sæd/ˈsædnəs] adj/n[1] | **traurig/Traurigkeit** f |
| **cheerful/cheerfulness** [ˈtʃɪəfl/ˈtʃɪəflnəs] | **fröhlich/Fröhlichkeit** f |
| **tired/tiredness** [ˈtaɪəd/ˈtaɪədnəs] | **müde/Müdigkeit** f |
| **relaxed/relaxation**[2] [rɪˈlækst/ˌriːlækˈseɪʃn] | **entspannt/Entspannung** f |
| **nervous/nervousness** [ˈnɜːvəs/ˈnɜːvəsnəs] | **nervös/Nervosität** f |
| **gloomy/gloom** [ˈɡluːmi/ɡluːm] | **schwermütig/Schwermut** f |
| **surprised/surprise**[2] [səˈpraɪzd/səˈpraɪz] | **überrascht/Überraschung** f |
| **astonished/astonishment** [əˈstɒnɪʃt/əˈstɒnɪʃmənt] | **erstaunt/Erstaunen** n |
| **scared/scare**[3] [ˈskeəd/ˈskeə] **frightened/fright**[3] [ˈfraɪtnd/fraɪt] | **erschreckt/Schrecken** m |
| **depressed/depression** [dɪˈprest/dɪˈpreʃn] | **deprimiert/Depression** f |
| **dejected/dejection** [dɪˈdʒektɪd/dɪˈdʒekʃn] | **niedergeschlagen/Niedergeschlagen-heit** f |
| **strained/strain**[2] [streɪnd/streɪn] | **angespannt/Anspannung** f |
| **desperate/desperation** [ˈdespərət/ˌdespəˈreɪʃn] **despairing/despair** [dɪˈspeərɪŋ/dɪˈspeə] | **verzweifelt/Verzweiflung** f |
| **shocked/shock**[2] [ʃɒkt/ʃɒk] | **geschockt/Schock** m |
| **sensitive** [ˈsensətɪv] adj | **sensibel, empfindsam** |

Girls are generally more sensitive than boys.

Mädchen sind im Allgemeinen sensibler als Jungen.

1 adj/n beziehen sich auch auf die folgenden Stichwörter in dieser Kolonne.
2 Diese Substantive werden auch im Plural und mit dem unbestimmten Artikel a/an gebraucht. Z. B.: Playing tennis is one of my favourite relaxations. (Tennis-spielen ist eine meiner liebsten Freizeitbeschäftigungen.)/Close your eyes. I've got a surprise for you. (Mach die Augen zu. Ich habe eine Überraschung für dich.)/Being constantly away on business, was a great strain for him. (Beruflich immer unterwegs zu sein, bedeutete eine große Belastung für ihn.)/Her father's death came as a shock to her. (Der Tod ihres Vaters war ein Schock für sie.)
3 Diese Substantive werden auch mit dem unbestimmten Artikel a/an ge-braucht, kommen aber nicht im Plural vor. Z. B.: That sound in the middle of the night gave me a nasty scare (a nasty fright). (Dieses Geräusch mitten in der Nacht hat mir einen wahren Schrecken eingejagt.)

**sensitivity** [ˌsensəˈtɪvəti] *n*

She lacks sensitivity.

**insensitive** [ɪnˈsensətɪv] *adj*
**unfeeling** [ʌnˈfiːlɪŋ] *adj*
**callous** [ˈkæləs] *adj*
How can you be so insensitive (unfeeling/callous)?

**look forward to sth** [lʊk ˈfɔːwəd] *v*
Alexander is looking forward to studying at Oxford.

**fear** [fɪə] *v*
I feared for my life.

**fear** [fɪə] *n*
She cannot explain her fear of flying.

**be afraid of sth/that** [əˈfreɪd]
**be scared of sth/that** [ˈskeəd]
When I was a child I was afraid of ghosts.

She is afraid that she will not pass her examination.
He is scared of the future.

**hope** [həʊp] *v*
**hopefully** [ˈhəʊpfli] *adv*
I hope that everything will go well.
Hopefully everything will go well.

**worry** [ˈwʌri] *v*

Don't worry about it. It'll soon be alright.

That worries me a lot.

**worried** [ˈwʌrid] *adj*
Why do you look so worried?

**be disheartened** [dɪsˈhɑːtnd]
**lose heart** [luːz ˈhɑːt]
Don't be disheartened. (Don't lose heart.)

**lose hope** [luːz ˈhəʊp]
**despair** [dɪˈspeə] *v*

**Empfindsamkeit** *f*, **Einfühlungs-vermögen** *n*
Es fehlt ihr an Einfühlungsvermögen.

**gefühllos, unempfindlich**

Wie kann man so gefühllos sein?

**sich auf etw. freuen**
Alexander freut sich auf sein Studium in Oxford.

**Angst haben, fürchten**
Ich hatte Angst um mein Leben.

**Angst** *f*, **Furcht** *f*
Sie kann ihre Angst vor dem Fliegen nicht erklären.

**sich vor etw. fürchten, vor etw. Angst haben**
Als Kind fürchtete ich mich vor Gespenstern.
Sie hat Angst, dass sie das Examen nicht bestehen wird.
Er hat Angst vor der Zukunft.

**hoffen**
**hoffentlich**
Ich hoffe, dass alles gut gehen wird.
Hoffentlich geht alles gut.

**sich Sorgen machen, sich be-unruhigen**
Mach dir keine Sorgen. Es wird schon wieder gut.
Das beunruhigt mich sehr.

**beunruhigt, sorgenvoll**
Warum schaust du so sorgenvoll drein?

**den Mut verlieren, sich entmutigen lassen**
Verliere nicht den Mut!

**verzweifeln, die Hoffnung verlieren**

Don't lose hope (Don't despair). One day you'll be successful.

Du darfst nicht verzweifeln. Eines Tages wirst du Erfolg haben.

**grief** [gri:f] *n*
He causes his parents a lot of grief with his escapades.

**Kummer** *m*, **Leid** *n*
Er macht seinen Eltern viel Kummer mit seinen Eskapaden.

**be amazed** [əˈmeɪzd]
I'm amazed that he's not there yet.
I'm amazed to hear you say that.

**erstaunt sein**
Ich bin erstaunt, dass er noch nicht da ist.
Ich bin erstaunt, das aus deinem Mund zu hören.

**surprise** [səˈpraɪz] *v*
That doesn't surprise me at all.

**überraschen**
Das überrascht mich gar nicht.

● **Expressions**

**get the shock of one's life**
When the dog suddenly jumped up at me I got the shock of my life.

**sich zu Tode erschrecken**
Als der Hund plötzlich an mir hochsprang, habe ich mich zu Tode erschreckt.

**be scared stiff of sth**
She is scared stiff of mice and spiders.

**vor etw. eine Heidenangst haben**
Sie hat eine Heidenangst vor Mäusen und Spinnen.

**Hope springs eternal in the human breast.**
Who knows how many doctors I've been to see and none of them have been able to help me. But hope springs eternal in the human breast.

**Man soll die Hoffnung nie aufgeben.**

Wie viele Ärzte habe ich schon aufgesucht. Bisher konnte mir keiner helfen. Aber man soll die Hoffnung nie aufgeben.

# 1.6  Der Wille, die Freiheit, der Zwang

**will** [wɪl] *n*
She already had a strong will when she was a small child.
That happened against my will.
Nobody forced me to do it. I did it of my own free will.
You'll manage it with will-power.

**Wille** *m*
Schon als kleines Kind hatte sie einen starken Willen.
Das geschah gegen meinen Willen.
Niemand hat mich dazu gezwungen. Ich habe es freiwillig getan.
Mit Willenskraft schaffst du es.

**effort** [ˈefət] n
It takes much time and effort to keep such a large garden in good shape.

**Anstrengung** f, **Mühe** f
Es kostet viel Zeit und Mühe, einen so großen Garten in Schuss zu halten.

**bother** [ˈbɒðə] v
Many people don't bother to read the small print in contracts.
– I'll take you to the train station.
– You don't need to bother. I'll take a taxi.

**sich bemühen**
Viele machen sich nicht die Mühe, das Kleingedruckte in einem Vertrag zu lesen.
– Ich bringe Sie zum Bahnhof.
– Bemühen Sie sich nicht, ich nehme ein Taxi.

**determination** [dɪˌtɜːmɪˈneɪʃn] n
The situation is critical and requires determination.

**Entschlossenheit** f
Die Situation ist kritisch und verlangt entschlossenes Handeln.

**determined** [dɪˈtɜːmɪnd] adj
She was extremely determined to have a career in the film industry.

**entschlossen**
Sie war wild entschlossen im Filmgeschäft Karriere zu machen.

**decision** [dɪˈsɪʒn] n
You must make a decision now. Such an opportunity doesn't come twice.

**Entscheidung** f
Du musst jetzt eine Entscheidung treffen. Eine solche Gelegenheit bietet sich kein zweites Mal.

**decide** [dɪˈsaɪd] v
They were so pleased with the area that they decided to settle there.
What did you decide?

**entscheiden, sich entschließen**
Die Gegend gefiel ihnen so gut, dass sie sich entschlossen, sich hier niederzulassen.
Wie hast du dich entschieden?

**make up one's mind** [maɪnd]
Give me a bit more time. I haven't yet made up my mind.
We have to make up our minds by Friday.

**sich entscheiden**
Lass mir noch ein bisschen Zeit. Ich habe mich noch nicht entschieden.
Wir müssen uns bis Freitag entscheiden.

**wish** [wɪʃ] n
Unfortunately not all wishes can be fulfilled.

**Wunsch** m
Leider können nicht alle Wünsche erfüllt werden.

**be anxious** [ˈæŋkʃəs]
She was always anxious not to favour any one of her children.
He was anxious to carry out his work correctly.

**sich bemühen, darauf bedacht sein**
Sie war stets darauf bedacht, keines ihrer Kinder zu bevorzugen.
Er bemühte sich seine Arbeit korrekt auszuführen.

**demand** [dɪˈmɑːnd] n
The demands of the Trade Union were strictly refused by the employers.

**Forderung** f
Die Forderungen der Gewerkschaft wurden von den Arbeitgebern strikt abgelehnt.

**request** [rɪˈkwest] *n*
Please contact the hotel reception, should you have a request.

**Bitte** *f*, **Wunsch** *m*
Sollten Sie einen Wunsch haben, wenden Sie sich bitte an die Hotelrezeption.

**would like** [wʊd laɪk] *v*
What would you like for pudding?
I would like to know what you think about the matter.
I'd like you to help your small brother with his homework.
– Is there anything else you would like?
– No, thank you. Everything is fine.

**möchte, hätte gern**
Was möchtest du zum Nachtisch?
Ich hätte gerne gewusst, wie du über die Sache denkst.
Ich möchte, dass du deinem kleinen Bruder bei den Hausaufgaben hilfst.
– Haben Sie noch einen Wunsch?
– Nein, danke, es ist alles in Ordnung.

**want** [wɒnt] *v*
My parents do not want me to study abroad.
I don't need your advice. I know exactly what I want.

**wollen, mögen**
Meine Eltern wollen nicht, dass ich im Ausland studiere.
Ich brauche deinen Rat nicht. Ich weiß genau, was ich will.

**require sb to do sth** [rɪˈkwaɪə] *v*
The work is not hard but it does require much concentration.

**verlangen**
Die Arbeit ist nicht schwer, verlangt aber viel Konzentration.

**ask** [ɑːsk] *v*
Can I ask you a favour?
The price he asked was far too high.

He asked me to pick him up at 5 pm.
She asked me for help/for a light/for a glass of water.

**bitten, verlangen**
Darf ich Sie um einen Gefallen bitten?
Der Preis, den er verlangte, war viel zu hoch.
Er bat mich ihn um 17 h abzuholen.
Sie bat mich um Hilfe/um Feuer/um ein Glas Wasser.

**tell sb to do sth** [tel] *v*
How often have I told you to turn off the light before going to bed?

**jdm. sagen, dass er etw. tun soll**
Wie oft habe ich dir schon gesagt, dass du das Licht ausmachen sollst, bevor du zu Bett gehst?

**call for** [kɔːl] *v*
The Green party calls for the abolition of nuclear energy.

**verlangen**
Die Grünen verlangen den Ausstieg aus der Atomenergie.

**insist on** [ɪnˈsɪst] *v*
He insisted on hearing the whole truth.

She insists that her name will not be mentioned.

**darauf bestehen**
Er bestand darauf, die ganze Wahrheit zu erfahren.
Er besteht darauf, dass ihr Name nicht genannt wird.

**refuse** [rɪˈfjuːz] *v*
The journalist refused to expose the name of his informant.

**sich weigern**
Der Journalist weigerte sich den Namen seines Informanten preiszugeben.

**freedom** [ˈfriːdəm] *n*
Young people today have more freedom than they did 50 years ago.
I have complete freedom of action.

**Freiheit** *f*
Jugendliche haben heute mehr Freiheiten als vor 50 Jahren.
Ich habe volle Handlungsfreiheit.

**free** [friː] *adj*
Nobody wants to influence you. You're completely free to make your own decisions.
Basically I'm free and I can do what I want.

**frei**
Niemand möchte dich beeinflussen. Du bist in deinen Entscheidungen vollkommen frei.
Im Grunde genommen bin ich frei und kann tun, was ich will.

**liberty** [ˈlɪbəti] *n*
The revolutionaries fought for liberty, equality and fraternity.
I took the liberty of ordering a drink at the bar for you.

**Freiheit** *f*
Die Revolutionäre kämpften für Freiheit, Gleichheit und Brüderlichkeit.
Ich habe mir erlaubt an der Bar einen Drink für Sie zu bestellen.

**permission** [pəˈmɪʃn] *n*
She did not feel well and asked her boss' permission to go home.

**Erlaubnis** *f*
Sie fühlte sich nicht wohl und bat ihren Chef um Erlaubnis nach Hause gehen zu dürfen.

**allow** [əˈlaʊ] *v*
Young people under 16 years of age are not allowed to smoke in public.
I can't remember allowing you to do that.

**erlauben, dürfen**
Jugendliche unter 16 Jahren dürfen in der Öffentlichkeit nicht rauchen.
Ich kann mich nicht erinnern dir das erlaubt zu haben.

**let** [let] *v*
I won't let you speak of my friends in such a way.
Let me help you.

**(zu)lassen, erlauben**
Ich lasse nicht zu, dass du so über meine Freunde sprichst.
Lass mich dir helfen.

**restriction** [rɪˈstrɪkʃn] *n*
As a foreigner I am subject to particular restrictions in this country.

**Einschränkung** *f*
Als Ausländer unterliege ich in diesem Land gewissen Einschränkungen.

**constraint** [kənˈstreɪnt] *n*
Many Americans go to psychotherapists to free themselves from their inner constraints.
She suffered greatly under the social and cultural constraints of this country.

**Zwang** *m*
Viele Amerikaner suchen einen Psycho-therapeuten auf, um sich von ihren inneren Zwängen zu befreien.
Sie litt sehr unter den gesellschaftlichen und kulturellen Zwängen dieses Landes.

**limit** ['lɪmɪt] *n*
You have to know the limits.
The limits of individual freedom are drawn from the needs of the community.

**Grenze** *f*
Du musst deine Grenzen kennen!
Die Grenzen der individuellen Freiheit werden durch die Bedürfnisse der Gemeinschaft gezogen.

**limit** ['lɪmɪt] *v*
The offer is limited until 15th of this month.
Our possibilities are limited.
I only have a limited amount of influence.

**begrenzen**
Das Angebot ist bis zum 15. dieses Monats begrenzt.
Unsere Möglichkeiten sind begrenzt.
Ich habe nur begrenzten Einfluss.

**must** [mʌst] *v, n*
It's already late. You must sleep now.
His new novel is a must for all crime fiction lovers.

**müssen, das Muss**
Es ist schon spät. Du musst jetzt schlafen.
Sein neuer Roman ist ein Muss for alle Krimi-Liebhaber.

**must not** [mʌst nɔt] *v*
You mustn't lie.
The children must not leave the school playground during the break.

**nicht dürfen**
Du darfst nicht lügen.
Die Kinder dürfen in der Pause den Schulhof nicht verlassen.

**have to** [hæv] *v*
Before I received the scholarship I had to sit a test.

**müssen**
Bevor ich das Stipendium bekam, musste ich einen Test machen.

**should** [ʃʊd] *v*
You shouldn't always be dissatisfied.

**sollen**
Du solltest nicht immer unzufrieden sein.

**be supposed to do sth** [sə'pəuzd]
**not be supposed to do sth**
On the golf course you are supposed to observe the rules and regulations.
You are not supposed to smoke in the dining-room.

**etw. tun müssen**
**nicht dürfen**
Auf dem Golfplatz muss man die Spiel- und Verhaltensregeln beachten.
Sie dürfen im Speisesaal nicht rauchen.

**ban** [bæn] *n*
A worldwide ban on nuclear weapons testing exists.

**Verbot** *n*
Es besteht ein weltweites Verbot von Atomwaffenversuchen.

**ban** [bæn] *v*
The novel "Fahrenheit 451" is about a totalitarian state, in which books are banned.
Anyone who uses a mobile phone in a plane is banned from flying for life.

**verbieten**
Der Roman „Fahrenheit 451" handelt von einem totalitären Staat, in dem Bücher verboten sind.
Wer im Flugzeug ein Handy benützt, bekommt auf Lebenszeit Flugverbot.

**forbidden** [fə'bɪdn] *adj*
Smoking at work is forbidden in most companies.

**verboten**
In den meisten Firmen ist Rauchen am Arbeitsplatz verboten.

**not allow** [ə'laʊ] *v*
Her parents did not allow her to go to the disco.
Muslims are not allowed to eat pork.

**verbieten, nicht dürfen**
Die Eltern verboten ihr die Disco zu besuchen.
Muslime dürfen kein Schweinefleisch essen.

**can** [kən] *v*
**cannot, can't** ['kænɒt, kɑ:nt] *v*
If you like, you can complain to the management.
You can't just keep changing your opinion.

**können**
**nicht können**
Wenn Sie wollen, können Sie sich bei der Geschäftsleitung beschweren.
Du kannst doch nicht ständig deine Meinung ändern.

**could** [kʊd] *v*
**could not (couldn't)** ['. nɒt ('kʊdnt)] *v*
He said, if I liked, I could complain to the management.
Could you not be more polite to your sister?

**konnte, könnte**
**konnte nicht**
Er sagte, wenn ich wollte, könnte ich mich bei der Geschäftsleitung beschweren.
Könntest du nicht etwas höflicher zu deiner Schwester sein?

**be able** ['eɪbl]
Will you be able to finish the work by Saturday?

**können**
Kannst du mit der Arbeit bis Samstag fertig werden?

**make sb do sth** [meɪk] *v*
He always made us laugh with his funny stories.
You can't make me believe that.
What makes you say such a thing?

**jdn. veranlassen etw. zu tun, jdn. zu etw. bringen**
Mit seinen komischen Erzählungen brachte er uns immer zum Lachen.
Das kannst du mir nicht weismachen.
Was veranlasst dich so etwas zu sagen?

**force sb to do sth** [fɔ:s] *v*
The war forced many people to leave their homes.

**jdn. zwingen etw. zu tun**
Der Krieg zwang viele Menschen ihre Heimat zu verlassen.

**drive sb to sth** [draɪv] *v*
His alcoholism drove her to despair.

**jdn. zu etw. treiben**
Seine Trunksucht brachte sie zur Verzweiflung.

## ● Expressions

**Where there's a will, there's a way.**
You only see obstacles but you have to get your work finished. Where there's a will, there's a way.

**Wo ein Wille ist, ist auch ein Weg.**
Du siehst nur Hindernisse. Du musst die Sache aber zu Ende bringen. Wo ein Wille ist, ist auch ein Weg.

**Let bygones be bygones.**
– I saw you yesterday with Edward. Are you both getting on well again with each other?
– Yes. I told myself let bygones be bygones.

**Lass die Vergangenheit ruhen.**
– Ich habe dich gestern mit Edward gesehen. Vertragt ihr euch wieder?

– Ja. Ich habe mir gesagt, lass die Vergangenheit ruhen.

# 2.1 Die Person

**person,** *pl* **people** [ˈpɜːsn, ˈpiːpl] *n*
Only one person replied to the advertisement.
There is still room for one more person on the bus.
How many people are going on the excursion?

**Person** *f*
Auf das Inserat meldete sich nur eine Person.
Für eine Person ist noch Platz im Bus.

Wie viele Personen nehmen an dem Ausflug teil?

**personal** [ˈpɜːsənl] *adj*
Everyone had a compartment for their personal belongings.

**persönlich**
Jeder hatte ein Fach für seine persönlichen Sachen.

**personality** [pɜːsəˈnæləti] *n*
He is a well-known personality with a lot of political influence.

**Persönlichkeit** *f*
Er ist eine bekannte Persönlichkeit mit großem politischen Einfluss.

**name** [neɪm] *n*
– What is your name, please?
– My name is Miller.

**Name** *m*
– Wie ist bitte Ihr Name?
– Mein Name ist Müller.

**surname** [ˈsɜːneɪm] *n*
**first name** [ˈfɜːst neɪm] *n*
**Christian name** [ˈkrɪstʃn neɪm] *n*

**Familienname** *m*, **Nachname** *m*

**Vorname** *m*

**be called** [kɔːld]
– What are you called?
– I'm called Julie.

**heißen**
– Wie heißt du?
– Ich heiße Julie.

**birth** [bɜːθ] *n*
What is your date of birth?
Where is your place of birth?

**Geburt** *f*
Wie lautet ihr Geburtsdatum?
Wie heißt ihr Geburtsort?

**be born** [bɔːn]
I was born on 10th August 1975 in Edinburgh.

**geboren werden**
Ich bin am 10. August 1975 in Edinburgh geboren.

**age** [eɪdʒ] *n*
Mozart died at the age of 35.

**Alter** *n*
Mozart ist im Alter von 35 Jahren gestorben.

I would never have had the courage to change jobs at his age.
All of the children in this group are the same age.

Ich hätte nie den Mut gehabt in seinem Alter den Beruf zu wechseln.
Alle Kinder in dieser Gruppe haben das gleiche Alter.

**be ... years old** [jɪəz 'əʊld]
She was just 5 years old when her father died.
– How old are you?
– I'm 13 (years old).

**alt sein**
Sie war gerade 5 Jahre alt, als ihr Vater starb.
– Wie alt bist du?
– Ich bin 13 (Jahre alt).

**under age** [,ʌndər 'eɪdʒ]
**minor** ['maɪnə] n
As long as you are under age (a minor) you are not allowed to do everything you want.

**minderjährig**
**Minderjährige(r)** m/f
Solange du minderjährig bist, kannst du nicht alles tun, was du willst.

**of age** [eɪdʒ]
**adult** ['ædʌlt] adj, n
He has come of age but he does not behave like an adult.

**volljährig, mündig**
**erwachsen, Erwachsene(r)** m/f
Er ist volljährig, aber er benimmt sich nicht wie ein Erwachsener.

**nationality** [,næʃə'næləti] n
– What nationality are you?
– I'm British.

**Staatsangehörigkeit** f
– Welche Staatsangehörigkeit haben Sie?
– Ich bin Brite/Britin.

**address** [ə'dres] n
What is your address?

**Adresse** f
Wie lautet Ihre Adresse?

**occupation**[1] [,ɒkju'peɪʃn] n
Please also state your occupation.

**Beruf** m
Geben Sie bitte auch Ihren Beruf an.

**marital status** [,mærɪtl 'steɪtəs] n
– What is your marital status?
– I am ...
  **single** [sɪŋgl]
  **married** ['mærid]
  **divorced** [dɪ'vɔ:st]
  **widowed** ['wɪdəʊd]

**Familienstand** m
– Wie ist Ihr Familienstand?
– Ich bin ...
  **ledig**
  **verheiratet**
  **geschieden**
  **verwitwet**

**sb's particulars** [pə'tɪkjələz] n, pl

Please enter your particulars here.

**persönliche(n) Daten** Pl,
**Personalien** Pl
Tragen Sie bitte hier Ihre persönlichen Daten ein.

**identity card** [aɪ'dentəti kɑ:d] n
**ID card** [aɪ 'di: kɑ:d] n
The police checked his identity card (ID card).

**Personalausweis** m

Die Polizei überprüfte seinen Personalausweis.

**identification** [aɪ,dentɪfɪ'keɪʃn] n

– Do you have any identification?
– Is my American Express Card O.K.?

**Papiere** Pl (mit denen man sich ausweisen kann)
– Können Sie sich ausweisen?
– Genügt Ihnen meine American Express Card?

---

1 Zu *Beruf* s. auch S. 246 ff.

**passport** ['pɑːspɔːt] *n*
The new passports are red.

**Reisepass** *m*
Die neuen Reisepässe sind rot.

**driving licence**[1] ['draɪvɪŋ ˌlaɪsns] *n*
Have you got your driving licence yet?

**Führerschein** *m*
Hast du schon den Führerschein?

**CV** [siː ˈviː] *n*
**curriculum vitae** [kəˌrɪkjələm ˈviːtaɪ] *n*

**Lebenslauf** *m*

Please enclose a hand-written CV
(curriculum vitae) with your application.

Fügen Sie bitte Ihrem Bewerbungs-
schreiben einen handschriftlichen
Lebenslauf bei.

● **Expressions**

**I wasn't born yesterday.**
I noticed straightaway that he wanted to
trick me. I wasn't born yesterday.

**Ich bin nicht von gestern.**
Ich habe sofort bemerkt, dass er mich
hereinlegen wollte. Ich bin doch nicht von
gestern.

**Every Tom, Dick and Harry.**
What, you don't know that? Every Tom,
Dick and Harry knows that.

**Hinz und Kunz, alle Welt**
Was, das weißt du nicht? Das weiß doch
alle Welt.

# 2.2 Die äußere Erscheinung

**appearance** [əˈpɪərəns] *n*
Many people are not content with their
appearance.
Don't judge people by appearances.

**Aussehen** *n*, **(äußere) Erscheinung** *f*
Viele Leute sind mit ihrem Aussehen nicht
zufrieden.
Beurteile die Menschen nicht nach ihrem
Äußeren.

**look** [lʊk] *v*
– What does she look like?
– She is beautiful/attractive.
He/She looks ...
  **handsome** ['hænsəm]
  **perfect** ['pɜːfɪkt]
  **untidy** [ʌnˈtaɪdi]

**aussehen**
– Wie sieht sie aus?
– Sie ist schön/attraktiv.
Er/Sie sieht ... aus.
  **gut**
  **tadellos**
  **ungepflegt**

**good-looking** [gʊd ˈlʊkɪŋ] *adj*
Your boyfriend is really very good-looking.

**gut aussehend**
Dein Freund sieht wirklich sehr gut aus.

1 AE: driver's license

**good looks** [gʊd 'lʊks] *n*
He gets his good looks from his mother.

**gute(s) Aussehen** *n*
Das gute Aussehen hat er von seiner Mutter.

**beauty** ['bjuːti] *n*
She owes her success to her beauty.

**Schönheit** *f*
Sie verdankt ihren Erfolg ihrer Schönheit.

**expression** [ɪk'spreʃn] *n*
She looked at him with an expression of astonishment.

**(Gesichts-)Ausdruck** *m*
Sie schaute ihn mit dem Ausdruck des Erstaunens an.

**manner** ['mænə] *n*
Her self-confident manner is deceptive.
He has a relaxed manner about him.

**Auftreten** *n*, **Art** *f*
Ihr selbstsicheres Auftreten täuscht.
Er hat eine lässige Art an sich.

**be ...**
  **tall/short** [tɔːl/ʃɔːt]
  **slim/fat** [slɪm/fæt]
  **pretty/ugly** ['prɪti/'ʌgli]

**... sein**
  **groß/klein**
  **schlank/dick**
  **schön/hässlich**

- **What colour are his eyes?** ['kʌlə/ aɪz]

- **Welche Farbe haben seine Augen?**

- **He has blue eyes.** [bluː]

- **Er hat blaue Augen.**

- **How tall are you?** [tɔːl]
- **I'm 1.70 m.** ['miːtəz]

- **Wie groß bist du?**
- **Ich bin 1,70 m groß.**

- **How much do you weigh?** [weɪ]
- **I weigh 59 kg.** ['kɪləgræmz]
  **(I weigh 59 kilos.** *informal* ['kiːləʊz])

- **Wie viel wiegst du?**
- **Ich wiege 59 kg.**

**have ...**
  **a long/round/oval face** [lɒŋ/raʊnd/ 'əʊvl feɪs]
  **dark/fair/blond(e) hair** [dɑːk/feə/ blɒnd heə]
  **a pale/clear/fresh complexion** [peɪl/klɪə/freʃ kəm'plekʃn]

**... haben**
  **ein längliches/rundes/ovales Gesicht**
  **dunkles/helles/blondes Haar**

  **einen blassen/hellen/frischen Teint**

**figure** ['fɪgə] *n*
She has a great figure.

weibliche **Figur** *f*
Sie hat eine tolle Figur.

**build** [bɪld] *n*
He is of strong/slender build.

**Körperbau** *m*
Er hat einen kräftigen/zarten Körperbau.

**waist** [weɪst] *n*
She has a slim waist.

**Taille** *f*
Sie hat eine schmale Taille.

**hip** [hɪp] *n*
She has wide hips.

**Hüfte** *f*
Sie hat breite Hüften.

● **Expression**

**Beauty is only skin-deep.**
– Doesn't Wendy's new boyfriend look great?
– Yes, but beauty is only skin-deep.

**Schönheit ist nicht alles.**
– Sieht Wendy's neuer Freund nicht prächtig aus?
– Ja sicher, Schönheit ist aber nicht alles.

# 2.3 Der Charakter, das Temperament

**character** ['kærəktə] *n*
I have never seen this side of his character before.

**Charakter** *m*
Diese Seite seines Charakters habe ich bisher noch nicht bemerkt.

**characteristic** [ˌkærəktə'rɪstɪk] *n*
Fairness is said to be a typically British characteristic.

**Charaktereigenschaft** *f*
Fairness soll eine typisch britische Charaktereigenschaft sein.

**typical of** ['tɪpɪkl] *adj*
It is typical of him to give up at the slightest sign of resistance.

**typisch für**
Es ist typisch für ihn, beim geringsten Widerstand aufzugeben.

**characterize** ['kærəktəraɪz] *v*
How would you characterize him?
He characterized her as a born liar.

**charakterisieren, bezeichnen**
Wie kann man ihn charakterisieren?
Er bezeichnete sie als geborene Lügnerin.

– **What is he/she like?**
– **He/She is ...**
   **ambitious** [æm'bɪʃɪs]
   **kind-hearted** [kaɪnd 'hɑːtɪd]
   **good-natured** [gʊd 'neɪtʃəd]
   **helpful** ['helpfl]
   **lively** ['laɪvli]
   **generous** ['dʒenərəs]
   **proud** [praʊd]

– **Wie ist er/sie?**
– **Er/Sie ist ...**
   **ehrgeizig**
   **gutherzig**
   **gutmütig**
   **hilfsbereit**
   **lebhaft**
   **großzügig**
   **stolz**

**quality** ['kwɒləti] *n*
What are her qualities?

**gute Eigenschaft** *f*
Welches sind ihre guten Eigenschaften?

**bad quality** [bæd ˈkwɒləti] *n*
What are his bad qualities?

**schlechte Eigenschaft** *f*
Welches sind seine schlechten Eigenschaften?

**strong point** [ˈstrɒŋ pɔɪnt] *n*
**strength** [streŋθ] *n*
Punctuality is not his strong point.
(Punctuality is not one of his strengths).

**Stärke** *f*
Pünktlichkeit ist nicht seine Stärke.

**weak point** [ˈwiːk pɔɪnt] *n*
**weakness** [ˈwiːknɪs] *n*
One of his weak points (weaknesses) is his poor time-keeping.

**Schwäche** *f*
Unpünktlichkeit ist eine Schwäche von ihm.

**fault** [fɔːlt] *n*
She loves him despite his faults.

**(Charakter-)Fehler** *f*
Sie liebt ihn trotz seiner Fehler.

**disposition** [ˌdɪspəˈzɪʃn] *n*
She has a sunny disposition.
He has always had an artistic disposition.

**Veranlagung** *f*, **Gemüt** *n*
Sie hat ein sonniges Gemüt.
Er hatte schon immer eine künstlerische Veranlagung.

**temper** [ˈtempə] *n*
He gets carried away by his temper.

He cannot keep his violent temper under control.

**Temperament** *n*
Er lässt sich von seinem Temperament hinreißen.
Er kann sein hitziges Temperament nicht zügeln.

**control oneself** [kənˈtrəʊl] *v*
He was very excited but was able to control himself and to remain calm.

**sich beherrschen**
Er war sehr erregt, aber er konnte sich beherrschen und ruhig bleiben.

**lose control** [luːz kənˈtrəʊl]
She completely lost control and burst out laughing.

**Beherrschung verlieren**
Sie verlor völlig die Beherrschung und brach in schallendes Gelächter aus.

**mood** [muːd] *n*
She is rarely in a good/bad mood.
Why were you in such a bad mood yesterday?
I'm not in the mood to go to the theatre today.

**Stimmung** *f*, **Laune** *f*
Sie ist selten in guter/schlechter Stimmung.
Warum warst du gestern so schlecht gelaunt?
Ich bin heute nicht in der Stimmung ins Theater zu gehen.

**be full of ...** [fʊl]
  **concern** [kənˈsɜːn]
  **energy** [ˈenədʒi]
  **contradictions** [ˌkɒntrəˈdɪkʃnz]

**voller ... sein**
  **Sorge** *f*
  **Energie** *f*
  **Widersprüche** *m, Pl*

| | | | |
|---|---|---|---|
| **lack sth** [læk] *v*<br>**be lacking in sth** [ˈlækɪŋ] | | **an etw. fehlen** | |
| He lacks (He is lacking in) ... | | Es fehlt ihm an ... | |
|   **adaptability** [əˌdæptəˈbɪləti] | |   **Anpassungsfähigkeit** *f* | |
|   **flexibility** [ˌfleksəˈbɪləti] | |   **Beweglichkeit** *f* | |
|   **initiative** [ɪˈnɪʃətɪv] | |   **Initiave** *f* | |

| | | | |
|---|---|---|---|
| **authoritative**<br>[ɔːˈθɒrətɪv] *adj*[1] | **authority**<br>[ɔːˈθɒrəti] *n*[1] | autoritär | **Autorität** *f* |
| **selfish**<br>[ˈselfɪʃ] | **selfishness**<br>[ˈselfɪʃnɪs] | egoistisch | **Egoismus** *m* |
| **selfless**<br>[ˈselfləs] | **selflessness**<br>[ˈselfləsnɪs] | selbstlos | **Selbstlosigkeit** *f* |
| **self-conscious**<br>[self ˈkɒnʃəs] | **self-consciousness**<br>[self ˈkɒnʃəsnɪs] | unsicher | **Unsicherheit** *f* |
| **modest**<br>[ˈmɒdɪst] | **modesty**<br>[ˈmɒdəsti] | bescheiden | **Bescheidenheit** *f* |
| **shy** [ʃaɪ] | **shyness** [ˈʃaɪnɪs] | scheu | **Scheu** *f* |
| **courageous**<br>[kəˈreɪdʒəs] | **courage**<br>[ˈkʌrɪdʒ] | mutig | **Mut** *m* |
| **simple**<br>[ˈsɪmpl] | **simplicity**<br>[sɪmˈplɪsəti] | einfach | **Einfachheit** *f* |
| **thrifty** [ˈθrɪfti] | **thrift** [θrɪft] | sparsam | **Sparsamkeit** *f* |

| | | | |
|---|---|---|---|
| **strict**<br>[strɪkt] *adj*[1] | **permissive**<br>[pəˈmɪsɪv] *adj*[1] | streng | nachgiebig |
| **hard-working**<br>[hɑːd ˈwɜːkɪŋ] | **lazy**<br>[ˈleɪzi] | fleißig | faul |
| **well-balanced**<br>[wel ˈbælənsd] | **unbalanced**<br>[ʌnˈbælənsd] | ausgeglichen | unausgeglichen |
| **calm**<br>[kɑːm] | **excitable**<br>[ɪkˈsaɪtəbl] | ruhig | leicht erregbar |
| **timid** [ˈtɪmɪd] | **cheeky** [ˈtʃiːki] | schüchtern | frech |
| **mean**<br>[miːn] | **extravagant**<br>[ɪkˈstrævəgənt] | geizig | verschwende-<br>risch |
| **flexible**<br>[ˈfleksəbl] | **unflexible**<br>[ʌnˈfleksəbl] | flexibel | unflexibel |

**lazyness** [ˈleɪzɪnɪs] *n*
Lazyness is a bad quality.

**Faulheit** *f*
Faulheit ist eine schlechte Eigenschaft.

**indifference** [ɪnˈdɪfrəns] *n*
Your indifference sometimes shocks me.

**Gleichgültigkeit** *f*
Deine Gleichgültigkeit erschreckt mich
manchmal.

1   *adj/n* bzw. *adj/adj* beziehen sich auch für die folgenden Stichwörter der ent-
  sprechenden Kolonne.

**enthusiasm** [ɪnˈθuːziæzəm] *n*
This proposal was taken up with enthusiasm.

**Begeisterung** *f*
Dieser Vorschlag wurde mit Begeisterung aufgenommen.

**simplicity** [sɪmˈplɪsəti] *n*
We were all impressed by the simplicity of his way of life.

**Einfachheit** *f*
Wir waren alle beeindruckt von der Einfachheit seiner Lebensweise.

**generosity** [ˌdʒenəˈrɒsiti] *n*
She is a miser and generosity is not her strong point.

**Großzügigkeit** *f*
Sie ist ein Geizhals und Großzügigkeit ist nicht ihre Stärke.

**meanness** [ˈmiːnɪs] *n*
His meanness makes him a lonely person.

**Geiz** *m*
Sein Geiz macht ihn zu einem einsamen Menschen.

**ambition** [æmˈbɪʃn] *n*
This woman is obsessed with ambition.

**Ehrgeiz** *m*
Diese Frau ist von Ehrgeiz besessen.

**anger** [ˈæŋɡə] *n*
She slammed the door shut in anger.

**Zorn** *m*
Sie schlug im Zorn die Tür zu.

**rage** [reɪdʒ] *n*
He flies into a rage easily.

**Wut** *f*
Er gerät leicht in Wut.

**vice** [vaɪs] *n*
**virtue** [ˈvɜːtjuː] *n*
La Rochefoucauld wrote, "Our virtues are mainly nothing but disguised vices."

**Laster** *n*
**Tugend** *f*
La Rochefoucauld hat geschrieben: „Unsere Tugenden sind meistens nur verkappte Laster."

● **Expression**

**Patience is a virtue.**
Many people today seem to have forgotten that patience is a virtue.

**Geduld ist eine Tugend.**
Viele Menschen scheinen heute vergessen zu haben, dass Geduld eine Tugend ist.

# 2.4 Die Intelligenz, die Bildung, die Begabung

**intelligence** [ɪnˈtelɪdʒəns] *n*
**intelligent** [ɪnˈtelɪdʒənt] *adj*
The higher intelligence of humans marks them out from other living beings.

**Intelligenz** *f*
**intelligent, klug**
Der Mensch unterscheidet sich von den anderen Lebewesen durch seine höhere Intelligenz.

| | |
|---|---|
| She is not more intelligent than her brother but works harder. | Sie ist nicht intelligenter, aber fleißiger als ihr Bruder. |

**education**[1] [ˌedʒuˈkeɪʃn] *n*
She received a good education.
The standard of education of those on the course varied.

**Bildung** *f*, **Erziehung** *f*
Sie hat eine gute Erziehung erhalten.
Das Bildungsniveau der Kursteilnehmer war unterschiedlich.

**all-round education**[1] [ˌɔːl raʊnd ˌedʒuˈkeɪʃn] *n*
The role of grammar schools is to give pupils a good all-round education.

**Allgemeinbildung** *f*

Die Aufgabe des Gymnasiums ist es, den Schülern eine gute Allgemeinbildung zu geben.

**educated** [ˈedʒukeɪtɪd] *adj*
**uneducated** [ʌnˈedʒukeɪtɪd] *adj*
It is pleasant to talk with educated people.

I've rarely had anything to do with such an uneducated person.

**gebildet**
**ungebildet**
Es ist angenehm, sich mit gebildeten Menschen zu unterhalten.
Ich habe es noch selten mit einer so ungebildeten Person zu tun gehabt.

**be self-educated** [self ˈedʒukeɪtɪd]
Although he is self-educated he is regarded as an expert in his field.

**Autodidakt sein**
Obgleich er Autodidakt ist, gilt er als Experte auf seinem Fachgebiet.

**educate** [ˈedʒukeɪt] *v*
It is the schools' task to educate pupils to be well-informed citizens.

**erziehen, bilden**
Es ist die Aufgabe der Schule, die Schüler zu aufgeklärten Bürgern zu erziehen.

**knowledge**[1] [ˈnɒlɪdʒ] *n,sg*
You must gain more knowledge in this field.
She has a good knowledge of electronic data-processing.

**Wissen** *n*, **Kenntnisse** *Pl*
Auf diesem Gebiet musst du noch einige Kenntnisse erwerben.
Sie hat gute Kenntnisse in der elektronischen Datenverarbeitung.

**have a basic knowledge** [ˌbeɪsɪk ˈnɒlɪdʒ]
**know the basics** [nəʊ ðə ˈbeɪsɪks]

**Grundkenntnisse haben**

Everyone should have a basic knowledge of first aid. (Everyone should know the basics of first aid.)

Jeder sollte Grundkenntnisse in Erster Hilfe haben.

**be knowledgeable** [ˈnɒlɪdʒəbl]
Sarah is very knowledgeable in the field of Indonesian culture.

**beschlagen sein**
Sarah ist auf dem Gebiet der indonesischen Kultur sehr beschlagen.

**know** [nəʊ] *v*
What do you know about the way of life of these people?

**wissen, können, kennen**
Was weißt du über die Lebensgewohnheiten dieser Menschen?

1 Diese Wörter werden auch mit dem unbestimmten Artikel *a/an* gebraucht.

| | |
|---|---|
| I don't know America. | Ich kenne Amerika nicht. |
| I don't know how to work this machine. | Ich kann diese Maschine nicht bedienen. |

**understand** [ˌʌndəˈstænd] *v*
**verstehen**

I don't understand. Could you please explain it again?
Das verstehe ich nicht. Könnten Sie es bitte noch einmal erklären.

You'll start to understand when you're older.
Das wirst du verstehen, wenn du älter bist.

**be able** [ˈeɪbl]
**können, imstande sein**

He was not able to answer all of the questions in the test.
Er konnte nicht alle Fragen des Tests beantworten.

**ability** [əˈbɪləti] *n*
**Begabung** *f*

This test is intended to assess the pupils' ability.
Mit diesem Test soll die Begabung der Schüler geprüft werden.

**capability** [ˌkeɪpəˈbɪləti] *n*
**capable** [ˈkeɪpəbl] *adj*
**Fähigkeit** *f*
**fähig**

That is beyond his capabilities.
Das geht über seine Fähigkeiten.

Capability deteriorates with age.
Mit dem Alter lässt die Leistungsfähigkeit nach.

I don't consider him capable of studying.
Ich halte ihn nicht für fähig zu studieren.

**talent** [ˈtælənt] *n*
**talented** [ˈtæləntɪd] *adj*
**untalented** [ʌnˈtæləntɪd] *adj*
**Talent** *n*, **Begabung** *f*
**begabt**
**unbegabt**

She has an extraordinary talent for languages.
Sie hat eine außerordentliche Begabung für Sprachen.

He is very talented artistically.
Er ist künstlerisch sehr begabt.

She is completely untalented at needlework.
Sie ist ganz unbegabt für Handarbeiten.

**skill** [skɪl] *n*
**(Sach-)Kenntnisse** *Pl*, **Geschicklichkeit** *f*

**skilled** [skɪld] *adj*
**skilful** [ˈskɪlfl] *adj*
**gewandt, qualifiziert**
**geschickt**

He has an outstanding skill for marketing.
Er verfügt über hervorragende Kenntnisse im Marketing.

She is a very skilled interviewer.
Sie ist eine sehr gewandte Interviewerin.

She is very skilful with her hands.
Sie ist sehr geschickt mit ihren Händen.

**interest** [ˈɪntrəst] *n*
**Interesse**

He showed an interest in technical things from an early age.
Er zeigte schon sehr früh Interesse an technischen Dingen.

**be interested in sth** ['ɪntrəstɪd]
Howard is a very bright child who is interested in everything.
I suggested visiting the Picasso exhibition but Kim was not interested.

**sich für etw. interessieren**
Howard ist ein sehr aufgewecktes Kind, das sich für alles interessiert.
Ich schlug vor, die Picasso-Ausstellung zu besuchen, aber Kim war nicht daran interessiert.

**uninterested** [ʌn'ɪntrəstɪd] *adj*
Why are you always so uninterested in what is happening around you?

**uninteressiert, gleichgültig**
Warum bist du immer so uninteressiert an deiner Umwelt?

**care about sth** [keə] *v*
The only thing she cares about is her career as a model.
All he cares about is cars.

**wichtig sein, zählen**
Das Einzige, was für sie zählt, ist ihre Karriere als Model.
Das Einzige, was für ihn wichtig ist, sind Autos.

| | | | |
|---|---|---|---|
| **stupid** ['stjuːpɪd] *adj*[2] | **stupidity**[1] [stjuː'pɪdəti] *n*[2] | **dumm** | **Dummheit** *f* |
| **open-minded** [ˌəʊpən 'maɪndɪd] | **open-minded-ness** [ˌəʊpən 'maɪndɪdnəs] | **aufgeschlossen** | **Aufgeschlossen-heit** *f* |
| **narrow-minded** [ˌnærəʊ 'maɪndɪd] | **narrow-minded-ness** [ˌnærəʊ 'maɪndɪdnəs] | **engstirnig** | **Engstirnigkeit** *f* |
| **absent-minded** [ˌæbsənt 'maɪndɪd] | **absent-minded-ness** [ˌæbsənt 'maɪndɪdnəs] | **geistesabwesend** | **Geistesabwesen-heit** *f* |
| **curious** ['kjʊəriəs] | **curiosity** [ˌkjʊəri'ɒsəti] | **neugierig** | **Neugier** *f* |
| **competent** ['kɒmpɪtənt] | **competence** ['kɒmpɪtəns] | **tüchtig** | **Tüchtigkeit** *f* |
| **creative** [kri'eɪtɪv] | **creativity** [ˌkriːeɪ'tɪvəti] | **kreativ** | **Kreativität** *f* |
| **ignorant** ['ɪgnərənt] | **ignorance** ['ɪgnərəns] | **unwissend** | **Unwissenheit** *f* |
| **clever** ['klevə] | **cleverness** ['klevənəs] | **klug** | **Klugheit** *f* |
| **shrewd** [ʃruːd] | **shrewdness** ['ʃruːdnəs] | **scharfsinnig** | **Scharfsinn** *m* |
| **illiterate** [ɪ'lɪtərət] | **illiteracy** [ɪ'lɪtərəsi] | **Analphabet sein** | **Analphabeten-tum** *n* |

1 *stupidity* wird gelegentlich auch im Plural gebraucht. Z.B.: *Your stupudities are getting on my nerves. (Deine Dummheiten gehen mir langsam auf die Nerven.)*
2 *adj/n* beziehen sich auch auf die folgenden Stichwörter in dieser Kolonne.

**broaden one's horizons** [ˌbrɔːdn wʌnz həˈraɪznz]

**den Horizont erweitern**

Do you really believe that television broadens our horizons?

Glaubst du wirklich, dass Fernsehen den Horizont erweitert?

**find out about sth** [faɪnd ˈaʊt] v

**sich über etw. informieren, etw. herausbekommen**

I've found out what is on at the cinema.

Ich habe mich informiert, was im Kino läuft.

I'll try to find out about it by tomorrow.

Ich versuche es bis morgen herauszubekommen.

**keep sb informed about sth** [kiːp ɪnˈfɔːmd]

**keep sb posted about sth** [kiːp ˈpəʊstɪd]

**jdn. über etw. auf dem Laufenden halten**

I will keep you informed (posted) about my plans.

Ich werde dich über meine Pläne auf dem Laufenden halten.

**sort sth out** [sɔːt ˈaʊt] v

**etw. klären**

Try and sort it out and then let me know.

Versuche die Sache zu klären und gib mir dann Bescheid.

**it is clear to sb** [klɪə]

**jdm. ist klar**

It was clear to him that he no longer had any chance of winning the game.

Es war ihm klar, dass er keine Chance mehr hatte, das Spiel zu gewinnen.

**notice sth** [ˈnəʊtɪs] v

**etw. bemerken**

Luckily I noticed the mistake in time.

Ich habe den Fehler zum Glück rechtzeitig bemerkt.

**realize sth** [ˈriːəlaɪz] v

**sich über etw. klar werden, sein**

Do you realize the consequences of your decision?

Bist du dir über die Folgen deiner Entscheidung klar?

● **Expressions**

**not know whether you are coming or going**

**nicht wissen, wo einem der Kopf steht**

What do you expect me to do then? I don't know anymore whether I'm coming or going.

Was soll ich denn noch alles erledigen? Ich weiß ja nicht mehr, wo mir der Kopf steht.

**know sth like the back of one's hand**

**etw. im Schlaf können, kennen**

I know the stretch between Edinburgh and St. Andrews like the back of my hand.

Die Strecke von Edinburgh nach St. Andrews kenne ich im Schlaf.

**Knowledge is power.**

**What you don't know can't hurt you.**

He did not want to know the details of the deal and might have thought that what he did not know could not hurt him.

**Honesty is the best policy.**

**Wissen ist Macht.**

**Was ich nicht weiß, macht mich nicht heiß.**

Er wollte die Details des Geschäfts nicht kennen und dachte wohl: Was ich nicht weiß, macht mich nicht heiß.

**Ehrlich währt am längsten.**

# 2.5  Zwischenmenschliche Beziehungen

**relationship** [rɪˈleɪʃnʃɪp] *n*
What sort of relationship do they have?

**Beziehung** *f*
Welche Beziehungen bestehen zwischen ihnen?

**behaviour towards sb** [bɪˈheɪvjə tə,wɔːdz] *n*
His behaviour towards his colleagues is ...

**Benehmen jdm. gegenüber** *n*

Sein Benehmen den Kollegen gegenüber ist ...

    **friendly** [ˈfrendli]
    **offensive** [əˈfensɪv]
    **aggressive** [əˈgresɪv]
    **provocative** [prəˈvɒkətɪv]
    **inconsiderate** [ˌɪnkənˈsɪdərət]
    **nasty** [ˈnɑːsti]

    **freundlich**
    **beleidigend**
    **aggressiv**
    **provozierend**
    **rücksichtslos**
    **gemein**

**behave towards sb** [bɪˈheɪv tə,wɔːdz] *v*
– How does she behave towards others?

**sich jdm. gegenüber benehmen**
– Wie benimmt sie sich anderen gegenüber?

– She behaves ...
    **well** [wel]
    **badly** [ˈbædli]
    **perfectly** [ˈpɜːfɪktli]
    **dreadfully** [ˈdredfəli]

– Sie benimmt sich ...
    **gut**
    **schlecht**
    **tadellos**
    **unmöglich**

**treat sb** [triːt] *v*
He treated his employees well/badly.

**jdn. behandeln**
Er behandelte seine Angestellten gut/ schlecht.

**attitude towards sb/sth** [ˈætɪtjuːd tə,wɔːdz] *n*
She has an arrogant attitude towards her classmates.

**Haltung jdm./etw. gegenüber** *f*

Sie hat eine arrogante Haltung ihren Klassenkameraden gegenüber.

I can't bear his ... attitude.
   **cynical** ['sınıkl]
   **hypocritical** [ˌhıpə'krıtıkl]
   **patronizing** ['pætrənaızıŋ]

Ich kann seine ... Haltung nicht ertragen.
   **zynische**
   **heuchlerische**
   **herablassende**

**reaction** [rı'ækʃn] *n*
**react to sth** [rı'ækt] *v*
Her reaction surprised me.
How did he react to the news?

**Reaktion** *f*
**auf etw. reagieren**
Ihre Reaktion hat mich überrascht.
Wie hat er auf die Nachricht reagiert?

**understanding** [ˌʌndə'stændıŋ] *n*
**understand** [ˌʌndə'stænd] *v*
You could have a little more
understanding of my situation.
I don't understand how people can behave
like that.

**Verständnis** *f*
**verstehen**
Du könntest etwas mehr Verständnis für
meine Lage haben.
Ich verstehe nicht, wie man sich so
verhalten kann.

**understanding** [ˌʌndə'stændıŋ] *adj*
Fortunately I had very understanding
parents.

**verständnisvoll**
Ich hatte zum Glück sehr verständnisvolle
Eltern.

**misunderstanding**
[ˌmısʌndə'stændıŋ] *n*
That has to be a misunderstanding. I've
never made such promises.

**Missverständnis** *n*

Das muss ein Missverständnis sein. Solche
Versprechungen habe ich nie gemacht.

**disturb** [dı'stɜ:b] *v*
**bother** ['bɒðə] *v*
I'm sorry to disturb (to bother) you but
the matter can't wait.

**stören**

Es tut mir Leid, dass ich Sie stören muss,
aber die Sache duldet keinen Aufschub.

**dispute** [dı'spju:t] *n*
**quarrel** ['kwɒrəl] *n*
**settle** ['setl] *v*
The dispute (quarrel) over the inheritance
was only settled years later.

**Streit** *m*

**beilegen**
Der Streit um das Erbe wurde erst nach
Jahren beigelegt.

**social** ['səʊʃl] *adj*
They had a very active social life at that
time.
He lacks social skills.

**gesellschaftlich, sozial**
Sie führten damals ein sehr aktives
gesellschaftliches Leben.
Es fehlt ihm an sozialer Kompetenz.

**atmosphere** ['ætməsfıə] *n*
The meeting took place in a relaxed
atmosphere.

**Atmosphäre** *f*, **Stimmung** *f*
Das Treffen fand in entspannter
Atmosphäre statt.

**jealous** *adj*[1]/**jealousy** *n*[1] ['dʒeləs/
'dʒeləsi]

**eifersüchtig/Eifersucht** *f*

1 *adj/n* beziehen sich auch auf die folgenden Stichwörter in dieser Kolonne.

39

envious/envy ['enviəs/'envi]  **neidisch/Neid** *m*
disappointed/disappointment  **enttäuscht/Enttäuschung** *f*
[ˌdɪsə'pɔɪntɪd/ˌdɪsə'pɔɪntmənt]
sincere/sincerity [sɪn'sɪə/sɪn'serəti]  **aufrichtig/Aufrichtigkeit** *f*
kind/kindness [kaɪnd/'kaɪndnəs]  **freundlich/Freundlichkeit** *f*
cruel/cruelty ['kru:əl/'kru:əlti]  **grausam/Grausamkeit** *f*
honest/honesty ['ɒnɪst/'ɒnɪsti]  **ehrlich/Ehrlichkeit** *f*
sympathetic/sympathy  **sympathisch/Sympathie** *f*
[ˌsɪmpə'θetɪk/'sɪmpəθi]
faithful/faithfulness ['feɪθfl/  **treu/Treue** *f*
'feɪθfəlnəs]
unfaithful/unfaithfulness [ʌn'feɪθfl/  **untreu/Untreue** *f*
ʌn'feɪθfəlnəs]

| | | | |
|---|---|---|---|
| polite [pə'laɪt] *adj¹* | impolite [ˌɪmpə'laɪt] *adj¹* | **höflich** | **unhöflich** |
| refined [rɪ'faɪnd] | uncouth [ʌn'ku:θ] | **vornehm** | **flegelhaft** |
| content [kən'tent] | discontent [ˌdɪskən'tent] | | |
| satisfied ['sætɪsfaɪd] | dissatisfied [dɪs'sætɪsfaɪd] | **zufrieden** | **unzufrieden** |
| pleasant ['pleznt] | unpleasant [ʌn'pleznt] | **angenehm** | **unangenehm** |
| introverted ['ɪntrəvɜ:tɪd] | extroverted ['ekstrəvɜ:tɪd] | **introvertiert** | **extrovertiert** |
| entertaining [entə'teɪnɪŋ] | boring ['bɔ:rɪŋ] | **unterhaltsam** | **langweilig** |
| tolerant ['tɒlərənt] | intolerant [ɪn'tɒlərənt] | **tolerant** | **intolerant** |
| careful ['keəfl] | careless ['keələs] | **vorsichtig** | **unvorsichtig** |
| generous ['dʒenərəs] | mean [mi:n] | **großzügig** | **kleinlich** |
| reliable [rɪ'laɪəbl] | unreliable [ˌʌnrɪ'laɪəbl] | **zuverlässig** | **unzuverlässig** |

gentle ['dʒentl] *adj¹*  **freundlich**
charming ['tʃɑ:mɪŋ]  **liebenswürdig**
decent ['di:snt]  **anständig**
distrustful [dɪs'trʌstfl]  **misstrauisch**
annoying [ə'nɔɪɪŋ]  **lästig**
presumptuous [prɪ'zʌmptʃuəs]  **anmaßend**
inflexible [ɪn'fleksəbl]  **unnachgiebig**
reserved [rɪ'zɜ:vd]  **zurückhaltend**

1 *adj* bezieht sich auch auf die folgenden Stichwörter in den jeweiligen Kolonnen.

**hospitable** ['hɒspɪtəbl] ⎫
**welcoming** ['welkəmɪŋ] ⎭     **gastfreundlich**

**sociable** ['səʊʃəbl]     **gesellig**
**contemptuous** [kən'temptʃʊəs]     **verächtlich**
**sullen** ['sʌlən]     **mürrisch**

**love ...** [lʌv]     **... lieben**
    **freedom** ['fri:dəm]     **die Freiheit**
    **company** ['kʌmpəni]     **die Geselligkeit**
    **solitude** ['sɒlɪtju:d]     **die Einsamkeit**

**praise** [preɪz] v     **loben**
You've done a good job and I must praise you for it.     Das hast du gut gemacht. Dafür muss ich dich loben.

**blame sb for sth (sth on sb)** [bleɪm] v ⎫
**put the blame on sb for sth** [pʊt ðə 'bleɪm] ⎭     **jdm. die Schuld an etw. geben**

You can't always blame your parents for your shortcomings. (... blame your shortcomings on your parents./You can't always put the blame on your parents for your shortcomings.)     Du kannst nicht immer deinen Eltern die Schuld an deinen Fehlern geben.

**criticize sb for sth** ['krɪtɪsaɪz] v     **jdn. wegen etw. kritisieren**
The journalist was criticized for his indiscretion.     Der Journalist wurde wegen seiner Indiskretion kritisiert.

**scold sb** [skəʊld] v ⎫
**tell sb off** [tel 'ɒf] v ⎭     **jdn. ausschimpfen**

He scolded me (told me off) although I hadn't done anything.     Er hat mich ausgeschimpft, obwohl ich nichts getan habe.

**flatter** ['flætə] v     **schmeicheln**
Instead of flattering me, you should say what you really think.     Anstatt mir zu schmeicheln, solltest du mir sagen, was du wirklich denkst.

**please** [pli:z] v     **gefallen**
**be pleased** [pli:zd]     **sich freuen**
You cannot always please everyone.     Man kann nicht immer allen gefallen.
I am pleased to see you here.     Es freut mich, Sie hier zu sehen.

**tease** [ti:z] v     **necken, hänseln**
The boys did not stop teasing the girls.     Die Jungen hörten nicht auf, die Mädchen zu necken.

They teased him because of his red hair.     Sie hänselten ihn wegen seiner roten Haare.

**admiration** [ˌædməˈreɪʃn] *n*
**admire** [ədˈmaɪə] *v*
I'm full of admiration for this woman.
I admire the way he is with small children.

**Bewunderung** *f*
**bewundern**
Ich bin voller Bewunderung für diese Frau.
Ich bewundere die Art, wie er mit kleinen Kindern umgeht.

**affection**[1] [əˈfekʃn] *n*
She felt a great affection for her grandchild.

**Zuneigung** *f*
Sie empfand eine große Zuneigung für ihr Enkelkind.

**apologize to sb for sth** [əˈpɒlədʒaɪz] *v*
He apologized for his faux pas [ˌfəʊ ˈpɑː].

**sich bei jdm. für etw. entschuldigen**
Er entschuldigte sich für seinen Fauxpas.

**thank** [θæŋk] *v*
I would like to thank you very much for the beautiful birthday present.

**danken, sich bedanken**
Für das schöne Geburtstagsgeschenk möchte ich mich ganz herzlich bei dir bedanken.

**gratitude** [ˈɡrætɪtjuːd] *n*
**grateful** [ˈɡreɪtfl] *adj*
Don't expect any gratitude from that egoist.
I'm very grateful to you for the hint.

**Dankbarkeit** *f*
**dankbar**
Erwarte von diesem Egoisten keine Dankbarkeit.
Ich bin Ihnen für den Tipp sehr dankbar.

**offend** [əˈfend] *v*
**hurt** [hɜːt] *v*
In so doing, you would offend (hurt) me.

**beleidigen**
Damit würdest du mich beleidigen.

**injure** [ˈɪndʒə] *v*
How could you injure him so much?

**verletzen**
Wie konntest du ihn so verletzen?

**regret** [rɪˈɡret] *v*
I regret nothing.

**bedauern, bereuen**
Ich bereue nichts.

**satisfaction** [ˌsætɪsˈfækʃn] *n*
**dissatisfaction** [dɪˌsætɪsˈfækʃn] *n*
She carried out her tasks to our complete satisfaction.
Your constant dissatisfaction is getting on my nerves.

**Zufriedenheit** *f*
**Unzufriedenheit** *f*
Sie hat ihre Aufgaben zu unserer vollen Zufriedenheit erfüllt.
Deine ewige Unzufriedenheit geht mir auf die Nerven.

**ambiguity** [ˌæmbɪˈɡjuːəti] *n*
His words were full of ambiguities.

**Zweideutigkeit** *f*, **Doppeldeutigkeit** *f*
Seine Worte waren voller Zweideutigkeiten.

**friendliness** [ˈfrendlɪnɪs] *n*
I thank you for your friendliness.

**Freundlichkeit** *f*
Ich danke Ihnen für Ihre Freundlichkeit.

1 *affection* wird auch mit dem unbestimmten Artikel *a/an* gebraucht.

**politeness** [pə'laɪtnɪs] *n*
A proverb says, "Punctuality is the politeness of kings."

**Höflichkeit** *f*
Ein Sprichwort sagt: „Pünktlichkeit ist die Höflichkeit der Könige."

**openness** ['əʊpənnɪs] *n*
I admire your openness.

**Offenheit** *f*
Ich bewundere deine Offenheit.

**respect** [rɪ'spekt] *n; v*
She has no respect for older people.

He was friendly and helpful and was respected by everyone.

**Achtung** *f;* **respektieren**
Sie hat keinen Respekt vor älteren Menschen.
Er war freundlich und hilfsbereit und von allen geachtet.

**contempt** [kən'tempt] *n*
I believe such behaviour is beneath contempt.

**Verachtung** *f*
Für dieses Verhalten habe ich nur Verachtung.

**despise** [dɪ'spaɪz] *v*
No one should despise anyone else.

**verachten**
Man darf niemanden verachten.

**like** [laɪk] *v*
I like Peter a lot. But that is as far as it goes.
What I like about him is his sense of humour.

**gerne haben, mögen, gefallen**
Ich habe Peter sehr gerne, aber mehr auch nicht.
Was mir an ihm gefällt, ist sein Humor.

**dislike** [dɪs'laɪk] *v*
I can't explain to you why I dislike him.

**nicht leiden können, nicht mögen**
Ich kann dir nicht erklären, warum ich ihn nicht mag.

**love** [lʌv] *n*
Love is blind.
Their love had lasted a life time.

**Liebe** *f*
Liebe macht blind.
Ihre Liebe dauerte ein ganzes Leben.

**love** [lʌv] *v*
They do not love each other any more.

**lieben**
Sie lieben sich nicht mehr.

**be in love with sb**
**fall in love with sb** [fɔːl]
She is always in love with someone.
In the holidays Jane fell in love with Thomas.

**in jdn. verliebt sein**
**sich in jdn. verlieben**
Sie ist immer in jemanden verliebt.
In den Ferien hat sich Jane in Thomas verliebt.

**adore** [ə'dɔː] *v*
She adores her father.

**anbeten, vergöttern**
Sie vergöttert ihren Vater.

**value** ['væljuː] *v*
I really value your advice.

**schätzen**
Ich schätze deinen Rat sehr.

43

**hatred** ['heɪtrɪd] n
**hate** [heɪt] v
I've never felt hatred towards anybody.

Ever since that incident he has hated me.

**tension** ['tenʃn] n
The tension between father and son became more and more unbearable.

**cannot (can't) stand sb/sth** [stænd] v
I can't stand chatterboxes.

**distrust sb** [dɪs'trʌst] v
Why do you distrust me?

**trust** [trʌst] n
Their relationship suffered from a lack of mutual trust.

**trust sb** [trʌst] v
After she had caught him lying she no longer trusted him.

**rely on sb** [rɪ'laɪ] v
You can rely on me one hundred percent.

**be dependent on sb** [dɪ'pendənt]
He is financially dependent on his parents.

**become estranged** [ɪ'streɪndʒd]
They still live together but over the years they have become more and more estranged.

**Hass** m
**hassen**
Ich habe noch nie jemandem gegenüber Hass empfunden.
Seit jenem Vorfall hasst er mich.

**Spannung** f
Die Spannungen zwischen Vater und Sohn wurden immer unerträglicher.

**jdn./etw. nicht ausstehen können**
Ich kann Schwätzer nicht ausstehen.

**jdm. misstrauen**
Warum misstraust du mir?

**Vertrauen** n
Ihre Beziehung litt unter einem Mangel an gegenseitigem Vertrauen.

**zu jdm. Vertrauen haben**
Nachdem sie ihn bei einer Lüge ertappt hatte, hatte sie kein Vertrauen mehr zu ihm.

**sich auf jdn. verlassen**
Du kannst dich hundertprozentig auf mich verlassen.

**von jdm. abhängig sein**
Er ist finanziell von seinen Eltern abhängig.

**sich entfremden**
Sie leben noch zusammen, haben sich jedoch im Laufe der Jahre immer mehr entfremdet.

● **Expressions**

**have a crush on sb**
I had a crush on my French teacher when I was 15.

**It's labour of love.**
It is a lot of work but I'll do it as a labour of love.

**in jdn. verknallt sein**
Mit 15 war ich in meinen Französischlehrer verknallt.

**aus Liebe zur Sache**
Es ist viel Arbeit, aber ich tue es aus Liebe zur Sache.

# 2.6  Die Lebensauffassung

**philosophy of life** [fə'lɒsəfi əv laɪf] *n*
That is a philosophy of life which is
completely foreign to me.

**Lebensauffassung** *f*
Das ist eine Lebensauffassung, die mir
vollkommen fremd ist.

**attitude** ['ætɪtjuːd] *n*
She has a positive/negative attitude
towards life.

**Einstellung** *f*
Sie hat eine positive/negative Einstellung
zum Leben.

**outlook on life** ['aʊtlʊk ɒn laɪf] *n*
Both brothers have quite different
outlooks on life.

**Lebensauffassung** *f*
Die beiden Brüder haben ganz
unterschiedliche Lebensauffassungen.

**ideology** [ˌaɪdi'ɒlədʒi] *n*
How can you defend such an unworldly
ideology?

**Ideologie** *f*
Wie kann man eine so weltfremde
Ideologie vertreten?

**ideal** [aɪ'dɪəl] *n*
Despite many a disappointment, he
continued to stick to his ideals.

**Ideal** *n*
Trotz mancher Enttäuschung bewahrte er
sich seine Ideale.

**idealist** [aɪ'dɪəlɪst] *n*
**idealistic** [aɪˌdɪə'lɪstɪk] *adj*
**idealism** [aɪ'dɪəlɪzəm] *n*
Idealists believe that there is good in
human beings.
We were young, lacking experience and
had a very idealistic conception of life.

That is a task which demands a lot of
idealism.

**Idealist** *m*
**idealistisch**
**Idealismus** *m*
Idealisten glauben an das Gute im
Menschen.
Wir waren jung, ohne Erfahrung und
hatten eine sehr idealistische Vorstellung
vom Leben.
Das ist eine Aufgabe, die viel Idealismus
verlangt.

**realist/realistic/realism** ['rɪəlɪst/
rɪə'lɪstɪk/'rɪəlɪzəm] *n/adj/n*
**sceptic/sceptical/scepticism**
['skeptɪk/'skeptɪkl/'skeptɪsɪzəm] *n/adj/n*

**Realist** *m* **/realistisch/Realismus** *m*

**Skeptiker** *m* **/skeptisch/Skepsis** *f*

**optimist** ['ɒptɪmɪst] *n*
**pessimist** ['pesɪmɪst] *n*
What is the difference between an optimist and a pessimist? An optimist's cup is
half full and a pessimist's cup is half empty.

**Optimist** *m*
**Pessimist** *m*
Was ist der Unterschied zwischen einem
Optimisten und einem Pessimisten? Für
einen Optimisten ist das Glas halb voll, für
einen Pessimisten ist es halb leer.

**principle** ['prɪnsəpl] *n*
She has principles which she keeps to.

**Grundsatz** *m*
Sie hat Grundsätze und hält an ihnen fest.

**conviction** [kənˈvɪkʃn] n
**convince** [kənˈvɪns] v
He did it out of conviction.
In this case I acted against my convictions.

I couldn't convince him.

**Überzeugung** f
**überzeugen**
Er tat es aus Überzeugung.
In diesem Fall handelte ich gegen meine Überzeugung.
Ich konnte ihn nicht überzeugen.

**self-confidence** [səlf ˈkɒnfɪdəns] n

**self-confident** [səlf ˈkɒnfɪdənt] adj
Success gave her self-confidence.
Since he failed he has lost all his self-confidence.
She has a very self-confident manner.

**Selbstvertrauen** n, **Selbstbewusstsein** n
**selbstbewusst**
Der Erfolg gab ihr Selbstvertrauen.
Er hat sein ganzes Selbstbewusstsein verloren, seit er einmal versagte.
Sie hat ein sehr selbstbewusstes Auftreten.

**have a sense of sth** [sens]
He really has no sense of justice.

She has a strong sense of duty.

**für etw. einen Sinn haben**
Er hat wirklich keinen Sinn für Gerechtigkeit.
Sie hat ein starkes Pflichtbewusstsein.

**conscience** [ˈkɒnʃəns] n
**conscientious** [ˌkɒnʃiˈenʃəs] adj
He is plagued by his guilty conscience.
I've checked the points conscientiously.

**Gewissen** n
**gewissenhaft**
Ihn plagt sein schlechtes Gewissen.
Ich habe die Sache gewissenhaft geprüft.

**misgiving** [mɪsˈgɪvɪŋ] n
As you can see, your misgivings were unfounded.

**Befürchtung** f
Wie du siehst, waren deine Befürchtungen unbegründet.

**scruple** [ˈskruːpl] n
As far as his career is concerned he does not have any scruples.

**Skrupel** m
Wenn es um seine Karriere geht, hat er keine Skrupel.

**doubt** [daʊt] n
Do you still have any doubts?
I have my doubts about her sincerity.

**Zweifel** m
Hast du noch irgendwelche Zweifel?
Was ihre Aufrichtigkeit betrifft, so habe ich meine Zweifel.

**doubt sth** [daʊt] v
I don't doubt your good intentions.
I doubt whether he told the truth.

**an etw. zweifeln, etw. bezweifeln**
Ich zweifle nicht an deiner guten Absicht.
Ich bezweifle, dass er die Wahrheit gesagt hat.

**confusion** [kənˈfjuːʒn] n
He was in a state of complete confusion and finally took his own life.

**Verwirrung** f
Er war in einer totalen Verwirrung und hat sich schließlich das Leben genommen.

**be confused** [kənˈfjuːzd]
When he received the news he was completely confused.

**verwirrt sein**
Als er die Nachricht erhielt, war er vollkommen verwirrt.

**be in a muddle** [ˈmʌdl]
Ever since that incident I've been in a muddle.

**durcheinander sein**
Seit diesem Vorfall bin ich ganz durcheinander.

**leave sb disorientated**[1]
[liːv dɪsˈɔːriənteɪtɪd]
The news of his dismissal left him completely disorientated.

**jdn. aus dem Gleichgewicht bringen**

Die Nachricht von seiner Entlassung brachte ihn völlig aus dem Gleichgewicht.

**motivation** [ˌməʊtɪˈveɪʃn] *n*
Success is the best motivation.

**Motivation** *f*
Erfolg ist die beste Motivation.

**motivate** [ˈməʊtɪveɪt] *v*
In order to learn you must be motivated.

**motivieren**
Zum Lernen muss man motiviert sein.

**lead** [liːd] *v*
**guide** [gaɪd] *v*
He lets himself be guided (be led) more by his instinct than by his common sense.

**leiten**
Er lässt sich mehr von seinem Instinkt als von seinem Verstand leiten.

**idol** [ˈaɪdl] *n*
Media stars are the idols of our time.

**Idol** *n*
Die Medienstars sind die Idole unserer Zeit.

**example** [ɪgˈzɑːmpl] *n*
Take your brother as an example.

**Vorbild** *n*
Nimm dir deinen Bruder zum Vorbild!

**model** [ˈmɒdl] *adj*
He is a model pupil/a model citizen.

**vorbildlich**
Er ist ein vorbildlicher Schüler/ein vorbildlicher Bürger.

**be committed to sth** [kəˈmɪtɪd]
**be involved in sth** [ɪnˈvɒlvd]
He has never been involved in (committed to) politics.

**sich engagieren**

Er hat sich noch nie politisch engagiert.

**commitment** [kəˈmɪtmənt] *n*
His commitment to the cause of freedom cost him his life.

**Einsatz** *m*, **Engagement** *n*
Sein Einsatz für die Sache der Freiheit hat ihn das Leben gekostet.

**morals** [ˈmɒrəlz] *n/pl*
He was a person without any morals.
What is considered normal in one country can offend morals in another.

**Moral** *f*
Er war jemand ohne jede Moral.
Was in einem Land als selbstverständlich gilt, kann in einem anderen gegen die Moral verstoßen.

---

1 Auch *disoriented.*

**morale** [məˈrɑːl] *n*
Do come with us to the party. It'll lift your morale.

**Stimmung** *f*
Komme doch mit uns auf die Party. Das wird deine Stimmung heben.

**moral** [ˈmɒrəl] *adj*
**immoral** [ɪˈmɒrəl] *adj*
Every society has their own moral code.

That is a dubious moral attitude.

What you did was immoral.

**moralisch, Moral-**
**unmoralisch**
Jede Gesellschaft hat ihre Moral-vorschriften.
Das ist eine zweifelhafte moralische Einstellung.
Was du getan hast, ist unmoralisch.

**value** [ˈvæljuː] *n*
**compatible** [kəmˈpætəbl] *adj*
**incompatible** [ˌɪnkəmˈpætəbl] *adj*
Values such as prosperity and the protection of nature are compatible (are not incompatible).

**Wert** *m*
**vereinbar**
**unvereinbar**
Werte wie Wohlstand und Naturschutz sind vereinbar (sind nicht unvereinbar).

**reconcile** [ˈrekənsaɪl] *v*
**opposing** [əˈpəʊzɪŋ] *adj*
**contrasting** [kənˈtrɑːstɪŋ] *adj*
She really understands how to reconcile opposing (contrasting) points of view.

**ausgleichen**

**entgegengesetzt, gegensätzlich**

Sie versteht es wirklich, gegensätzliche Standpunkte auszugleichen.

**solution** [səˈluːʃn] *n*
He searched in vain for the solution to this conflict.

**Lösung** *f*
Er suchte vergeblich nach einer Lösung des Konflikts.

# 2.7  Die Entwicklung der Person

**development** [dɪˈveləpmənt] *n*
**person** [ˈpɜːsn] *n*
A person's development is a long process.

**Entwicklung** *f*
**Person** *f*
Die Entwicklung der Person ist ein langer Prozess.

**personality** [ˌpɜːsəˈnæləti] *n*
She is still a child but already has a strong personality.

**Persönlichkeit** *f*
Sie ist noch ein Kind, hat aber schon eine starke Persönlichkeit.

**develop** [dɪˈveləp] *v*
Your brother's personality has developed to his own advantage.

**sich entwickeln**
Dein Bruder hat sich zu seinem Vorteil entwickelt.

**experience** [ɪkˈspɪəriəns] n
I know that from experience.
My experiences abroad later proved to be very useful.
The film reminds me of experiences I have had myself.

**Erfahrung** f, **Erlebnis** n
Das weiß ich aus Erfahrung.
Meine Auslandserfahrungen stellten sich später als sehr nützlich heraus.
Der Film erinnert mich an Erlebnisse, die ich selber einmal hatte.

**experience** [ɪkˈspɪəriəns] v
If I hadn't actually experienced that myself, I wouldn't have believed it.

**erfahren, erleben**
Wenn ich es nicht selber erlebt hätte, würde ich es nicht glauben.

**leave its/their mark on** [liːv/mɑːk]
The years abroad have definitely left their mark on him.

**prägen**
Die Jahre im Ausland haben ihn sehr geprägt.

**form** [fɔːm] v
Childhood experiences form one's character.

**formen, prägen**
Kindheitserlebnisse formen den Charakter.

**formative years** [ˈfɔːmətɪv jɪəz] adj
His formative years were greatly marked by his grandfather.

**Entwicklungsjahre** Pl
Seine Entwicklungsjahre wurden stark durch seinen Großvater geprägt.

**be confronted with ...** [kənˈfrʌntɪd]
  **difficulties** [ˈdɪfɪkəltiz]
  **problems** [ˈprɒbləmz]
  **an unexpected situation**
  [ˌʌnɪkˌspektɪd ˌsɪtʃuˈeɪʃn]

**sich ... gegenübersehen**
  **Schwierigkeiten**
  **Problemen**
  **einer unerwarteten Situation**

**encounter** [ɪnˈkaʊntə] n
His encounter with these people gave him renewed heart.

**Begegnung** f
Die Begegnung mit diesen Menschen hat ihm neuen Mut gemacht.

**encounter** [ɪnˈkaʊntə] v
He encountered the woman, who would later become his wife, for the first time on a plane.

**begegnen**
Er begegnete seiner späteren Frau zum ersten Mal im Flugzeug.

**expectation** [ˌekspekˈteɪʃn] n
Unfortunately my expectations were not fulfilled.

**Erwartung** f
Leider haben sich meine Erwartungen nicht erfüllt.

**opportunity** [ˌɒpəˈtjuːnəti] n
You must under no circumstance miss this unique opportunity.

**Chance** f, **Gelegenheit** f
Du darfst unter keinen Umständen diese einmalige Chance verpassen.

**challenge** [ˈtʃælɪndʒ] n
The job abroad signified a new challenge for her.

**Herausforderung** f
Die Stelle im Ausland bedeutete für sie eine neue Herausforderung.

**turning point** ['tɜːnɪŋ pɔɪnt] *n*
Finishing school marks a turning point in the lives of young people.

**Wendepunkt** *m*, **Einschnitt** *m*
Das Ende der Schulzeit bedeutet einen Einschnitt im Leben von jungen Menschen.

**go through ...** [gəʊ θruː]
  **hard times** ['hɑːd taɪmz]
  **a crisis** ['kraɪsɪs]
  **a mid-life crisis** [ˌmɪdlaɪf 'kraɪsɪs]
  **various stages of development** [ˌvɛərɪəs ˌsteɪdʒɪz əv dɪ'veləpmənt]
  **a period of doubt, uncertainty, despair** [ˌpɪərɪəd əv 'daʊt, ʌn'sɜːtnti, dɪ'speə]

**... durchmachen**
  **schwere Zeiten**
  **eine Krise**
  **eine Midlifecrisis**
  **verschiedene Stadien der Entwicklung**
  **eine Zeit des Zweifels, der Unsicherheit, der Hoffnungslosigkeit**

**upset** [ʌp'set] *v*
**be shaken by sth** ['ʃeɪkən]
The news of his death upset me.
(I was shaken by the news of his death.)

**erschüttern**
**von etw. erschüttert sein**
Die Nachricht von seinem Tod hat mich erschüttert.

**be at a loss** [lɒs]
He was at a loss as to what he would live on in the future.
She was at a loss about how she should tackle the problem.

**nicht wissen**
Er wusste nicht, wovon er in Zukunft leben sollte.
Sie wusste nicht, wie sie das Problem anpacken sollte.

**be helpless** ['helpləs]
Older people are often left feeling helpless when confronted with technical innovations.

**hilflos sein, ratlos sein**
Ältere Leute stehen technischen Neuerungen oft hilflos gegenüber.

**break away from** [breɪk ə'weɪ] *v*
For a moment he was tempted to break away from his present life and to start over.

**sich trennen, aufgeben**
Für einen Augenblick war er versucht, sein bisheriges Leben aufzugeben und neu anzufangen.

**change ...** [tʃeɪndʒ]
  **one's habits** ['hæbɪts]
  **one's behaviour** [bɪ'heɪvjə]
  **one's way of life** [weɪ əv 'laɪf]
  **the direction of one's life** [də'rekʃn]

**... ändern**
  **seine Gewohnheiten**
  **sein Benehmen**
  **seine Lebensweise**
  **die Richtung seines Lebens**

**give up** [gɪv 'ʌp] *v*
When she had her child she gave up her job.
Don't always give up so quickly.

**aufgeben**
Als sie ein Kind bekam, gab sie ihren Beruf auf.
Gib nicht immer so schnell auf.

**ruin one's life** ['ruːɪn]
**muck up one's life** *informal*
[mʌk 'ʌp]
Anyone who takes drugs ruins (mucks up) their life.

**sein Leben verpfuschen**

Wer Drogen nimmt, verpfuscht sein Leben.

**seek refuge in ...** [siːk 'refjuːdʒ]
   **drugs** [drʌgz]
   **dreams** [driːmz]

**sich in ... flüchten**
   **die Droge**
   **einen Traum**

**learn sth from sth** [lɜːn] *v*
You haven't learnt anything from your mistakes.

**etw. aus etw. lernen**

Du hast nichts aus deinen Fehlern gelernt.

**be a lesson to sb** ['lesn]
That should be a lesson to me.

**für jdn. eine Lehre sein**

Das soll mir eine Lehre sein.

**become aware of sth** [ə'weə]
We suddenly became aware of the danger which we found ourselves in.

**(sich) bewusst werden**

Plötzlich wurde uns die Gefahr bewusst, in der wir uns befanden.

**bring sth home to sb** [brɪŋ həʊm]
The pictures on the television brought home to us to what extent civilized people are capable of carrying out atrocities.

**jdm. etw. bewusst machen**

Die Bilder im Fernsehen machten uns bewusst, zu welchen Gräueltaten zivilisierte Menschen fähig sind.

**overcome sth** [ˌəʊvə'kʌm] *v*
**cope with sth** [kəʊp] *v*
I am convinced that you will overcome (cope with) the difficulties.

**etw. überwinden, mit etw. fertig werden**

Ich bin überzeugt, dass Sie mit den Schwierigkeiten fertig werden.

**become involved in sth** [ɪn'vɒlvd]
How could you become involved in such a shady deal?

**sich auf etw. einlassen**

Wie konntest du dich auf ein so windiges Geschäft einlassen?

**find one's way** [faɪnd wʌnz weɪ]
Following a period of indecisiveness, she appeared to have found her way.

**seinen Weg finden**

Nach einer Phase der Unentschlossen-heit schien sie ihren Weg gefunden zu haben.

**make one's way** [meɪk wʌnz weɪ]
You must give him time. He will surely make his own way.

**seinen Weg machen**

Du musst ihm Zeit lassen. Er wird sicher seinen Weg machen.

**make it** ['meɪk ɪt] *v*
I'd never have believed that Pamela would make it as a television chat show[1] host.

**erfolgreich sein, es schaffen**

Ich hätte nie geglaubt, dass Pamela es beim Fernsehen als Talkmasterin schaffen würde.

1 *AE:* talk show

**luck** [lʌk] *n*
Good luck!
Up until now she has not had much luck
with her boyfriends.

**Glück** *n*
Viel Glück!
Mit ihren Freunden hat sie bisher wenig
Glück gehabt.

**be lucky** [ˈlʌki]
We were lucky with the weather.

**Glück haben**
Mit dem Wetter hatten wir Glück.

**start a new life** [stɑːt ə njuː ˈlaɪf]
He dreamed of one day starting a new life
in a faraway country.

**ein neues Leben beginnen**
Er träumte davon, eines Tages in einem
fernen Land ein neues Leben zu beginnen.

**start over** [stɑːt ˈəʊvər] *v*
If I could start over again, I would do
everything differently.

**neu anfangen**
Wenn ich noch einmal neu anfangen
könnte, würde ich alles anders machen.

**assert oneself** [əˈsɜːt] *v*
Don't always give up. Just try and assert
yourself for once.

**sich durchsetzen**
Gib nicht immer nach! Versuch doch mal
dich durchzusetzen.

**have under control** [kənˈtrəʊl]
**bring under control**
For the first time I felt that I had
everything under control.
By taking this decision she hoped to bring
her life back under control.

**unter Kontrolle haben**
**unter Kontrolle bringen**
Zum ersten Mal hatte ich das Gefühl, die
Dinge unter Kontrolle zu haben.
Mit dieser Entscheidung hoffte sie, ihr
Leben wieder in den Griff zu bekommen.

**be independent** [ˌɪndɪˈpendənt]
She was glad to be finally independent.

**unabhängig sein**
Sie war froh endlich unabhängig zu sein.

**blossom** [ˈblɒsəm] *v*
Some people blossom at work, others in
their free time.

**sich entfalten, sich verwirklichen**
Die einen entfalten sich bei der Arbeit, die
anderen in ihrer Freizeit.

**fulfilment** [fʊlˈfɪlmənt] *n*
The job was well paid but it brought her
no fulfilment.

**Erfüllung** *f*
Die Arbeit war gut bezahlt, sie brachte ihr
aber keine Erfüllung.

**satisfaction** [ˌsætɪsˈfækʃn] *n*
Although he had achieved everything, he
experienced no satisfaction.

**Zufriedenheit** *f*
Obwohl er alles erreicht hatte, stellte sich
keine Zufriedenheit bei ihm ein.

**meaning of life** [ˌmiːnɪŋ əv ˈlaɪf] *n*
Since his illness he saw things in a new
light and seemed to have learned the true
meaning of life.

**Sinn des Lebens**
Seit seiner Krankheit sah er die Dinge mit
anderen Augen und schien den wahren
Sinn des Lebens begriffen zu haben.

# 3.1 Der Einzelne und die Gesellschaft

**individual** [ˌɪndɪ'vɪdʒuəl] *n*
Today it is even harder for individuals to assert themselves.

**(einzelne/r) Mensch** *m*
Für den Einzelnen wird es heute immer schwieriger sich zu behaupten.

**society**[1] [sə'saɪəti] *n*
There are certain responsibilities towards society which you cannot avoid.

**Gesellschaft** *f*
Es gibt Verpflichtungen gegenüber der Gesellschaft, denen man sich nicht entziehen kann.

**... society** [sə‚saɪəti] *n*
  **affluent** ['æfluənt]
  **consumer** [kən'sju:mə]
  **achievement-based** [ə'tʃi:vmənt beɪst]
  **multicultural** [ˌmʌlti'kʌltʃərəl]

**... Gesellschaft** *f*
  **Überfluss-**
  **Konsum-**
  **Leistungs-**

  **multikulturelle**

**social** ['səʊʃl] *adj*
Social problems have increased with overpopulation.

**sozial**
Mit der Übervölkerung haben die sozialen Probleme zugenommen.

**social ...** [ˌ..]
  **mobility** [məʊ'bɪləti] *n*
  **inequality** [ˌɪnɪ'kwɒləti] *n*
  **injustice** [ɪn'dʒʌstɪs] *n*

**soziale ...**
  **Mobilität** *f*
  **Ungleichheit** *f*
  **Ungerechtigkeit** *f*

**class**[2], *pl* **-es** [klɑːs, -ɪz] *n*
Society is made up of different social classes.

**Klasse** *f*
Die Gesellschaft setzt sich aus verschiedenen sozialen Klassen zusammen.

**class-conscious** ['klɑːs ‚kɒnʃəs] *adj*
The British are generally more class-conscious than the continental Europeans.

**klassenbewusst**
Die Briten sind im Allgemeinen klassenbewusster als die Kontinentaleuropäer.

**class difference** ['klɑːs ‚dɪfrəns] *n*
Class differences are based on language, standard of living, education, leisure activities, profession and birth.

**Klassenunterschied** *m*
Die Klassenunterschiede beruhen auf Sprache, Lebensstandard, Bildung, Freizeitgestaltung, Beruf und Geburt.

**upper class** [ˌʌpə 'klɑːs] *n*
**ruling class** [ˌruːlɪŋ 'klɑːs] *n*

**Oberschicht** *f*
**Oberschicht** *f*, **herrschende Klasse** *f*

---

1 *society* wird auch im Plural und mit dem unbestimmten Artikel *a/an* gebraucht. Z. B.: We live in an affluent/a consumer society.
2 Bedeutet *class* „die Klassenzugehörigkeit", dann wird es weder im Plural noch mit dem unbestimmten Artikel *a/an* gebraucht. Z. B.: In Great Britain social class still plays a large role even today. (Auch heute noch spielt in Großbritannien die soziale Klassenzugehörigkeit eine große Rolle.)

| | |
|---|---|
| **middle class** [ˌmɪdl ˈklɑːs] *n* | **Mittelschicht** *f* |
| **lower class**[1] [ˌləʊə ˈklɑːs] *n* | **Arbeiterklasse** *f* |
| **underclass** [ˈʌndəklɑːs] *n* | **Unterschicht** *f* |
| **lifestyle** [ˈlaɪfstaɪl] *n* | **Lebensstil** *m* |
| **(American/British) way of life** [(əˌmerɪkən/ˌbrɪtɪʃ) ˌweɪ əv ˈlaɪf] *n* | **(amerikanische/britische) Lebensweise** *f* |

**standard of living** [ˌstændəd əv ˈlɪvɪŋ] *n*
The standard of living in Switzerland is very high, whereas in China it is very low.

**Lebensstandard** *m*
Der Lebensstandard in der Schweiz ist sehr hoch, während er in China sehr niedrig ist.

**living conditions** [ˌlɪvɪŋ kənˈdɪʃnz] *n, pl*
The living conditions of the black middle class in the USA have improved.

**Lebensbedingungen** *Pl*
Die Lebensbedingungen der schwarzen Mittelklasse in den USA haben sich verbessert.

**background** [ˈbækgraʊnd] *n*
She comes from a lower class background.

**Herkunft** *f*
Sie kommt aus einer Arbeiterfamilie.

**joint** [dʒɔɪnt] *adj*
It requires joint effort.

**gemeinsam**
Es bedarf einer gemeinsamen Anstrengung.

| | |
|---|---|
| **to lead a ... life** [liːd ə ... ˈlaɪf] | **ein ... Leben führen** |
| **happy** [ˌhæpi] | **glückliches** |
| **hard** [hɑːd] | **hartes** |
| **solitary** [ˌsɒlətri] | **einsames** |

| | |
|---|---|
| **individualist** [ˌɪndɪˈvɪdʒuəlɪst] *n* | **Individualist/in** *m/f* |
| **conformist** [kənˈfɔːmɪst] *n* | **Konformist/in** *m/f* |
| **citizen** [ˈsɪtɪzn] *n* | **Bürger/in** *m/f* |
| **bourgeoisie** [ˌbʊəʒwɑːˈziː] *n* | **Bürgertum** *n* |
| **elite** [eɪˈliːt] *n* | **Elite** *f* |
| **outsider** [aʊtˈsaɪdə] *n* | **Außerseiter/in** *m/f* |
| **outcast** [ˈaʊtkɑːst] *n* | **Ausgestoßene** *m/f*, **Geächtete** *m/f* |
| **social climber** [ˌsəʊʃl ˈklaɪmə] *n* | **Aufsteiger/in** *m/f* |
| **self-made man** [ˌself meɪd ˈmæn] *n* | **Selfmademan** *m* |
| **winner** [ˈwɪnə] *n* | **Gewinner/in** *m/f*, **Sieger/in** *m/f* |
| **loser** [ˈluːzə] *n* | **Versager** *m* |
| **failure** [ˈfeɪljə] *n* | |
| **loner** [ˈləʊnə] | **Einzelgänger/in** *m/f* |
| **single person** [ˌsɪŋgl ˈpɜːsn] *n* | **alleinstehende Person** *f*, **Single** *m* |
| **drop-out** [drɒp ˈaʊt] *n* | **Aussteiger** *m* |
| **fringe group** [ˈfrɪndʒ gruːp] *n* | **Randgruppe** *f* |
| **beggar** [ˈbegə] *n* | **Bettler/in** |
| **tramp** [træmp] *n* | **Landstreicher/in** *m/f* |

    1 *BE* auch: working class

**community,** *pl* **-ies** [kə'mju:nəti, -z] *n*
**surroundings** [sə'raʊndɪŋz] *n, pl*
**environment** [ɪn'vaɪrənmənt] *n*
**rules and regulations** ['ru:lz ənd rəgju'leɪʃnz] *n, pl*
**convention** [kən'venʃn] *n*
**habit** ['hæbɪt] *n*
**custom** ['kʌstəm] *n*
**prestige** [pre'sti:ʒ] *n*

Gemeinschaft *f*

Umgebung *f*

Gesetze und Vorschriften *Pl*

Konvention *f*
Gewohnheit *f*
Sitte *f*, Brauch *m*
Prestige *n*, gesellschaftliche(s) Ansehen *n*

**established order** [ɪ,stæblɪʃd 'ɔ:də] *n*
**the Establishment** [ɪ'stæblɪʃmənt] *n*

bestehende Ordnung *f*
das Establishment *n*, die herrschende Schicht *f*

**the poor/the rich** [pʊə/rɪtʃ] *n, plural verb*
**the gap between rich and poor** [gæp bɪ,twin 'rɪtʃ ənd 'pʊə]
**the homeless** ['həʊmləs] *n, plural verb*
**the needy** ['ni:di] *n, plural verb*

die Armen/die Reichen

die Kluft zwischen reich und arm

die Obdachlosen
die Bedürftigen

**be accepted** [ək'septɪd]
Although he was a foreigner he was completely accepted by his colleagues.

akzeptiert werden
Obwohl er ein Ausländer war, wurde er von seinen Arbeitskollegen voll akzeptiert.

**integrate into sth** ['ɪntɪgreɪt] *v*
Many young people find it difficult to integrate into the adult world.

sich in etw. integrieren
Vielen Jugendlichen fällt es schwer, sich in die Welt der Erwachsenen zu integrieren.

**be excluded from sth** [ɪk'sklu:dɪd]

She was excluded from the club.

von (aus) etw. ausgeschlossen werden
Sie wurde aus dem Klub ausgeschlossen.

**be rejected** [rɪ'dʒektɪd]
He always had the impression that he was being rejected by others.

zurückgestoßen werden
Er hatte immer den Eindruck, von den anderen zurückgestoßen zu werden.

**become alienated from sb/sth** ['eɪliəneɪtɪd]
Due to the stressful nature of his job he became more and more alienated from his family.

sich jdm./etw. entfremden

Unter dem Stress des Berufs entfremdete er sich immer mehr seiner Familie.

**adapt to sth** [ə'dæpt] *v*
As an au-pair girl, you must adapt to your host family's lifestyle.

sich an etw. anpassen
Als Aupairmädchen musst du dich dem Lebensstil deiner Gastfamilie anpassen.

**be used to sth** [ju:st]
He was not used to living in the country.

**an etw. gewohnt sein**
Er war es nicht gewohnt auf dem Land zu leben.

**get used to sth** [ju:st]
At first I had great difficulty in getting used to the American way of life.

**sich an etw. gewöhnen**
In der ersten Zeit hatte ich große Schwierigkeiten, mich an die amerikanische Lebensweise zu gewöhnen.

**live ...** [lɪv]
  **on the fringes of society** [ˌfrɪndʒɪz əv səˈsaɪəti]
  **below the poverty line** [ˈpɒvəti laɪn]
Unemployment forces many people to live on the fringes of society./... to live below the poverty line.

**... leben**
  **am Rande der Gesellschaft**

  **unter der Armutsgrenze**

Die Arbeitslosigkeit zwingt viele Menschen, am Rande der Gesellschaft zu leben./... unter der Armutsgrenze zu leben.

**live alone** [lɪv əˈləʊn]
Following his divorce, he lived alone for five years.

**allein leben**
Nach seiner Scheidung lebte er fünf Jahre allein.

**conflict** [ˈkɒnflɪkt] n
He always comes into conflict with those around him because of his stubbornness.

He lived in conflict with his family for many years.

**Konflikt** m, **Streit** m
Durch seine Starrköpfigkeit gerät er immer wieder in Konflikt mit seiner Umgebung.
Er lebte jahrelang im Streit mit seiner Familie.

**rebel against sb/sth** [rɪˈbel əˌgenst] v
He is 15 years old and he rebels against everything his parents say.

**sich gegen jdn./etw. auflehnen**
Er ist 15 Jahre alt und lehnt sich gegen alles auf, was seine Eltern sagen.

**question sth** [ˈkwestʃən] v
She questions everything I do.

**etw. in Frage stellen**
Sie stellt alles, was ich tue, in Frage.

**argue about sth with sb** [ˈɑːgjuː] v

He continually argues with his parents.

**sich mit jdm. über etw. streiten, mit jdm. Streit haben**
Er hat ständig Streit mit seinen Eltern.

**reach a compromise** [riːtʃ ə ˈkɒmprəmaɪz]
**make concessions** [meɪk kənˈseʃnz]
If you want to reach a compromise, both sides must make concessions.

**einen Kompromiss schließen**

**Zugeständnisse machen**
Wenn man einen Kompromiss schließen will, müssen beide Seiten Zugeständnisse machen.

● **Expressions**

**Live and let live.**
He was wise and tolerant and his
philosophy was "Live and let live".

**Leben und leben lassen.**
Er war klug und tolerant und seine
Lebensphilosophie lautete: Leben und
leben lassen.

**Old habits die hard.**
Old habits die hard, she thought, as she
measured out the ingredients in ounces
instead of grammes.

**Der Mensch ist ein Gewohnheitstier.**
Der Mensch ist ein Gewohnheitstier,
dachte sie, als sie die Zutaten in Ounces
statt in Gramm rechnete.

**Beggars can't be choosers.**
– Do you like your new job?
– Well, not particularly. I had to take it
since I was unemployed. Beggars can't
be choosers.

**In der Not frisst der Teufel Fliegen.**
– Wie gefällt dir deine neue Stelle?
– Na ja, nicht besonders. Ich musste sie
annehmen, da ich arbeitslos war. In der
Not frisst der Teufel Fliegen.

# 3.2  Die Rolle der Frau in der Gesellschaft

**woman,** *pl* **women** ['wʊmən, 'wɪmɪn] *n*
Many women today are no longer satisfied
with their role as a housewife.

**Frau** *f*
Viele Frauen begnügen sich heute nicht
mehr mit der Rolle der Hausfrau.

**a(n) ... woman**
 **emancipated** [ɪ'mænsɪpeɪtɪd]
 **working** ['wɜːkɪŋ]
**a housewife** ['haʊswaɪf]

**eine ... Frau**
 **emanzipierte**
 **berufstätige**
**eine Hausfrau**

**emancipation** [ɪˌmænsɪ'peɪʃn] *n*
The magazine "Emma" fights for the
emancipation of women.

**Emanzipation** *f*
Die Zeitschrift „Emma" kämpft für die
Emanzipation der Frau.

**become emancipated**
[ɪ'mænsɪpeɪtɪd]
It took a long time for her to become
emancipated.

**sich emanzipieren**

Sie hat lange gebraucht, um sich zu
emanzipieren.

**sex** [seks] *n*
The law states that nobody should be
discriminated against on the basis of their
sex.

**Geschlecht** *n*
Das Gesetz sagt, dass niemand aufgrund
seines Geschlechts diskriminiert werden
darf.

**have the same rights** [seɪm raɪts]
Many women maintain that they do not
yet have the same rights as men.

**gleiche Rechte haben**
Viele Frauen behaupten, sie hätten immer
noch nicht die gleichen Rechte wie die
Männer.

**be equal to men** [ˈiːkwəl tə men]
Women are equal to men in the eyes of
the law.

**dem Mann gleichgestellt sein**
Die Frau ist vor dem Gesetz dem Mann
gleichgestellt.

**equality ...** [iˈkwɒləti]
  **between man and woman**
  [bɪtˌwiːn ˈmæn ənd ˌwʊmən]
  **of job opportunities**
  [dʒɒb ˌɒpəˈtjuːnətiz]
  **of salary** [ˈsæləri]

**die Gleichheit zwischen Mann und
Frau**
**Chancengleichheit** f

**gleiche(r) Lohn** m

**social inequality** [ˌsəʊʃl ˌɪnɪˈkwɒləti] n
Social inequality is demonstrated by
– lower salaries than men for the same
  work
– the difficulty in reaching positions of
  responsibility
– the low proportion of women in public
  life/in politics
– work in subordinate positions, e.g. as
  waitresses, shop assistants, nurses.

**soziale Ungleichheit** f
Die soziale Ungleichheit zeigt sich durch
– geringeren Lohn als die Männer bei
  gleicher Arbeit
– die Schwierigkeit, in Führungs-
  positionen zu gelangen
– den geringeren Anteil der Frauen im
  öffentlichen Leben/in der Politik
– die Arbeit in untergeordneter Stellung,
  z.B. als Bedienung, Verkäuferin,
  Krankenschwester.

**legal rights of expectant mothers**
[ˌliːgl ˈraɪts əv ɪkˌspektənt ˈmʌðəz], e.g.:
– maternity leave
– no dismissal during pregnancy

– job security following maternity leave

**Mutterschutz** m, z.B.:

– der Mutterschaftsurlaub
– keine Entlassung während der
  Schwangerschaft
– die Garantie des Arbeitsplatzes nach
  dem Mutterschaftsurlaub

**go out to work** [gəʊ ˈaʊt tə wɜːk]
**share sth** [ʃeə] v
If a woman goes out to work, it is
necessary that the husband and the
children share the housework.

**berufstätig sein**
**sich beteiligen, mithelfen**
Ist eine Frau berufstätig, dann ist es
notwendig, dass der Ehemann und die
Kinder bei der Hausarbeit mithelfen.

**combine sth with sth** [kəmˈbaɪn] v
It is not easy to combine household
chores with professional tasks.

**etw. mit etw. verbinden**
Es ist nicht leicht, die häuslichen Aufgaben
mit den beruflichen Pflichten in Einklang
zu bringen.

**interrupt** [ˌɪntəˈrʌpt] *v*
Motherhood and child rearing often force women to interrupt their professional careers.

**unterbrechen**
Mutterschaft und Kindererziehung zwingen die Frau oft, ihre berufliche Laufbahn zu unterbrechen.

**reintegrate into sth** [rɪˈɪntɪgreɪt] *v*
Once their children are grown up it is difficult for women to reintegrate into professional life.

**sich wieder eingliedern**
Sind die Kinder herangewachsen, dann ist es für die Frau schwer, sich wieder ins Berufsleben einzugliedern.

**demand too much of sb** [dɪˈmɑːnd] *v*
**workload** [ˈwɜːkləʊd] *n*
Their double workload demands too much of women.

**jdn. überfordern**
**Arbeitsbelastung** *f*
Die Frauen sind durch die doppelte Arbeitsbelastung überfordert.

**the right to vote** [ˈraɪt tə vəʊt] *n*
– When did women gain the right to vote?

**das Wahlrecht**
– Wann haben die Frauen das Wahlrecht erhalten?

| – The Americans | 1920 | – Die Amerikanerinnen | 1920 |
| The British | 1928 | Die Britinnen | 1928 |
| The Germans | 1919 | Die Deutschen | 1919 |
| The French | 1944 | Die Französinnen | 1944 |
| The Swiss | 1971 | Die Schweizerinnen | 1971 |

# 3.3 Die Demographie

**demography** [dɪˈmɒgrəfi] *n*
Demography is the scientific study of the structure of populations.

**Demographie** *f*
Die Demographie ist die Wissenschaft, die die Bevölkerungsstruktur untersucht.

**census** [ˈsensəs] *n*
The first census in the USA took place in 1890.

**Volkszählung** *f*
In den USA fand die erste Volkszählung 1890 statt.

**population** [ˌpɒpjuˈleɪʃn] *n*
The working population in Germany has diminished.
Mexico is undergoing a population explosion at the moment.

**Bevölkerung** *f*
Die erwerbstätige Bevölkerung hat in Deutschland abgenommen.
Zur Zeit erlebt Mexiko eine Bevölkerungsexplosion.

**overpopulation** [ˌəʊvəˌpɒpjuˈleɪʃn] *n*
**overpopulated** [ˌəʊvəˈpɒpjuleɪtɪd] *adj*
Overpopulation is a fundamental problem of our time.

**Übervölkerung** *f*
**übervölkert**
Die Übervölkerung ist ein Grundproblem unserer Zeit.

Cities such as New York, Tokyo and Mexico-City are completely overpopulated.

Städte wie New York, Tokio und Mexico-City sind völlig übervölkert.

**density** ['densəti] n
Population density has tripled since the first World War.

**Dichte** f
Die Bevölkerungsdichte hat sich seit dem Ersten Weltkrieg verdreifacht.

**densely/sparsely populated** [ˌdensli/ ˌspɑːsli 'pɒpjuleɪtɪd] adj
This is a densely/sparsely populated area.

**dicht/schwach bevölkert**

Das ist eine dicht/schwach besiedelte Gegend.

**exodus from cities** ['eksədəs frəm ˌsɪtiz] n
The deterioration of living conditions in cities led to a real exodus from cities during the eighties.

**Stadtflucht** f

Die Verschlechterung der Lebensbedingungen in der Stadt führte in den 80er Jahren zu einer regelrechten Stadtflucht.

**migration** [maɪ'greɪʃn] n
For years there has been a migration in the USA from the old industrial centres in the North to the sunbelt states in the South.

**Bevölkerungsbewegung** f
In den USA gibt es seit Jahren eine Bevölkerungsbewegung von den alten Industriezentren im Norden zu den Sunbelt-Staaten im Süden.

**senior citizens** [ˌsiːniə 'sɪtɪznz] n, pl
**old age pensioners (OAP's)** [ˌəʊld eɪdʒ 'penʃənəz (ˌəʊ eɪ 'piːz)] n, pl
In most European states senior citizens/ old age pensioners make up a disproportionately high percentage of the entire population.

**ältere(n) Menschen, Senioren** Pl
**Rentner und Pensionäre** Pl

In den meisten europäischen Staaten machen die älteren Menschen/die Rentner und Pensionäre einen unverhältnismäßig hohen Prozentsatz an der Gesamtbevölkerung aus.

**life expectancy** [laɪf ɪk'spektənsi] n
The average life expectancy today in Great Britain is 72.7 years for men and 80.9 years for women.

**Lebenserwartung** f
Die durchschnittliche Lebenserwartung beträgt heute in Großbritannien 72,7 Jahre für Männer und 80,9 Jahre für Frauen.

**birth rate** ['bɜːθ reɪt] n
In Third World countries the birth rate is far too high.

**Geburtenrate** f
Die Geburtenrate ist in den Ländern der Dritten Welt viel zu hoch.

**decrease in the birth rate** [dɪ'kriːs] n
Germany has overcome the period when there was a decrease in the birth rate.

**Geburtenrückgang** m
Deutschland hat die Phase des Geburtenrückgangs überwunden.

**baby boom** ['beɪbi buːm] *n*
After the Second World War there was a
baby boom in Europe right into the
1960's.

**family planning** ['fæməli ˌplænɪŋ] *n*
**birth control** ['bɜːθ kənˌtrəʊl *n*
Family planning/Birth control has become
easier through contraception (e. g. the
Pill).

**Babyboom** *m*
Nach dem Zweiten Weltkrieg gab es in
Europa bis in die 60er Jahre hinein einen
Babyboom.

**Familienplanung** *f*
**Geburtenkontrolle** *f*
Familienplanung/Geburtenkontrolle ist
durch Empfängnisverhütung (z. B. die Pille)
leichter geworden.

# 4

## 4.1 Die Familie

**family,** *pl* **-ies** ['fæməli, -z] *n*
I come from a large family of seven children.
I want to finish my studies before I start a family.
The number of one-parent families has sharply increased in the last few years.

**Familie** *f*
Ich komme aus einer großen Familie mit sieben Kindern.
Bevor ich eine Familie gründe, möchte ich mein Studium beenden.
Die Zahl der Familien mit allein erziehendem Elternteil hat in den letzten Jahren stark zugenommen.

**engagement** [ɪnˈgeɪdʒmənt] *n*
**marriage** [ˈmærɪdʒ] *n*
**wedding** [ˈwedɪŋ] *n*
**wedding present** [ˈwedɪŋ ˌpreznt] *n*
**wedding ring** [ˈwedɪŋ rɪŋ] *n*
**divorce** [dɪˈvɔːs] *n*

**Verlobung** *f*
**Hochzeit** *f*
**Hochzeitsfeier** *f*
**Hochzeitsgeschenk** *n*
**Ehering** *m*
**Scheidung** *f*

**He/She is ...**
  **married (to)** [ˈmærid]
  **divorced** [dɪˈvɔːst]
  **single** [ˈsɪŋgl]

**Er/Sie ist ...**
  **verheiratet (mit)**
  **geschieden**
  **ledig**

**fiancé/fiancée** [fiˈɒnseɪ] *n*
**husband** [ˈhʌzbənd] *n*
**wife,** *pl* **wives** [waɪf, waɪvz] *n*
**(married) couple** [(ˈmærid) ˌkʌpl] *n*
**honeymoon** [ˈhʌnimuːn] *n*
**widower/widow** [ˈwɪdəʊə/ˈwɪdəʊ] *n*

**Verlobte** *m/f*
**Ehemann** *m*
**(Ehe-)Frau** *f*
**(Ehe-)Paar** *n*
**Hochzeitsreise** *f*, **Flitterwochen** *Pl*
**Witwer** *m* /**Witwe** *f*

**be engaged to sb** [ɪnˈgeɪdʒd]
She has been engaged to an engineer for 3 months.

**mit jdm. verlobt sein**
Sie ist seit drei Monaten mit einem Ingenieur verlobt.

**marry** [ˈmæri] *v*
**get married** [ˈmærid]
My sister has married an American.

**heiraten**

Meine Schwester hat einen Amerikaner geheiratet.

She married at 17 years of age.
The two of them will get married next year.

Sie hat mit 17 geheiratet.
Die beiden werden im nächsten Jahr heiraten.

**divorce** [dɪ'vɔːs] v
They divorced because the domestic atmosphere became unbearable.

**sich scheiden lassen**
Sie haben sich scheiden lassen, weil die häusliche Atmosphäre unerträglich wurde.

**separate** ['sepəreɪt] v
**split up with sb** [splɪt 'ʌp] v
They have been thinking about separating for some time now.
My parents split up when I was 5 years old.
He has since split up with his second wife as well.

**sich trennen**
Sie denken schon eine Zeitlang darüber nach sich zu trennen.
Meine Eltern trennten sich, als ich 5 Jahre alt war.
Er hat sich in der Zwischenzeit auch von seiner zweiten Frau getrennt.

**family members** ['fæməli ˌmembəz] n, pl

**Familienmitglieder** n, Pl

**father/mother** ['fɑːðə/'mʌðə] n

**Vater/Mutter** m/f

**parents** ['peərənts] n, pl

**Eltern** Pl

**son/daughter** [sʌn/'dɔːtə] n

**Sohn/Tochter** m/f

**brother/sister** ['brʌðə/'sɪstə] n

**Bruder/Schwester** m/f

**twins** [twɪnz] n, pl

**Zwillinge** m, Pl

**grandparents** ['græn,peərənts] n, pl

**Großeltern** Pl

**grandfather/grandmother** ['græn,fɑːðə/'græn,mʌðə] n

**Großvater/Großmutter** m/f

**grandson/granddaughter** ['grænsʌn/'græn,dɔːtə] n

**Enkel/in** m/f

**grandchildren** ['græn,tʃɪldrən] n, pl

**Enkel(kinder)** Pl

**uncle/aunt** [ʌŋkl/ɑːnt] n

**Onkel/Tante** m/f

**cousin** ['kʌzn] n

**Cousin/Kusine** m/f

**nephew/niece** ['nefjuː/niːs] n

**Neffe/Nichte** m/f

**parents-in-law** ['peərənts ɪn lɔː] n, pl

**Schwiegereltern** Pl

**father-in-law/mother-in-law** ['fɑːðər ɪn lɔː/'mʌðər ɪn lɔː] n

**Schwiegervater/Schwiegermutter** m/f

**son-in-law/daughter-in-law** ['sʌn ɪn lɔː/'dɔːtər ɪn lɔː] n

**Schwiegersohn/Schwiegertochter** m/f

**brother-in-law/sister-in-law** ['brʌðər ɪn lɔː/'sɪstər ɪn lɔː] n

**Schwager/Schwägerin** m/f

**brothers and sisters** ['brʌðəz ənd 'sɪstəz] n, pl

**Geschwister** Pl

– Do you have any brothers or sisters?
– Yes, I have a 2 year old sister.

– Hast du Geschwister?
– Ja, ich habe eine 2 Jahre alte Schwester.

**(close/distant) relation** [(kləʊs/ˌdɪstənt) rɪ'leɪʃn] n
We have relations in Canada.

**der/die (nahe/entfernte) Verwandte**

Wir haben Verwandte in Kanada.

| | |
|---|---|
| She is a close/distant relation of mine. | Sie ist eine nahe/entfernte Verwandte von mir. |

**be related to sb** [rɪˈleɪtɪd]
We might have the same name but we're not related to each other.

**mit jdm. verwandt sein**
Wir haben zwar den gleichen Namen, sind aber nicht miteinander verwandt.

**generation** [dʒenəˈreɪʃn] n
Conflict between the generations is inevitable.

**Generation** f
Generationskonflikte sind unvermeidlich.

**child,** pl **children** [tʃaɪld, ˈtʃɪldrən] n
He/She is an only child.

**Kind** n
Er/Sie ist ein Einzelkind.

**a ... child**
  **well-behaved** [ˈwel bɪˌheɪvd]
  **good** [gʊd]
  **sensible** [ˈsensɪbl]
  **noisy** [ˈnɔɪzi]
  **well/badly brought up** [ˈwel/ˈbædli ˌbrɔːt ʌp]

**ein ... Kind**

  **braves**

  **vernünftiges**
  **lautes**
  **gut/schlecht erzogenes**

**orphan** [ˈɔːfn] n
He grew up as an orphan in a children's home.

**Waisenkind** n
Er wuchs als Waise in einem Kinderheim auf.

**pregnancy** [ˈpregnənsi] n
**be pregnant** [ˈpregnənt]
She had a difficult pregnancy.
She is 6 months pregnant.

**Schwangerschaft** f
**schwanger sein**
Sie hatte eine schwere Schwangerschaft.
Sie ist im 6. Monat schwanger.

**expect a baby** [ɪkˌspekt ə ˈbeɪbi]
**have a baby**
She is expecting a baby in three months.
She had a baby last year.

**ein Kind erwarten**
**ein Kind bekommen**
Sie erwartet in drei Monaten ein Kind.
Sie bekam letztes Jahr ein Kind.

**give birth to a baby** [gɪv ˈbɜːθ]
She gave birth to a strong, healthy boy.

**ein Kind zur Welt bringen**
Sie brachte einen kräftigen, gesunden Jungen zur Welt.

**adopt** [əˈdɒpt] v
It was her wish to adopt a child.

**adoptieren**
Es war ihr Wunsch, ein Kind zu adoptieren.

**have an abortion** [əˈbɔːʃn]

Women today want to decide themselves whether they keep the child or whether they have an abortion.

**abtreiben, die Schwangerschaft unterbrechen**
Die Frauen wollen heute selber darüber entscheiden, ob sie ein Kind behalten oder die Schwangerschaft unterbrechen.

| | |
|---|---|
| **baby,** *pl* **-ies** ['beɪbi, -z] *n* | **Baby** *n* |
| **infant** ['ɪnfənt] *n* | **Säugling** *m*, **Kleinkind** *n* |
| **nanny,** *pl* **-ies** ['næni, -z] *n* | **Kindermädchen** *n* |
| **au pair girl** [əʊ 'peə gɜːl] *n* | **Aupairmädchen** *n* |
| **pram**[1] [præm] *n* | **Kinderwagen** *m* |
| **pushchair**[2] ['pʊʃtʃeə] *n* | **Kindersportwagen** *m* |

**crèche** [kreʃ] *n*
The company has a crèche for the female staff's small children.

**Kinderkrippe** *f*
Die Firma besitzt für die kleinen Kinder ihres weiblichen Personals eine Kinderkrippe.

**nursery** ['nɜːsəri] *n*
James is two and a half years old and is already going to nursery.

**Kindergarten** *m*
James ist zweieinhalb Jahre alt und geht schon in den Kindergarten.

**childcare** ['tʃaɪldkeə] *n*
Some working mothers receive a childcare allowance from their employers.

**Kinderbetreuung** *f*
Manche berufstätige Mütter erhalten von ihrem Arbeitgeber einen Zuschuss zur Kinderbetreuung.

**bring up** [brɪŋ 'ʌp] *v*
He was brought up by his grandparents.

**aufziehen**
Er wurde von seinen Großeltern aufgezogen.

**look after sb** [lʊk 'ɑːftə] *v*
– Who looks after your child when you're at work?
– An au pair girl.

**sich um jn. kümmern**
– Wer kümmert sich um dein Kind, wenn du arbeitest?
– Ein Aupairmädchen.

**keep an eye on sb** [kiːp ən 'aɪ]
I must go out for an hour. Please keep an eye on your small brother.

auf ein Kind **aufpassen**
Ich muss eine Stunde weg. Passe bitte auf deinen kleinen Bruder auf.

**mind a child** [maɪnd ə 'tʃaɪld]
Our neighbour minds small children while their mothers are at work.

**ein Kind hüten**
Unsere Nachbarin hütet kleine Kinder, während die Mütter arbeiten.

**run away from home** [rʌn ə‚weɪ frəm 'həʊm]
It is not the first time that she has run away from home.

**von zu Hause ausreißen**

Es ist nicht das erste Mal, dass sie von zu Hause ausgerissen ist.

**heir** [eə] *n*
The heirs have sold the business.

**Erbe/Erbin** *m/f*
Die Erben haben das Unternehmen verkauft.

**inheritance** [ɪn'herɪtəns] *n*

**Erbe** *n*, **Erbschaft** *f*

---

1 *AE:* baby buggy
2 *AE:* stroller

| | |
|---|---|
| **inherit** [ɪnˈherɪt] v | **erben** |
| Inheritance is often the source of arguments. | Erbschaften sind oft eine Quelle des Streites. |
| They have inherited a beautiful house in Bath. | Sie haben ein schönes Haus in Bath geerbt. |

● **Expression**

| | |
|---|---|
| **It runs in the family.** | **Es liegt in der Familie.** |
| She is a Senator and her father was a Minister. Politics runs in the family. | Sie ist Senatorin, ihr Vater war Minister. Politik liegt bei ihnen in der Familie. |

# 4.2  Die Krankheit, die Gesundheit

| | |
|---|---|
| **illness** [ˈɪlnəs] n | **Krankheit** f |
| Which childhood illnesses have you had? | Welche Kinderkrankheiten haben Sie gehabt? |
| **have a(n) … illness** [ˌ..] | **eine … Krankheit haben** |
|   **serious** [ˈsɪəriəs] |   schwere |
|   **infectious** [ɪnˈfekʃəs] |   ansteckende |
|   **terminal** [ˈtɜːmɪnl] |   unheilbare |
|   **mental** [ˈmentl] |   Geistes- |
| **be ill** [ɪl] | **krank sein** |
| Martin cannot play football tomorrow because he is ill. | Martin kann morgen nicht Fußball spielen; er ist krank. |
| **fall ill** [fɔːl ˈɪl]<br>**be taken ill** [ˌteɪkən ˈɪl] | **krank werden** |
| She suddenly fell ill. (She was suddenly taken ill.) | Sie ist plötzlich krank geworden. |
| **sickness** [ˈsɪknəs] n<br>**sick** [sɪk] adj | **Krankheit** f, **Übelkeit** f<br>**krank** |
| Today there are effective tablets against travel sickness. | Es gibt heute sehr wirksame Tabletten gegen Reisekrankheit. |
| The sick person is sleeping. | Der Kranke schläft. |
| **be sick** [sɪk] | **sich erbrechen** |
| The meal didn't do him any good and so he was sick. | Das Essen ist ihm nicht bekommen und er musste sich erbrechen. |

**feel sick** [fi:l 'sɪk]
I feel sick. I must get some fresh air.

The movement of the ship made him feel sick.

**feel dizzy** [fi:l 'dɪzɪ]
When I looked down from the bridge I felt dizzy.

**disease** [dɪ'zi:z] n
Experts suspect that mad cow disease can be transmitted to people.

**have ... disease**
  **kidney** [ˌkɪdni .'. ]
  **liver** [ˌlɪvə .'.]
  **a sexually-transmitted** [ˌsekʃuəli
  træns,mɪtɪd .'.]

**disorder** [dɪs'ɔ:də] n
**suffer from sth** ['sʌfə] v
She suffered from a rare muscle disorder.

**have a temperature** ['temprətʃə]
**take sb's temperature**
You seem to have a temperature.
Have you taken your temperature?

**fever** ['fi:və] n
**stay in bed** [steɪ ɪn 'bed]
Take an aspirin and stay in bed until the fever goes.

**pain** [peɪn] n
– What's wrong with you? Are you in any pain?
– I have a pain in my right foot.

**hurt** [hɜ:t] v
My wrist has been hurting for days.
My eyes hurt in bright light.
I hurt myself when I fell off my bike.

**schlecht sein**
Mir ist schlecht. Ich muss an die frische Luft gehen.
Von der Bewegung des Schiffes wurde ihm schlecht.

**schwindlig sein**
Als ich von der Brücke hinunterschaute, wurde mir schwindlig.

**Krankheit** f, **Leiden** n
Bei Experten besteht der Verdacht, dass der Rinderwahnsinn auf den Menschen übertragen werden kann.

**ein ... Leiden haben**
  **Nieren-**
  **Leber-**
**eine Geschlechtskrankheit haben**

**Erkrankung** f
**an etw. leiden**
Sie litt an einer seltenen Erkrankung der Muskeln.

**Fieber haben**
**die Temperatur messen**
Du scheinst Fieber zu haben.
Hast du deine Temperatur gemessen?

**Fieber** n
**im Bett bleiben**
Nimm ein Aspirin und bleibe im Bett, bis das Fieber zurückgeht.

**Schmerz/en** m/Pl
– Was fehlt Dir? Hast du Schmerzen?

– Ich habe Schmerzen im rechten Fuß.

**schmerzen, wehtun, sich verletzen**
Seit Tagen schmerzt mein Handgelenk.
Bei grellem Licht tun mir die Augen weh.
Bei meinem Sturz vom Fahrrad habe ich mich verletzt.

**ache** [eɪk] *v*
After the long walk my feet ached.

**schmerzen, wehtun**
Nach dem langen Marsch taten mir die
Füße weh.

**sore** [sɔ:] *adj*
After the ramble my feet were quite sore.

**wund**
Nach der Wanderung waren meine Füße
ganz wund.

**inflamed** [ɪnˈfleɪmd] *adj*
My gum is inflamed. What can I do about
it?

**entzündet**
Mein Zahnfleisch ist entzündet. Was kann
ich dagegen tun?

**have ...**
  **an allergy** [ˈælədʒi]
  **hay fever** [ˈheɪ ˌfiːvə]
  **a headache** [ˈhedeɪk]
  **an infection** [ɪnˈfekʃn]
  **toothache** [ˈtuːθeɪk]
  **backache** [ˈbækeɪk]
  **stomachache** [ˈstʌməkeɪk]
  **a sore throat** [sɔ: ˈθrəʊt]
  **a virus** [ˈvaɪrəs]
  **flu** [fluː]
  **bronchitis** [brɒŋˈkaɪtɪs]
  **a (chronic) cough** [(ˌkrɒnɪk) ˈkɒf]
  **a cold** [kəʊld] *n*
  **an upset stomach** [ʌpˌset ˈstʌmək]
  **circulation trouble** [ˌsɜːkjuˈleɪʃn
  ˌtrʌbl]
  **a heart attack** [ˈhɑːt əˌtæk]
  **cancer** [ˈkænsə]
  **AIDS**[1] [eɪdz]

**... haben**
  **eine Allergie** *f*
  **Heuschnupfen** *m*
  **Kopfweh** *n*
  **eine Infektion** *f*
  **Zahnweh** *n*
  **Rückenschmerzen** *Pl*
  **Bauchweh** *n*
  **Halsweh** *n*
  **einen Virus** *m*
  **Grippe** *f*
  **Bronchitis** *f*
  **(chronischen) Husten** *m*
  **Schnupfen** *m*
  **eine Magenverstimmung** *f*
  **Kreislaufstörungen** *Pl*

  **einen Herzinfarkt** *m*
  **Krebs** *m*
  **Aids** *n*

**be allergic to sth** [əˈlɜːdʒɪk]
More and more people are allergic to
pollen.

**gegen etw. allergisch sein**
Immer mehr Menschen sind gegen Pollen
allergisch.

**catch (a) cold** [kætʃ (ə) ˈkəʊld]
Put on a pullover! You'll catch (a) cold
otherwise.

**sich erkälten**
Zieh einen Pullover an! Du wirst dich
sonst erkälten.

**cough** [kɒf] *v*
He coughed the whole night long.

**husten**
Er hat die ganze Nacht gehustet.

**tablet** [ˈtæblət] *n*
I must get a prescription for some headache tablets.

**Tablette** *f*
Ich muss mir Kopfwehtabletten
verschreiben lassen.

      1 = Acquired Immune Deficiency Syndrome

**pill** [pɪl] *n* — **Pille** *f*
**capsule** ['kæpsjuːl] *n* — **Kapsel** *f*
**drops** [drɒps] *n, pl* — **Tropfen** *Pl*
**cough medicine** ['kɒf ˌmedsn] *n* — **Hustensaft** *m*

**injury** ['ɪndʒəri] *n* — **Verletzung** *f*
**injure** ['ɪndʒə] *v* — **sich verletzen**
She had to withdraw from the tournament due to injury.
Sie musste das Turnier wegen einer Verletzung absagen.
He had internal injuries from falling off the ladder.
Er hat sich beim Sturz von der Leiter innere Verletzungen zugezogen.
I injured my hand when opening the tin.
Beim Öffnen der Dose habe ich mich an der Hand verletzt.

**wound** [wuːnd] *n* — **Wunde** *f*
**bleed** [bliːd] *v* — **bluten**
**dress** [dres] *v* — eine Wunde **verbinden**
The wound will not stop bleeding.
Die Wunde hört nicht auf zu bluten.
Can you please dress it for me?
Kannst du sie mir bitte verbinden?

**blood** [blʌd] *n* — **Blut** *n*
He lost lots of blood.
Er hat viel Blut verloren.

**blood-pressure** ['blʌd ˌpreʃə] *n* — **Blutdruck** *m*
He takes his blood-pressure daily because he has heart trouble.
Da er Herzbeschwerden hat, misst er täglich seinen Blutdruck.

**bandage** ['bændɪdʒ] *v* — **verbinden**
Can you help me bandage my injured hand?
Kannst du mir helfen, meine verletzte Hand zu verbinden?

**sticking-plaster**[1] ['stɪkɪŋ ˌplɑːstər] *n* — **Pflaster** *n*
Have you cut yourself? Come here, I'll put a sticking-plaster on it.
Hast du dich geschnitten? Komm, ich klebe dir ein Pflaster auf die Wunde.

**heal** [hiːl] *v* — **(ver)heilen**
The wound has healed well without leaving a scar.
Die Wunde ist gut verheilt, ohne eine Narbe zu hinterlassen.

**bandage** ['bændɪdʒ] *n* — **Verband** *m*, **Binde** *f*
**cotton wool** [ˌkɒtn 'wʊl] *n* — **Watte** *f*
**gauze** [gɔːz] *n* — **Mull** *m*
**ointment** ['ɔɪntmənt] *n* — **Salbe** *f*

**break** [breɪk] *v* — **brechen**
**plaster cast** ['plɑːstə kɑːst] *n* — **Gipsverband** *m*
I have broken my arm and have to wear a plaster cast for some time.
Ich habe mir den Arm gebrochen und muss für einige Zeit einen Gipsverband tragen.

1 *AE:* Band-Aid

**blister** ['blɪstə] *n*
The blister on my heel is very painful.

**Blase** *f*
Die Blase an meiner Ferse tut mir sehr weh.

**bruise** [bru:z] *n*
**be good for** [gʊd]
This ointment is good for bruises.

**Prellung** *f*, **Bluterguss** *m*
**helfen**
Diese Salbe hilft bei Prellungen.

**sprain one's ankle** [spreɪn wʌnz 'æŋkl]
I sprained my ankle while playing volleyball.

**sich den Knöchel verstauchen**

Ich habe mir beim Volleyballspielen den Knöchel verstaucht.

**be stung by an insect** [stʌŋ baɪ ən 'ɪnsəkt]
**swollen** ['swəʊlən] *adj*
I have a swollen leg. I was stung by a wasp.

**von einem Insekt gestochen werden**

**geschwollen**
Ich habe ein geschwollenes Bein. Ich bin von einer Wespe gestochen worden.

**rash** [ræʃ] *n*
He has a rash on his face which he is trying to treat with cortisone ointment.

**(Haut-)Ausschlag** *m*
Er hat einen Ausschlag im Gesicht, den er mit einer Kortisonsalbe zu behandeln versucht.

**get sunburnt** ['sʌnbɜ:nt]
You must avoid getting sunburnt at all costs.

**einen Sonnenbrand bekommen**
Man muss absolut vermeiden einen Sonnenbrand zu bekommen.

**lose consciousness** [lu:z 'kɒnʃəsnəs]
Due to the shock, I lost consciousness for a moment.

**das Bewusstsein verlieren**
Durch den Schock verlor ich für kurze Zeit das Bewusstsein.

**faint** [feɪnt] *v*
I've never fainted in my life.

**ohnmächtig werden**
Ich bin in meinem Leben noch nie ohnmächtig geworden.

**nervous breakdown** [ˌnɜ:vəs 'breɪkdaʊn] *n*
When the affair became public, he had a nervous breakdown.

**Nervenzusammenbruch** *m*

Als die Affäre publik wurde, bekam er einen Nervenzusammenbruch.

**health** [helθ] *n, no indefinite article*
**be in good/poor health** [gʊd/pʊə 'helθ]
Sport is good for your health.
She is 90 years old and is still in very good health.

**Gesundheit** *f*
**gesundheitlich gut/schlecht gehen**

Sport ist gut für die Gesundheit.
Sie ist 90 Jahre alt und es geht ihr gesundheitlich immer noch sehr gut.

**healthy** ['helθi] *adj*
The newly born child is healthy.
He has always lived a healthy life.

**gesund**
Das Neugeborene ist gesund.
Er hat immer gesund gelebt.

**well** [wel] *adj*
I don't feel well and I'd prefer to stay at home.
You don't look well. What's wrong?
Get well soon.

**gesund, wohl**
Ich fühle mich nicht wohl und möchte lieber zu Hause bleiben.
Du siehst schlecht aus. Was fehlt dir?
Gute Besserung! Werde bald wieder gesund!

**improve** [ɪm'pruːv] *v*
**worsen** ['wɜːsn] *v*
Her state of health is improving/
is worsening.

**besser werden**
**sich verschlimmern**
Ihr Gesundheitszustand wird besser/
verschlimmert sich.

**recover from sth** [rɪ'kʌvə] *v*
She recovered well from the operation.

**sich von etw. erholen**
Sie hat sich von der Operation gut erholt.

**recovery** [rɪ'kʌvəri] *n*
I wish you a quick recovery.

**Genesung** *f*
Ich wünsche Ihnen eine baldige Genesung.

● **Expressions**

**add insult to injury**
Just shut up and don't add insult to injury.

**das Ganze noch schlimmer machen**
Halt jetzt deinen Mund und mach das Ganze nicht noch schlimmer.

**Time heals all wounds.**
Don't despair. You'll learn that time heals all wounds.

**Die Zeit heilt alle Wunden.**
Verzweifle nicht. Du wirst sehen, die Zeit heilt alle Wunden.

**There are no gains with no pains.**
If you don't get into a sweat then the exercises are no good. There are no gains with no pains.

**Ohne Fleiß kein Preis.**
Wenn du nicht zum Schwitzen kommst, dann nützen die Übungen gar nichts. Ohne Fleiß kein Preis.

**be a pain in the neck**
He was a pain in the neck with his constant jealousy.

**gewaltig auf den Wecker gehen**
Mit seiner ewigen Eifersucht ging er ihr gewaltig auf den Wecker.

# 4.3  Der Arzt, das Krankenhaus

**doctor** ['dɒktə] *n*
She is a doctor.
I think that I should go to the doctor.
You look so pale. Perhaps you should go
and see a doctor.

**Arzt/Ärztin** *m/f*
Sie ist Ärztin.
Ich glaube, ich muss zum Arzt gehen.
Du siehst so blass aus. Vielleicht solltest
du zum Arzt gehen.

**general practitioner**
[,dʒenrəl præ'tıʃənə] *n*
**GP** [dʒi: 'pi:] *n*
**prescription** [prı'skrıpʃn] *n*
**medicine** ['medsn] *n*
This medicine is only available on
prescription. Go to your GP and
get a prescription.

**Hausarzt** *m*, **Arzt für Allgemein-
medizin**

**Rezept** *n*
**Medikament** *n*
Dieses Medikament ist nur auf Rezept
erhältlich. Gehen Sie zu Ihrem Hausarzt
und lassen Sie es sich verschreiben.

**surgery** ['sɜːdʒəri] *n*
**doctor's** ['dɒktəz] *n*
I've got an appointment at the doctor's at
5 o'clock.
I'm going to call the surgery (the doctor's)
and try to arrange an appointment.

**Arztpraxis** *f*
Um 5 Uhr habe ich einen Termin beim
Arzt.
Ich rufe jetzt beim Arzt an und versuche
einen Termin zu bekommen.

**surgery hours** ['sɜːdʒəri ,aʊəz] *n, pl*
The surgery hours are from 8 a.m. to
12 p.m., Monday to Friday.

**Sprechstunde** *f*
Sprechstunde ist von Montag bis Freitag
von 8.00 bis 12.00 h.

**dentist** ['dentıst] *n*
A lot of people are afraid of going to the
dentist.

**Zahnarzt/Zahnärztin** *m/f*
Viele haben Angst vor dem Zahnarzt.

**patient** ['peıʃnt] *n*
The waiting room was full of patients.

**Patient/in** *m/f*, **Kranke** *m/f*
Das Wartezimmer war voller Patienten.

**examine** [ıg'zæmın] *v*
I have been examined by several
specialists but they have not found
anything.

**untersuchen**
Ich habe mich von mehreren Spezialisten
untersuchen lassen, aber sie haben nichts
gefunden.

**(medical) examination** [(,medıkl)
ıg,zæmı'neıʃn] *n*
**test** [test] *n*
**ECG** [,i: si: 'dʒi:] *n*
During my last (medical) examination I
had a blood test and an ECG was done.

**(ärztliche) Untersuchung** *f*

**Test** *m*, **Untersuchung** *f*
**EKG** *n*
Bei meiner letzten Untersuchung wurde
ein Bluttest und ein EKG gemacht.

**find out** [faɪnd 'aʊt] *v*
**test result** [test rɪ'zʌlt] *n*
– What did the doctor find out?
– I don't know yet. I won't know the test
  results until next week.

**herausfinden**
**Untersuchungsergebnis** *n*
– Was hat der Arzt herausgefunden?
– Ich weiß es noch nicht. Die Unter-
  suchungsergebnisse erfahre ich erst
  nächste Woche.

**check-up** ['tʃek ʌp] *n*

He goes for a check-up every three years.

**(Vorsorge-)Untersuchung** *f*,
**Check-up** *m*
Er geht alle drei Jahre zur Vorsorge-
untersuchung.

**treatment** ['triːtmənt] *n*
He is undergoing medical treatment
following his accident.

**Behandlung** *f*
Seit seinem Unfall ist er in ärztlicher
Behandlung.

**treat sb/sth** [triːt] *v*
I was treated with antibiotics/with
radiotherapy.
She is being treated by a specialist.

You must treat the wound immediately.
The best way to treat flu is to stay in bed
for a few days.

**jdn./etw. behandeln**
Ich wurde mit Antibiotika/mit einer
Strahlentherapie behandelt.
Sie ist bei einem Spezialisten in
Behandlung.
Die Wunde muss sofort versorgt werden.
Das beste Mittel eine Grippe auszukurie-
ren ist, einige Tage im Bett zu bleiben.

**cure** [kjuə] *v*
The doctors tried to cure his illness with
a new treatment.

**heilen, kurieren**
Die Ärzte versuchten ihn mit einer neuen
Therapie zu heilen.

**chemist's** ['kemɪsts] *n*
**pharmacy**, *pl* **-ies** ['fɑːməsi, -z] *n*
**Red Cross** [red 'krɒs] *n*
**senior consultant** [ˌsiːniə
kən'sʌltənt] *n*
**nurse** [nɜːs] *n*
**male nurse** [meɪl 'nɜːs] *n*
**surgeon** ['sɜːdʒən] *n*
**surgical ward** ['sɜːdʒɪkl wɔːd] *n*
**ward** [wɔːd] *n*
**maternity ward** [mə'tɜːnəti wɔːd] *n*
**intensive-care unit** [ɪnˌtensɪv 'keə
ˌjuːnɪt] *n*
**casualty**[1] ['kæʒuəlti] *n*
**A and E**[2] [ˌeɪ ənd 'iː] *n*
**outpatients' department** ['aʊtpeɪʃnts
dɪˌpɑːtmənt] *n*

**Apotheke** *f*

**Rote(s) Kreuz** *n*
**Chefarzt/Chefärztin** *m/f*

**Krankenschwester** *f*
**Krankenpfleger** *m*
**Chirurg/in** *m/f*
**Chirurgie** *f*
**Krankenstation** *f*
**Entbindungsstation** *f*
**Intensivstation** *f*

**Notaufnahme** *f*

**Ambulanz** *f*

1 *AE*: emergency room
2 = Accident and Emergency department

**hospital** ['hɒspɪtl] *n*
She had to be admitted to hospital.

**Krankenhaus** *n*
Sie musste ins Krankenhaus eingeliefert werden.

**ambulance** ['æmbjələns] *n*
He was taken to A and E (to casualty) in the ambulance.

**Krankenwagen** *m*
Er wurde mit dem Krankenwagen in die Notaufnahme gebracht.

**operation** [ˌɒpə'reɪʃn] *n*
The operation has to be performed in a special clinic.
The heart operation went successfully.

**Operation** *f*
Die Operation muss in einer Spezialklinik gemacht werden.
Die Herzoperation verlief erfolgreich.

**operate on** [ˌɒpəreɪt 'ɒn] *v*
His eyes were operated on.

**operieren**
Er wurde an den Augen operiert.

**X-ray** ['eks reɪ] *n; v*
She has to go to hospital for an X-ray.
I must have my wrist X-rayed.

**Röntgenaufnahme** *f*; **röntgen**
Sie muss ins Krankenhaus zum Röntgen.
Ich muss mir das Handgelenk röntgen lassen.

**injection** [ɪn'dʒekʃn] *n*
He regularly has an injection for his allergy.

**Spritze** *f*
Er lässt sich regelmäßig eine Spritze gegen seine Allergie geben.

**vaccination** [ˌvæksɪ'neɪʃn] *n*
**be vaccinated** ['væksɪneɪtɪd]
There is still no vaccination against AIDS.

Doctors recommend that you (should) be vaccinated against flu every year.

**Impfung** *f*
**sich impfen lassen**
Gegen Aids gibt es bis heute noch keinen Impfstoff.

Die Ärzte empfehlen, sich jedes Jahr gegen Grippe impfen zu lassen.

## ● Expressions

**An apple a day keeps the doctor away.**
Eat more fruit and fewer sweets. Don't you know that an apple a day keeps the doctor away?

**Iss täglich einen Apfel und du bleibst gesund.**
Iss mehr Obst und weniger Süßigkeiten. Du weißt doch: Täglich ein Apfel und du bleibst gesund.

**It's just what the doctor ordered.**
A glass of chilled white wine. That's just what the doctor ordered.

**Das ist genau das Richtige.**
Ein Glas gekühlter Weißwein. Das ist genau das Richtige.

**give sb a taste of their own medicine**

She was determined to give him a taste of his own medicine.

**es jdm. mit gleicher Münze heimzahlen**

Sie war entschlossen es ihm mit gleicher Münze heimzuzahlen.

# 4.4 Der Tod, die Beerdigung

**death** [deθ] *n*
He is scared of death.
She died a natural death.
In this hospital there have recently been a few mysterious deaths.

**Tod** *m*
Er fürchtet sich vor dem Tod.
Sie starb eines natürlichen Todes.
In diesem Krankenhaus ereigneten sich in der letzten Zeit einige mysteriöse Todesfälle.

**dead** [ded] *adj*
My grandfather was already dead when I was born.

**tot**
Mein Großvater war schon tot, als ich zur Welt kam.

**deceased** *sing. and plural* [dɪ'siːst] *n*
The deceased could not be identified until today.

**Tote** *m/f*, **Toten** *Pl*
Der/Die Tote/n konnte/n bis heute nicht identifiziert werden.

**dead body** [ded 'bɒdi] *n*
**corpse** [kɔːps] *n*
The dead body (The corpse) was found by walkers in the forest.

**Leiche** *f*
Die Leiche wurde von Spaziergängern im Wald gefunden.

**die** [daɪ] *v*
She died in 1998.
He died of cancer.

**sterben**
Sie ist 1998 gestorben.
Er ist an Krebs gestorben.

**burial** ['beriəl] *n*
The burial is taking place at the village cemetery on Thursday 13th May at 11 o'clock.

**Beerdigung** *f*
Die Beerdigung findet am Donnerstag, dem 13. Mai, um 11 Uhr auf dem Dorffriedhof statt.

**bury** ['beri] *v*
It was his wish to be buried in his home town.

**beerdigen**
Es war sein Wunsch, in seiner Heimatstadt beerdigt zu werden.

**funeral** ['fjuːnərəl] *n*
The funeral was held in the chapel of the castle.

**Begräbnis** *n*, **Totenfeier** *f*
Die Totenfeier wurde in der Schlosskapelle abgehalten.

**funeral director** ['fjuːnərəl dɪˌrektə] *n*
There are two funeral directors in our town.

**Bestattungsinstitut** *n*
In unserer Stadt gibt es zwei Bestattungsinstitute.

**cemetery** ['semətri] *n*
**grave** [greɪv] *n*
President J. F. Kennedy's grave is in the national cemetery in Arlington.

**Friedhof** *m*
**Grab** *n*
Das Grab von Präsident J. F. Kennedy befindet sich auf dem Nationalfriedhof in Arlington.

**churchyard** [ˈtʃɜːtʃjɑːd] *n*
**graveyard** [ˈgreɪvjɑːd] *n*
There is usually a churchyard (graveyard) surrounding Norman churches in England.

**Friedhof** *m* bei der Kirche

Bei den normannischen Kirchen in England befindet sich meistens ein Friedhof.

**gravestone** [ˈgreɪvstəʊn] *n*
The inscription on the gravestone could no longer be read.

**Grabstein** *m*
Die Inschrift auf dem Grabstein war nicht mehr zu lesen.

**tomb** [tuːm] *n*
As he was a music lover, he wanted to visit Handel's tomb at Westminster Abbey in London.

**Grab** *n*, **Grabstätte** *f*
Als Musikliebhaber wollte er Händels Grab in Westminster Abbey in London besuchen.

**coffin** [ˈkɒfɪn] *n*
**hearse** [hɜːs] *n*
The hearse with the coffin slowly moved forwards, followed by a long funeral procession.

**Sarg** *m*
**Leichenwagen** *m*
Der Leichenwagen mit dem Sarg bewegte sich langsam vorwärts, gefolgt von einem langen Trauerzug.

**offer one's condolences to sb**
[ˌɒfə wʌnz kənˈdəʊlənsɪz]
**offer one's sympathies to sb**
[ˌ.. . ˈsɪmpəθiz]
Please allow me to offer my condolences (sympathies) to you.

**jdm. sein Beileid aussprechen, jdm. kondolieren**

Erlauben Sie mir Ihnen mein Beileid auszusprechen.

**mourn** [mɔːn] *v*
The whole nation mourned the death of their beloved princess.

**trauern**
Die ganze Nation trauerte um den Tod der geliebten Prinzessin.

**cremate** [krəˈmeɪt] *v*
She wanted to be cremated.

**einäschern, verbrennen**
Sie wollte eingeäschert werden.

**mortal** [ˈmɔːtl] *adj*
**immortal** [ɪˈmɔːtl] *adj*
Humans are mortal.
Only gods are immortal.

**sterblich**
**unsterblich**
Der Mensch ist sterblich.
Nur die Götter sind unsterblich.

● **Expression**

**catch one's death**
You will definitely catch your death if you don't dress more warmly.

**sich den Tod holen**
Du wirst dir noch den Tod holen, wenn du dich nicht wärmer anziehst.

5

# 5.1 Die Körperpflege

**personal hygiene** [ˌpɜːsənl ˈhaɪdʒiːn] *n*
As a rule, girls spend more time on personal hygiene than boys.

**Körperpflege** *f*
Mädchen wenden in der Regel mehr Zeit auf für die Körperpflege als Jungen.

**well-groomed** [wel ˈɡruːmd] *adj*
He is a well-groomed young man.

**gepflegt**
Er ist ein gepflegter junger Mann.

**clean** [kliːn] *adj*
**dirty** [ˈdɜːti] *adj*
Have you got clean hands?
What have you done? You're all dirty.

**sauber**
**schmutzig**
Hast du saubere Hände?
Was hast du gemacht? Du bist ja ganz schmutzig.

**wash** [wɒʃ] *v*
I must wash my hair.
Go now and get washed.
We had to get washed every morning with cold water.

**(sich) waschen**
Ich muss mir die Haare waschen.
Geh jetzt und wasch dich!
Wir mussten uns jeden Morgen mit kaltem Wasser waschen.

**have a shower** [ˈʃaʊə]
**have a bath** [bɑːθ]
Would you prefer to have a bath or a shower?

**duschen**
**ein Bad nehmen**
Möchtest du lieber ein Bad nehmen oder duschen?

**clean one's teeth** [kliːn wʌnz ˈtiːθ]
**brush one's teeth** [brʌʃ]
Children quite happily forget to brush (to clean) their teeth before going to bed.

**(sich) die Zähne putzen**
Kinder vergessen ganz gerne, vor dem Schlafengehen die Zähne zu putzen.

**comb one's hair** [kəʊm wʌnz ˈheə]
**brush one's hair** [brʌʃ]
– Are you ready, Claire?
– No. I must comb (brush) my hair first.

**sich kämmen**
– Bist du fertig, Claire?
– Nein. Ich muss mich erst noch kämmen.

**shave** [ʃeɪv] *v*
I didn't have time to shave this morning.

**sich rasieren**
Ich hatte heute Morgen keine Zeit mich zu rasieren.

**dry one's hair** [draɪ wʌnz ˈheə]
Your hair is quite wet. Go and dry it with the hair-dryer.

**sich die Haare trocknen**
Deine Haare sind ganz nass. Trockne sie dir mit dem Föhn.

**wear make-up** [weə ˈmeɪk ʌp]
She does not wear much make-up.

**sich schminken**
Sie schminkt sich nur leicht.

**put cream on (sth)** [pʊt ˈkriːm ɒn]
Every morning I put moisturizing cream on my face.

**sich einkremen**
Ich kreme mir jeden Morgen das Gesicht mit einer Feuchtigkeitskreme ein.

**cut/file one's fingernails** [kʌt/faɪl wʌnz ˈfɪŋgəneɪlz]
Do you cut or file your fingernails?

**sich die Fingernägel schneiden/feilen**

Schneidest oder feilst du dir die Fingernägel?

**neglect** [nɪˈglekt] v
You should not neglect your appearance so much.

**vernachlässigen**
Du solltest dich nicht so vernachlässigen.

**bathroom** [ˈbɑːθrʊm] n
**shower** [ˈʃaʊə] n
**(wash-)basin** [(wɒʃ) ˈbeɪsn)] n
**bath(tub)** [ˈbɑːθ(tʌb)] n
**mirror** [ˈmɪrə] n
**toiletries** [ˈtɔɪlətriz] n, pl
**cosmetics** [kɒsˈmetɪks] n, pl
**soap** [səʊp] n
**toothpaste** [ˈtuːθpeɪst] n
**lipstick** [ˈlɪpstɪk] n
**shampoo** [ʃæmˈpuː] n
**towel** [ˈtaʊəl] n
**bath towel** [ˈbɑːθ ˌtaʊəl] n
**face-cloth** [ˈfeɪs klɒθ] n
**toothbrush** [ˈtuːθbrʌʃ] n
**hairbrush** [ˈheəbrʌʃ] n
**comb** [kəʊm] n
**(electric) razor** [(ɪˌlektrɪk) ˈreɪzə] n
**toilet bag** [ˈtɔɪlət bæg] n
**handkerchief** [ˈhæŋkətʃɪf] n ⎫
**hankie** [ˈhæŋki] n informal ⎭
**tissue** [ˈtɪʃuː]
**beautician** [bjuːˈtɪʃn] n
**hairdresser** [ˈheədresə] n
**perm** [pɜːm] n

**Badezimmer** n
**Dusche** f
**Waschbecken** n
**Badewanne** f
**Spiegel** m
**Toilettenartikel** Pl
**Kosmetikartikel** Pl
**Seife** f
**Zahnpasta** f
**Lippenstift** m
**Schampon** n
**Handtuch** n
**Badetuch** n
**Waschlappen** m
**Zahnbürste** f
**Haarbürste** f
**Kamm** m
**(elektrische/r) Rasierapparat** m
**Kulturbeutel** m

**Taschentuch** n

**Papiertaschentuch** n
**Kosmetikerin** f
**Frisör/in** m/f
**Dauerwelle** f

**blow-dry** [ˈbləʊ draɪ] n
– What would you like to have done?
– A wash, cut and blow-dry.

**Fönen** n
– Was hätten Sie gerne?
– Waschen, Schneiden und Föhnen.

## ● Expressions

**wash one's dirty linen in public**

It was more than embarrassing to watch how the two stars washed their dirty linen in public.

**schmutzige Wäsche in der Öffentlichkeit waschen**

Es war mehr als peinlich zu sehen, wie die beiden Stars damit begannen, ihre schmutzige Wäsche in der Öffentlichkeit zu waschen.

**keep one's nose clean**
Keep your nose clean and don't get yourself involved in any shady dealings.

**sauber bleiben**
Bleib sauber und lass dich nicht in krumme Geschäfte ein.

**comb through**
The police combed through his flat for several hours.

**sorgfältig durchsuchen**
Die Polizei durchsuchte mehrere Stunden lang seine Wohnung.

**It won't wash.**

– Where has all your money gone?
– I don't know. I think that it has been stolen.
– That won't wash. You have definitely lost it all on gambling again.

**Das kannst du mir nicht weismachen.**

– Wo ist dein ganzes Geld geblieben?
– Ich weiß nicht. Ich glaube, es wurde mir gestohlen.
– Das kannst du mir nicht weismachen. Du hast es sicher wieder beim Wetten verloren.

**throw in the towel**
If we throw in the towel now so close to achieving our aim, the work over the last five years was all for nothing.

**das Handtuch werfen**
Wenn wir jetzt so kurz vor dem Ziel das Handtuch werfen, war die Arbeit von fünf Jahren umsonst.

# 5.2 Die Kleidung

**clothes**[1] [kləʊðz] *n, pl*
Don't take so many clothes with you on the trip.

**Kleider** *Pl,* **Kleidung** *f*
Nimm nicht zu viele Kleider mit auf die Reise!

**put on** [pʊt ˈɒn] *v*
**take off** [teɪk ˈɒf] *v*
If it's cold tonight, I'll put on a coat.

It's too hot. I'll take off my pullover.

**anziehen**
**ausziehen**
Wenn es heute Abend kalt ist, ziehe ich einen Mantel an.
Es ist zu heiß. Ich ziehe meinen Pullover aus.

---

1 ein Kleidungsstück = an item of clothing

**wear** [weə] *v*
I haven't worn this suit very often.
Women often say that they have nothing to wear.

**tragen**
Dieses Kostüm habe ich nicht oft getragen.
Frauen sagen oft, sie hätten nichts zum Anziehen.

**keep on** [ki:p 'ɒn] *v*
I've got a sore throat. I'd prefer to keep on the scarf.

**anbehalten**
Ich habe Halsweh. Ich möchte den Schal lieber anbehalten.

**be dressed** [drest]
He is always well-dressed.
The girls were all dressed in white.

**gekleidet sein**
Er ist immer gut gekleidet.
Die Mädchen waren alle weiß gekleidet.

**get dressed**
She always needs a tremendous length of time to get dressed.
You're old enough to get dressed yourself.

**sich anziehen**
Sie braucht immer irrsinnig lange, um sich anzuziehen.
Du bist alt genug und kannst dich alleine anziehen.

**get undressed** [ʌn'drest]
**get changed** [tʃeɪndʒd]
Children, it's time to get undressed and go to bed.
Before I leave the house I must get changed.

**sich ausziehen**
**sich umziehen**
Kinder, es ist Zeit, sich auszuziehen und ins Bett zu gehen.
Bevor ich das Haus verlasse, muss ich mich noch umziehen.

**try on** [traɪ 'ɒn] *v*
I like this dress. I'd like to try it on.

**etw. anprobieren**
Das Kleid gefällt mir. Ich würde es gerne anprobieren.

**fit** [fɪt] *v*
The jacket fits well. It does not need to be altered.

**passen**
Die Jacke passt gut. Sie muss nicht geändert werden.

**suit sb** [su:t] *v*
That colour suits you.

**jdn. kleiden, jdm. stehen**
Diese Farbe steht dir gut.

**go with sth** [gəʊ wɪð] *v*
– What do you think of my new tie?
– It's very nice but it doesn't go with your suit.

**zu etw. passen**
– Wie findest du meine neue Krawatte?
– Sie ist sehr schön, aber sie passt nicht zu deinem Anzug.

**size** [saɪz] *n*
– What size are you?
– I'm a size 10.

**(Konfektions-)Größe** *f*
– Welche Größe haben Sie?
– Ich habe Größe 10. (Entspricht der deutschen Größe 38)

**elegant** ['elɪgənt] *adj*
He always looks very elegant.

**elegant**
Er ist immer sehr elegant.

**smart** [smɑːt] *adj*
She loves smart clothes.

**schick**
Sie liebt schicke Kleider.

**stylish** ['staɪlɪʃ] *adj*
William is a very stylish young man.

**fein, schick**
William ist ein sehr schicker Junge.

**fashionable** ['fæʃnbl] *adj*
**out-of-fashion** [aʊt əv 'fæʃn] *adj*
She always wears fashionable clothes.
I can't wear this suit anymore because it's
out-of-fashion.

**modisch**
**unmodern, veraltet**
Sie ist immer sehr modisch gekleidet.
Ich kann diesen Anzug nicht mehr tragen,
er ist veraltet.

**tasteful** ['teɪstfl] *adj*
He is always tastefully dressed.

**geschmackvoll**
Er ist immer geschmackvoll gekleidet.

**sportswear** ['spɔːtsweə] *n*
**leisurewear** ['leʒəweə] *n*
**children's wear** ['tʃɪldrənz weə] *n*
**coat** [kəʊt] *n*
**fur coat** ['fɜː .] *n*
**raincoat** ['reɪnkəʊt] *n*
**anorak** ['ænəræk] *n*
**suit** [suːt] *n*
**jacket** ['dʒækɪt] *n*
**sports jacket** ['spɔːts ˌdʒækɪt] *n*
**waistcoat** ['weɪstkəʊt] *n*
**trousers**[1, 2] ['traʊzəz] *n, pl*
**dress** [dres] *n*
**skirt** [skɜːt] *n*
**suit** [suːt] *n*
**trouser suit** ['traʊzə suːt] *n*
**outfit** ['aʊtfɪt] *n*
**jeans**[1] [dʒiːnz] *n, pl*
**shorts**[1] [ʃɔːts] *n, pl*
**pullover** ['pʊləʊvə] *n*
**T-shirt (tee-shirt)** ['tiː ʃɜːt] *n*
**sweatshirt** ['swetʃɜːt] *n*
**top** [tɒp] *n*
**blouse** [blaʊz] *n*
**shirt** [ʃɜːt] *n*

**Sportkleidung** *f*
**Freizeitkleidung** *f*
**Kinderkleidung** *f*
**Mantel** *m*
**Pelzmantel** *m*
**Regenmantel** *m*
**Anorak** *m*
**Anzug** *m*
**Jacke** *f*
**Sakko** *m*
**Weste** *f*
**Hose** *f*
**Kleid** *n*
**Rock** *m*
**Kostüm** *n*
**Hosenanzug** *m*
**Kleider** *Pl*, **Aufzug** *m*
**Jeans** *Pl*
**kurze Hose** *f*, **Shorts** *Pl*
**Pullover** *m*
**T-Shirt** *n*
**Sweatshirt** *n*
**Top** *n*, **Oberteil** *n*
**Bluse** *f*
**Hemd** *n*

---

1 Diese Substantive sind Pluralwörter. Sie können nicht zusammen mit dem
unbestimmten Artikel *a/an* gebraucht werden, auch nicht zusammen mit
Zahlwörtern. Der deutsche unbestimmte Artikel bleibt unübersetzt, oder er
wird wiedergegeben mit *a pair of/some/any.*
Z. B.: *I bought a pair of trousers. (Ich habe eine Hose gekauft.)/Did you buy any
trousers? (Hast du eine Hose gekauft?)/I bought three pairs of trousers. (Ich habe
drei Hosen gekauft.)/Since when did you start wearing glasses? (Seit wann trägst du
eine Brille?)*
2 AE: pants

| | |
|---|---|
| **tie** [taɪ] *n* | **Krawatte** *f* |
| **belt** [belt] *n* | **Gürtel** *m* |
| **braces**[1, 2] ['breɪsɪz] *n, pl* | **Hosenträger** *m* |
| **underwear** ['ʌndəweə] *n* | **Unterwäsche** *f* |
| **briefs**[1] [briːfs] *n, pl* | **(Damen-, Herren-) Slip** *m* |
| **underpants**[1] ['ʌndəpænts] *n, pl* | **Unterhose** *f* |
| **knickers**[1] ['nɪkəz] *n, pl, informal* | **Damenschlüpfer** *m* |
| **vest**[3] [vest] *n* | **Unterhemd** *n* |
| **bra** [brɑː] *n* | **Büstenhalter** *m* |
| **pyjamas**[1] [pə'dʒɑːməz] *n, pl* | **Schlafanzug** *m* |
| **nightshirt** ['naɪtʃɜːt] *n* | **Nachthemd** *n* |
| **nightdress** ['naɪtdres] *n* | **(Damen-)Nachthemd** *n* |
| **tights**[1] [taɪts] *n, pl* | **Strumpfhose** *f* |
| **stocking** ['stɒkɪŋ] *n* | **Strumpf** *m* |
| **sock** [sɒk] *n* | **Socke** *f* |
| **shoe** [ʃuː] *n* | **Schuh** *m* |
| **boot** [buːt] *n* | **Stiefel** *m* |
| **heel** [hiːl] *n* | **Absatz** *m* |
| **trainer** ['treɪnə] *n* | **Turnschuh** *m* |
| **lace** [leɪs] *n* | **Schnürsenkel** *m* |
| **hat** [hæt] *n* | **Hut** *m* |
| **woollen hat** [ˌwʊlən 'hæt] *n* | **Wollmütze** *f* |
| **cap** [kæp] *n* | **Schildmütze** *f* |
| **scarf, pl -s** [skɑːf, -s] *n* | **Schal** *m*, **Kopf-, Halstuch** *n* |
| **glove** [glʌv] *n* | **Handschuh** *m* |
| **tracksuit** ['træksuːt] *n* | **Trainingsanzug** *m* |
| **trunks**[1] [trʌnks] *n, pl* | **Badehose** *f* |
| **bikini** [bɪ'kiːniː] *n* | **Bikini** *m* |
| **swimsuit** ['swɪmsuːt] *n* | **Badeanzug** *m* |
| **apron** ['eɪprən] *n* | **Schürze** *f* |
| **overall** ['əʊvərɔːl] *n* | **Arbeitskittel** *m* |
| **overalls**[1] ['əʊvərɔːlz] *n, pl* | **Overall** *m* |
| **glasses**[1] ['glɑːsɪz] *n, pl* | **Brille** *f* |
| **sunglasses**[1] ['sʌnˌglɑːsɪz] *n, pl* | **Sonnenbrille** *f* |
| **skiing goggles**[1] ['skiːɪŋ ˌgɒgəlz] *n, pl* | **Skibrille** *f* |

| | |
|---|---|
| **material** [mə'tɪəriəl] *n* | **Stoff** *m* |
| **make** [meɪk] *v* | **nähen** |
| I'd like to make myself a summer dress but so far I haven't found any suitable material. | Ich möchte mir gerne ein Sommerkleid nähen, habe aber noch nicht den passenden Stoff gefunden. |

---

1 S. Anmerkung Seite 81.
2 *AE*: suspenders
3 *AE*: vest = Weste

| | |
|---|---|
| **wool** [wʊl] *n* | **Wolle** *f* |
| **cotton** [ˈkɒtn] *n* | **Baumwolle** *f* |
| **linen** [ˈlɪnɪn] *n* | **Leinen** *n* |
| **silk** [sɪlk] *n* | **Seide** *f* |
| **leather** [ˈleðə] *n* | **Leder** *n* |
| **synthetic** [sɪnˈθetɪk] *n* | **Synthetik** *f* |
| **denim** [ˈdenɪm] *n* | **Jeansstoff** *m* |

| | |
|---|---|
| **a ... fabric** [ˈfæbrɪk] *n* | **ein ... Stoff** |
|   **striped** [straɪpt] |   gestreifter |
|   **self-coloured** [ˈself ˌkʌləd] |   einfarbiger |
|   **brightly coloured** [ˌbraɪtli ˈkʌləd] |   bunter |
|   **patterned** [ˈpætənd] |   gemusterter |
|   **checked** [tʃekt] |   karierter |
|   **spotted** [ˈspɒtɪd] |   gepunkteter |

| | |
|---|---|
| **collar** [ˈkɒlə] *n* | **Kragen** *m* |
| **sleeve** [sliːv] *n* | **Ärmel** *m* |
| **lining** [ˈlaɪnɪŋ] *n* | **Futter** *n* |
| **seam** [siːm] *n* | **Naht** *f* |
| **hem** [hem] *n* | **Saum** *m* |

| | |
|---|---|
| **rip** [rɪp] *v* <br> **tear** [teə] *v* | **zerreißen** |
| **mend** [mend] *v* | **flicken** |
| I've ripped (torn) my jacket. Can you mend it for me? | Ich habe meine Jacke zerrissen. Kannst du sie mir flicken? |
| **darn** [dɑːn] *v* | **stopfen** |
| Nowadays hardly anyone darns socks. | Heute stopft kaum noch jemand Socken. |
| **sew** [səʊ] *v* | **(an)nähen** |
| I must sew a button onto my shirt. | Ich muss einen Knopf an meinem Hemd annähen. |

| | |
|---|---|
| **sewing machine** [ˈsəʊɪŋ məˌʃiːn] *n* | **Nähmaschine** *f* |
| **needle** [ˈniːdl] *n* | **Nadel** *f* |
| **thread** [θred] *n* | **Faden** *m* |
| **button** [ˈbʌtn] *n* | **Knopf** *m* |
| **pin** [pɪn] *n* | **Stecknadel** *f* |
| **safety pin** [ˈseɪfti ˌpɪn] *n* | **Sicherheitsnadel** *f* |
| **zip** [zɪp] *n* | **Reißverschluss** *m* |
| **coat-hanger** [ˈkəʊt ˌhæŋə] *n* | **Kleiderbügel** *m* |

## ● **Expressions**

**be tied to mother's apron strings**

Roger is already 18 years old and is still tied to his mother's apron strings.

**am Schürzenzipfel seiner Mutter hängen**

Roger ist schon 18 Jahre alt und hängt immer noch am Schürzenzipfel seiner Mutter.

**get one's knickers in a twist**

– How am I going to manage to get everything done when Aunt Elsie is visiting us at the weekend and we want to go on holiday on Monday?
– It's OK. Don't get your knickers in a twist.

**sich aufregen**

– Wie soll ich das alles schaffen, wenn Tante Elsie uns am Wochenende besucht und wir am Montag in Urlaub fahren wollen?
– Du hast ja recht, aber reg dich deswegen nicht auf.

**It is like looking for a needle in a haystack.**

– Where did you lose the chain?
– At the beach.
– We'll never find it. It would be like looking for a needle in a haystack.

**Es ist, als wollte man eine Stecknadel im Heuhaufen suchen.**

– Wo hast du die Kette verloren?
– Am Strand.
– Die finden wir nie wieder. Das ist doch, als wollte man eine Stecknadel im Heuhaufen suchen.

**You could have heard a pin drop.**

There was absolute silence in the court room. You could have heard a pin drop.

**Man hätte eine Stecknadel fallen hören können.**

Es herrschte absolute Stille im Gerichtssaal. Man hätte eine Stecknadel fallen hören können.

# 5.3  **Der Schmuck**

**jewellery** ['dʒuːəlri] *n, no indefinite article*
The necklace looks very expensive but it is only costume jewellery.
That is a very valuable piece of jewellery.

**Schmuck** *m*
Die Halskette sieht sehr teuer aus; sie ist aber nur Modeschmuck.
Das ist ein sehr wertvolles Schmuckstück.

**jeweller** ['dʒuːələ] *n*
This jeweller has a large selection of silver jewellery.

**Juwelier** *m*
Dieser Juwelier hat eine große Auswahl an Silberschmuck.

**ring** [rɪŋ] *n*
She wears a ring on every finger.

**Ring** *m*
Sie trägt an jedem Finger einen Ring.

He is married but he does not wear a wedding ring.

Er ist verheiratet, trägt aber keinen Ehering.

**earring** [ˈɪərɪŋ] *n*
I inherited these earrings from my aunt.

**Ohrring** *m*
Diese Ohrringe habe ich von meiner Tante geerbt.

**bracelet** [ˈbreɪslɪt] *n*
The bracelet is made of gold and is set with gems.

**Armband** *n*
Das Armband ist aus Gold und mit Edelsteinen besetzt.

**necklace** [ˈneklɪs] *n*
A pearl necklace goes very well with this dress.

**(Hals-)Kette** *f*
Zu diesem Kleid passt sehr gut eine Perlenkette.

**chain** [tʃeɪn] *n*
**pendant** [ˈpendənt] *n*
I got this gold chain from my godmother for my birthday.

**Kette** *f*
**Anhänger** *m*
Die Goldkette habe ich von meiner Patentante zum Geburtstag geschenkt bekommen.

The pendant on my chain represents my star sign, capricorn.

Der Anhänger an meiner Kette stellt mein Sternzeichen, den Steinbock, dar.

**(wrist)watch** [(ˈrɪst)wɒtʃ] *n*
He is very proud of his Swiss watch.

**(Armband-)Uhr** *f*
Er ist sehr stolz auf seine Schweizer Uhr.

**gem** [dʒem] *n*
**jewels** [ˈdʒuːəlz] *n, pl*
**diamond** [ˈdaɪəmənd] *n*
**ruby**, *pl* **-ies** [ˈruːbi, -z] *n*
**emerald** [ˈemərəld] *n*
**sapphire** [ˈsæfaɪə] *n*
**pearl** [pɜːl] *n*

**Edelstein** *m*
**Juwelen** *Pl*
**Diamant** *m*
**Rubin** *m*
**Smaragd** *m*
**Saphir** *m*
**Perle** *f*

# 6

## 6.1 Das Haus, die Wohnung

**house,** *pl* **-s** [haʊs, ˈhaʊzɪz] *n*
We own our own house.
They live in a beautiful house on the outskirts of Newcastle.

**... house** *n*
  **detached** [dɪˌtætʃt ˈ.]
  **semi-detached** [ˌsemɪ dɪˌtætʃt ˈ.]
  **terraced** [ˌterəst ˈ.]
  **single-storey** [ˌsɪŋgl ˌstɔːri ˈ.]
  **two-storey** [ˌtuː ˌstɔːri ˈ.]
**bungalow** [ˈbʌŋgələʊ] *n*
**castle** [ˈkɑːsl] *n*

**building** [ˈbɪldɪŋ] *n*
For a long time skyscrapers such as the Empire State Building and the World Trade Center in New York were the highest buildings in the world.

**high-rise building** [ˈhaɪ raɪz ˌ..] *n*
**office building** [ˈɒfɪs ˌ..] *n*

**home** [həʊm] *n*
Young people sometimes find it difficult to leave home and to start a family.

Many emigrants hoped to find a new home in America.

**... home** *n*
  **to go** [gəʊ ˈ.]
  **to come** [kʌm ˈ.]

**at home** [ət ˈ.]
Make yourself at home in our house.

**cottage** [ˈkɒtɪdʒ] *n*

Many Londoners dream of owning a cottage in the country.

**Haus** *n*
Wir besitzen ein eigenes Haus.
Sie wohnen in einem schönen Haus am Stadtrand von Newcastle.

**Einfamilienhaus** *n*
**Doppelhaushälfte** *f*
**Reihenhaus** *n*
**einstöckige(s) Haus** *n*
**zweistöckige(s) Haus** *n*
**Bungalow** *n*
**Schloss** *n*

**Gebäude** *n*
Wolkenkratzer wie das Empire State Building und das World Trade Center in New York waren lange Zeit die höchsten Gebäude der Welt.

**Hochhaus** *n*
**Bürogebäude** *n*

**Elternhaus** *n*, **das Zuhause** *n*
Jugendlichen fällt es manchmal schwer, das Elternhaus zu verlassen und eine eigene Familie zu gründen.
Viele Emigranten hofften, in Amerika ein neues Zuhause zu finden.

**nach Hause ...**
  **gehen**
  **kommen**

**zu Hause**
Fühlen Sie sich bei uns wie zu Hause.

**kleine(s) Haus** *n* auf dem Land,
**Ferienhaus** *n*
Viele Londoner träumen davon, ein kleines Haus auf dem Land zu besitzen.

**flat** [flæt] *n*
We are looking for a 4-room flat in the centre of town.

**Wohnung** *f*
Wir suchen eine 4-Zimmer-Wohnung im Zentrum der Stadt.

**studio flat** ['stjuːdɪəʊ flæt] *n*
**council flat** ['kaʊnsl flæt] *n*

**1-Zimmer-Wohnung** *f*
**Sozialwohnung** *f*

**housing estate** ['haʊzɪŋ ɪˌsteɪt] *n*
**block of flats** [blɒk əv 'flæts] *n*

**Wohnsiedlung** *f*
**Wohnblock** *m*

**owner** ['əʊnə] *n*
**landlord/landlady**
['lændlɔːd/'lændleɪdi] *n*
**tenant** ['tenənt] *n*
**rent** [rənt] *n*
**neighbour** ['neɪbə] *n*
**estate agent**[1] [ɪ'steɪt ˌeɪdʒənt] *n*

**Besitzer/in** *m/f*
**Vermieter/in** *m/f*

**Mieter/in** *m/f*
**Miete** *f*
**Nachbar/in** *m/f*
**Immobilienmakler/in** *m/f*

**live** [lɪv] *v*
They have lived in Australia for a long time.
– Where do you live?
– I live …
  **in Glasgow** ['glɑːzgəʊ]
  **at 44 King's Road** ['kɪŋz rəʊd]
  **with my girlfriend** ['gɜːlfrend]
  **at my aunt's** [ɑːnts]
  **on the ground floor**[2] [graʊnd 'flɔː]
  **on the 1st/2nd floor**[3]
  [fɜːst/ˌsekənd 'flɔː]
  **in the basement** ['beɪsmənt]
  **in the attic** ['ætɪk]
  **next door** [nekst 'dɔː]
  **in town** [taʊn]
  **in the centre of town**
  ['sentə əv ˌtaʊn]
  **in the country** ['kʌntri]
  **on the outskirts** ['aʊtskɜːts]
  **in a quiet residential area**
  ['kwaɪət ˌresɪ'denʃl ˌeəriə]
  **in a poor neighbourhood**
  [pʊə 'neɪbəhʊd]
  **in a suburb of London**
  ['sʌbɜːb əv ˌlʌndən]
  **in a village** ['vɪlɪdʒ]

**wohnen, leben**
Sie leben schon lange in Australien.
– Wo wohnst du?
– Ich wohne …
  in Glasgow
  in der King's Road 44
  bei meiner Freundin
  bei meiner Tante
  im Erdgeschoss
  im 1./2. Stock

  im Untergeschoss
  im Dachgeschoss
  nebenan
  in der Stadt
  in der Stadtmitte

  auf dem Land
  am Stadtrand
  in einem ruhigen Wohnviertel

  in einer armen Wohngegend

  in einer Vorstadt von London

  in einem Dorf

1 AE: real estate agent
2 AE: on the 1st floor
3 AE: on the 2nd/3rd floor

**move house** [mu:v 'haʊs]
**move out/into sth** [. 'aʊt/'ɪntə] *v*
We will move house next week.
They moved into their new house last summer.
We have to move out by the end of the month.

**umziehen**
**ausziehen/einziehen**
Wir ziehen nächste Woche um.
Sie sind letzten Sommer in ihr neues Haus eingezogen.
Wir müssen bis zum Monatsende ausziehen.

**rent** [rent] *v*
He rented a room together with another student.
Does the flat belong to you or do you rent it?

**mieten**
Er hat zusammen mit einem anderen Studenten ein Zimmer gemietet.
Gehört Ihnen die Wohnung oder haben Sie sie gemietet?

**let (out)** [let ('aʊt)] *v*
**rent out** [rent 'aʊt] *v*
They let (out) a small flat in their house.
(They rent out a small flat in their house.)

**vermieten**

Sie vermieten in ihrem Haus eine kleine Wohnung.

**homely** ['həʊmli] *adj*
**cosy** ['kəʊzi] *adj*
**comfortable** ['kʌmftəbl] *adj*
My flat does not need to be large but it must be homely (cosy) and comfortable.

**gemütlich, behaglich**

**komfortabel**
Meine Wohnung braucht nicht groß zu sein, aber sie muss gemütlich und komfortabel sein.

**spacious** ['speɪʃəs] *adj*
**roomy** ['ru:mi] *adj*
My grandparents' house is very spacious (roomy).

**geräumig**

Das Haus meiner Großeltern ist sehr geräumig.

**cramped** [kræmpt] *adj*
Before they bought their house they lived in really cramped conditions.

**beengt**
Bevor sie ein Haus kauften, wohnten sie in recht beengten Verhältnissen.

**bright** [braɪt] *adj*
**light** [laɪt] *adj*
**quiet** ['kwaɪət] *adj*
This room is in a good location; it is very quiet and bright (light).

**hell**

**ruhig**
Das Zimmer hat eine gute Lage; es ist sehr ruhig und hell.

**dark** [dɑ:k] *adj*
My room is very dark and that's why I always have to work with the electric light on.

**dunkel**
Mein Zimmer ist sehr dunkel; ich muss daher immer bei elektrischem Licht arbeiten.

**roof** [ru:f] *n*
**façade** [fə'sɑ:d] *n*
**wall** [wɔ:l] *n*

**Dach** *n*
**Fassade** *f*
**Wand** *f*, **Mauer** *f*

| | |
|---|---|
| **ceiling** ['si:lɪŋ] n | **(Zimmer-)Decke** f |
| **floor** [flɔ:] n | **Fußboden** m |
| **window** ['wɪndəʊ] n | **Fenster** n |
| **shutter** ['ʃʌtə] n | **Fensterladen** m, **Rollo** m |
| **blind** [blaɪnd] n | **Jalousie** f, **Rollo** n |
| **porch** [pɔ:tʃ] n | **Vorbau** m (im Eingangsbereich) |
| **(front) door** [(frʌnt) 'dɔ:] n | **(Haus-)Tür** f |
| **hall** [hɔ:l] n | |
| **hallway** ['hɔ:lweɪ] n | **Flur** m, **Diele** f |
| **corridor** ['kɒrɪdɔ:] n | **Gang** m |
| **cloakroom** ['kləʊkrʊm] n | **Garderobe** f |
| **stairs**[1] [steəz] n, pl | **(Innen-)Treppe** f |
| **staircase** ['steəkeɪs] n | **Treppe** f, **Treppenhaus** n |
| **step** [step] n | **Stufe** f |
| **lift** [lɪft] n | **Fahrstuhl** m |
| **room** [ru:m] n | **Raum** m, **Zimmer** n |
| **living-room** ['lɪvɪŋ ru:m] n | **Wohnzimmer** n |
| **dining-room** ['daɪnɪŋ ru:m] n | **Esszimmer** n |
| **(parents'/children's) bedroom** n [('peərənts/'tʃɪldrənz) ˌbedrʊm] | **(Eltern-/Kinder-)Schlafzimmer** n |
| **guest-room** ['gest rʊm] n | **Gästezimmer** n |
| **study,** pl **-ies** ['stʌdi, -z] n | **Büro** n, **Arbeitszimmer** n |
| **kitchen** ['kɪtʃɪn] n | **Küche** f |
| **pantry,** pl **-ies** ['pæntri, -z] n | **Speisekammer** f |
| **bathroom** ['bɑ:θrʊm] n | **Bad** n |
| **toilet**[2] ['tɔɪlət] n | **Toilette** f |
| **loo** [lu:] n, informal | **Klo** n |
| **cellar** ['selə] n | **Keller** m |
| **loft** [lɒft] n | |
| **attic** ['ætɪk] n | **Dachgeschoss** n, **Speicher** m |
| **balcony,** pl **-ies** ['bælkəni, -z] n | **Balkon** m |
| **patio,** pl **-s** ['pætiəʊ, -z] n | **Terrasse** f |
| **(court)yard** [('kɔ:t)jɑ:d] n | **Hof** m |
| **fence** [fens] n | **Zaun** m |
| **gate** [geɪt] n | **Tor** n |

| | |
|---|---|
| **face the street/the garden** [feɪs ðə 'stri:t/ðə 'gɑ:dn] | **zur Straße/zum Garten hin liegen** |
| The living-room faces the street/ the garden. | Das Wohnzimmer liegt zur Straße/ zum Garten hin. |
| **ring** [rɪŋ] v | **läuten** |
| **bell** [bel] n | **Klingel** f |
| **open the door** ['əʊpən ðə dɔ:] | **die Tür öffnen** |
| **answer the door** ['ɑ:nsə ðə dɔ:] | |

---

1 eine Treppe = a flight of stairs oder a staircase
2 AE: bathroom; restroom (im Hotel, Restaurant usw.)

Someone has rung the bell. Please go and open the door. (... and answer the door.)

Es hat geläutet. Mach bitte die Tür auf!

**come in** [kʌm 'ɪn] v
Please come in.

**eintreten**
Treten Sie bitte ein!

**go in** [gəʊ 'ɪn] v
Let's go in and have a cup of coffee.

**hineingehen, eintreten**
Gehen wir hinein und trinken eine Tasse Kaffee.

**enter** ['entə] v
When he entered the room, everyone fell silent.

**be-, eintreten**
Als er den Raum betrat, verstummten alle.

**leave** [li:v] v
He leaves the house every morning at 7:30 [ˌsevn 'θɜ:ti].

**verlassen**
Er verlässt jeden Morgen um 7.30 h das Haus.

**go out** [gəʊ 'aʊt] v
When you've finished your homework, you can go out and play.
I didn't go out today.

**hinausgehen, das Haus verlassen**
Wenn du mit den Hausaufgaben fertig bist, kannst du zum Spielen hinausgehen.
Ich habe das Haus heute nicht verlassen.

**call on sb** [kɔ:l] v
**drop in on sb** [drɒp 'ɪn] v
You weren't in unfortunately when I called on you. (... when I dropped in on you.)

**bei jdm. vorbeischauen, vorbeikommen**
Du warst leider nicht zu Hause, als ich gestern bei dir vorbeikam.

**be in** [bi: 'ɪn] v
**be out** [bi: 'aʊt] v
Will you be in tomorrow evening?
I'm sorry but my parents are out at the moment.

**zu Hause sein**
**nicht zu Hause sein**
Bist du morgen Abend zu Hause?
Es tut mir Leid, aber meine Eltern sind im Augenblick nicht zu Hause.

**downstairs** [daʊn'steəz] adv
– Where are the toilets, please?
– Downstairs on the ground floor.

**unten, die Treppe runter**
– Wo sind bitte die Toiletten?
– Unten im Erdgeschoss.

**upstairs** [ʌp'steəz] adv
The bedrooms are upstairs on the second floor.
Please could you go upstairs and fetch my diary?

**oben, die Treppe hoch**
Die Schlafzimmer befinden sich oben im 2. Stock.
Könntest du bitte hochgehen und meinen Terminkalender holen?

**lock** [lɒk] v
Have you locked the door?

**abschließen**
Hast du die Tür abgeschlossen?

**furnishings** ['fɜ:nɪʃɪŋz] n, pl
**fittings** ['fɪtɪŋz] n, pl

**Möblierung** f, **Einrichtung** f
**Ausstattung** f

**furniture**[1] ['fɜːnɪtʃə] *n, sg, no indefinite article*   **Möbel** *Pl*

**table** ['teɪbl] *n*   **Tisch** *m*

**chair** [tʃeə] *n*   **Stuhl** *m*

**armchair** ['ɑːmtʃeə] *n*   **Sessel** *m*

**sofa** ['səʊfə] *n*
**couch** [kaʊtʃ] *n*   **Sofa** *n*, **Couch** *f*

**three-piece suite** [ˌθriː piːs 'swiːt] *n*   **Couchgarnitur** *f*

**bed** [bed] *n*   **Bett** *n*

**bedside table** [ˌbedsaɪd 'teɪbl] *n*   **Nachttisch** *m*

**(fitted) wardrobe** [(ˌfɪtɪd) 'wɔːdrəʊb] *n*
**(fitted) cupboard** [(ˌfɪtɪd) 'kʌbəd] *n*   **(Einbau-) Schrank** *m*

**shelf**, *pl* **-ves** [ʃelf, -vz] *n*   **Regal** *n*

**chest of drawers** ['tʃest əv drɔːz] *n*   **Kommode** *f*

**drawer** ['drɔː] *n*   **Schublade** *f*

**desk** [desk] *n*   **Schreibtisch** *m*

**picture** ['pɪktʃə] *n*   **Bild** *n*

**vase** [vɑːz] *n*   **Vase** *f*

**carpet** ['kɑːpɪt] *n*   **Teppich** *m*

**carpeting** ['kɑːpɪtɪŋ] *n, no indefinite article*
**flooring** ['flɔːrɪŋ] *n, no indefinite article*   **Teppichboden** *m*

**wallpaper** ['wɔːlˌpeɪpə] *n*   **Tapete** *f*

**curtain** ['kɜːtn] *n*   **Gardine** *f*, **Vorhang** *m*

**(central) heating** [(ˌsentrəl) 'hiːtɪŋ] *n*   **(Zentral-)Heizung** *f*

**radiator** ['reɪdieɪtə] *n*   **Heizkörper** *m*

**(tiled) stove** [(taɪld) 'stəʊv] *n*   **(Kachel-)Ofen** *m*

**chimney**, *pl* **-s** ['tʃɪmni, -z] *n*   **Kamin** *m*

**furnish** ['fɜːnɪʃ] *v*   **möblieren, einrichten**
Our living-room is not completely furnished yet.   Unser Wohnzimmer ist immer noch nicht ganz eingerichtet.

**convert** [kən'vɜːt] *v*   **aus-, umbauen**
My parents converted the attic and made it into a guest-room.   Meine Eltern haben das Dachgeschoss ausgebaut und dort ein Gästezimmer eingerichtet.

**install** [ɪn'stɔːl] *v*
**put in** [pʊt 'ɪn] *v*   **aufstellen, einbauen**
We have installed (put in) a deep-freezer in the cellar.   Wir haben im Keller eine Tiefkühltruhe aufgestellt.
We have installed a sauna in the cellar.   Wir haben im Keller eine Sauna eingebaut.

**equip** [ɪ'kwɪp] *v*   **ausstatten**
Your kitchen is really well equipped.   Deine Küche ist wirklich gut ausgestattet.

---

1 ein Möbelstück = a piece of furniture, z. B.: That is really a fantastic piece of furniture.

## ● **Expressions**

**sweep sth under the carpet**
It was to the merit of the press that the political scandal was not swept under the carpet.

**etw. unter den Teppich kehren**
Es war das Verdienst der Presse, dass der politische Skandal nicht unter den Teppich gekehrt wurde.

**build castles in the air**
Instead of building castles in the air, you should be thinking more about finishing your studies.

**Luftschlösser bauen**
Anstatt Luftschlösser zu bauen, solltest du lieber daran denken, dein Studium zu Ende zu bringen.

**eat sb out of house and home**
Since Chris did not have a job, Amanda invited him to stay with her. Now she complains that he is eating her out of house and home.

**jdm. die Haare vom Kopf fressen**
Als Chris arbeitslos war, hat Amanda ihn eingeladen, bei ihr zu wohnen. Jetzt beklagt sie sich, dass er ihr die Haare vom Kopf frisst.

**bang one's head against a brick wall**

Nobody listened to his warnings. He had the impression that he was banging his head against a brick wall.

**mit dem Kopf gegen die Wand rennen**
Niemand hörte auf seine Warnungen. Er hatte den Eindruck, mit dem Kopf gegen die Wand zu rennen.

# 6.2  Der Haushalt

**household** ['haʊshəʊld] *n*
We are a traditional family. My mother runs the household, my father earns the money.

**Haushalt** *m*
Wir sind eine traditionelle Familie. Meine Mutter führt den Haushalt, mein Vater verdient das Geld.

**household chores** [ˌ.. 'tʃɔːz] *n, pl*
Doing the household chores, such as cooking, shopping, cleaning and washing, did not fill her with much delight.

tagtägliche(n) **Hausarbeiten** *Pl*
Sie konnte sich nicht für Hausarbeiten wie Kochen, Einkaufen, Putzen und Waschen begeistern.

**housework** ['haʊswɜːk] *n, sg, no indefinite article*
**household appliance** [ˌ.. ə'plaɪəns] *n*
Electrical household appliances make housework much easier for housewives. In the morning my mother does the housework and in the afternoon she works in an office.

**Hausarbeit** *f*

**Haushaltsgerät** *n*
Die elektrischen Haushaltsgeräte erleichtern die Arbeit der Hausfrau sehr. Vormittags erledigt meine Mutter ihre Hausarbeit und nachmittags arbeitet sie in einem Büro.

I sometimes help my mother with the housework.

Ich helfe meiner Mutter manchmal bei der Hausarbeit.

**housewife,** pl **-ves** ['haʊswaɪf, -vz] n
She is a good housewife.

**Hausfrau** f
Sie ist eine gute Hausfrau.

**domestic help** [də'mestɪk help] n
We can't afford a domestic help.

**Haushaltshilfe** f
Wir können uns keine Haushaltshilfe leisten.

**clean** [kli:n] v
I'd like to clean the wash-basin. Where is the Vim?

**putzen, sauber machen**
Ich möchte das Waschbecken putzen. Wo ist das Vim?

**tidy up** [,taɪdi 'ʌp] v
Please tidy up your room.

**aufräumen**
Räume bitte dein Zimmer auf!

**put away** [pʊt ə'weɪ] v
Summer is coming so I can now put away our winter clothes.

**wegräumen**
Es wird Sommer, ich kann die Winterkleider jetzt wegräumen.

**pick up** [pɪk 'ʌp] v
Pick up the papers which are lying on the floor.

**aufheben**
Hebe die Papiere auf, die auf dem Boden herumliegen!

**sweep** [swi:p] v
Have you already swept the kitchen?

**fegen**
Hast du die Küche schon gefegt?

**wipe** [waɪp] v
Wipe the table with a damp cloth.

**(auf-, ab)wischen**
Wisch den Tisch mit einem feuchten Lappen ab!

**dust** [dʌst] v
When you do your room, don't forget to dust the furniture.

**Staub wischen**
Wenn du dein Zimmer machst, vergiss nicht die Möbel abzustauben.

**vacuum clean** ['vækjuəm kli:n] v
**hoover** ['hu:və] v
I'm going to vacuum clean (to hoover) the living-room.

**staubsaugen**
Ich werde jetzt das Wohnzimmer staubsaugen.

**make the bed** [bed]
In our house everyone makes their own bed.

**das Bett machen**
Bei uns zu Hause macht jeder sein Bett selber.

**vacuum cleaner** ['vækjuəm ,kli:nə] n
**hoover** ['hu:və] n
**broom** [bru:m] n
**dustpan and brush**
['dʌstpæn ənd brʌʃ] n

**Staubsauger** m
**Besen** m
**Kehrichtschaufel** f **und Handfeger** m

| | |
|---|---|
| **dustbin** ['dʌstbɪn] *n* | **Mülleimer** *m* |
| **duster** ['dʌstə] *n* | **Staublappen** *m* |
| **tea towel** ['tea ˌtaʊəl] *n* | **Geschirrtuch** *n* |
| **cloth,** *pl* **-s** [klɒθ, -s] *n* | **Lappen** *m* |
| **(fitted) kitchen** [(ˌfɪtɪd) 'kɪtʃɪn] *n* | **(Einbau-)Küche** *f* |
| **sink** [sɪŋk] *n* | **Spülbecken** *n*, **Ausguss** *m* |
| **tap** [tæp] *n* | **Wasserhahn** *m* |
| **(electric/gas) cooker** [(ɪˌlektrɪk/gɑːs) 'kʊkə] *n* | **(Elektro-/Gas-)Herd** *m* |
| **microwave** ['maɪkrəweɪv] *n* | **Mikrowelle** *f* |
| **grill** [grɪl] *n* | **Grill** *m* |
| **fridge** [frɪdʒ] *n*<br>**refrigerator** [rɪ'frɪdʒəreɪtə] *n, formal* | **Kühlschrank** *m* |
| **freezer** ['friːzə] *n* | **Tiefkühltruhe** *f* |
| **dishwasher** ['dɪʃwɒʃə] *n* | **Geschirrspülmaschine** *f* |
| **cooking pot** ['kʊkɪŋ pɒt] *n* | **Kochtopf** *m* |
| **saucepan** ['sɔːspæn] *n* | **Kochtopf** *m* (mit Stiel) |
| **kettle** ['ketl] *n* | **Wassserkessel** *m* |
| **(frying) pan** [('fraɪɪŋ) pæn] *n* | **(Brat-)Pfanne** *f* |
| **toaster** ['təʊstə] *n* | **Toaster** *m* |
| **blender** ['blendə] *n* | **Mixer** *m* |
| **coffee machine** ['kɒfi məˌʃiːn] *n* | **Kaffeemaschine** *f* |
| **dishes** ['dɪʃɪz] *n, pl* | **Geschirr** *n* |
| **plate** [pleɪt] *n* | **Teller** *m* |
| **soup bowl** ['suːp bəʊl] *n* | **Suppenteller** *m* |
| **cup** [kʌp] *n* | **Tasse** *f* |
| **saucer** ['sɔːsə] *n* | **Untertasse** *f* |
| **glass** [glɑːs] *n* | **Glas** *n* |
| **mug** [mʌg] *n* | **Becher** *m*, **Krug** *m* |
| **(salad) bowl** [('sæləd) bəʊl] *n* | **(Salat-)Schüssel** *f* |
| **dish,** *pl* **-es** [dɪʃ, -ɪz] *n* | **Platte** *f* |
| **tray,** *pl* **-s** [treɪ, -z] *n* | **Tablett** *n* |
| **cutlery** ['kʌtləri] *n* | **Besteck** *n* |
| **spoon** [spuːn] *n* | **Löffel** *m* |
| **knife,** *pl* **-ves** [naɪf, -vz] *n* | **Messer** *n* |
| **fork** [fɔːk] *n* | **Gabel** *f* |
| **tablecloth,** *pl* **-s** ['teɪblklɒθ, -s] *n* | **Tischtuch** *n* |
| **table mat** ['teɪbl mæt] *n* | **Set** *n* |
| **napkin** ['næpkɪn] *n* | **Serviette** *f* |
| **set the table** ['set ðə ˌteɪbl] | **den Tisch decken** |
| **clear the table** ['klɪə ðə ˌteɪbl] | **den Tisch abdecken** |
| The meal will be ready in ten minutes.<br>Please set the table. | Das Essen ist in zehn Minuten fertig.<br>Decke bitte den Tisch! |

Clear the table before you go and play.

Deckt den Tisch ab, bevor ihr spielen geht!

**do the washing up** [ˌwɒʃɪŋ ˈʌp]
**do the drying** [ˈdraɪɪŋ]
I'll do the washing up and you can do the drying.

**das Geschirr spülen**
**das Geschirr abtrocknen**
Ich spüle das Geschirr und du kannst es abtrocknen.

**do the dishes** [ˈdɪʃɪz]
Who is going to do the dishes today?

**das Geschirr machen**
Wer macht heute das Geschirr?

**bed linen** [ˈbed ˌlɪnɪn] *n*
**sheet** [ʃiːt] *n*
**pillow** [ˈpɪləʊ] *n*
**pillowcase** [ˈpɪləʊkeɪs] *n*
**duvet** [ˈduːveɪ] *n*
**duvet cover** [ˈduːveɪ ˌkʌvə] *n*
**cover** [ˈkʌvə] *n*
**quilt** [kwɪlt] *n*
**blanket** [ˈblæŋkɪt] *n*

**Bettwäsche** *f*
**Bettlaken** *n*
**Kopfkissen** *n*
**Kissenbezug** *m*
**Federbett** *n*
**Bettbezug** *n*
**Zudecke** *f*
**Steppdecke** *f*
**Wolldecke** *f*

**laundry** [ˈlɔːndri] *n*
The laundry goes in this basket.

**(schmutzige) Wäsche**
Die (schmutzige) Wäsche kommt in diesen Korb.

**washing** [ˈwɒʃɪŋ] *n*
When the weather is fine, we dry our washing outside.

**Wäsche** *f*
Bei schönem Wetter trocknen wir unsere Wäsche im Freien.

**in the wash** [wɒʃ]
Your track suit is in the wash.

**in der Wäsche**
Dein Trainingsanzug ist in der Wäsche.

**washing powder** [ˈwɒʃɪŋ ˌpaʊdə] *n*
**washing machine** [ˈwɒʃɪŋ məˌʃiːn] *n*
**tumble drier** [ˌtʌmbl ˈdraɪə] *n*
**iron** [ˈaɪən] *n*
**ironing board** [ˈaɪənɪŋ bɔːd] *n*

**Waschpulver** *n*
**Waschmaschine** *f*
**Wäschetrockner** *m*
**Bügeleisen** *n*
**Bügelbrett** *n*

**iron** [ˈaɪən] *v*
I only iron my blouses.

**bügeln**
Ich bügele nur meine Blusen.

**put sth in for cleaning**
[pʊt ˌɪn fə ˈkliːnɪŋ]
I must put my coat in for cleaning.

**etw. reinigen lassen**

Ich muss meinen Mantel reinigen lassen.

**dry cleaner's** [ˈdraɪ ˌkliːnəz] *n*
I must take my trousers to the dry cleaner's.

**Reinigung** *f*
Ich muss meine Hose in die Reinigung bringen.

● **Expressions**

**wait until the dust has settled**

He waited until the dust had settled
before making any further demands.

**warten, bis sich die Lage wieder
beruhigt hat**
Er wartete, bis sich die Lage wieder
beruhigt hatte, bevor er weitere
Forderungen stellte.

**You've made your bed, now lie in it.**
She used to cast every piece of advice to
the wind. Today she is anything but happy
in her marriage. She has made her bed so
she must lie in it.

**Wie man sich bettet, so liegt man.**
Damals schlug sie alle guten Ratschläge
in den Wind. Heute ist sie alles andere
als glücklich in ihrer Ehe. Aber so ist das
nun einmal: Wie man sich bettet, so liegt
man.

# 6.3  Die Elektrotechnik im Haus

**electricity** [ɪˌlekˈtrɪsəti] *n*
Before electricity was invented oil lamps
and candles were the only sources of light
at night.
When the electricity was cut off in our
mountain hut for three days, we had to
make do with candle light.

**Strom** *m*, **Elektrizität** *f*
Vor der Erfindung der Elektrizität waren
Öllampen und Kerzen die einzigen
Lichtquellen bei Nacht.
Als der Strom für drei Tage in unserer
Berghütte unterbrochen war, mussten wir
uns mit Kerzenlicht behelfen.

**power failure** [ˈpaʊə ˌfeɪljə] *n*
That is the third power failure this week.

**Stromausfall** *m*
Das ist der dritte Stromausfall in dieser
Woche.

**electric(al)** [ɪˈlektrɪk(l)] *adj*
**current** [ˈkʌrənt] *n*
**electrical appliance,** *pl* **-s**
[ɪˌlektrɪkl əˈplaɪəns, -ɪz] *n*
**flex,** *pl* **-es** [fleks, -ɪz] *n*
**cable** [ˈkeɪbl] *n*
**extension lead** [ɪkˈstenʃn liːd] *n*
**(light)bulb** [(ˈlaɪt)bʌlb] *n*
**lighting** [ˈlaɪtɪŋ] *n, no indefinite article*
**light** [laɪt] *n*
**(standard/table) lamp**
[(ˈstændəd/ˈteɪbl) læmp] *n*
**torch** [tɔːtʃ] *n*

**elektrisch**
**Strom** *m*
**elektrische(s) Gerät** *n*

**Kabel** *n* an einem Gerät
**Kabel** *n*, **Stromleitung** *f*
**Verlängerungskabel** *n*
**Glühbirne** *f*
**Beleuchtung** *f*
**Licht** *n*, **Lampe** *f*
**(Steh-/Tisch-)Lampe** *f*

**Taschenlampe** *f*

| | |
|---|---|
| **plug** [plʌg] *n* | **Stecker** *m* |
| **socket** ['sɒkɪt] *n* | **Steckdose** *f* |
| **switch,** *pl* **-es** [swɪtʃ, -ɪz] *n* | **Schalter** *m* |
| **short-circuit** [ʃɔːt 'sɜːkɪt] *n* | **Kurzschluss** *m* |
| **fuse,** *pl* **-s** [fjuːz, -ɪz] *n* | **Sicherung** *f* |
| **battery,** *pl* **-ies** ['bætri, -z] *n* | **Batterie** *f* |
| **connection** [kə'nekʃn] *n* | **Anschluss** *m*, **Verbindung** *f* |
| **loose connection** [luːs kə'nekʃn] *n* | **Wackelkontakt** *m* |

**plug in** [plʌg 'ɪn] *v*
Is the fridge plugged in?

**anschließen**
Ist der Kühlschrank angeschlossen?

**unplug** [ʌn'plʌg] *v*
During a thunderstorm you have to unplug the television.

**den Stecker herausziehen**
Bei Gewitter musst du den Stecker des Fernsehers herausziehen.

**disconnect** [ˌdɪskə'nekt] *v*
His electricity was disconnected when he did not pay his electricity bill.

**den Strom abstellen**
Als er die Stromrechnung nicht bezahlte, wurde ihm der Strom abgestellt.

**turn on** [tɜːn 'ɒn] *v*
**switch on** [swɪtʃ 'ɒn] *v*
Turn on (Switch on) the radio, please.
Please turn on (switch on) the light.

**einschalten, anmachen**
Schalte bitte das Radio ein!
Mache bitte das Licht an!

**turn off** [tɜːn 'ɒf] *v*
**switch off** [swɪtʃ 'ɒf] *v*
I'm quite sure that I turned off (switched off) the light.
Turn off (Switch off) the television, please.

**ausschalten, ausmachen**
Ich bin ganz sicher, dass ich das Licht ausgemacht habe.
Schalte bitte den Fernseher aus!

**put sth on** [pʊt 'ɒn] *v*
You can put on the dishwasher.

**einschalten, in Gang setzen**
Du kannst die Geschirrspülmaschine in Gang setzen.

**press the button** [pres ðə 'bʌtn]
Which button should I press?

**den Schalter drücken**
Auf welchen Schalter muss ich drücken?

## ● Expressions

**pull the plug on sth**
The rock star was arrested for tax evasion and had to pull the plug on all of his concerts.

**etw. kurzfristig absagen**
Der Rockstar wurde wegen Steuerhinterziehung festgenommen und musste kurzfristig alle Konzerte absagen.

**burn the candle at both ends**
You'll end up burning the candle at both ends if you continue like that.

**seine Gesundheit ruinieren**
Du wirst noch deine Gesundheit ruinieren, wenn du so weitermachst.

# 6.4 Werkzeuge, Reparaturen

**tool** [tuːl] *n*
**tool box,** *pl* **-es** ['tuːl bɒks, -ɪz] *n*
Go and get the hammer for me, please.
It's in the tool box.

**Werkzeug** *n*
**Werkzeugkasten** *m*
Hole mir bitte den Hammer. Er ist im
Werkzeugkasten.

**workshop** ['wɜːkʃɒp] *n* ⎫
**workroom** ['wɜːkrʊm] *n* ⎭
He installed a workshop (workroom) in
the cellar.

**Werkstatt** *f*

Er hat sich im Keller eine Werkstatt
eingerichtet.

**DIY**[1] [ˌdiː aɪ 'waɪ] *n*
You can save a lot of money by doing DIY.

**Heimwerken** *n*
Mit Heimwerken kannst du eine Menge
Geld sparen.

**hammer** ['hæmə] *n*
**pliers**[2] ['plaɪəz] *n, pl*
**pincers**[2] ['pɪnsəz] *n, pl*
**screwdriver** ['skruːˌdraɪvə] *n*
**spanner** ['spænə] *n*
**drill** [drɪl] *n*
**file** [faɪl] *n*
**saw** [sɔː] *n*
**scissors**[2] ['sɪzəz] *n, pl*
**brush,** *pl* **-es** [brʌʃ, -ɪz] *n*

**Hammer** *m*
**(Kombi-)Zange** *f*
**Kneifzange** *f*
**Schraubenzieher** *m*
**Schraubenschlüssel** *m*
**Bohrer** *m*
**Feile** *f*
**Säge** *f*
**Schere** *f*
**Pinsel** *m*

**repair** [rɪ'peə] *n*
The repair was necessary.

**Reparatur** *f*
Die Reparatur war notwendig.

**repair** [rɪ'peə] *v*
**wire** [waɪə] *n*
I have provisionally repaired the garden
gate with wire.

**reparieren**
**Draht** *m*
Ich habe das Gartentor provisorisch mit
Draht repariert.

**fix** [fɪks] *v*
The shelf must be fixed to the wall.

I must call the plumber to fix my taps.

**befestigen, reparieren**
Das Regal muss an der Wand befestigt
werden.
Ich muss den Installateur kommen lassen,
um die Wasserhähne zu reparieren.

---

1 = do it yourself
2 Diese Substantive sind Pluralwörter. Sie können nicht mit dem unbestimmten
  Artikel *a/an* gebraucht werden, auch nicht zusammen mit Zahlwörtern. Der
  deutsche unbestimmte Artikel bleibt unübersetzt oder er wird wiedergegeben mit *a pair of/some/any*.
  *Z. B.: I need some pliers. (Ich brauche eine Zange.)/Do you have any pliers? (Hast
  du eine Zange?)/I have three pairs of pliers. (Ich habe drei Zangen.)*

**redo** [riːˈduː] v
In the holidays we redid the kitchen.

**neu machen** (streichen, tapezieren usw.)
In den Ferien haben wir die Küche neu gemacht.

**redecorate** [riːˈdekəreɪt] v
When we move out we'll have to redecorate the flat.
We intend to redecorate our living-room.

**neu herrichten** (streichen, tapezieren)
Wenn wir ausziehen, müssen wir die Wohnung neu herrichten.
Wir haben vor, unser Wohnzimmer neu zu tapezieren.

**(re)paint** [(riː)ˈpeɪnt] v
It is absolutely necessary to repaint the shutters.

**(neu) streichen**
Die Fensterläden müssen unbedingt neu gestrichen werden.

**screw** [skruː] n
I'll hang the sign up with four screws.

**Schraube** f
Ich werde das Schild mit vier Schrauben befestigen.

**screw** [skruː] v
**unscrew** [ʌnˈskruː] v
The door handle is coming off. I'll have to screw it on tightly.
I can't unscrew the cap from the tube.

**schrauben**
**abschrauben**
Die Türklinke hält nicht mehr. Ich muss sie festschrauben.
Es gelingt mir nicht, die Tube aufzu-schrauben.

**string** [strɪŋ] n
**fasten** [ˈfɑːsn] v
I need a piece of string to fasten this.

**Schnur** f
**befestigen**
Um das zu befestigen, brauche ich ein Stück Schnur.

**rope** [rəʊp] n
This rope is not long enough.

**Seil** n, **Tau** n
Dieses Seil ist nicht lang genug.

**tape** [teɪp] n
We have insulated our windows with tape.

**Klebeband** n
Wir haben unsere Fenster mit Klebeband abgedichtet.

**glue** [gluː] n
There is a special glue for synthetic materials.

**Kleber** m
Für Kunststoff gibt es einen Spezialkleber.

**glue** [gluː] v
**stick** [stɪk] v
Nowadays you can glue (stick) practically anything onto everything.

**kleben**
Heutzutage kann man praktisch alles kleben.

**cut** [kʌt] v
These scissors can cut metal.

**schneiden**
Mit dieser Schere kann man Blech schneiden.

**nail** [neɪl] n
You can't hammer nails into this concrete wall.

**Nagel** m
In diese Betonwand kann man keinen Nagel einschlagen.

**saw** [sɔ:] v
**hammer** ['hæmə] v
**drill** [drɪl] v
We can hear him sawing, hammering and drilling all day long.

**sägen**
**hämmern**
**bohren**
Man hört ihn den ganzen Tag sägen, hämmern und bohren.

**weld** [weld] v
**solder** ['səʊldə] v
These pipes are not screwed but welded together.
The wires must be soldered together.

**schweißen**
**löten**
Diese Rohre sind nicht verschraubt, sondern zusammengeschweißt.
Die Drähte müssen zusammengelötet werden.

**break** [breɪk] v
I've broken my glasses.
My shoes are completely broken.
Our dishwasher is broken.

**zerbrechen, kaputtmachen, -gehen**
Ich habe meine Brille zerbrochen.
Meine Schuhe sind total kaputt.
Unsere Spülmaschine ist kaputt.

## ● Expressions

**know the ropes**
Our coach driver knew the ropes in Paris and was able to give us many useful tips.

**sich gut auskennen**
Unser Busfahrer kannte sich sehr gut in Paris aus und konnte uns viele nützliche Tipps geben.

**hit the nail on the head**
– Fewer visitors came to the Edinburgh Festival this year compared to last year. It's probably due to the strength of the pound at the moment.
– That's right. You've hit the nail on the head.

**den Nagel auf den Kopf treffen**
– Zu den Edinburgher Festspielen kamen dieses Jahr weniger Besucher als letztes Jahr. Schuld daran ist sicher die augenblickliche Stärke des Pfundes.
– Sie haben Recht. Das trifft die Sache genau.

**go at sth with hammer and tongs**
– Listen to the neighbours arguing again.

– Yes, and this time they are really going at it with hammer and tongs.

**sich streiten, dass die Fetzen fliegen**
– Horch, die Nachbarn streiten sich wieder.
– Ja, und dieses Mal fliegen die Fetzen.

# 6.5 Baustoffe, Baumaschinen

**building material** ['bɪldɪŋ mə,tɪərɪəl] *n*
Wood is a more natural building material than concrete.
The following materials were used to build this house: steel, glass, wood etc.

**Baustoff** *m*, **Material** *n*
Holz ist ein gesünderer Baustoff als Beton.

Beim Bau dieses Hauses wurden folgende Materialien verwendet: Stahl, Glas, Holz usw.

| | |
|---|---|
| **stone** [stəʊn] *n* | **Stein** *m* |
| **brick** [brɪk] *n* | **Ziegelstein** *m* |
| **concrete** ['kɒŋkriːt] *n* | **Beton** *m* |
| **cement** [sɪ'ment] *n* | **Zement** *m* |
| **sand** [sænd] *n* | **Sand** *m* |
| **gravel** ['grævl] *n* | **Kies** *m* |
| **tar** [tɑː] *n* | **Teer** *m* |
| **glass** [glɑːs] *n* | **Glas** *n* |
| **wood** [wʊd] *n* | **Holz** *n* |
| **timber** ['tɪmbə] *n* | **Bauholz** *n* |
| **steel** [stiːl] *n* | **Stahl** *m* |
| **iron** ['aɪən] *n* | **Eisen** *n* |
| **plaster** ['plɑːstə] *n* | **Gips** *m* |
| **paint** [peɪnt] *n* | **Farbe** *f* |
| **board** [bɔːd] *n* | **Brett** *n* |
| **plank** [plæŋk] *n* | **Bohle** *f* |
| **beam** [biːm] *n* | **Balken** *m* |
| **tile** [taɪl] *n* | **Ziegel** *m*, **Fliese** *f* |
| **stone slab** ['stəʊn slæb] *n* | **Steinplatte** *f* |
| **pipe** [paɪp] *n* | **Rohr** *n* |
| **bar** [bɑː] *n* | **Stange** *f*, **Gitterstab** *m* |

| | |
|---|---|
| **building site**[1] ['bɪldɪŋ saɪt] *n* | **Baustelle** *f* |
| **scaffolding** ['skæfəldɪŋ] *n, sg, no indefinite article* | **Baugerüst** *n* |
| **lorry**[2], *pl* **-ies** ['lɒri, -z] *n* | **Lastwagen** *m* |
| **crane** [kreɪn] *n* | **Kran** *m* |
| **excavator** ['ekskəveɪtə] *n* | **Bagger** *m* |
| **bulldozer** ['bʊldəʊzə] *n* | **Planierraupe** *f* |

1 *AE:* construction site
2 *AE:* truck

## ● Expressions

**It's like trying to get blood out of a stone.**

When we were collecting money for Rebecca's birthday, Sally refused to give any money. It was like trying to get blood out of a stone.

**Strike while the iron is hot.**

Don't hesitate now. Such a great opportunity does not come again. Strike while the iron is hot.

**bury one's head in the sand**

As far as unemployment is concerned, the government is obviously burying its head in the sand.

**behind bars**
- I wonder where our neighbour is. I haven't seen him for months.
- Don't you know that he is behind bars?

**Es ist ein Ding der Unmöglichkeit.**

Als wir Geld für Rebeccas Geburtstag sammelten, weigerte sich Sally etwas zu geben. Es war einfach unmöglich, sie dazu zu bringen.

**Man muss das Eisen schmieden, solange es heiß ist.**
Zögere jetzt nicht. Eine solche Gelegenheit bietet sich nicht noch einmal. Man muss das Eisen schmieden, solange es heiß ist.

**den Kopf in den Sand stecken, eine Vogel-Strauß-Politik betreiben**
Was die Arbeitslosigkeit betrifft, so betreibt die Regierung offensichtlich eine Vogel-Strauß-Politik.

**hinter Gittern, im Gefängnis**
- Wo ist denn unser Nachbar? Ich habe ihn seit Monaten nicht gesehen.
- Ja, weißt du denn nicht, dass er hinter Gittern sitzt.

# 7.1 Einkaufen

**shopping** ['ʃɒpɪŋ] *n, sg, no indefinite article*
Who is going to do the shopping today?
I still have some shopping to do.
We usually do our weekly shopping on
Saturday morning.

**Einkäufe** *Pl,* **das Einkaufen**
Wer kauft heute ein?
Ich habe noch einige Einkäufe zu erledigen.
Meistens machen wir unsere Einkäufe für
die Woche am Samstagvormittag.

**go shopping** [gəʊ '..]
**go window shopping** [gəʊ 'wɪndəʊ ˌ..]
I'm going to go shopping. Do you want me
to get anything for you?
I didn't buy anything. I only went window
shopping.

**einkaufen (gehen)**
**einen Schaufensterbummel machen**
Ich gehe jetzt einkaufen. Soll ich dir etwas
mitbringen?
Ich habe nichts gekauft. Ich habe nur einen
Schaufensterbummel gemacht.

**shopping centre**[1] ['.. ˌsɒntə] *n*
**shopping precinct** ['.. ˌpriːsɪŋkt] *n*
**supermarket** ['suːpəmɑːkɪt] *n*
**supermarket trolley,** *pl* **-s**
['.... ˌtrɒli, -z] *n*

**Einkaufszentrum** *n*
**Einkaufsviertel** *n* (in der Fußgängerzone)
**Supermarkt** *m*
**Einkaufswagen** *m*

**shop** [ʃɒp] *n*
Shops are usually closed on Sundays.

In the USA there are shops which are
open day and night.

**Laden** *m,* **Geschäft** *n*
Sonntags sind die Läden für gewöhnlich
geschlossen.
In den USA gibt es Geschäfte, die Tag und
Nacht geöffnet haben.

**... shop** *n*
   **book** ['bʊk.]
   **shoe** ['ʃuː .]
   **electrical goods** [ɪˌlektrɪkl 'gʊdz .]
   **sports** ['spɔːts .]
   **second-hand** [ˌsekənd 'hænd .]

**Buchhandlung** *f*
**Schuhgeschäft** *n*
**Elektrogeschäft** *n*
**Sportgeschäft** *n*
**Secondhandshop** *m*

**department store** [dɪ'pɑːtmənt stɔː] *n*
**food hall** ['fuːd hɔːl] *n*

**Kaufhaus** *n*
**Lebensmittelabteilung** *f*

**... department** *n*
   **clothing** ['kləʊðɪŋ ˌ,..]
   **toy** ['tɔɪ ˌ,..]
   **stationery** ['steɪʃənri ˌ,..]

**...Abteilung** *f*
   **Bekleidungs-**
   **Spielwaren-**
   **Schreibwaren-**

**go to ...** [gəʊ]
   **the grocer's** ['grəʊsəz]
   **the baker's** ['beɪkəz]

**... gehen**
   **ins Lebensmittelgeschäft**
   **zum Bäcker**

---

1 AE: (shopping) mall

**buy sth at ...** [baɪ]
  **the butcher's** ['bʊtʃəz]
  **the market** ['mɑ:kɪt]
  **the DIY-store** [ˌdi aɪ 'waɪ stɔ:]
  **Marks & Spencer's**
  ['mɑ:ks ənd 'spensəz]
  **the greengrocer's** ['gri:nˌgrəʊsəz]
  **the delicatessen** [delɪkə'tesn]
  **the fishmonger's** ['fɪʃmʌŋgəz]
  **the supermarket** ['su:pəmɑ:kɪt]
– Where do you buy your groceries?
– Usually at the supermarket.

**etw. ... kaufen**
  **beim Metzger**
  **auf dem Markt**
  **im Baumarkt**
  **bei Marks & Spencer**

  **im Obst- und Gemüsegeschäft**
  **im Feinkostgeschäft**
  **im Fischgeschäft**
  **im Supermarkt**
– Wo kaufst du deine Lebensmittel ein?
– Für gewöhnlich im Supermarkt.

**call in at** [kɔ:l ɪn ət] v
**collect** [kə'lekt] v
I've ordered steaks by telephone. Please can you call in at the butcher's after school and collect them?

**vorbeigehen**
**abholen**
Ich habe telefonisch Steaks bestellt. Könntest du bitte nach der Schule beim Metzger vorbeigehen und sie abholen?

**order** ['ɔ:də] v
**have sth in stock** [stɒk]
We don't have this item in stock but we can order it for you.

**bestellen**
**etw. vorrätig haben**
Wir haben diesen Artikel nicht vorrätig, aber wir können ihn für Sie bestellen.

**order** ['ɔ:də] n
**customer** ['kʌstəmə] n
**shop assistant** ['ʃɒp əˌsɪstənt] n
**salesman/saleswoman**
['seɪlzmən/'seɪlzwʊmən] n
**shopkeeper** ['ʃɒpki:pə] n
**kiosk** ['ki:ɒsk] n
**vending machine** ['vendɪŋ məˌʃi:n] n
**bag** [bæg] n
**basket** ['bɑ:skɪt] n

**Bestellung** f
**Kunde/Kundin** m/f

**Verkäufer/in** m/f

**Ladenbesitzer/in** m/f
**Kiosk** m
**Automat** m
**Tasche** f, **Tüte** f
**Korb** m

**a box of ...** [bɒks əv]
  **matches** ['mætʃɪz]
  **chocolates** ['tʃɒkləts]
**a crate of ...** [kreɪt əv]
  **beer** ['bɪə]
  **mineral water** ['mɪnərəl ˌwɔ:tə]
**a tube of ...** [tju:b əv]
  **mustard** ['mʌstəd]
  **tomato puree** [tə'mɑ:təʊ ˌpjʊəreɪ]

**eine Schachtel ...**
  **Streichhölzer**
  **Pralinen**
**ein Kasten ...**
  **Bier**
  **Mineralwasser**
**eine Tube ...**
  **Senf**
  **Tomatenmark**

**I would like** [wəd 'laɪk]

– Can I help you?
– I'd like 5 rolls and a wholemeal loaf.

– Would you like anything else?
– No thank you. That's everything.

**ich hätte gerne, ich möchte, ich wünsche**
– Sie wünschen?
– Ich hätte gerne 5 Brötchen und ein Vollkornbrot.
– Wünschen Sie sonst noch etwas?
– Nein, danke. Das ist alles.

**try on sth** [traɪ 'ɒn] v
Would you like to try on the dress?

**anprobieren**
Möchten Sie das Kleid anprobieren?

**take** [teɪk] v
**wrap up sth** [ræp 'ʌp] v
I'll take this pen. It's a present. Can you please wrap it up for me?

**nehmen**
**einpacken**
Ich nehme diesen Füller. Können Sie ihn mir bitte als Geschenk einpacken?

**packaging**[1] ['pækɪdʒɪŋ] n, sg, no indefinete article
Packaging is very important for the marketing of a product.
Don't throw the packaging away.

**Verpackung** f

Die Verpackung ist sehr wichtig für die Vermarktung eines Produktes.
Wirf die Verpackung nicht weg!

**price** [praɪs] n
In this shop you can buy products at a very reasonable price.
I bought this coat at half price (for half the price).

**Preis** m
In diesem Geschäft bekommt man die Waren zu sehr günstigen Preisen.
Ich habe den Mantel zum halben Preis bekommen.

**How much is (are) ...?** [haʊ 'mʌtʃ]
How much is that scarf, please?
– How much are the pineapples, please?
– £ 1 each.

**Was kostet (kosten) ...?**
Was kostet bitte dieser Schal?
– Was kosten die Ananas, bitte?
– Das Stück 1 £.

**cash desk** ['kæʃ desk] n
**checkout** in a supermarket ['tʃekaʊt] n
Please go to the cash desk (checkout) to pay.

**Kasse** f

Gehen Sie zum Bezahlen bitte an die Kasse.

**pay** [peɪ] v
I paid £ 10 for this book.
How would you like to pay?
Cash?/(By) cash card?/(By) credit card?

**bezahlen**
Ich habe für dieses Buch 10 £ bezahlt.
Wie möchten Sie gerne bezahlen?
Bar?/Mit Bankcard?/Mit Kreditkarte?

**cheap** [tʃiːp] adj
**expensive** [ɪk'spensɪv] adj
Tomatoes are very cheap at the moment.
– This fish is very expensive.
– You can say that again.

**billig**
**teuer**
Tomaten sind zur Zeit sehr billig.
– Dieser Fisch ist sehr teuer.
– Das kann man wohl sagen.

1 Dieses Parfum hat eine schöne Verpackung. = This perfume is nicely packaged.

**(winter/summer) sales**
[('wɪntə/'sʌmə) seɪlz] *n, pl*
I found these shoes in the sales.

**(Winter-/Sommer-)Schlussverkauf** *m*

Ich habe diese Schuhe im Schlussverkauf
gefunden.

**special offer** [ˌspeʃl 'ɒfə] *n*
In January there are always lots of special
offers in the shops.
This leather jacket is on special offer.

**Sonderangebot** *n*
Im Januar gibt es immer eine Menge
Sonderangebote in den Geschäften.
Diese Lederjacke ist ein Sonderangebot.

**receipt** [rɪ'siːt] *n*
**exchange** [ɪks'tʃeɪndʒ] *v*
If you don't have your receipt, you can't
exchange the trousers.

**Kassenzettel** *m*
**umtauschen**
Wenn Sie den Kassenzettel nicht haben,
können Sie die Hose nicht umtauschen.

● **Expressions**

**behave like a bull in a china shop**

Must you always behave like a bull in a
china shop?

**sich wie ein Elefant im Porzellan-
laden benehmen**
Musst du dich immer wie ein Elefant im
Porzellanladen benehmen?

**the flea market**

**der Flohmarkt**

**let the cat out of the bag**
The surprise party has fallen through.
Diane could not keep her mouth closed
and let the cat out of the bag.

**die Katze aus dem Sack lassen**
Die Überraschungsparty ist geplatzt.
Diane konnte den Mund nicht halten und
hat die Katze aus dem Sack gelassen.

**put all one's eggs in one basket**
– I've spent all my money on shares. I've
  been told that they will shortly rapidly
  increase in value.
– Are you mad? Don't put all your eggs in
  one basket.

**alles auf eine Karte setzen**
– Ich habe für mein ganzes Geld Aktien
  gekauft, die sollen demnächst gewaltig
  steigen.
– Bist du verrückt, alles auf eine Karte zu
  setzen?

**have to pay for it later**
Don't be silly. If you drop out of
university, you'll have to pay for it later.

**später etw. bereuen**
Mach keine Dummheit. Wenn du jetzt die
Universität verlässt, wirst du es später
bereuen.

# 7.2 Kochen

**cooking** ['kʊkɪŋ] *n*
I prefer Italian cooking to French.

He missed his mother's good cooking.

**das Kochen, die Küche**
Ich ziehe die italienische Küche der französischen vor.
Er vermisste die gute Küche seiner Mutter.

**cook** [kʊk] *v*
Lentils need to be cooked for no longer than 30 minutes.

**kochen**
Linsen brauchen nicht länger als 30 Minuten kochen.

**cook** [kʊk] *n*
My mother is an excellent cook.

**Koch/Köchin** *m/f*
Meine Mutter ist eine ausgezeichnete Köchin.

**cookery book** ['kʊkəri bʊk] *n* }
**recipe book** ['resəpi .] *n* }
**recipe** ['resəpi] *n*
**speciality**, *pl* **-ies** [speʃi'æləti, -z] *n*

**Kochbuch** *n*

**Rezept** *n*
**Spezialität** *f*

**meal** [miːl] *n*
**prepare** [prɪ'peə] *v*
I'm going to prepare the meal now.

**Mahlzeit** *f*, **Essen** *n*
**zubereiten, richten**
Ich bereite jetzt das Essen zu.

**dish**, *pl* **-es** [dɪʃ, -ɪz] *n*
– Do you like pasta?
– Oh yes, my favourite dish is Lasagne.

**Gericht** *n*
– Isst du gerne italienische Teigwaren?
– Oh ja, mein Lieblingsgericht sind Lasagne.

**ready** ['redi] *adj*
The steaks are not quite ready yet.

**fertig**
Die Steaks sind noch nicht ganz fertig.

**make** [meɪk] *v*
Have you made some coffee?
What have you made for dessert?

**machen**
Hast du Kaffee gemacht?
Was hast du zum Nachtisch gemacht?

**boil** [bɔɪl] *v*
The water is boiling. Can you please put the pasta in the pan?

**kochen** (Wasser)
Das Wasser kocht. Würdest du bitte die Nudeln in den Topf tun?

**steam** [stiːm] *v*
Steamed vegetables are healthy.

**dämpfen, dünsten**
Gedünstetes Gemüse ist gesund.

**fry** [fraɪ] *v*
**chop** [tʃɒp] *v*

**braten**
**hacken, schneiden**

A Bolognese sauce is prepared as follows: first fry the mince with the onions in olive oil, then add the finely chopped tomatoes and the herbs. Leave everything to simmer for about 20 minutes.

Eine Sauce Bolognese bereitet man wie folgt zu: Zuerst brät man das Hackfleisch mit den Zwiebeln in Olivenöl an, dann fügt man die klein geschnittenen Tomaten und die Gewürze hinzu und lässt alles zusammen ca. 20 Minuten köcheln.

I fry fish in batter.

Ich brate den Fisch im Teigmantel.

**roast** [rəʊst] *v*
**grill** [grɪl] *v*
I'll roast a chicken for Sunday lunch.
I can grill or fry the steak. How would you like it cooked?

im Backofen **braten**
**grillen**
Am Sonntag brate ich ein Hähnchen.
Ich kann das Steak grillen oder in der Pfanne braten. Wie hättest du es gerne zubereitet?

**bake** [beɪk] *v*
The cake must be baked at 200 °C for 40 minutes.

**backen**
Der Kuchen muss 40 Minuten bei 200° backen.

**heat up sth** [hi:t ˈʌp] *v*
I forgot to heat up the soup.

**etw. heiß machen**
Ich habe vergessen die Suppe heiß zu machen.

**put on sth** [pʊt ˈɒn] *v*
Have you put on the potatoes?

**etw. aufsetzen**
Hast du die Kartoffeln aufgesetzt?

**put sth in the oven** [ˌpʊt ɪn ði ˈʌvn]
I've put the cake in the oven.

**etw. in den Ofen schieben**
Ich habe den Kuchen in den Ofen geschoben.

**peel** [pi:l] *v*
Do you have a knife to peel the potatoes with?

**schälen**
Hast du ein Messer zum Kartoffelschälen?

**stir** [stɜ:] *v*
You must keep stirring the sauce otherwise it will burn.

**(um)rühren**
Du musst die Soße ständig umrühren, sonst brennt sie an.

**mix** [mɪks] *v*
**pour in sth** [pɔːr ˈɪn] *v*
To make pancake batter, you must mix the eggs and the flour well before pouring in the milk.

**mischen, zusammenrühren**
**etw. hinzugießen**
Um einen Pfannkuchenteig zu machen, muss man die Eier und das Mehl gut verrühren, bevor man die Milch hinzugießt.

**add** [æd] *v*
I'm now going to add a spoonful of oil.
Would you like me to add some olives to the salad?

**hinzufügen**
Ich füge jetzt einen Löffel Öl hinzu.
Möchtest du, dass ich Oliven in den Salat tue?

**garnish** ['gɑːnɪʃ] v
The cake was garnished with fruit.

**belegen**
Der Kuchen war mit Früchten belegt.

**salt** [sɔːlt] v
Have you already salted the potatoes?

**salzen**
Hast du die Kartoffeln schon gesalzen?

**season** ['siːzn] v
The soup is not well seasoned.

**würzen** (= salzen und pfeffern)
Die Suppe ist nicht genug gesalzen.

**taste** [teɪst] v
**try** [traɪ] v
Who wants to taste my cookies?

Have you already tried this recipe?

**probieren, kosten**
**ausprobieren**
Wer möchte von meinen Plätzchen
probieren?
Hast du dieses Rezept schon ausprobiert?

**dressing** ['dresɪŋ] n
Which dressing would you like on your
salad?

**Dressing** n, **Salatsoße** f
Wie möchtest du den Salat angemacht
haben?

**ingredients** [ɪnˈɡriːdɪənts] n, pl
For this cake you need the following
ingredients: 200 g flour, 150 g sugar,
200 g butter etc.

**Zutaten** Pl
Für diesen Kuchen braucht man folgende
Zutaten: 200 g Mehl, 150 g Zucker,
200 g Butter usw.

**flour** ['flaʊə] n
**yeast** [jiːst] n
**baking powder** ['beɪkɪŋ ˌpaʊdə] n
**sugar** ['ʃʊɡə] n
**salt** [sɔːlt] n

**Mehl** n
**Hefe** f
**Backpulver** n
**Zucker** m
**Salz** n

**spice** ['spaɪs] n, e.g. ginger, cinnamon,
cloves, nutmeg, paprika
**seasoning** ['siːznɪŋ] n (salt and pepper)
**herbs** [hɜːbz] n, pl, e.g. parsley, chives,
mint, dill, thyme, basil

**Gewürz** n, z.B. Ingwer, Zimt, Nelken,
Muskat, Paprika
**Gewürz** n (Salz und Pfeffer)
**Kräuter** Pl, z.B. Petersilie, Schnittlauch,
Minze, Dill, Thymian, Basilikum

**onion** ['ʌnjən] n
**garlic** ['ɡɑːlɪk] n
**a clove of garlic** [klaʊv əv '..]
**curry powder** ['kʌri ˌpaʊdə] n
**vinegar** ['vɪnɪɡə] n
**oil** [ɔɪl] n
**mustard** ['mʌstəd] n
**ketchup** ['ketʃəp] n
**tartar sauce** [ˌtɑːtə 'sɔːs] n
**mayonnaise** [ˌmeɪə'neɪz] n

**Zwiebel** f
**Knoblauch** m
**eine Knoblauchzehe**
**Curry** n (Mischung indischer Gewürze)
**Essig** m
**Öl** n
**Senf** m
**Ketchup** n
**Remouladensoße** f
**Majonäse** f

● **Expressions**

**too many cooks spoil the broth**
- Can I help you with the preparation for the party?
- No, thank you. There are already enough people involved and besides too many cooks spoil the broth.

**viele Köche verderben den Brei**
- Kann ich dir bei den Vorbereitungen zu deiner Party helfen?
- Danke vielmals. Es sind schon genug Helfer dabei. Und außerdem, zu viele Köche verderben den Brei.

**rub salt into the wound**
I know myself that I have made a mess of it. But now just shut up with your ironic remarks and stop rubbing salt into the wound.

**Salz in die Wunde streuen**
Ich weiß selber, dass ich Mist gebaut habe. Aber höre endlich auf, mit deinen ironischen Bemerkungen noch Salz in die Wunde zu streuen.

**take sth with a pinch of salt**
How can you believe that since every child knows that you should take advertising with a pinch of salt?

**etw. nicht ernst nehmen**
Wie kannst du das glauben! Jedes Kind weiß doch, dass man Werbung nicht ernst nehmen darf.

**You can't make an omelette without breaking the eggs.**

**Wo gehobelt wird, da fallen Späne.**

**make a meal of sth**
Don't make a meal of it and get it finished as quickly as possible.

**einen Aufstand machen**
Mach keinen Aufstand und erledige die Sache so schnell wie möglich.

# 7.3 Die Ernährung, das Essen

**food** [fuːd] *n, sg*
People today spend a lot of money on food.
Fast food such as hamburgers, cheeseburgers, and hot dogs is unhealthy and fattening.
Health food is becoming more and more popular.
I prefer plain food.

**Lebensmittel** *Pl;* **das Essen**
Die Leute geben heute viel Geld für Lebensmittel aus.
Fastfood wie Hamburger, Cheeseburger und Hotdogs ist ungesund und macht dick.
Reformkost wird immer beliebter.

Ich bevorzuge einfaches Essen.

**diet** ['daɪət] *n*
I must go on a diet.
Many people do not eat meat because they believe that a vegetarian diet is healthier.

**Diät** *f;* **Ernährung** *f*
Ich muss eine Diät machen.
Viele essen kein Fleisch, weil sie eine vegetarische Ernährung für gesünder halten.

**live on sth** [lɪv ɒn] v
She lives on sweets alone.

**sich von etw. ernähren**
Sie ernährt sich nur von Süßigkeiten.

**breakfast** ['brekfəst] n
For breakfast we had cornflakes, muesli, toast with butter and marmalade and tea.

**Frühstück** n
Zum Frühstück gab es Cornflakes, Müsli, Toast mit Butter und Orangenmarmelade und Tee.

**lunch** [lʌntʃ] n
Lunch will be at 12 o'clock.
He usually has lunch in the canteen.

**Mittagessen** n
Mittagessen gibt es um 12 Uhr.
Er isst für gewöhnlich in der Kantine zu Mittag.

– What's for lunch?
– Fish and chips.

– Was gibt es zum Mittagessen?
– Fisch mit Pommes frites.

**afternoon tea** [ˌɑːftəˌnuːn 'tiː] n
For afternoon tea there were scones and clotted cream.

**Nachmittagstee** m
Zum Nachmittagstee gab es Scones (Teegebäck) und (dickflüssige) Sahne.

**dinner**[1] ['dɪnə] n

Dinner is the main meal of the day. It is usually eaten in the evening.

We would like to invite you for dinner. Does next Saturday suit you?

**Abendessen** n, manchmal auch **Mittag- essen** n, **Dinner** n
Das Dinner ist die Hauptmahlzeit des Tages. Es wird meistens abends eingenommen.
Wir würden Sie gerne zum Essen einladen. Wäre es Ihnen am nächsten Samstag recht?

**supper** ['sʌpə] n
Before going to bed we always have biscuits and cheese for supper.

**Abendessen** n, letzte kleine **Mahlzeit** f
Als kleine Mahlzeit vor dem Zubettgehen gibt es bei uns immer Salzgebäck und Käse.

**snack** [snæk] n
At 4 p.m. when children come home from school they are normally given a small snack.

kleine(r) **Imbiss** m
Um 16 Uhr, wenn die Kinder von der Schule nach Hause kommen, bekommen sie in der Regel einen kleinen Imbiss.

**tea/coffee break** ['tiː/'kɒfi breɪk] n
At 10 o'clock there is a tea or coffee break.

**Tee-/Kaffeepause** f
Um 10 Uhr gibt es eine Tee- oder Kaffeepause.

**be thirsty** ['θɜːsti]
**be hungry** ['hʌŋgri]
After playing tennis I'm always very thirsty.
When he comes home from school he is always very hungry.

**Durst haben**
**Hunger haben**
Nach dem Tennis bin ich immer sehr durstig.
Wenn er aus der Schule kommt, hat er immer großen Hunger.

---

1 BE auch: tea informal

**drink** [drɪŋk] *n*
I can offer you a non-alcoholic drink.

Let me buy you a drink.

**drink** [drɪŋk] *v*
What can I offer you to drink?

**eat** [iːt] *v*
**enjoy sth** [ɪnˈdʒɔɪ] *v*
Would you like something to eat?
He was hungry and enjoyed his sandwich.

**feel like sth** [ˈfiːl laɪk] *v*
– What do you feel like eating?
– I feel like eating roast chicken.

**like** [laɪk] *v*
I like spaghetti topped with tomato sauce and grated cheese.
I like a glass of sherry as an aperitif.

**prefer** [prɪˈfɜː] *v*
I prefer coffee to tea.
I prefer eating potatoes with fish rather than pasta.

**raw** [rɔː] *adj*
The Japanese enjoy eating raw fish.
One day a week she lives on raw fruit and vegetables.

**cold** [kəʊld] *adj*
**hot** [hɒt] *adj*
At the reception there was a cold buffet.
Coffee must be served hot otherwise it does not taste very good.

**good** [gʊd] *adj*
That tastes very good.
The fish soup smells very good.

**delicious** [dɪˈlɪʃəs] *adj*
The hare was delicious.

**Getränk** *n*
Ich kann Ihnen ein alkoholfreies Getränk anbieten.
Ich lade dich zu einem Drink ein.

**trinken**
Was kann ich Ihnen zum Trinken anbieten?

**essen**
**etw. mit Appetit essen**
Möchtest du etwas essen?
Er war hungrig und aß seinen Sandwich mit Appetit.

**auf etw. Lust, Appetit haben**
– Worauf hast du Appetit?
– Ich hätte Lust auf ein Brathähnchen.

**etw. gerne essen/trinken**
Ich esse gerne Spagetti mit Tomatensoße und geriebenem Käse.
Als Aperitif trinke ich gerne einen Sherry.

**etw. lieber essen/trinken**
Ich trinke lieber Kaffee als Tee.
Zu Fisch esse ich lieber Kartoffeln als Nudeln.

**roh**
Die Japaner essen gerne rohen Fisch.
An einem Tag in der Woche ernährt sie sich von Rohkost.

**kalt**
**heiß**
Bei dem Empfang gab es ein kaltes Buffet.
Kaffee muss heiß sein, sonst schmeckt er nicht gut.

**gut**
Das schmeckt sehr gut.
Die Fischsuppe riecht sehr gut.

**köstlich, ausgezeichnet**
Der Hase war köstlich.

| | |
|---|---|
| **fatty** ['fæti] *adj* | **fett** |
| This ham is too fatty. | Dieser Schinken ist zu fett. |
| | |
| **light** [laɪt] *adj* | **leicht** |
| **heavy** ['hevi] *adj* | **schwer** (verdaulich) |
| In the evening I prefer eating a light meal. | Abends ziehe ich ein leichtes Gericht vor. |
| I don't like heavy meals. | Ich mag keine schweren Gerichte. |
| | |
| **tasteless** ['teɪstləs] *adj* | **geschmacklos** |
| I find this sauce very tasteless. | Diese Soße kommt mir recht geschmacklos vor. |
| | |
| **spicy** ['spaɪsi] *adj* | **würzig, gewürzt** |
| **hot** [hɒt] *adj* | **scharf** |
| The Asians love spicy food. | Die Asiaten lieben gut gewürzte Gerichte. |
| Be careful. The sauce is very hot. | Pass auf! Die Soße ist sehr scharf. |
| | |
| **bitter** ['bɪtə] *adj* | **bitter** |
| **sweet** [swi:t] *adj* | **süß** |
| Radicchio has a bitter taste. | Radicchio hat einen bitteren Geschmack. |
| This jam is too sweet for me. | Ich finde diese Marmelade zu süß. |
| | |
| **dry** [draɪ] *adj* | **trocken** |
| Alsatian Riesling is a dry white wine. | Elsässer Riesling ist ein trockener Weißwein. |
| | |
| **coffee** ['kɒfi] *n* | **Kaffee** *m* |
| **tea** [ti:] *n* | **(Schwarz-)Tee** *m* |
| **herbal tea** ['hɜ:bl .] *n* | **Kräutertee** *m* |
| **mineral water** ['mɪnərəl ˌwɔ:tə] *n* | **Mineralwasser** *n* |
| **tap-water** ['tæp ˌwɔ:tə] *n* | **Leitungswasser** *n* |
| **fruit juice** ['fru:t dʒu:s] *n* | **Fruchtsaft** *m* |
| **wine** [waɪn] *n* | **Wein** *m* |
| **beer** [bɪə] *n* | **Bier** *n* |
| **a glass of orange juice** [glɑ:s əv 'ɒrɪndʒ dʒu:s] | **ein Glas Orangensaft** |
| **a carafe of water/wine** [kəˌræf əv 'wɔ:tə/'waɪn] | **eine Karaffe Wasser/Wein** |
| **a cup of coffee** [kʌp əv 'kɒfi] | **eine Tasse Kaffee** |
| | |
| **bread (a loaf of ~/a slice of ~)** [bred (ˌləʊf əv './ˌslaɪs əv '.)] *n* | **Brot** *n* (ein Laib ~/eine Scheibe ~) |
| **white/brown bread** ['waɪt/'braʊn .] *n* | **Weiß-/dunkles Brot** *n* |
| **wholemeal bread** ['həʊlmi:l .] *n* | **Vollkornbrot** *n* |
| **roll** [rəʊl] *n* | **Brötchen** *n* |

| | |
|---|---|
| **sandwich,** *pl* **-es** ['sænwɪdʒ, -ɪz] *n* | **Sandwich** *n* |
| **cake** [keɪk] *n* | **Kuchen** *m* |
| **(fruit/apple/plum) tart** [(ˈfruːt/ˈæpl/ ˈplʌm) tɑːt] *n* | **(Obst-/Apfel-/Pflaumen-)Kuchen** *m* |
| **apple pie** [ˈæpl paɪ] *n* | **gedeckte(r) Apfelkuchen** *m* |
| **gateau** [ˈgætəʊ] *n* | **Torte** *f* |
| **pastries** [ˈpeɪstrɪz] *n, pl* | **Konditorware** *f* |
| **Danish pastry** [ˌdeɪnɪʃ ˈpeɪstrɪ] *n* | **Blätterteiggebäck** *n* |
| **pancake** [ˈpænkeɪk] *n* | **Eierkuchen** *m,* **Pfannkuchen** *m* |
| **pasta** [ˈpæstə] *n, sg* | **Teigwaren** *Pl* |
| **spaghetti** [spəˈgeti] *n, sing. verb* | **Spagetti** *Pl* |
| **noodles** [ˈnuːdlz] *n, pl* | **Nudeln** *Pl* |
| **sweets** [swiːts] *n, pl* | **Süßigkeiten** *Pl* |
| **biscuit** [ˈbɪskɪt] *n* | **Keks** *m,* **Plätzchen** *n* |
| **cookie** [ˈkʊki] *n* | |
| **chocolate**[1] [ˈtʃɒklət] *n, sg, no indefinite article* | **Schokolade** *f* |
| **ice-cream** [aɪs ˈkriːm] *n* | **Eis** *n* |
| **dairy product** [ˌdeəri ˈprɒdʌkt] *n* | **Milchprodukt** *n* |
| **milk** [mɪlk] *n* | **Milch** *f* |
| **butter** [ˈbʌtə] *n* | **Butter** *f* |
| **margarine** [ˌmɑːdʒəˈriːn] *n* | **Margarine** *f* |
| **cheese** [tʃiːz] *n* | **Käse** *m* |
| **cream/sour cream** [kriːm/ˌsaʊə '.] *n* | **Sahne** *f* /**Sauerrahm** *m* |
| **yoghurt** [ˈjɒgət] *n* | **Jogurt** *m* |
| **egg** [eg] *n* | **Ei** *n* |
| **fat** [fæt] *n* | **Fett** *n* |
| This cheese contains 55 % fat. | Dieser Käse enthält 55 % Fett. |
| The consumption of certain fats can increase cholesterol levels in the blood. | Der Genuss bestimmter Fette kann den Cholesterinspiegel im Blut erhöhen. |
| **meat** [miːt] *n* | **Fleisch** *n* |
| **beef** [biːf] *n* | **Rindfleisch** *n* |
| **veal** [viːl] *n* | **Kalbfleisch** *n* |
| **pork** [pɔːk] *n* | **Schweinefleisch** *n* |
| **escalope** [esˈkələp] *n* | **Schnitzel** *n* |
| **chop** [tʃɒp] *n* | **Kotelett** *n* |
| **steak** [steɪk] *n* | **Beefsteak** *n* |
| **fillet** [ˈfɪlɪt] *n* | **Filet** *n* |
| **mince** [mɪns] *n* | **Hackfleisch** *n* |

---

1 a bar of chocolate – eine Tafel Schokolade
*chocolate* kommt auch mit dem unbestimmten Artikel und im Plural vor. Es bedeutet dann *Praline/n (a chocolate – eine Praline/a box of chocolates – eine Schachtel Pralinen).*

| | |
|---|---|
| **roast** [rəʊst] n | **Braten** m |
| **gravy** ['greɪvi] n | **Bratensoße** f |
| | |
| **cold meats** [cəʊld 'miːts] n, pl | **Aufschnitt** m |
| **sausage** ['sɒsɪdʒ] n | **Wurst** f (zum Heißmachen) |
| **salami** [sə'lɑːmi] n | **Salami** f |
| **pâté** ['pæteɪ] n | **Pastete** f |
| **fish**[1] [fɪʃ] n, sg and pl | **Fisch** m |
| | |
| **rice** [raɪs] n | **Reis** m |
| **vegetable** ['vedʒtəbl] n | **Gemüse** n |
| **potato**, pl -es [pə'teɪtəʊ, -z] n | **Kartoffel** f |
| **chips**[2] [tʃɪps] n, pl | **Pommes frites** Pl |
| **carrot** ['kærət] n | **Mohrrübe** f |
| **green bean** [griːn 'biːn] n | **grüne Bohne** f |
| **cauliflower** ['kɒliflaʊə] n | **Blumenkohl** m |
| **Brussels sprout** [ˌbrʌslz 'spraʊt] n | **Rosenkohl** m |
| **cabbage/red cabbage** ['kæbɪdʒ/red '..] n | **Weißkohl** m /**Rotkohl** m |
| | |
| **leek** [liːk] n | **Lauch** m |
| **pea** [piː] n | **Erbse** f |
| **courgette** [kʊə'ʒet] n | **Zucchini** f |
| **asparagus** [ə'spærəgəs] n | **Spargel** m |
| **cucumber** ['kjuːkʌmbə] n | **Gurke** f |
| **gherkin** ['gɜːkɪn] n | **Essiggurke** f |
| **mushroom** ['mʌʃrʊm] n | **Pilz** m |
| **lettuce** ['letɪs] n | **Kopfsalat** m |
| **fruit** [fruːt] n | **Frucht** f, **Früchte** Pl, **Obst** n |
| **apple** ['æpl] n | **Apfel** m |
| **pear** [peə] n | **Birne** f |
| **plum** [plʌm] n | **Pflaume** f |
| **cherry** ['tʃeri] n | **Kirsche** f |
| **strawberry** ['strɔːbəri] n | **Erdbeere** f |
| **raspberry** ['rɑːzbəri] n | **Himbeere** f |
| **redcurrant/blackcurrant** [red'kʌrənt/blæk'..] n | **rote/schwarze Johannisbeere** f |
| **gooseberry** ['gʊzbəri] n | **Stachelbeere** f |
| **bilberry** ['bɪlbəri] n | **Blaubeere** f |
| **cranberry** ['krænbəri] n | **Preiselbeere** f |
| **blackberry** ['blækbəri] n | **Brombeere** f |
| **grape** [greɪp] n | **Traube** f |
| **orange** ['ɒrɪndʒ] n | **Orange** f |
| **lemon** ['lemən] n | **Zitrone** f |
| **banana** [bə'nɑːnə] n | **Banane** f |

1 Zu bestimmten Fischen und Schalentieren s. S. 205; zu sg and pl s. S. 205 Anm.
2 AE: French fries

| Expressions which may be used at meal times: | Wendungen, die beim Essen vorkommen können: |
|---|---|
| Lunch/Dinner is ready/is served.<br>I hope you'll like it. ⎫<br>Enjoy your meal. ⎬⎭ | Das Essen ist fertig/ist aufgetragen.<br><br>Guten Appetit. |
| – Would you like some more meat?<br>– No, thank you. I'm full.<br>   Yes, please. I'd like some more. | – Möchtest du noch etwas Fleisch?<br>– Nein, danke. Ich bin satt.<br>   Ja, bitte. Ich nehme gerne noch etwas. |
| – Help yourself to some more vegetables.<br>– Thank you. | – Nehmen Sie noch etwas Gemüse!<br><br>– Ja, gerne. |
| I hope you liked it.<br>Cheers.<br>To your good health. | Ich hoffe, es hat ihnen geschmeckt.<br>Prost!<br>Auf Ihre Gesundheit! Zum Wohl! |

## ● Expressions

**hear sth on the grapevine**
- Have you heard about Jane and Adam's engagement?
- Yes, I heard it on the grapevine.

**not for all the tea in China**
He came out of politics and went into business. Today he would not go back into politics for all the tea in China.

**You can't have your cake and eat it.**
You don't want to earn any money but you want to spend it. You can't have your cake and eat it.

**Don't cry over spilt milk.**
- Did you pass your driving licence?
- Unfortunately I didn't.
- Don't cry over spilt milk. You'll manage it the next time.

**I could eat a horse.**
What's for dinner? I'm so hungry, I could eat a horse.

**etw. läuten hören**
- Hast du von Jane und Adams Verlobung gehört?
- Ja, ich habe da was läuten hören.

**nicht um alles in der Welt**
Er kam aus der Politik und ging in die Wirtschaft. Heute würde er nicht um alles in der Welt in die Politik zurückkehren.

**Beides zusammen geht nicht.**
Du willst kein Geld verdienen, aber Geld ausgeben. Beides zusammen geht nicht.

**Mach dir nichts draus.**
- Hast du die Fahrprüfung bestanden?
- Leider nicht.
- Mach dir nichts draus. Das nächste Mal wirst du es schaffen.

**Ich habe einen Bärenhunger.**
Was gibt's zum Essen? Ich habe einen Bärenhunger.

# 7.4 Im Restaurant

**restaurant** ['restrɒnt] *n*
– Do you know a good Italian restaurant?

– Yes. We could go to "Il Piccolo Mondo". It's quite near.

**eat out** [iːt 'aʊt] *v*
**go out for a meal** [gəʊ ˌaʊt fər ə 'miːl] }
– I don't feel like cooking tonight.

– Then, let's eat out. (Then, let's go out for a meal.)

**fastfood restaurant** [ˌfɑːstfuːd '..] *n*
**self-service restaurant** [ˌselfsɜːvɪs '..] *n*
**cafeteria** [kæfə'tɪərɪə] *n*
**snack bar** ['snæk bɑː] *n*
**coffee shop** ['kɒfɪ ʃɒp] *n* }
**café** ['kæfe] *n*
**pub** [pʌb] *n*

**landlord/landlady**
['lændlɔːd/'lændleɪdɪ] *n*
**waiter/waitress** ['weɪtə/'weɪtrəs] *n*

**menu** ['menjuː] *n*
**wine list** ['waɪn lɪst] *n*
**one-course meal** [ˌwʌn kɔːs 'miːl] *n*
**soup (of the day)** ['suːp (əv ðə deɪ] *n*
**side-dish**[1] ['saɪd dɪʃ] *n*, e.g. salad/chips/
pasta/rice/vegetables

**set meal** ['set miːl] *n*
**course** [kɔːs] *n*
A set meal can include the following courses:
**– a cold or hot starter**
[kəʊld ɔː hɒt 'stɑːtə]
soup
melon and Parma ham
fish mousse
smoked salmon
egg mayonnaise

**Restaurant** *n*
– Kennst du ein gutes italienisches Restaurant?

– Ja. Wir könnten ins „Il Piccolo Mondo" gehen. Das ist ganz in der Nähe.

**essen gehen**

– Heute Abend habe ich keine Lust zum Kochen.
– Dann lass uns essen gehen.

**Fastfood-Restaurant** *n*
**Restaurant mit Selbstbedienung**
**Cafeteria** *f* (meistens mit Selbstbedienung)
**Snackbar** *f*
**Café** *n*

**Gaststätte** *f*

**Wirt/in** *m/f*

**Kellner/in** *m/f*, **Ober** *m*

**Speisekarte** *f*
**Weinkarte** *f*
**Tellergericht** *n*
**(Tages-)Suppe** *f*
**Beilage** *f*, z. B. Salat/Pommes frites/Teigwaren/
Reis/Gemüse

**Menü**
**Gang** *m*
Ein Menü kann aus folgenden Gängen bestehen:
**– einer kalten oder warmen**
**Vorspeise**
Suppe
Melone und Parmaschinken
Fischpastete
Räucherlachs
Russische Eier

1 *AE*: side-order

117

– **a main course** [ˈmeɪn kɔːs]
roast beef and Yorkshire pudding

salmon
curry

steak (rare/medium/well-done)

veal escalope
roast lamb/roast pork/roast chicken

– **a cheese board** [ˈtʃiːz bɔːd]
– **a dessert**[1] [dɪˈzɜːt]
apple pie with (ice-)cream
fruit salad
chocolate mousse

**reserve** [rɪˈzɜːv] v  }
**book** [bʊk] v  }

– We've reserved (booked) a table.
– Under which name, please?
– Macmillan.

**recommend** [rɪkəˈmend] v

– What do you recommend today?
– Roast turkey with cranberry jelly.

**have** [hæv] v  }
**take** [teɪk] v  }

**choose** [tʃuːz] v  }
**pick out** [pɪk ˈaʊt] v  }
**order** [ˈɔːdə] v

– I'll have (I'll take) the escalope with peas.
What have you chosen (picked out)?
– The vegetarian dish.
– Good. We can now order.

**bill** [bɪl] n
Waiter! The bill, please.
I'd like to settle the bill.

**Service included.** [ˌsɜːvɪs ɪnˈkluːdɪd]

**tip** [tɪp] n
The guidebook recommends giving a tip
of 10%.

– **einem Hauptgericht**
Rostbeef und Yorkshire Pudding
(gebackene Mehl-Eier-Speise)
Lachs
Curry (Fleisch-, Fisch- oder Gemüsetopf
mit scharfer Currysoße)
Steak (kurz gebraten/medium/
durchgebraten)
Kalbschnitzel
Lammbraten/Schweinebraten/
Brathähnchen

– **Käse (nach Wahl)**
– **einem Nachtisch**
Apfelkuchen mit Eis oder Sahne
Obstsalat
Schokoladenmousse

**reservieren, bestellen**

– Wir haben einen Tisch bestellt.
– Auf welchen Namen, bitte?
– Macmillan.

**empfehlen**
– Was empfehlen Sie heute?
– Gebratenen Truthahn mit
Preiselbeergelee.

**nehmen**

**aussuchen, auswählen**

**bestellen**
– Ich nehme das Schnitzel mit Erbsen.
Was hast du ausgesucht?
– Das vegetarische Gericht.
– Gut, dann können wir jetzt bestellen.

**Rechnung**
Herr Ober, die Rechnung bitte!
Ich möchte gerne bezahlen.

**Bedienung inbegriffen.**

**Trinkgeld**
Der Reiseführer empfiehlt, ein Trinkgeld
von 10% zu geben.

1 BE auch: pudding *informal*

**serve** [sɜːv] *v*
Breakfast is served from 7 a.m. to 10 a.m.

**servieren**
Frühstück wird von 7.00 h bis 10.00 h
serviert.

# ● Expressions

**First come, first served.**
There are only a limited amount of free
tickets for the concert and they will be
given out on a first come, first served
basis.

**Wer zuerst kommt, mahlt zuerst.**
Für das Konzert gibt es nur eine
begrenzte Anzahl von Freikarten. Sie
werden nach dem Prinzip vergeben: Wer
zuerst kommt, mahlt zuerst.

**give sb a clean bill of health**

The suspicion turned out to be wrong and
the committee gave him a clean bill of
health.

**jdm. einwandfreies Verhalten
bestätigen**
Der Verdacht stellte sich als falsch
heraus und der Untersuchungsausschuss
bestätigte ihm ein einwandfreies
Verhalten.

# 8.1 Freundschaft, Bekanntschaft

**friendship** ['frendʃɪp] *n*
Their relationship developed into a close friendship over the years.

**Freundschaft** *f*
Ihre Beziehung entwickelte sich im Laufe der Jahre zu einer engen Freundschaft.

**friend** [frend] *n*
Sharon and Pamela are friends.
Does your sister have a boyfriend?
Does your brother have a girlfriend?
They got to know each other on holiday and became friends.
We have been friends for a long time.
He finds it very difficult to make friends.

**Freund/in** *m/f*
Sharon und Pamela sind Freundinnen.
Hat deine Schwester einen Freund?
Hat dein Bruder eine Freundin?
Sie lernten sich im Urlaub kennen und schlossen Freundschaft.
Wir sind seit langem befreundet.
Es fällt ihm sehr schwer, sich mit jemandem anzufreunden.

**friendly** ['frendli] *adj*
Our families have been friendly for years.

It was a friendly match and the proceeds were given to charity.

**befreundet, Freundschafts-**
Unsere Familien sind seit Jahren befreundet.
Es war ein Freundschaftsspiel und die Einnahmen kamen wohltätigen Zwecken zugute.

**partner** ['pɑːtnə] *n*
She lives together with her partner.

**Lebensgefährte/Lebensgefährtin** *m/f*
Sie lebt mit ihrem Lebensgefährten/ihrer Lebensgefährtin zusammen.

**acquaintance** [əˈkweɪntəns] *n*
They are old acquaintances of ours.
I made her acquaintance in Dublin.

**Bekannte(r)** *m/f*, **Bekanntschaft** *f*
Das sind alte Bekannte von uns.
Ich habe ihre Bekanntschaft in Dublin gemacht.

**introduce sb to sb** [ˌɪntrəˈdjuːs] *v, formal*
Firstly I'd like to introduce myself. My name is John Foster.
I was introduced to the mayor at the reception.

**jdn. vorstellen**
Zunächst möchte ich mich Ihnen vorstellen. Mein Name ist John Foster.
Bei dem Empfang wurde ich dem Bürgermeister vorgestellt.

**meet** [miːt] *v*
– I'd like you to meet my mother.
– Pleased to meet you.

**vorstellen**
– Darf ich dir meine Mutter vorstellen?
– Sehr angenehm.

**meet** [miːt] *v*
**suit** [suːt] *v*

**(sich) treffen, (sich) begegnen**
**passen, recht sein**

– I suggest that we meet at my place tomorrow at 5 o'clock.
– That suits me fine.
I happened to meet her in town this morning.

– Ich schlage vor, wir treffen uns morgen um 5 Uhr bei mir zu Hause.
– Das passt mir gut.
Heute Morgen bin ich ihr zufällig in der Stadt begegnet.

**meeting** ['mi:tɪŋ] *n*

**das Treffen, Begegnung** *f*

**arrange** [ə'reɪndʒ] *v*
**fix** [fɪks] *v*
We have arranged (fixed) a meeting at 4 o'clock for tomorrow.

**ausmachen, vereinbaren**

Wir haben für morgen um 4 Uhr ein Treffen vereinbart.

**have a date** [deɪt]
James is just getting ready. He has a date with his girlfriend.

**eine Verabredung haben**
James macht sich gerade fertig. Er hat eine Verabredung mit seiner Freundin.

**contact** ['kɒntækt] *n*
The pupils have good contact with their pen-friends.

**Kontakt** *m*
Die Schüler haben mit ihren Brieffreunden guten Kontakt.

**host/hostess** [həʊst/'həʊstəs] *n*
**guest** [gest] *n*
**guest-room** ['gest rʊm] *n*

**Gastgeber/in** *m/f*
**Gast** *m*
**Gästezimmer** *n*

**invitation** [ˌɪnvɪ'teɪʃn] *n*
**invite sb** [ɪn'vaɪt] *v*
You can't go there without an invitation.

**Einladung** *f*
**jdn. einladen**
Ohne Einladung kannst du da nicht hingehen.

Have you been invited to Christopher's birthday party as well?

Bist du auch zu Christophs Geburtstags-party eingeladen?

**visit** ['vɪsɪt] *n*
For a long time now we have been planning to pay our friends in Aberdeen a visit.

**Besuch** *m*
Wir haben uns schon seit langem vorgenommen, unseren Freunden in Aberdeen einen Besuch abzustatten.

**visit sb** ['vɪzɪt] *v*
Last week I visited my uncle and aunt.

**jdn. besuchen**
Letzte Woche habe ich meinen Onkel und meine Tante besucht.

When are you going to visit us?

Wann besuchen Sie uns?

**get on (along) with sb** [get 'ɒn] *v*
How do you get on with the other students?
Jennifer and Thomas get on well with each other.
She gets along well with her colleagues at the hotel.

**sich mit jdm. verstehen**
Wie verstehst du dich mit den anderen Studenten?
Jennifer und Thomas kommen gut miteinander aus.
Sie kommt mit ihren Arbeitskollegen im Hotel gut aus.

**take a liking to sb** ['laɪkɪŋ]
I took a liking to her the moment I met her.

**für jdn. Sympathie empfinden**
Vom ersten Augenblick an empfand ich Sympathie für sie.

**have confidence in sb** ['kɒnfɪdəns]
I have complete confidence in him.

**zu jdm. Vertrauen haben**
Ich habe volles Vertrauen zu ihm.

**argument** ['ɑːgjumənt] *n*
That argument resulted in the end of our friendship.

**Streit** *m*
Dieser Streit hatte das Ende unserer Freundschaft zur Folge.

**argue** ['ɑːgjuː] *v*
Can you please stop arguing?

**sich streiten**
Könntet ihr bitte aufhören euch zu streiten?

**fall out with sb over** [fɔːl 'aʊt] *v*
They fell out with each other over a girl.

Since then they have fallen out with their neighbours.

**sich verkrachen**
Sie haben sich wegen einem Mädchen verkracht.
Seither sind sie mit ihren Nachbarn verkracht.

**be angry with sb** ['æŋgri]
Are you angry with me?
He was very angry when he learnt that his best friend had deceived him.

**jdm. böse sein, auf jdn. wütend sein**
Bist du mir böse?
Er war sehr wütend, als er erfuhr, dass sein bester Freund ihn getäuscht hatte.

**annoy** [ə'nɔɪ] *v*
**be annoyed** [.'.d]
It annoys me that you always have to have the last word.
She was annoyed that he had not called her.

**ärgern**
**sich ärgern, verärgert sein**
Es ärgert mich, dass du immer das letzte Wort haben musst.
Sie war verärgert, weil er sie nicht angerufen hatte.

**be upset** [ʌp'set]
He was upset when he discovered that she wanted to split up with him.

**erschüttert, fassungslos sein**
Er war fassungslos, als er entdeckte, dass sie sich von ihm trennen wollte.

**crazy** ['kreɪzi] *adj*
**mad** [mæd] *adj*
You must be mad (crazy).
Don't drive me mad (crazy).

**verrückt**

Du bist wohl verrückt.
Treib mich nicht in den Wahnsinn.

**accept** [ək'sept] *v*
We would love to accept your invitation.

**annehmen**
Wir nehmen Ihre Einladung sehr gerne an.

**refuse** [rɪ'fjuːz] *v*
For what reason did you refuse his help?

**ablehnen**
Aus welchem Grund hast du seine Hilfe abgelehnt?

**give** [gɪv] v
You don't need to give me back the book. I'm giving it to you.

**schenken**
Du brauchst mir das Buch nicht zurückgeben. Ich schenke es dir.

**lend sth to sb** [lend] v
I can't lend you the book. I need it myself.

**jdm. etw. leihen**
Ich kann dir das Buch nicht leihen. Ich brauche es selber.

**borrow sth from sb** ['bɒrəʊ] v
Can I borrow this cassette from you?

**etw. von jdm. ausleihen**
Kann ich mir diese Kassette von dir ausleihen?

**share** ['ʃeə] v
She shares the flat with two friends.

**(sich) teilen**
Sie teilt sich die Wohnung mit zwei Freundinnen.

**say hello to sb** [seɪ hə'ləʊ]
On my way back home I dropped in to say hello to Lorna.

**jdm. guten Tag sagen**
Auf meinem Nachhauseweg ging ich kurz bei Lorna vorbei, um ihr guten Tag zu sagen.

**say goodbye to sb** [seɪ gʊd'baɪ]
Before we set off I must say goodbye to Uncle Arthur.

**jdm. auf Wiedersehen sagen**
Bevor wir aufbrechen, muss ich Onkel Arthur noch auf Wiedersehen sagen.

**Expressions which may be used in everyday life (greeting, farewell, thanks, sympathy etc.):**

**Wendungen, die im täglichen Umgang vorkommen können (Begrüßung, Abschied, Dank, Anteilnahme usw.):**

- Hello, how are you?
- I'm very well, thank you.

- Guten Tag, wie geht es Ihnen?
- Danke, es geht mir sehr gut.

- Hi Peter, how are you? I haven't seen you in ages.
- I'm fine, thanks. And you? *informal*

- Hallo, Peter, wie geht es dir? Ich habe dich lange nicht gesehen.
- Danke, gut. Und dir?

Good morning/Good afternoon
Good evening/Good night
How do you do? *formal*

Guten Morgen/Guten Nachmittag
Guten Abend/Gute Nacht
Guten Tag.

- Diana, this is Eric.
- Hello, nice to meet you.

- Diana, das ist Eric.
- Guten Tag. (Sehr angenehm.)

Goodbye, see you next week.
Bye(-bye), see you (see you tomorrow).
Bye, give my love to Claire.
Bye, give my regards to Mrs. Gibson.

Auf Wiedersehen, bis nächste Woche.
Tschüss, bis zum nächsten Mal (bis morgen).
Tschüss, grüße Claire von mir.
Auf Wiedersehen, sagen Sie Frau Gibson viele Grüße von mir.

| | |
|---|---|
| Have a good time/a good weekend/ a good trip etc. | Alles Gute!/Schönes Wochenende!/ Gute Reise! usw. |
| Enjoy yourself. | Viel Spaß! Amüsiere dich gut! |
| Take care. | Mach's gut. |
| See you later. | Bis später. Auf bald. |

| | |
|---|---|
| Did you have a good time/a good weekend/a good trip? | War es schön?/War das Wochenende schön?/War die Reise schön? |
| Did you enjoy yourself? | War es schön? |
| Did you enjoy your holiday? | Waren die Ferien schön? |
| How was the weekend? | Wie war's am Wochenende? |

| | |
|---|---|
| – Thank you very much. Thanks (for the coffee). | – Vielen Dank. Danke (für den Kaffee). |
| – You're welcome. Not at all. | – Bitte./Bitte schön. Gern geschehen. |

| | |
|---|---|
| Thanks for inviting me. I had a really good time. | Danke für die Einladung. Es war sehr schön. |

| | |
|---|---|
| – What's wrong, Jane? What's the matter, Jane? | – Was ist los, Jane? |
| – Nothing. I'm okay. (I'm fine./ I'm alright.) | – Nichts. Mir geht's gut. |

| | |
|---|---|
| – Sorry, I didn't mean to offend you. | – Entschuldige, ich wollte dich nicht beleidigen. |
| – That's alright. | – Schon gut. |

| | |
|---|---|
| Sorry, I didn't understand you. | Entschuldigung, ich habe Sie nicht verstanden. |

| | |
|---|---|
| It's a pity (What a pity)/It's a shame (What a shame) that you're not free at the weekend. | Es ist schade (Wie schade), dass du am Wochenende keine Zeit hast. |
| Do you mind if I smoke? | Haben Sie etwas dagegen, wenn ich rauche? |

● **Expression**

**be as mad as a hatter**
Did Mike really say that? He's as mad as a hatter.

**eine Meise haben**
Das hat Mike gesagt? Der hat wohl 'ne Meise.

# 8.2 Humor, Spaß, Spott

**humour** ['hju:mə] *n*
He has no sense of humour.
The film "Four Weddings and a Funeral" with Andie MacDowell and Hugh Grant is a good example of English humour.

**Humor** *m*
Er hat keinen Sinn für Humor.
Der Film „Vier Hochzeiten und ein Todesfall" mit Andie MacDowell und Hugh Grant ist ein gutes Beispiel für englischen Humor.

**humorous** ['hju:mərəs] *adj*
Don't be annoyed. Just see the humourous side to it.

**humorvoll**
Ärgere dich nicht. Du musst das von der humorvollen Seite sehen.

**laugh (at sb/sth)** [lɑ:f] *v*
Children enjoy laughing.
Believe me, no one will laugh at you.
The situation was so funny that everyone burst out laughing.

**(über jdn./etw.) lachen**
Kinder lachen gerne.
Glaube mir, niemand wird über dich lachen.
Die Situation war so komisch, dass alle in schallendes Gelächter ausbrachen.

**laughter** ['lɑ:ftə] *n, sg, no indefinite article*
The laughter of the party guests could be heard late into the night.

**das Lachen**
Bis spät in die Nacht hinein konnte man das Lachen der Partygäste hören.

**smile** [smaɪl] *n*
**smile (at sb)** [smaɪl] *v*
She always has a smile on her face.
When greeting him, she smiled at him.

**das Lächeln**
**(jdm. zu)lächeln**
Sie hat immer ein Lächeln auf den Lippen.
Als sie ihn grüßte, lächelte sie ihm zu.

**grin** [grɪn] *v*
He said "checkmate" and grinned from ear to ear.

**grinsen**
Er sagte „schachmatt" und grinste von einem Ohr zum anderen.

**fun** [fʌn] *n, sg, no indefinite article*
Don't you think that picnics are fun?

I'm not saying it for fun. I mean it seriously.

**Spaß** *m*
Findest du nicht, dass Picknicken Spaß macht?
Ich sage das nicht zum Spaß. Ich meine es ernst.

**joke** [dʒəʊk] *n*
He can tell jokes for hours on end.

**Witz** *m*, **Scherz** *m*
Er kann stundenlang Witze erzählen.

**play a joke on sb** [pleɪ ə 'dʒəʊk]
**play a trick on sb** [. . 'trɪk]
Philip played a joke (a trick) on his friend.

**jdm. einen Streich spielen**

Philip hat seinem Freund einen Streich gespielt.

**You're joking.** ['dʒəʊkɪŋ] ⎫
**You must be joking.** ⎬
                ⎭

**Du machst wohl einen Scherz.**

**joker** ['dʒəʊkə] *n*
Don't take what he says seriously. He's a joker.

**Spaßvogel** *m*
Nimm nicht ernst, was er sagt! Das ist ein Spaßvogel.

**funny** ['fʌni] *adj*
He always has a funny story to tell.

**lustig**
Er weiß immer eine lustige Geschichte zu erzählen.

**amusing** [əm'juːzɪŋ] *adj*
I've rarely seen a film as amusing as "A Fish called Wanda".

**amüsant, lustig**
Ich habe selten einen so amüsanten Film gesehen wie „Ein Fisch namens Wanda".

**ridiculous** [rɪ'dɪkjələs] *adj*
That is a completely ridiculous story.

**lächerlich**
Das ist eine ganz und gar lächerliche Geschichte.

**entertaining** [ˌentə'teɪnɪŋ] *adj*
Henry James' short stories are much more entertaining than his novels.

**unterhaltsam**
Die Kurzgeschichten von Henry James sind viel unterhaltsamer als seine Romane.

**irony** ['aɪrəni] *n*
**ironic** [aɪ'rɒnɪk] *adj*
He was not aware of the irony of the situation.
You can spare us your ironic remarks.

**Ironie** *f*
**ironisch**
Er war sich der Ironie der Lage nicht bewusst.
Deine ironischen Bemerkungen kannst du dir sparen.

**mockery** ['mɒkəri] *n*
**mock sb/sth** [mɒk] *v*
His politeness was not without a trace of mockery.
He constantly mocks those around him.

**Spott** *m*, **Gespött** *n*
**sich über jdn./etw. lustig machen**
Seine Höflichkeit war nicht ohne einen Anflug von Spott.
Er macht sich ständig über seine Mitmenschen lustig.

**make a fool of oneself** [meɪk ə 'fuːl]
How can you make such a fool of yourself?

**sich lächerlich machen**
Wie kann man sich nur so lächerlich machen?

**wit** [wɪt] *n*
**witty** ['wɪti] *adj*
She admired his wit.
He is never short of a witty remark.

**Witz** *m*
**witzig**
Sie bewunderte seinen Witz.
Er ist nie um eine witzige Bemerkung verlegen.

**caricature** ['kærɪkətʃʊə] *n*
There are many caricatures of politicians in "Private Eye".

**Karikatur** *f*
In „Private Eye" gibt es viele Karikaturen von Politikern.

**cartoon** [kɑːˈtuːn] *n*

Many magazines have a page devoted to cartoons.

**Cartoon** *m*, **humoristische Zeichnung** *f*
Viele Illustrierte haben eine humoristische Seite.

● **Expressions**

**Grin and bear it.**
He was incredibly annoyed by his boss' ironic remarks. But what else could he do but grin and bear it.

**Gute Miene zum bösen Spiel machen.**
Er ärgerte sich wahnsinnig über die ironischen Bemerkungen seines Chefs. Aber was blieb ihm anderes übrig als gute Miene zum bösen Spiel zu machen.

**You'll laugh on the other side of your face.**
I'm warning you. If you continue like that, you'll be laughing on the other side of your face.

**Das Lachen wird dir vergehen.**
Ich warne dich. Wenn du so weitermachst, wird dir das Lachen noch vergehen.

# 8.3 Ferien, Reisen

**holiday(s)** [ˈhɒlədeɪ(z)] *n*
In the holidays I played table tennis every day.
The summer/winter/school holidays are in a week's time.
My boss is on holiday at the moment.
Next week I'm taking two days unpaid holiday.
This year we are going on holiday ...
  **abroad** [əˈbrɔːd]
  **to Spain** [speɪn]
  **to the seaside** [ˈsiːsaɪd]
  **to the mountains** [ˈmaʊntənz]
  **in the country** [ˈkʌntri]
  **to Brittany** [ˈbrɪtəni]
  **to the South of England** [saʊθ əv ˈɪŋglənd]
  **to the Lake District** [ˈleɪk ˌdɪstrɪkt]
  **to London** [ˈlʌndən]

**Ferien** *Pl*, **Urlaub** *m*
In den Ferien habe ich jeden Tag Tischtennis gespielt.
Die Sommer-/Winter-/Schulferien beginnen in einer Woche.
Mein Chef ist zur Zeit in Urlaub.
Nächste Woche nehme ich zwei Tage unbezahlten Urlaub.
Dieses Jahr machen wir Ferien ...
  **im Ausland**
  **in Spanien**
  **am Meer**
  **im Gebirge**
  **auf dem Land**
  **in der Bretagne**
  **in Südengland**

  **im Lake District**
  **in London**

**holiday resort** [ˌhɒlədeɪ ˌrɪˈzɔːt] n
**holiday season** [ˌ... ˈsiːzn] n

**Ferienort** m
**Urlaubszeit** f

**travel** [ˈtrævl] v
He is away travelling for two weeks.
He travels a lot on business.
The company is covering the travelling expenses.

**(ver)reisen**
Er ist für zwei Wochen verreist.
Er ist beruflich viel auf Reisen.
Die Reisekosten trägt die Firma.

**journey** [ˈdʒɜːni] n
The journey to Kathmandu was strenuous and quite dangerous.

**Reise** f, **Fahrt** f
Die Reise nach Kathmandu war anstrengend und nicht ungefährlich.

**trip** [trɪp] n
We are going on a trip which was organised by the youth centre.
I'd really like to go on a round-the-world trip.

**Reise** f, **Fahrt** f
Wir nehmen an einer Reise teil, die vom Jugendzentrum organisiert wurde.
Ich würde gerne einmal eine Reise um die Welt machen.

**border** [ˈbɔːdə] n
Where will you cross the border?

**Grenze** f
Wo gehst du über die Grenze?

**customs** [ˈkʌstəmz] n, pl
**customs officer** [ˌ.. ˈɒfɪsə] n ⎫
**customs official** [ˌ.. əˈfɪʃl] n ⎬
**pay duty on sth** [peɪ ˈdjuːti] ⎫
**declare sth** [dɪˈkleə] v ⎬
– Were you stopped at customs?
– Yes, the customs officer asked us if we had to pay duty on anything. (... if we had anything to declare.)

**Zoll** m
**Zollbeamte/Zollbeamtin** m/f

**etw. verzollen**
– Wurdet ihr am Zoll angehalten?
– Ja, der Zöllner fragte uns, ob wir etwas zu verzollen hätten.

**passport control** [ˌpɑːspɔːt kənˈtrəʊl] n
Passport control is rarely carried out within the EU.

**Passkontrolle** f
Passkontrollen werden innerhalb der EU selten durchgeführt.

**check the passport** [tʃek ðə ˈ..]
At the border crossing to Poland our passports were checked.

**den Pass kontrollieren**
Beim Grenzübergang nach Polen wurden unsere Pässe kontrolliert.

**outing** [ˈaʊtɪŋ] n
Last year we went on a staff outing to York.

**Ausflug** m
Letztes Jahr machten wir einen Betriebsausflug nach York.

**excursion** [ɪksˈkɜːʃn] n
During our holiday on the Turkish Riviera we went on excursions to Hierapolis and Aphrodisias.

**Ausflug** m, **Tagesfahrt** f
Während unseres Urlaubs an der türkischen Riviera machten wir Ausflüge nach Hierapolis und Aphrodisias.

**tourist** ['tʊərɪst] *n*
In July and August the Lake District is flooded with tourists.

**Tourist/in** *m/f*
Im Juli und August ist der Lake District von Touristen überschwemmt.

**tourism** ['tʊərɪzəm] *n*
There is practically no tourism in this beautiful area.

**Tourismus** *m*
In dieser schönen Gegend gibt es praktisch keinen Tourismus.

**tourist** ['tʊərɪst] ⎱
**holiday** ['hɒlədeɪ] ⎰
That is a tourist (holiday) resort particularly loved by the British.
The Tower of London is definitely the number one tourist attraction of the British capital.

**Ferien-, Touristen-**

Das ist ein Ferienort, den die Briten besonders lieben.
Der Tower von London ist sicher die Touristenattraktion Nr. I der britischen Hauptstadt.

**tourist information office**
[ˌ.. ɪnfə'meɪʃn ˌɒfɪs] *n*
Just go to the tourist information office and ask there.

**Touristeninformation** *f*

Gehen Sie doch zur Touristeninformation und fragen Sie dort nach.

**travel plans** ['trævl plænz] *n, pl*
His head is always full of travel plans.

**Reisepläne** *Pl*
Er hat immer den Kopf voller Reisepläne.

**travel agency** ['.. ˌeɪdʒənsi] *n* ⎱
**travel agent's** ['.. ˌeɪdʒənt] *n* ⎰
I must go to the travel agent's to get some information.
The tour was arranged by the travel agency.

**Reisebüro** *n*

Ich muss ins Reisebüro gehen, um mich zu informieren.
Die Rundreise wurde vom Reisebüro organisiert.

**book** [bʊk] *v* ⎱
**reserve** [rɪ'zɜːv] *v* ⎰
Don't worry. I've booked (reserved) places.

**reservieren**

Mach dir keine Sorgen! Ich habe Plätze reservieren lassen.

**make a booking** [meɪk ə 'bʊkɪŋ]
**cancel a booking** [ˌkænsl ə '..]
She made/cancelled the booking by telephone.

**eine Buchung vornehmen**
**eine Buchung annullieren**
Sie hat die Buchung telefonisch vorgenommen/annulliert.

**travel arrangements**
['trævl əˌreɪndʒmənts] *n, pl*
I always make my travel arrangements at the last moment.

**Reisevorbereitungen** *Pl*

Ich treffe meine Reisevorbereitungen immer im letzten Moment.

**rucksack**[1] ['rʌksæk] *n*
**holdall** ['həʊldɔːl] *n*

**Rucksack** *m*
**Reisetasche** *f*

1 *AE: backpack*

| | |
|---|---|
| What are you taking with you on the journey? The rucksack or the holdall? | Was nimmst du auf die Reise mit? Den Rucksack oder die Reisetasche? |

**suitcase** ['suːtkeɪs] n
**pack** [pæk] v
**unpack** [ʌn'pæk] v

| | |
|---|---|
| | **Koffer** m |
| | **packen** |
| | **auspacken** |
| When are you packing your suitcase? | Wann gedenkst du deinen Koffer zu packen? |
| I haven't packed yet. | Ich habe noch nicht gepackt. |
| I can help you unpack if you want. | Wenn du möchtest, helfe ich dir beim Auspacken. |

**spend** [spend] v

| | |
|---|---|
| | **verbringen** |
| At Easter we spent a week in London. | An Ostern verbrachten wir 8 Tage in London. |

**stay** [steɪ] v

| | |
|---|---|
| | **bleiben, wohnen** |
| Can't you stay over the weekend? | Könnt ihr nicht übers Wochenende bleiben? |
| We can't stay any longer. | Wir können nicht länger bleiben. |
| We stayed ... | Wir wohnten ... |
| **with friends** [frendz] | **bei Freunden** |
| **with a (host) family** | **in der (Gast-)Familie** |
| [(həʊst) 'fæməli] | |
| **in a guest-house** ['gesthaʊs] | **in einer Pension** |
| **in a hotel** [həʊ'tel] | **in einem Hotel** |
| **on a farm** [fɑːm] | **auf dem Bauernhof** |

**bed and breakfast**
[bed ənd 'brekfəst] n

| | |
|---|---|
| | **bed and breakfast** (Übernachtung mit Frühstück) |
| On our journey through England and Scotland we always stayed in bed and breakfasts. | Auf unserer Reise durch England und Schottland hatten wir immer „bed and breakfast". |

**stay** [steɪ] n

| | |
|---|---|
| | **Aufenthalt** m |
| Right at the beginning of her stay in San Francisco she fell ill. | Gleich zu Beginn ihres Aufenthaltes in San Francisco wurde sie krank. |

**accommodation** [əˌkɒmə'deɪʃn] n, sg,
*no indefinite article*

| | |
|---|---|
| | **Unterkunft** f |
| You don't need to worry about accommodation. Everything is taken care of. | Um die Unterkunft brauchen Sie sich nicht zu kümmern. Dafür wird gesorgt. |

**accommodate** [ə'kɒmədeɪt] v

| | |
|---|---|
| | **unterbringen** |
| Our friends were able to accommodate us for a few days. | Unsere Freunde konnten uns für einige Tage aufnehmen. |

| | |
|---|---|
| We were accommodated ... | Wir waren ... untergebracht. |
| **in a hall of residence** [hɔ:l əv 'rezɪdəns] | **in einem Studentenheim** |
| **in a youth hostel** ['ju:θ ˌhɒstl] | **in einer Jugendherberge** |

**full board/half board** [fʊl 'bɔ:d/hɑ:f '.] n
How much is full board/half board?

**Vollpension** f /**Halbpension** f

Was kostet Vollpension/Halbpension?

**rent** [rent] v
We rented ...
   **a holiday flat** ['hɒlədeɪ flæt]
   **a chalet** ['ʃæleɪ]

**mieten**
Wir haben ... gemietet.
   **eine Ferienwohnung**
   **ein Ferienhaus** in den Bergen

**hire** ['haɪə] v
We are flying and will hire a car at our holiday destination.

**mieten**
Wir fliegen und mieten am Ferienort ein Auto.

**tent** [tent] n
**caravan** ['kærəvæn] n
Previously we went on holiday with a tent but now we have a comfortable caravan.

**Zelt** n
**Wohnwagen** m
Früher machten wir mit dem Zelt Urlaub, heute besitzen wir einen komfortablen Wohnwagen.

**camp** [kæmp] v
I've camped in the Highlands every summer for years on end.

**zelten**
Ich habe mehrere Jahre hintereinander im Sommer in den Highlands gezeltet.

**campsite** ['kæmpsaɪt] n
The campsite is fitted out with every imaginable facility.

**Campingplatz** m
Der Campingplatz ist mit allen erdenklichen Annehmlichkeiten ausgestattet.

**holiday camp** ['hɒlədeɪ .] n
In August he goes to a holiday camp.

**Ferienlager** n
Im August geht er in ein Ferienlager.

**itinerary**, pl **-ies** [aɪ'tɪnərəri, -z ] n
The itinerary has not yet been arranged in detail.

**Reiseroute** f
Die Reiseroute ist im Detail noch nicht festgelegt.

**destination** [ˌdestɪ'neɪʃn] n
They have left for Italy without having an exact destination.

**Reiseziel** n
Sie sind ohne bestimmtes Reiseziel nach Italien abgereist.

**winter sport resort** ['wɪntə spɔ:t rɪˌzɔ:t] n
**seaside resort** ['si:saɪd .ˌ.] n
**mountain resort** ['maʊntən .ˌ.] n
**spa resort** ['spɑ: .ˌ.]

**Wintersportort** m

**Badeort** m (am Meer)
**Höhenkurort** m
**Badekurort** m

131

**sights** [saɪts] *n, pl*
Most of the historical sights in this town date from the 16th century.

**Sehenswürdigkeiten** *Pl*
Die meisten historischen Sehenswürdigkeiten dieser Stadt stammen aus dem 16. Jahrhundert.

**go sightseeing** [gəʊ 'saɪtsiːɪŋ]
**sightseeing tour** ['... tʊə] *n*
We hardly had any time left to go sightseeing.
After breakfast we went on a sightseeing tour.

**Besichtigungen machen**
**Stadtrundfahrt** *f*
Wir hatten kaum Zeit für Besichtigungen.

Nach dem Frühstück machten wir eine Stadtrundfahrt.

**visit** ['vɪzɪt] *n*
**visit** ['vɪzɪt] *v*
Visits to the castle are only possible when accompanied by a guide.
Do you know Stonehenge in the South of England? I assure you that it is worth visiting.
On my last trip to Florida I visited the John F. Kennedy Space Center in Cape Canaveral.

**Besichtigung** *f*, **Besuch** *m*
**besichtigen, besuchen**
Die Besichtigung des Schlosses ist nur mit einem Führer möglich.
Kennst du Stonehenge in Südengland? Ich versichere dir, der Besuch lohnt sich.

Auf meiner letzten Reise nach Florida besuchte ich das John F. Kennedy Space Center.

**souvenir** [ˌsuːvə'nɪə] *n*
He bought a scarf, showing the Tower Bridge, as a souvenir.

**(Reise-)Andenken** *n*
Als Reiseandenken kaufte er ein Halstuch, auf dem die Tower Bridge abgebildet ist.

**get to know sb/sth** [get tə 'nəʊ]
I got to know the Spanish and their customs when I lived in Spain for two years.

**jdn./etw. kennenlernen**
Ich habe die Spanier und ihre Sitten kennengelernt, als ich zwei Jahre im Land lebte.

**take one's mind off things**
[teɪk wʌnz 'maɪnd ɒf θɪŋz]
There are thousands of ways to take your mind off things on holiday.

**sich zerstreuen**

Es gibt tausend Möglichkeiten, sich in den Ferien zu zerstreuen.

**broaden one's horizons**
[ˌbrɔːdn wʌnz hə'raɪznz]
Every trip gives you the chance to broaden your horizons.

**seinen Horizont erweitern**

Jede Reise gibt einem die Möglichkeit seinen Horizont zu erweitern.

**stereotype** ['steriətaɪp] *n*
Our conceptions of foreign countries are often full of stereotypes.

**Klischee** *n*, **Klischeevorstellung** *f*
Unsere Vorstellung von fremden Ländern steckt oft voller Klischees.

**prejudice,** *pl* **-s** ['predʒudɪs, -ɪz] *n*
Montaigne was convinced that travelling freed men of their prejudices.

**Vorurteil** *n*
Montaigne war überzeugt, dass Reisen den Menschen von seinen Vorurteilen befreit.

**relaxation** [ˌriːlækˈseɪʃn] *n*
More and more Europeans search for relaxation in faraway countries.

**Erholung** *f*
Immer mehr Europäer suchen Erholung in fernen Ländern.

**relax** [rɪˈlæks] *v*
I can only really relax at the seaside.

**sich erholen**
Richtig erholen kann ich mich nur am Meer.

# 8.4 Feiertage, Feste

**public holiday**[1] [(ˌpʌblɪk) ˈhɒlədeɪ] *n*
1st May is a public holiday in many countries.

**gesetzliche(r) Feiertag** *m*
Der 1. Mai ist in vielen Ländern ein gesetzlicher Feiertag.

**festival** [ˈfestɪvl] *n*
Christmas, Easter and Whitsun are Christian festivals.
The Edinburgh Festival takes place in August every year.

**Fest** *n*, **Festspiele** *Pl*
Weihnachten, Ostern und Pfingsten sind christliche Feste.
Die Edinburgher Festspiele finden jedes Jahr im August statt.

**celebration** [ˌselɪˈbreɪʃn] *n*
In 1996 I witnessed the 70th birthday celebrations of Queen Elizabeth II.

**Feier(lichkeit)** *f*
1996 war ich bei den Feierlichkeiten zum 70. Geburtstag von Königin Elizabeth II zugegen.

**celebrate** [ˈselɪbreɪt] *v*
Let's open a bottle of champagne to celebrate this special event.
Germany celebrated its reunification on 3rd October 1990.

**feiern**
Lasst uns dieses besondere Ereignis mit einer Flasche Champagner feiern.
Deutschland feierte seine Wiedervereinigung am 3. Oktober 1990.

**anniversary,** *pl* **-ies** [ˌænɪˈvɜːsəri, -z] *n*
On the 50th anniversary of the landing of the Allies the heads of state from the USA, Great Britain and France met on 6th June 1995 in Normandy.

**Jahrestag** *m*
Zum 50. Jahrestag der Landung der Alliierten trafen sich am 6. Juni 1995 die Staatsoberhäupter der USA, Großbritanniens und Frankreichs in der Normandie.

**congratulations** [kənˌgrætʃuˈleɪʃnz] *n, pl*
I would like to give you my congratulations.

**Glückwunsch** *m*, **Glückwünsche** *Pl*

Ich möchte Ihnen meine Glückwünsche aussprechen.

1 *BE* auch: *bank holiday*

**congratulate sb on sth**
[kən'grætʃuleɪt] v
I congratulate you on your exam results.

**jdm. zu etw. gratulieren**

Ich gratuliere dir zu deinem erfolgreichen Examen.

**present sb with sth** [prɪ'sent] v
The students presented their professor with an old engraving of Cambridge University on his 60th birthday.

**jdm. etw. schenken**
Die Studenten schenkten ihrem Professor zum 60. Geburtstag einen alten Stich der Universität von Cambridge.

**birthday** ['bɜːθdeɪ] n
**Happy Birthday!** [ˌhæpi '..]

**Geburtstag** m
**Herzlichen Glückwunsch zum Geburtstag!**

– When is your birthday?
– My birthday is today.
– Happy Birthday, then!

– Wann hast du Geburtstag?
– Ich habe heute Geburtstag.
– Also dann, herzlichen Glückwunsch!

**baptism** ['bæptɪzəm] n
At baptisms the newly born child is held by its godmother or godfather.

**Taufe** f
Bei der Taufe wird das Neugeborene von seiner Patin oder seinem Paten gehalten.

**Christmas** ['krɪsməs] n
– What are you doing at Christmas?
– We're staying at home for Christmas.
Children like to believe in Father Christmas (Santa Claus).
The children have decorated the Christmas tree with balls, tinsel, fairy lights and a star.

**Weihnachten** n
– Was macht ihr an Weihnachten?
– An Weihnachten bleiben wir zu Hause.
Kinder glauben gerne an den Weihnachtsmann.
Die Kinder haben den Weihnachtsbaum mit Kugeln, Lametta, bunten Lichtern und einem Stern geschmückt.

**Merry Christmas!** [ˌmeri '..]
I wish you a merry Christmas and a happy New Year.

**Fröhliche Weihnachten!**
Ich wünsche Ihnen ein frohes Weihnachtsfest und alles Gute zum Neuen Jahr.

**Christmas present** ['.. ˌpreznt] n
The children pounced on their Christmas presents, which were under the Christmas tree.

**Weihnachtsgeschenk** n
Die Kinder stürzten sich auf die Weihnachtsgeschenke, die unter dem Christbaum lagen.

**nativity scene** [nə'tɪvəti siːn] n
The figures in the nativity scene are:
   **the Infant Jesus in the crib**
   [ˌɪnfənt 'dʒiːzəs ɪn ðə ˌkrɪb]
   **Mary and Joseph**
   ['mæri ənd 'dʒəʊzɪf]

**Krippe** f
Die Krippenfiguren sind:
   **das Jesuskind in der Krippe**

   **Maria und Josef**

| | |
|---|---|
| the **Magi** ['meɪdʒaɪ] <br> the **three wise men** [θri: waɪz 'men] | **die Heiligen Drei Könige** |
| the **Angels** ['eɪndʒlz] | **die Engel** |
| the **Shepherds** ['ʃəpədz] | **die Hirten** |
| the **sheep** [ʃi:p] | **die Schafe** |
| the **ox** [ɒks] | **der Ochse** |
| the **donkey** etc. ['dɒŋki] | **der Esel** usw. |

**New Year's Eve** [ˌnju: jɪəz 'iv] *n*
**fireworks** ['faɪəwɜ:ks] *n, pl*
The Germans celebrate New Year's Eve with fireworks.

**Silvester** *n*
**Feuerwerk** *n*
Die Deutschen feiern Silvester mit einem Feuerwerk.

**New Year** [nju: 'jɪə] *n*
**New Year's Day** [ˌnju: jɪəz 'deɪ] *n*
On New Year's Day everyone wishes their family and friends all the best.
I wish you happiness (good health, much success) in the New Year.
Happy New Year!

**das Neue Jahr**
**Neujahrstag** *m*
Am Neujahrstag wünscht jeder seinen Angehörigen und Freunden alles Gute.
Ich wünsche Ihnen zum Neuen Jahr viel Glück (eine gute Gesundheit, viel Erfolg).
Alles Gute zum Neuen Jahr!

**Easter** ['i:stə] *n*
At Easter the cherry trees at home are already in blossom.

**Ostern**
An Ostern blühen bei uns schon die Kirschbäume.

**carnival** ['kɑ:nɪvl] *n*
The carnival processions in Cologne and Mainz are shown on the television every year.

**Karneval** *m*, **Fasching** *m*
Die Karnevalsumzüge in Köln und Mainz werden jedes Jahr im Fernsehen übertragen.

**mask** [mɑ:sk] *n*
**fancy dress** [ˌfænsi 'dres] *n*
**costume** ['kɒstju:m] *n*

**Maske** *f*
**Kostüm** *n*

**put on fancy dress** [pʊt ɒn ˌ.. '.]
**ball** [bɔ:l] *n*
Will you put on fancy dress when you go to the ball this evening?

**sich kostümieren, sich verkleiden**
**Ball** *m*
Wirst du dich verkleiden, wenn du heute Abend auf den Ball gehst?

**dance** [dɑ:ns] *n*
Is there a dance on Saturday at the Odeon?

**Tanz** *m*, **Tanzveranstaltung** *f*
Ist am Samstag Tanz im Odeon?

**Shrove Tuesday** [ʃrəʊv 'tju:zdeɪ] *n*
**Pancake Day** ['pænkeɪk deɪ] *n*
On Shrove Tuesday, the day before the beginning of Lent, children make pancakes. That is why this day is also called Pancake Day.

**Faschingsdienstag** *m*
Am Faschingsdienstag, dem Tag vor Beginn der Fastenzeit, backen die Kinder Pfannkuchen. Deshalb heißt dieser Tag auch „Pancake Day".

### St. Valentine's Day
[snt 'væləntaɪnz deɪ] *n* (14th February)
St. Valentine's Day is dedicated to lovers.
It is the custom to send the one you love
a valentine card, flowers or a small
present, often without saying who it is
from.

### April Fool's Day [ˌeɪprəl 'fuːlz deɪ] *n*
(1st April)
April 1st is the day of practical jokes.
Whoever falls for the practical joke is
called an April Fool. The joke itself can be
called an April Fool as well.

### Halloween [ˌhæləʊ'iːn] *n* (31st October)
According to old pagan belief, the dead
return on the day before All Saints Day.
Children dress up as witches and ghosts
and go, particulary in America, from
house to house saying "trick or treat".

### Guy Fawkes' Night [gaɪ 'fɔːks naɪt] *n*
(5th November)
On 5th November the British remember
Guy Fawkes' unsuccessful attempt to
blow up the Parliament in 1605, by making
bonfires. Children wander through the
streets and collect "a penny for the guy",
which is the money for the fireworks.

### Thanksgiving Day ['θæŋksˌgɪvɪŋ deɪ] *n*
(in USA – 4th Thursday in November)
This festival was celebrated for the first
time in 1621 by the Pilgrim Fathers. They
thanked God for the good harvest, which
allowed them to survive the hard winter
of 1620/1621.

### Sankt-Valentinstag *m* (14. Februar)

Der Sankt-Valentinstag ist den Liebenden
gewidmet. Es ist Brauch, der Person, die
man liebt, eine Grußkarte, Blumen oder
ein kleines Geschenk zu schicken, oft
ohne Angabe des Absenders.

### der 1. April

Der 1. April ist der Tag der Streiche. Wer
auf einen Aprilscherz hereinfällt, ist ein
Aprilnarr. Auch der Aprilscherz kann
„April Fool" heißen.

### Halloween *n* (31. Oktober)
Am Tag vor Allerheiligen kommen, einem
alten heidnischen Glauben zufolge, die
Toten zurück. Die Kinder verkleiden sich
als Hexen und Geister und ziehen,
besonders in Amerika, von Haus zu Haus
mit dem Spruch „trick or treat" (Streich
oder Gabe).

### Guy Fawkes' Night (5. November)

Mit Freudenfeuern erinnern die Briten am
5. November an Guy Fawkes erfolglosen
Versuch 1605, das Parlament in die Luft zu
sprengen. Die Kinder ziehen durch die
Straßen und sammeln mit den Worten
„a penny for the guy" Geld für das
Feuerwerk.

### Erntedankfest *n*
(in den USA – 4. Donnerstag im November)
Dieses Fest wurde zum ersten Mal 1621
von den Pilgervätern gefeiert. Sie dankten
für die gute Ernte, die es ihnen erlaubt
hatte, den harten Winter von 1620/21 zu
überleben.

# 9.1 Schreiben

**write** [raɪt] *v*
What are you writing there?
Who wrote this text?

**schreiben**
Was schreibst du da?
Wer hat diesen Text verfasst?

**fill in (out)** [fɪl 'ɪn ('aʊt)] *v*
**sign** [saɪn] *v*
I've filled in (filled out) the form. All you need to do now is sign it.

**ausfüllen**
**unterschreiben**
Ich habe das Formular ausgefüllt. Du musst es nur noch unterschreiben.

**diary** ['daɪəri] *n*
Do you keep a diary?

**Tagebuch** *n*
Führst du ein Tagebuch?

**minutes** ['mɪnɪts] *n, pl*
Who is taking the minutes?

**Protokoll** *n*
Wer schreibt das Protokoll?

**desk** [desk] *n*
**typewriter** ['taɪpˌraɪtə] *n*
**computer** [kəm'pjuːtə] *n*
**keyboard** ['kiːbɔːd] *n*
**mouse** [maʊs] *n*
**memory** ['meməri] *n*
**hard disk** [hɑːd 'dɪsk] *n*
**screen** [skriːn] *n*
**printer** ['prɪntə] *n*
**(data) file** [('deɪtə) faɪl] *n*

**Schreibtisch** *m*
**Schreibmaschine** *f*
**Computer** *m*
**Tastatur** *f*
**Maus** *f*
**Speicher** *m*
**Festplatte** *f*
**Bildschirm** *m*
**Drucker** *m*
**Datei** *f*

**type** [taɪp] *v*

Can you type?

mit der **Schreibmaschine schreiben, tippen**
Kannst du Schreibmaschine schreiben?

**type sth into the computer**
[taɪp ɪntə ðə kəm'pjuːtə]
**print out sth** [prɪnt 'aʊt] *v*
I've typed my seminar paper into the computer and all I have to do now is print it out.

**etw. in den Computer eintippen**

**etw. ausdrucken**
Ich habe mein Referat in den Computer eingetippt und muss es jetzt nur noch ausdrucken.

**disk** [dɪsk] *n*
**save sth** [seɪv] *v*
On which disk have you saved your report?

**Diskette** *f*
**etw. speichern**
Auf welcher Diskette hast du deinen Bericht gespeichert?

**file** [faɪl] *v*
The bills are filed in alphabetical order.

**ablegen**
Die Rechnungen sind alphabetisch abgelegt.

notice ['nəʊtɪs] n
(notice)board [('..)bɔːd] n
Have you already read the notice on the board?

**Mitteilung** f, **Anschlag** m
**Anschlagbrett** n
Hast Du die Mitteilung am Anschlagbrett schon gelesen?

stationery ['steɪʃənri] n, sg
stationery shop ['... ʃɒp] n
a sheet of paper [ʃiːt əv 'peɪpə]
form [fɔːm] n
folder ['fəʊldə] n
file [faɪl] n
card index, pl -es ['kɑːd ,ɪndeks, -ɪz] n
(photo)copy, pl -ies [('fəʊtəʊ),kɒpi, -z] n
Sellotape[1] ['seləteɪp] n
paper clip ['peɪpə klɪp] n
staple ['steɪpl] n
stapler ['steɪplə] n
drawing pin ['drɔːɪŋ pɪn] n

**Schreibwaren** Pl
**Schreibwarengeschäft** n
**ein Blatt Papier**
**Formular** n
**Aktendeckel** m
**(Akten-)Ordner** m, **Ablage** f
**Kartei** f
**(Foto-)Kopie** f
**Tesafilm** m
**Büroklammer** f
**Heftklammer** f
**Heftmaschine** f
**Reißzwecke** f

● **Expression**

nothing to write home about
– What did you do at the weekend?
– Nothing to write home about.

**nichts Besonderes**
– Was hast du am Wochenende gemacht?
– Nichts Besonderes.

# 9.2 Briefe schreiben, die Post

letter ['letə] n
send [send] v
I've already sent my pen-friend two letters but he hasn't replied to me yet.

When you have stayed the weekend with friends you should write a thank-you letter.

**Brief** m
**schicken, senden**
Ich habe meinem Briefpartner schon zwei Briefe geschickt, aber er hat mir noch nicht geantwortet.
Wenn du das Wochenende bei Freunden verbracht hast, solltest du dich mit einem Brief bedanken.

note [nəʊt] n
message ['mesɪdʒ] n }
He left us a note (a message) saying that he would call that evening.

**Nachricht** f

Er hat uns eine Nachricht hinterlassen, dass er am Abend anrufen würde.

1 AE: Scotch tape

**write to sb** [raɪt] *v*
Hopefully you won't forget to write to us.

**postbox** ['pəʊstbɒks] *n*
**post** [pəʊst] *v*
I'll post the letters in the postbox on my way home.

**post¹** [pəʊst] *n*
**deliver** [dɪ'lɪvə] *v*
The post is delivered to our house once a day between 9 a.m. to 10 a.m.

**receive** [rɪ'si:v] *v*
I still have not received a reply to my complaint.

**enclosed** [ɪn'kləʊzd] *adj*
Please find enclosed the requested brochure.

**recorded delivery** [rɪˌkɔːdɪd dɪ'lɪvəri] *n*
**airmail** ['eəmeɪl] *n*
I will send you the documents by recorded delivery/by airmail.

**post office** ['pəʊst ˌɒfɪs] *n*
**counter** ['kaʊntə] *n*
**post code** ['pəʊst kəʊd] *n*
**postman/postwoman**
['pəʊstmən/'pəʊstwʊmən] *n*
**package** ['pækɪdʒ] *n*
**parcel** ['pɑːsl] *n*
**notepaper** ['nəʊtpeɪpə] *n*
**envelope** ['envələʊp] *n*
**postcard** ['pəʊstkɑːd] *n*
**circular** ['sɜːkjələ] *n*
**printed matter** ['prɪntɪd ˌmætə] *n*
**stamp** [stæmp] *n*
**stamp machine** ['stæmp məˌʃiːn] *n*
**postmark** ['pəʊstmɑːk] *n*
**pen-friend** ['pen frend] *n*
**correspondence** [ˌkɒrə'spɒndəns] *n*
**addressee** [ˌædre'siː] *n*
**sender²** [ˌsendə] *n*

jdm. schreiben
Du vergisst hoffentlich nicht uns zu schreiben!

**Briefkasten** *m*
**aufgeben, einwerfen**
Ich werde die Briefe auf dem Nachhauseweg in den Briefkasten einwerfen.

**Post** *f* (Briefe, Postkarten usw.)
**zustellen, austragen**
Die Post wird bei uns einmal am Tag zwischen 9 und 10 Uhr zugestellt.

erhalten
Bis heute habe ich noch keine Antwort auf meine Reklamation erhalten.

**beiliegend, in der Anlage**
Beiliegend erhalten Sie den erbetenen Prospekt.

**Einschreiben** *n*
**Luftpost** *f*
Ich werde Ihnen die Dokumente per Einschreiben/mit Luftpost schicken.

**Post** *f*, **Postamt** *n*
**Schalter** *m*
**Postleitzahl** *f*
**Briefträger/in** *m/f*

**Päckchen** *n*
**Paket** *n*
**Briefpapier** *n*
**Briefumschlag** *m*
**Postkarte** *f*, **Ansichtskarte** *f*
**Rundschreiben** *n*
**Drucksache** *f*
**Briefmarke** *f*
**Briefmarkenautomat** *m*
**Poststempel** *m*
**Briefpartner/in** *m/f*
**Briefwechsel** *m*
**Empfänger** *m*
**Absender** *m*

1 AE: mail
2 Die Adresse des Absenders schreiben die Briten zusammen mit dem Datum in die rechte obere Ecke des Briefes. Zum Datum s. S. 198.

| | |
|---|---|
| **the address** [ə'dres] *n*, e.g.: | **die Adresse,** z. B.: |
| Mr. John Stevens | Mr. John Stevens |
| 34 Woodford Road | 34 Woodford Road |
| Birmingham | Birmingham |
| B13 2HC | B13 2HC |
| Great Britain | Großbritannien |
| **care of ... (c/o ...)** [keə əv] | **zu Händen von ... (c/o ...)** |
| **poste restante** [pəʊst 'restɑːnt] | **postlagernd** |

**At the beginning of a letter the following expressions can be used:**

**Am Briefanfang können folgende Wendungen vorkommen:**

| | |
|---|---|
| Dear Sir/Madam,[1] | Sehr geehrte Damen und Herren, |
| Dear Mr. Anderson, | Sehr geehrter/Lieber Herr Anderson, |
| Dear Mrs./Ms[2] Anderson, | Sehr geehrte/Liebe Frau Anderson, |
| Dear Miss[2] Anderson, | Sehr geehrtes Fräulein Anderson, |
| Dear Arthur,/Dear Jane, | Lieber Arthur,/Liebe Jane, |

**At the end of a letter the following expressions can be used:**

**Am Briefende können folgende Wendungen vorkommen:**

| | |
|---|---|
| Take care | Mach's gut. |
| Love (from) ... | Mit herzlichen Grüßen |
| Lots of love, | Herzlichst |
| With kind regards | |
| Yours faithfully,[3] | Mit freundlichen Grüßen |
| Yours sincerely,[4] | |
| I look forward to your reply. Yours sincerely, (Yours faithfully,) | In Erwartung Ihrer Antwort verbleibe ich mit freundlichen Grüßen |
| I am looking forward to seeing you soon, Yours, (Yours sincerely,) | Ich freue mich Sie bald zu sehen und verbleibe mit freundlichen Grüßen |
| I hope that you get well soon. Best wishes. All the best for the future! | Ich wünsche Ihnen baldige Genesung. Alles Gute. Alles Gute für die Zukunft! |

| | |
|---|---|
| **say hello to sb** [seɪ hə'ləʊ] | |
| **send one's love to sb** [send wʌnz 'lʌv] | **jdn. grüßen** |
| Say hello to Michelle for me. (Send my love to Michelle.) | Grüße Michelle von mir! |

---

1 Nach dem Komma wird im Englischen groß weitergeschrieben.
2 „Mrs." ['mɪsɪz] bezieht sich auf eine verheiratete Frau. Bei der Anrede „Ms" [məz] spielt der Ehestand keine Rolle. „Miss" [mɪs] bezieht sich auf eine unverheiratete Frau.
3 Nur in Verbindung mit *Dear Sir,* bzw. *Dear Madam,*
4 Nur in Verbindung mit *Dear Mr. .../Mrs. .../Ms .../Miss ...*

| | |
|---|---|
| **send (give) one's love and regards to sb** [rɪˈgɑːdz] | **jdn. herzlich grüßen** |
| Please give my love and regards to your parents. | Grüße bitte herzlich deine Eltern von mir. |
| Christine asked me to send her love and regards to you. | Christine bat mich, dir herzliche Grüße von ihr zu bestellen. |

● **Expression**

| | |
|---|---|
| **send sb to Coventry** | **jdn. schneiden, demonstrativ nicht beachten** |
| When his criminal background became known his neighbours sent him to Coventry. | Als seine kriminellen Geschäfte bekannt wurden, wurde er von seinen Nachbarn geschnitten. |

# 9.3 Telefonieren, faxen, im Internet surfen, e-mailen

| | |
|---|---|
| **(tele)phone** [(ˈtelɪ)fəʊn] *n* | **Telefon** *n* |
| **ring** [rɪŋ] *v* | **klingeln, läuten** |
| **pick up the phone** [pɪk ˌʌp ðə ˈfəʊn] <br> **answer the phone** [ˈɑːnsə] | **abnehmen** |
| **hang up** [hæŋ ˈʌp] *v* | **auflegen** |
| The telephone is ringing. Please pick it up! (Please answer it!) | Das Telefon läutet. Nimm bitte ab! |
| He was furious and hung up. | Er war wütend und hat aufgelegt. |
| **mobile phone** [ˌməʊbaɪl ˈ.] *n* | **Handy** *n* |
| You can call from anywhere with a mobile phone and you can always be reached. | Mit einem Handy kann man von jedem Ort aus anrufen und man ist immer erreichbar. |
| **by phone** [baɪ ˈfəʊn] | **telefonisch** |
| I will give you the news by phone. | Ich werde Ihnen die Nachricht telefonisch durchgeben. |
| **phone sb** [fəʊn] *v* <br> **call sb** [kɔːl] *v* | **mit jdm. telefonieren, jdn. anrufen** |
| I've just phoned (called) Simon. | Ich habe soeben mit Simon telefoniert. |
| **phone sb back** [. ˈbæk] *v* <br> **call sb back** *v* | **jdn. zurückrufen** |

Peter called this afternoon asking you to call (phone) him back at 8 p. m.

**(phone) call** [('fəʊn) kɔːl] *n*
I can't leave the office. I'm expecting a (phone) call from New York.
I'll give you a call on my arrival.

The call lasted no longer than 5 minutes.

**phone number**[1] ['fəʊn ˌnʌmbə] *n*
**phone book** ['. bʊk] *n*
**phone directory,** *pl* **-ies** ['. dəˌrəktəri, -z] *n*
I'll have to look up the number in the phone book (phone directory).

**phone box,** *pl* **-es** ['. bɒks, -ɪz] *n*
**phonecard** ['.cɑːd] *n*
Is there a phone box near here?
This phone box only takes phonecards.

**dial** ['daɪəl] *v*
I'm sorry. I've dialled the wrong number.

**dialling code** ['daɪəlɪŋ kəʊd] *n*
The dialling code for Great Britain is 0044.

**directory enquiries** [.,... ɪn'kwaɪəriz] *n, sing. verb*
What is the number for directory enquiries?
Ring directory inquiries.

**telephone operator** ['... ˌɒpəreɪtə] *n*
She works as a telephone operator in the Sheraton Hotel.

**The line is engaged (busy).** [ðə ˌlaɪn ɪz ɪn'geɪdʒd ('bɪzi)]

**put sb through to sb** [pʊt 'θruː] *v*
**connect sb to sb** [kə'nekt] *v*
One moment, please. I'll put you through (I'll connect you) to Mr. Harris.

Peter hat heute Nachmittag angerufen.
Er bittet dich, ihn um 20 h zurückzurufen.

**(Telefon-)Anruf** *m*
Ich kann das Büro nicht verlassen. Ich erwarte einen Anruf aus New York.
Nach meiner Ankunft werde ich dich anrufen.
Das Gespräch hat nicht länger als 5 Minuten gedauert.

**Telefonnummer** *f*

**Telefonbuch** *n*

Ich muss die Nummer im Telefonbuch nachsehen.

**Telefonhäuschen** *n*, **Telefonzelle** *f* **Telefonkarte** *f*
Ist hier in der Nähe ein Telefonhäuschen?
Von dieser Telefonzelle kann man nur mit einer Telefonkarte telefonieren.

**wählen**
Entschuldigen Sie bitte! Ich habe die falsche Nummer gewählt.

**Vorwahl** *f*
Die Vorwahl für Großbritannien ist 0044.

**Telefonauskunft** *f*

Unter welcher Nummer erreiche ich die Telefonauskunft?
Ruf die Auskunft an!

**Telefonist/in** *m/f*
Sie arbeitet als Telefonistin im Hotel Sheraton.

**Die Leitung ist besetzt.**

**verbinden**

Einen Moment bitte, ich verbinde Sie mit Herrn Harris.

1 Telefonnummern werden wie folgt gesprochen:
Beispiel: 0044-171-446-9380 – double 0 [əʊ] (or: zero zero) double four (or: four four) – one seven one – double four six – nine three eight 0 (or zero)

**reach sb** [riːtʃ] *v*
**contact sb** ['kɒntækt] *v*  }  **jdn. erreichen**

At which number can I reach you?
(At which number can you be contacted?)

Unter welcher Nummer kann ich Sie erreichen?

**answering machine**
['ɑːnsərɪŋ məˌʃiːn] *n*

**Anrufbeantworter** *m*

**message** ['mesɪdʒ] *n*

**Anruf** *m*, **Nachricht** *f*

When I came there there were
10 messages on the answering machine.

Als ich nach Hause kam, waren zehn
Anrufe auf dem Anrufbeantworter.

**Phone conversations:**

**Dialoge am Telefon:**

---

- Hello!
- Hello Mrs. Thompson. It's Robert
  here. Can I speak to Elizabeth,
  please?
- Just a moment, please.

- This is Mrs. Richardson speaking.
  Could you put me through to Mrs.
  Sutherland, please?
- Hold the line, please.

- Who would you like to speak to?
- I'd like to speak to Mr. Harley,
  please.
- Speaking.

- Can I speak to Mary, please?
- I'm afraid not. My sister isn't here.
  Can I pass on a message for you?

---

- Hallo!
- Guten Tag, Frau Thompson. Hier ist
  Robert. Könnte ich bitte mit
  Elizabeth sprechen?
- Einen Augenblick bitte!

- Hier spricht Frau Richardson.
  Könnten Sie mich bitte mit Frau
  Sutherland verbinden?
- Bleiben Sie bitte am Apparat!

- Wen möchten Sie sprechen?
- Ich würde gerne mit Herrn Harley
  sprechen.
- Am Apparat.

- Kann ich bitte mit Mary sprechen?
- Leider nicht. Meine Schwester ist
  nicht da. Möchten Sie eine Nachricht
  für sie hinterlassen?

---

**fax machine** ['fæks məˌʃiːn] *n*

**Faxgerät** *n*

Do you have a fax machine?

Haben Sie ein Faxgerät?

**fax** [fæks] *n; v*

**Fax** *n*; **faxen**

When did you send/receive the fax?
You can reach us by fax.
I'll fax the article to you.

Wann hast du das Fax geschickt/erhalten?
Sie können uns per Fax erreichen.
Ich werde Ihnen den Artikel faxen.

**internet** ['ɪntənət] *n*

**Internet** *n*

At home I've recently gone on the
Internet.

Ich habe seit kurzem zu Hause Zugang
zum Internet.

**surf the internet** [sɜːf]
Information on practically anything can be obtained by surfing the internet.

**im Internet surfen**
Beim Surfen im Internet kann man praktisch jede Information erhalten.

**web site** ['web saɪt] *n*
Many companies today have a web site on the internet in order to present themselves and their products all over the world.

**Website** *f*, **Internet-Seite** *f*
Viele Firmen sind heute mit einer Website im Internet vertreten, um sich und ihre Produkte weltweit zu präsentieren.

**send sb an e-mail** ['iː meɪl]
**e-mail sb** *v*
I'll send you an e-mail about my plans for the weekend. (I'll e-mail you about ...)

**jdm. ein E-Mail senden, e-mailen**
Ich werde dir per E-Mail mitteilen, was ich am Wochenende vorhabe.

**e-mail** ['iː meɪl] *n*
I have to go to uni to check my e-mail.

**E-Mail** *n*
Ich muss zur Uni um zu sehen, ob ein E-Mail für mich da ist.

● **Expression**

**It rings a bell.**

That name rings a bell.

**Es kommt mir irgendwie bekannt vor.**
Der Name kommt mir irgendwie bekannt vor.

# 10

## 10.1 Freizeit, Hobbies

**free time** ['fri: taɪm] n
**leisure time** ['leʒə .] n
Everyone organizes their free time (leisure time) to suit themselves.

**Freizeit** f
Jeder gestaltet seine Freizeit, wie er will.

**leisure activity,** pl **-ies**
['.. æk,tɪvəti, -z] n
**free time activity** ['. . .,...] n
We spend more and more time nowadays on leisure activities (on free time activities).

**Freizeitbeschäftigung** f
Heute nehmen Freizeitbeschäftigungen immer mehr Raum in unserem Leben ein.

**pastime** ['pɑːstaɪm] n
**favourite** ['feɪvərɪt] adj
Photography is her favourite pastime.

**Zeitvertreib** m, **Hobby** n
**Lieblings-, bevorzugt**
Fotografieren ist ihr bevorzugtes Hobby.

**hobby,** pl **-ies** ['hɒbi, -z] n
His main hobby is DIY [,di: aɪ 'waɪ].

**Hobby** n
Sein Haupthobby ist Heimwerken.

**be free** [friː]
**have time to do sth** [taɪm]
**be busy** ['bɪzi]
I don't know yet if I'm free at the weekend.
Would you have time this afternoon to come with me into town?
I'm busy on Tuesday. How about 11 o'clock on Friday?

**Zeit haben etw. zu tun**

**keine Zeit haben, beschäftigt sein**
Ich weiß noch nicht, ob ich am Wochenende Zeit haben werde.
Hättest du heute Nachmittag Zeit mich in die Stadt zu begleiten?
Am Dienstag habe ich keine Zeit. Wie wär's mit Freitag um 11 Uhr?

**spend one's time doing sth**
[spend wʌnz 'taɪm]
He spends his time doing crosswords.

**seine Zeit mit etw. verbringen**

Er verbringt seine Zeit damit, Kreuzworträtsel zu lösen.

**like doing sth (to do sth)** [laɪk]
He likes playing chess.
Tonight I'd like to go to the cinema.

**etw. gerne tun**
Er spielt gerne Schach.
Ich würde heute Abend gerne ins Kino gehen.

**be fond of sth (of doing sth)** [fɒnd]
Children are not the only ones who are fond of flying kites in autumn.

**etw. lieben, etw. gerne tun**
Nicht nur Kinder lassen im Herbst gerne Drachen fliegen.

**go ....** [gəʊ]
  **to the swimming pool**
  ['swɪmɪŋ puːl]
  **to the health club** ['helθ klʌb]
  **to the fitness centre**
  ['fɪtnɪs ˌsəntə]
  **to the amusement park**
  [əmˈjuːzmənt pɑːk]

**... gehen**
  **ins Schwimmbad**



  **ins Fitnesscenter**

  **in den Freizeitpark**

**dive** [daɪv] v
It is forbidden to dive from these cliffs.


I dived down 5 m.

**tauchen,** (kopfüber ins Wasser) **springen**
Es ist verboten, von diesen Felsen ins
Meer zu springen.
Ich bin 5 Meter tief getaucht.

**sunbathe** ['sʌnbeɪð] v
It is not good for you to sunbathe for too
long.

**sich sonnen**
Es ist nicht gut, sich zu lange zu sonnen.

**play ...** [pleɪ]
  **darts** [dɑːts]
  **bowls** ['bəʊlz]
  **table-tennis** ['teɪbl ˌtenɪs]
  **the piano** [piˈænəʊ]
  **hide-and-seek** [ˌhaɪd n ˈsiːk]
  **cards** [kɑːdz]
  **chess** [tʃes]
  **on the computer** [kəmˈpjuːtə]
  **with an electric train**
  [ɪˌlektrɪk ˈtreɪn]

**... spielen**
  **Darts**
  **Bowling**
  **Tischtennis**
  **Klavier**
  **Versteck**
  **Karten**
  **Schach**
  **am Computer**
  **mit der elektrischen Eisenbahn**

**collect** [kəˈlekt] v
He has collected stickers for years.

**sammeln**
Er sammelt schon seit Jahren Aufkleber.

**do handicraft** ['hændɪkrɑːft]
He has enjoyed doing handicraft since he
was a small child.

**basteln**
Er hat schon als kleines Kind gerne
gebastelt.

**draw** [drɔː] v
She draws for days on end.

**zeichnen**
Sie zeichnet tagelang.

**ramble** ['ræmbl] v
**hike** [haɪk] v
Yesterday we rambled through the forest
for four hours.
You can't hike in these mountains without
the correct equipment.

**wandern**

Gestern sind wir vier Stunden im Wald
gewandert.
Ohne richtige Ausrüstung kannst du in
diesem Gebirge nicht wandern.

146

**go for a walk** [gəʊ fər ə 'wɔːk]
**go for a stroll** [. . . 'strəʊl]
We went for a walk (for a stroll) along the river.

**spazieren gehen**

Wir sind am Fluss spazieren gegangen.

**knit** [nɪt] v
She always knits while watching television.

**stricken**

Beim Fernsehen strickt sie immer.

● **Expressions**

**All work and no play makes Jack a dull boy.**
Just relax. You know that all work and no play makes Jack a dull boy.

**Immer nur arbeiten macht stumpfsinnig.**
Spann mal aus. Du weißt doch: Immer nur arbeiten macht stumpfsinnig.

**busy as a bee**
How did you manage to get everything done in such a short time? You must have been as busy as a bee.

**bienenfleißig**
Wie hast du es geschafft, alles in so kurzer Zeit zu erledigen? Du warst ja bienenfleißig.

# 10.2 Die Gartenarbeit

**gardening** ['gɑːdnɪŋ] n, sg, no indefinite article
I find gardening relaxing after a hard day's work.

**Gartenarbeit** f

Gartenarbeit ist für mich nach Feierabend eine Entspannung.

**garden** ['gɑːdn] n
He spent the whole of Saturday working in the garden.

**Garten** f
Er hat den ganzen Samstag im Garten gearbeitet.

**gardener** ['gɑːdnə] n
**greenhouse** ['griːnhaʊs] n
**bed** [bed] n
**patch** [pætʃ] n
**plant** [plɑːnt] n
**seed** [siːd] n
**lawn** [lɔːn] n
**lawn mower** ['. ˌməʊə] n
**fountain** ['faʊntən]
**garden hose** ['gɑːdn həʊz] n
**rake** [reɪk] n

**Gärtner/in** m/f
**Gewächshaus** n
**Blumenbeet** n
**Beet** n
**Pflanze** f
**Samen** m
**Rasen** m
**Rasenmäher** m
**Brunnen** m
**Gartenschlauch** m
**Harke** f

**spade** [speɪd] *n*
**shovel** ['ʃʌvl] *n*
**hoe** [həʊ] *n*
**wheelbarrow** ['wi:lbærəʊ] *n*
**fence,** *pl* **-s** [fens, -ɪz] *n*

**Spaten** *m*
**Schaufel** *f*
**Hacke** *f*
**Schubkarre** *f*
**Zaun** *m*

**plant** [plɑ:nt] *v*
Last week I planted geraniums.

**pflanzen**
Ich habe letzte Woche Geranien gepflanzt.

**dig over** [dɪg 'əʊvə] *v*
I must dig over the vegetable patch.

**umgraben**
Ich muss das Gemüsebeet umgraben.

**sow** [səʊ] *v*
You shouldn't sow parsley here before April.

**säen**
Petersilie soll man bei uns nicht vor April säen.

**water** ['wɔ:tə] *v*
In this heat you must water the flowers every day.

**gießen**
Bei dieser Hitze muss man die Blumen jeden Tag gießen.

**pick** [pɪk] *v*
**ripe** [raɪp] *adj*
The cherries are ripe. They will have to be picked in the next few days.

**pflücken**
**reif**
Die Kirschen sind reif. Sie müssen in den nächsten Tagen gepflückt werden.

**harvest** ['hɑ:vɪst] *v*
The potatoes need another week. Then we can harvest them.

**ernten**
Die Kartoffeln brauchen noch acht Tage. Dann können wir sie ernten.

**cut back ...** [kʌt 'bæk]
  **the tree** [tri:]
  **the bush** [bʊʃ]
  **the hedge** [hedʒ]

**... schneiden**
  **den Baum**
  **den Busch, den Strauch**
  **die Hecke**

**mow** [məʊ] *v*
Yesterday I mowed the lawn.

**mähen**
Ich habe gestern den Rasen gemäht.

**collect** [kə'lekt] *v*
I'm going to collect the apples, which have fallen from the tree.

**auflesen, einsammeln**
Ich gehe jetzt die Äpfel auflesen, die vom Baum heruntergefallen sind.

**weed** [wi:d] *v*
He weeded the garden for hours.

**Unkraut jäten**
Er hat stundenlang im Garten Unkraut gejätet.

**rake up** [reɪk 'ʌp] *v*
Would you please rake up the leaves?

**(zusammen)harken**
Würdest du bitte das Laub zusammenharken?

## ● Expressions

| | |
|---|---|
| **The grass is always greener on the other side of the fence.**<br>Although he was successful, he was obsessed with the idea that the grass was always greener on the other side of the fence. | **Das Leben der anderen ist immer wünschenswerter als das eigene.**<br>Obwohl er Erfolg hatte, hatte er immer die Vorstellung, dass das Leben der anderen wünschenswerter wäre als sein eigenes. |
| **call a spade a spade**<br>Maggie is very outspoken and well-known for calling a spade a spade. | **kein Blatt vor den Mund nehmen**<br>Maggie ist sehr direkt und bekannt dafür, dass sie kein Blatt vor den Mund nimmt. |
| **sit on the fence**<br>He sat on the fence in the dispute between his two friends and did not take sides with either of them. | **sich neutral verhalten**<br>In dem Streit zwischen seinen beiden Freunden verhielt er sich neutral und nahm weder für den einen noch den anderen Partei. |
| **lead sb up the garden path**<br>Beware, he always tries to lead people up the garden path. | **jdn. aufs Glatteis führen**<br>Sei auf der Hut. Er versucht immer wieder die Leute aufs Glatteis zu führen. |

# 10.3 Fotografieren, filmen

| | |
|---|---|
| **photo(graph)** [ˈfəʊtə(grɑːf)] *n*<br>**take a photo(graph)** [teɪk ə ˈ...]<br>Stand over there, please. I'd like to take a photo of you by the fountain. | **Foto** *n*, **Aufnahme** *f*<br>**ein Foto, eine Aufnahme machen**<br>Stell dich bitte dahin. Ich möchte gerne ein Foto von dir neben dem Brunnen machen. |
| **photograph** [ˈfəʊtəgrɑːf] *v*<br>She is fond of photographing children. | **fotografieren**<br>Sie fotografiert gerne Kinder. |
| **photographer** [fəˈtɒgrəfə] *n*<br>He is a famous fashion photographer. | **Fotograf/in** *m/f*<br>Er ist ein berühmter Modefotograf. |
| **photographic equipment** *n, sg, no indefinite article* [ˌfəʊtəˌgræfɪk ɪˈkwɪpmənt]<br>He bought himself some new photographic equipment. | **Fotoausrüstung** *f*<br>Er hat sich eine neue Fotoausrüstung gekauft. |
| **camera** [ˈkæmərə] *n*<br>I bought myself a new camera. | **Fotoapparat** *m*<br>Ich habe mir einen neuen Fotoapparat gekauft. |

**film** [fɪlm] *n*
Would you like a black and white film or a colour film?

**Film** *m*
Möchten Sie einen Schwarzweißfilm oder einen Farbfilm?

**shoot** [ʃuːt] *v*
Cousteau shot his films in all the seas of the world.

**drehen**
Cousteau hat seine Filme in allen Meeren der Welt gedreht.

**develop** [dɪˈveləp] *v*
She develops her own films.

**entwickeln**
Sie entwickelt ihre Filme selbst.

**negative** [ˈnegətɪv] *n*
**print** [prɪnt] *n*
I've had prints made from all of the negatives.

**Negativ** *n*
**Abzug** *m*
Ich habe von allen Negativen Abzüge machen lassen.

**slide** [slaɪd] *n*
Last night he showed us his slides of Hong Kong.

**Dia(positiv)** *n*
Gestern Abend hat er uns seine Dias von Hong Kong gezeigt.

**projector** [prəˈdʒektə] *n*
**screen** [skriːn] *n*
**video camera** [ˈvɪdiəʊ ˌ...] *n*
**video recorder** [ˈ... rɪˌkɔːdə] *n*
**video cassette** [ˈ... kəˌset] *n*

**Projektor** *m*
**Leinwand** *f*
**Videokamera** *f*
**Videorekorder** *m*
**Videokassette** *f*

# 10.4 Der Sport

**sport** [spɔːt] *n*
**do** [duː] *v*
– Which sports do you do?
– I play volleyball and I go horse-riding.

**Sport** *m*
**treiben**
– Welchen Sport treibst du?
– Ich spiele Volleyball und reite.

**sports ...** [spɔːts]
  **field** [ˈ. fiːld]
  **equipment** [ˈ. ɪˌkwɪpmənt]
  **club** [ˈ. klʌb]

**Sport...**
  **Platz** *m*
  **Ausrüstung** *f*
  **Verein** *m*

**sporting event** [ˌspɔːtɪŋ ɪˈvent] *n*
More than 6,000 spectators went to the sporting event.

**Sportveranstaltung** *f*
Mehr als 6000 Zuschauer haben die Sportveranstaltung besucht.

**sportsman/sportswoman**
[ˈspɔːtsmən/ˈspɔːtswʊmən] *n*
He has never been a great sportsman.

**Sportler/in** *m/f*

Er ist nie ein großer Sportler gewesen.

**sporty** ['spɔ:ti] *adj*
She is a very sporty girl.

**sportlich**
Sie ist ein sehr sportliches Mädchen.

**keep fit** [ki:p 'fɪt]
**exercise**[1] ['eksəsaɪz] *n, sg, no indefinite article*
She keeps fit by doing 15 minutes exercise every morning.
You should do more exercise.

**sich fit halten**
**sportliche Betätigung** *f*, **Gymnastik** *f*
Sie hält sich fit, indem sie jeden Morgen 15 Minuten Gymnastik macht.
Du solltest dich sportlich mehr betätigen.

**game** [geɪm] *n*
The 1998 winter Olympic Games took place in Japan.
Our team lost the game by 3–4 [three four].

**Spiel** *n*
1998 fanden die Olympischen Winterspiele in Japan statt.
Unsere Mannschaft verlor das Spiel 3:4.

**match** [mætʃ] *n*
**win** [wɪn] *v*
**lose** [lu:z] *v*
David won all of his squash matches.

He lost five matches in a row.

**Spiel** *n* (Wettkampf)
**gewinnen, siegen**
**verlieren**
David hat im Squash alle seine Spiele gewonnen.
Er hat fünf Spiele hintereinander verloren.

**competition** [kɒmpə'tɪʃn] *n*
Although she has a cold she will take part in the competition.

**Wettkampf** *m*
Obwohl sie erkältet ist, wird sie am Wettkampf teilnehmen.

**race** [reɪs] *n*
She came first/second/last in the 1500 m race.

**(Wett-)Rennen** *n*
Sie wurde im 1500 m-Lauf Erste/Zweite/Letzte.

**championship(s)** ['tʃæmpiənʃɪp(s)] *n*
He won the javelin event in the European championships.

**Meisterschaft(en)** *f*
Er gewann die Europameisterschaft im Speerwerfen.

**victory**, *pl* **-ies** ['vɪktəri, -z] *n*
**defeat** [dɪ'fi:t] *n*
Everyone rejoiced at the team's victory.
This is the first defeat this team has had since the beginning of the season.

**Sieg** *m*
**Niederlage** *f*
Alle jubelten über den Sieg der Mannschaft.
Das ist die erste Niederlage, die die Mannschaft seit Anfang der Saison erlitten hat.

**defeat** [dɪ'fi:t] *v*
**beat** [bi:t] *v*
Becker was defeated/beaten by Sampras at the 1997 Wimbledon Championships.

**besiegen**
**schlagen**
Becker wurde 1997 in Wimbledon von Sampras besiegt/geschlagen.

**draw** [drɔ:] *v*
Liverpool and Milan drew at 2 all.

**unentschieden spielen**
Liverpool und Mailand haben 2:2 unentschieden gespielt.

---

1 *exercise* kann auch im Plural und mit dem unbestimmten Artikel *a/an* gebraucht werden. Es heißt dann *einzelne Übungen (im Kunstturnen, in der Bewegungstherapie oder auf anderen Gebieten).* Z.B.: *This is an exercise which my physiotherapist has recommended.*

**score**[1] [skɔ:] *n*
– What was the score?
– The score was 0–1 [nil one] at half time, and the final score was 2–1 [two one] to Liverpool.
Did you get a good score at shooting?

**Spielstand** *m*, **Punktzahl** *f*, **Ergebnis** *n*
– Wie ist das Spiel ausgegangen?
– Zur Halbzeit war der Spielstand 0:1, das Endergebnis war 2:1 für Liverpool.

Hast du im Schießen eine gute Punktzahl erreicht?

**set a record** [ˈrekɔ:d]
He set a new world record with his last jump.

**einen Rekord aufstellen**
Mit dem letzten Sprung stellte er einen neuen Weltrekord auf.

**tennis club** [ˈtenɪs klʌb] *n*
I've been a member of the tennis club for 10 years.

**Tennisklub** *m*
Seit zehn Jahren bin ich Mitglied im Tennisklub.

**tennis ...**
  **court** [ˈ.. kɔ:t]
  **racket** [ˈ.. ˌrækɪt]
  **tournament** [ˈ.. ˌtʊənəmənt]

**Tennis...**
  **Platz** *m*
  **Schläger** *m*
  **Turnier** *n*

**golf ...** [gɒlf]
  **course** [ˈ. kɔ:s]
  **club** [ˈ. klʌb]

**Golf...**
  **Platz** *m*
  **Schläger** *m*

**player** [ˈpleɪə] *n*
**team** [ti:m] *n*
He is definitely the best player in our team.

**Spieler/in** *m/f*
**Mannschaft** *f*
Er ist sicher der beste Spieler in unserer Mannschaft.

**stadium** [ˈsteɪdɪəm] *n*
**grandstand** [ˈgrændstænd] *n*
**goal** [gəʊl] *n*
**goalkeeper** [ˈgəʊlki:pə] *n*

**Stadion** *n*
**Tribüne** *f*
**Tor** *n*
**Torwart** *m*

**go ...** [gəʊ]
  **horse-riding** [ˈhɔ:s ˌraɪdɪŋ]
  **cycling** [ˈsaɪklɪŋ]
  **jogging** [ˈdʒɒgɪŋ]
  **mountaineering** [maʊntəˈnɪərɪŋ]
  **climbing** [ˈklaɪmɪŋ]
  **hiking** [ˈhaɪkɪŋ]
  **swimming** [ˈswɪmɪŋ]
  **sailing** [ˈseɪlɪŋ]
  **rowing** [ˈrəʊɪŋ]
  **(wind)surfing** [(ˈwɪnd)ˌsɜ:fɪŋ]
  **deep-sea diving** [ˌdi:p si: ˈdaɪvɪŋ]
  **skiing** [ˈski:ɪŋ]

  **reiten**
  **Rad fahren**
  **joggen**
  **bergsteigen**
  **klettern**
  **wandern**
  **schwimmen**
  **segeln**
  **rudern**
  **(wind)surfen**
  **Tiefsee tauchen**
  **Ski fahren**

1 Wendungen beim Tennis: *deuce – Einstand, thirty-love – 30–0*

| | |
|---|---|
| **ice-skating** ['aɪs ˌskeɪtɪŋ] | **Schlittschuh laufen** |
| **roller-skating** ['rəʊlə ˌ..] | **Rollschuh fahren** |
| **sledging** ['sledʒɪŋ] | **Schlitten fahren** |
| **hang-gliding** ['hæŋ ˌglaɪdɪŋ] | **Hängegleiter fliegen** |
| **gliding** ['glaɪdɪŋ] | **mit dem Segelflugzeug fliegen** |

**play ...** [pleɪ] — **... spielen**

**football/handball/basketball** ['fʊtbɔːl/'hænd../'bɑːskɪt.] — **Fußball/Handball/Baskettball**

**volleyball/squash/rugby** ['vɒli./skwɒʃ/'rʌgbi] — **Volleyball/Squash/Rugby**

**golf/cricket/hockey** [gɒlf/'krɪkɪt/['hɒki] — **Golf/Kricket/Hockey**

**(table) tennis** [('teɪbl) ˌtenɪs] — **(Tisch-)Tennis**

| | |
|---|---|
| **box** [bɒks] *v* | **boxen** |
| **wrestle** ['resl] *v* | **ringen** |
| **fence** [fens] *v* | **fechten** |
| **athletics** [æθ'letɪks] *n, sing. verb* | **Leichtathletik** *f* |
| **sprint** [sprɪnt] *n* | **Kurzstreckenlauf** *m* |
| **long-distance running** [lɒŋ ˌdɪstəns 'rʌnɪŋ] *n* | **Langstreckenlauf** *m* |
| **hurdles** ['hɜːdlz] *n, pl* | **Hürdenlauf** *m* |
| **long jump** ['lɒŋ dʒʌmp] *n* | **Weitsprung** *m* |
| **high jump** ['haɪ .] *n* | **Hochsprung** *m* |
| **pole-vault** ['pəʊl vɔːlt] *n* | **Stabhochsprung** *m* |
| **shot-put** ['ʃɒt pʊt] *n* | **Kugelstoßen** *n* |
| **javelin** ['dʒævlɪn] *n* | **Speerwerfen** *n* |
| **discus** ['dɪskəs] *n* | **Diskuswerfen** *n* |
| **weight-lifting** ['weɪt ˌlɪftɪŋ] *n* | **Gewichtheben** *n* |
| **gymnastics** [dʒɪm'næstɪks] *n, pl* | **Bodenturnen** *n* |
| **downhill skiing** ['daʊnhɪl ˌskiːɪŋ] *n* | **Abfahrtslauf** *m* |
| **cross-country skiing** ['krɒs ˌkʌntri ˌ..] *n* | **Langlauf** *m* |
| **ski jumping** ['ski ˌdʒʌmpɪŋ] *n* | **Skispringen** *n* |
| **bobsleigh** ['bɒbsleɪ] *n* | **Bobfahren** *n*; **Bob** *m* |
| **ice-rink** ['aɪs rɪŋk] *n* | **Eislaufstadion** *n* |

**run** [rʌn] *v* — **laufen**
She only runs in the 100 and 200 metres. — Sie läuft nur 100 und 200 Meter.

**jump** [dʒʌmp] *v* — **springen**
Have you already jumped over 5 m? — Bist du schon über 5 m gesprungen?

**throw** [θrəʊ] *v* — **werfen**
I've never been able to throw the discus more than 40 m. — Ich habe es nie geschafft, den Diskus weiter als 40 m zu werfen.

| | |
|---|---|
| **athlete** [ˈæθliːt] n | **Athlet/in** m/f |
| **competitor** [kəmˈpetɪtə] n | **Wettkämpfer/in** m/f |
| **champion** [ˈtʃæmpiən] n | **Sieger/in; Meister/in** m/f |
| **referee** [ˌrefəˈriː] n | **Schiedsrichter/in** m/f (Fußball, Boxen, Ringen) |
| **umpire** [ˈʌmpaɪə] n | **Schiedsrichter/in** m/f (Tennis, Kricket) |

**trainer** [ˈtreɪnə] n }
**coach** [kəʊtʃ] n }
**Trainer/in** m/f

Following a series of defeats, the team changed their trainer (coach).

Nach einer Reihe von Niederlagen wechselte die Mannschaft ihren Trainer.

**training** [ˈtreɪnɪŋ] n
**train** [treɪn] v
**Training** n
**trainieren**

When it is dry training takes place outside; when it is raining it takes place in the sportshall.

Bei trockenem Wetter findet das Training im Freien, bei Regen in der Halle statt.

Mr. Carson trains the women's handball team.

Herr Carson trainiert die Damenhandballmannschaft.

The football team trains every Friday evening.

Die Fußballmannschaft trainiert jeden Freitagabend.

**drugs test** [ˈdrʌgz test] n
**Dopingkontrolle** f

The first five competitors had to undergo a drugs test.

Die ersten fünf Wettkämpfer mussten sich einer Dopingkontrolle unterziehen.

**drug-taking** [ˈdrʌg ˌteɪkɪŋ] n
**disqualify** [dɪsˈkwɒlɪfaɪ] v
**Doping** n
**disqualifizieren**

He was disqualified for drug-taking.

Wegen Doping wurde er disqualifiziert.

### ● Expressions

**be as fit as a fiddle**
**kerngesund sein**

Our grandma is 85 years old and is still as fit as a fiddle.

Unsere Oma is 85 Jahre alt und immer noch kerngesund.

**set the ball rolling**
**den Stein ins Rollen bringen**

An anonymous call to the police set the ball rolling.

Ein anonymer Anruf bei der Polizei brachte den Stein ins Rollen.

**be a spoilsport**
**ein Spielverderber sein**

Don't be a spoilsport and join in.

Sei kein Spielverderber und mach mit.

**a race against time**
**ein Wettlauf mit der Zeit**

The rescue mission was a race against time.

Die Rettungsaktion war ein Wettlauf mit der Zeit.

# 11.1 Die Stadt

**town** [taʊn] n
Our town has a population of 17,000.
American towns are usually laid out on a grid pattern. Streets run from east to west, avenues from south to north.

**Stadt** f
Unsere Stadt hat 17.000 Einwohner.
Amerikanische Städte sind meistens im Schachbrettmuster angelegt. Die „streets" verlaufen von Osten nach Westen, die „avenues" von Süden nach Norden.

**... town** n
  **industrial** [ɪnˌdʌstrɪəl '.]
  **satellite** ['sætəlaɪt .]
  **provincial** [prə'vɪnʃl .]

**...Stadt** f
  **Industrie-**
  **Trabanten-**
  **Provinz-**

**city** ['sɪti] n
City life, like country life, has its advantages and disadvantages.
Edinburgh's twin city is Munich.

**Großstadt** f, **Stadt** f
Das Leben in der Stadt bietet, wie das Leben auf dem Lande, Vor- und Nachteile.
Die Partnerstadt von Edinburgh ist München.

**capital** ['kæpɪtl] n
– What is the capital of Northern Ireland?

– Belfast.

**Hauptstadt** f
– Wie heißt die Hauptstadt von Nordirland?
– Belfast.

**Greater London** [ˌgreɪtə 'lʌndən]
Over the past few years Greater London has become enormous.

**Groß-London**
Groß-London ist in den letzten Jahren enorm groß geworden.

**suburb** ['sʌbɜːb] n
In the USA, those who can afford it live in a fashionable suburb.

**Vorstadt** f
Wer es sich in den USA leisten kann, wohnt in einer eleganten Vorstadt.

**suburban** [sə'bɜːbən] adj
Suburban life can be very boring for young people.

**Vorstadt-**
Für die Jugend kann das Vorstadtleben sehr langweilig sein.

**outskirts** ['aʊtskɜːts] n, pl
They own a garden on the outskirts.

**Stadtrand** m
Sie besitzen am Stadtrand einen Garten.

**commuter belt** [kəm'juːtə belt] n
The South-East of England is fast becoming the commuter belt of London.

**Einzugsgebiet** n
Der Südosten Englands wird immer mehr zum Einzugsgebiet von London.

**surroundings** [sə'raʊndɪŋz] *n, pl*
The town itself is not very attractive but
its surroundings are extremely beautiful.

**Umgebung** *f*
Die Stadt ist nicht sehr attraktiv, aber die
Umgebung ist einmalig schön.

**mayor/mayoress** [meə/meə'res] *n*
I have received an invitation to the New
Year's reception from the mayor/the
mayoress.

**Bürgermeister/in** *m/f*
Ich habe eine Einladung zum
Neujahrsempfang des Bürgermeisters/
der Bürgermeisterin erhalten.

**town hall** [. 'hɔːl] *n*
The offices in the town hall close at 4 p.m.

**Rathaus** *n*
Die Büros im Rathaus schließen um 16 h.

**town council** [. 'kaʊnsl] *n*
The mayor is the chairman of the town
council.

**Stadtrat** *m*
Der Bürgermeister führt im Stadtrat den
Vorsitz.

**local government**
[ˌləʊkl 'gʌvənmənt] *n*
The local government has invested
millions in the infrastructure of the town.

**Stadt-/Kreisverwaltung** *f*

Die Stadtverwaltung (Die Kreisverwaltung)
hat Millionen in die Infrastruktur der Stadt
investiert.

**local** ['ləʊkl] *adj*
She is a doctor at the local hospital.
The local population is against the
construction of a waste incineration plant.

**städtisch, Kreis-, einheimisch**
Sie ist Ärztin am Kreiskrankenhaus.
Die einheimische Bevölkerung ist gegen
den Bau einer Müllverbrennungsanlage.

**municipal** [mjuː'nɪsɪpl] *adj*
The municipal theatre was closed for
financial reasons.

**städtisch, Stadt-**
Das Stadttheater wurde aus finanziellen
Gründen geschlossen.

**inhabitant** [ɪn'hæbɪtənt] *n*
Glasgow has nearly one million
inhabitants.

**Einwohner/in** *m/f*
Glasgow hat fast eine Million Einwohner.

**town-dweller** ['. ˌdwelə] *n* }
**city-dweller** ['.. ˌ..] *n* }
At the weekend town-dwellers
(city-dwellers) flock to the country.

**Städter/in** *m/f*

Am Wochenende strömen die Städter
aufs Land.

**go ...**
   **to Manchester** ['mæntʃɪstə]
   **into town**[1]

**... gehen, fahren**
   **nach Manchester**
   **in die Stadt**

**live** [lɪv] *v*
Since when have you lived in Boston?

**wohnen**
Seit wann wohnen Sie in Boston?

**settle (down)** [ˌsetl ('daʊn)] *v*
They settled (down) in Montreal after the
war.

**sich niederlassen**
Sie haben sich nach dem Krieg in Montreal
niedergelassen.

    1 AE: go downtown

... **area** ['eəriə] *n*      **...Gebiet** *n*
  **residential** [rezɪ'denʃl ,..]      **Wohn-**
  **industrial** [ɪn'dʌstrɪəl ,..]      **Industrie-**

... **district** ['dɪstrɪkt] *n*      **...Viertel** *n*
  **business** ['bɪznəs ,..]      **Geschäfts-**
  **financial** [faɪ'nænʃl ,..]      **Banken-**

**street map** ['striːt mæp] *n*      **Stadtplan** *m*
**town centre** [taʊn 'sentə] *n*      **Stadtzentrum** *n*
**market-place** ['mɑːkɪt pleɪs] *n*      **Marktplatz** *m*
**avenue** ['ævənjuː] *n*      **Allee** *f*
**old town** ['əʊld taʊn] *n*      **Altstadt** *f*
**square** ['skweə] *n*      **Platz** *m*
**(public) park** [(ˌpʌblɪk) 'pɑːk] *n*      **(öffentliche/r) Park** *m*
**fountain** ['faʊntən] *n*      **(Spring-)Brunnen** *m*
**train station** ['treɪn ˌsteɪʃn]      **Bahnhof** *m*
**underground station**      **U-Bahnstation** *f*
['ʌndəgraʊnd ,..] *n*
**hospital** ['hɒspɪtl] *n*      **Krankenhaus** *n*
**museum** [mjuː'zɪəm] *n*      **Museum** *n*
**theatre** ['θɪətə] *n*      **Theater** *n*
**library,** *pl* **-ies** ['laɪbrəri, -z] *n*      **Bibliothek** *f*, **Bücherei** *f*
**youth club** ['juːθ klʌb] *n*      **Jugendhaus** *n*
**playground** ['pleɪgraʊnd] *n*      **Spielplatz** *m*
**swimming pool** ['swɪmɪŋ puːl] *n*      **Schwimmbad** *n*

**memorial** [mə'mɔːriəl] *n*  ⎫
**monument** ['mɒnjumənt] *n*  ⎬   **Denkmal** *n*

In the market-place there is a memorial to the soldiers killed in the First World War.      Auf dem Marktplatz steht ein Denkmal für die im Ersten Weltkrieg gefallenen Soldaten.

The Washington Monument was built in honour of the first President of the USA.      Das Washington Monument wurde zu Ehren des ersten Präsidenten der Vereinigten Staaten errichtet.

The stresses and strains of city life are caused by ...      Der Großstadtstress wird hervorgerufen durch ...
  **traffic noise** ['træfɪk nɔɪz]      **Verkehrslärm**
  **air pollution** ['eə pəˌluːʃn]      **Luftverschmutzung**
  **parking problems**      **Parkplatzprobleme**
  ['pɑːkɪŋ ˌprɒbləmz]
  **high costs of living**      **hohe Lebenshaltungskosten**
  [haɪ ˌkɒsts əv 'lɪvɪŋ]
  **run-down inner city areas**      **heruntergekommene Stadtkerne**
  ['rʌn daʊn ˌɪnə ˌsɪti 'eəriəz]

● **Expression**

**go to town on sth** *informal*

No wonder that the school leaving party was a great success. The pupils had gone to town on the preparations.

**in die Vollen gehen, keine Mühe scheuen**

Kein Wunder, dass die Abschlussfeier ein großer Erfolg war. Die Schüler hatten bei der Vorbereitung keine Mühe gescheut.

# 11.2  Der Straßenverkehr

**traffic** ['træfɪk] *n, no indefinite article*
Many towns are reintroducing the "good old tram" to solve traffic problems.

**(Straßen-)Verkehr** *m*
Viele Städte führen die „gute alte Straßenbahn" wieder ein, um die Verkehrsprobleme zu lösen.

**street** [striːt] *n*
**road** [rəʊd] *n*
Children can play in the street in our area.

Many accidents happen on this road.

**Straße** *f* (in der Stadt)
**Straße** *f* (außerhalb der Stadt)
Bei uns können die Kinder auf der Straße spielen.
Auf dieser Straße passieren viele Unfälle.

**route** [ruːt] *n*
The coastal route goes through beautiful scenery.
The route via Leicester is the quickest.

**Route** *f*
Die Route entlang der Küste ist landschaftlich sehr schön.
Die Route über Leicester ist die schnellste.

**crossroads** ['krɒsrəʊdz] *n, sg and pl*
The hotel is located at a crossroads and is very noisy.

**Straßenkreuzung/en** *f/Pl*
Das Hotel liegt an einer Straßenkreuzung und ist sehr laut.

**lane** [leɪn] *n*
Before the crossroads move into the left lane.

**Fahrspur** *f*
Ordne dich vor der Kreuzung in die linke Fahrspur ein.

**roundabout** ['raʊndəbaʊt] *n*
**bend** [bend] *n*
**diversion** [daɪ'vɜːʃn] *n*
**short cut** [ʃɔːt 'kʌt] *n*
**cul-de-sac** ['kʌl də sæk] *n*
**level crossing** [ˌlevl 'krɒsɪŋ] *n*
**street corner** ['striːt ˌkɔːnə] *n*
**pavement** ['peɪvmənt] *n*
**pedestrian crossing**
[pəˌdestriən 'krɒsɪŋ] *n*
**pedestrian zone** [ˌ… 'zəʊn] *n*

**Verkehrskreisel** *m*
**Kurve** *f*
**Umleitung** *f*
**Abkürzung** *f*
**Sackgasse** *f*
**Bahnübergang** *m*
**Straßenecke** *f*
**Gehweg** *m*, **Bürgersteig** *m*
**Fußgängerüberweg** *m*

**Fußgängerzone** *f*

**(traffic) lights** [('træfɪk) laɪts] n, pl
The (traffic) lights are at green/amber/red.
He went through the traffic lights at red.

**(Verkehrs-)Ampel** f
Die Ampel ist grün/orange/rot.
Er überfuhr die Ampel bei rot.

**rush hour** ['rʌʃ ˌaʊə] n
The rush hour is between 5 p.m. and
7 p.m.

**Hauptverkehrszeit** f
Die Hauptverkehrszeit ist von 17 Uhr bis
19 Uhr.

**traffic jam** ['træfɪk dʒæm] n
**traffic congestion** [ˌ.. kən'dʒestʃən]
n, no indefinite article

**Verkehrsstockung** f, **Verkehrsstau** m

We were held up in a traffic jam on the
outskirts of Birmingham.

We were stuck in traffic congestion
between Dover and Canterbury.

Am Stadtrand von Birmingham wurden
wir durch eine Verkehrsstockung
aufgehalten.
Zwischen Dover und Canterburry
gerieten wir in einen Verkehrsstau.

**pedestrian** [pə'destriən] n
Pedestrians must use the subway.

**Fußgänger/in** m/f
Fußgänger müssen die Unterführung
benutzen.

**go on foot** [gəʊ ɒn 'fʊt]
Are you going to the office on foot?

**zu Fuß gehen**
Gehst du zu Fuß ins Büro?

**be careful** ['keəfl]
**cross** [krɒs] v
Be careful when you cross the street.

**aufpassen, Acht geben**
**überqueren**
Pass auf, wenn du die Straße überquerst!

**way** [weɪ] n
I'm lost. I'll have to ask the way.

I can give you a lift to the bank. It's on my
way.

**Weg** f
Ich habe mich verfahren und muss nach
dem Weg fragen.
Ich kann dich zur Bank mitnehmen. Sie
liegt auf meinem Weg.

**go straight ahead** [. streɪt ə'hed]
**turn right/left** [tɜːn 'raɪt/'left]
– How do I get to the Bristol Hotel?
– It's quite easy. First of all go straight
  ahead, then turn left at the second set
  of lights. You can then see the hotel on
  the right hand side.

**geradeaus gehen/fahren**
**nach rechts/nach links abbiegen**
– Wie komme ich zum Hotel Bristol?
– Das ist ganz einfach. Fahren Sie (Gehen
  Sie) zunächst geradeaus, biegen Sie
  dann bei der zweiten Ampel nach links
  ab. Das Hotel sehen Sie dann auf der
  rechten Seite.

**motorway**[1] ['məʊtəweɪ] n
**slip road** ['slɪp rəʊd] n
**entry** ['entri] n
**exit** ['eksɪt] n

**Autobahn** f
**Autobahnzubringer** m
**Einfahrt** f
**Ausfahrt** f

1 AE: freeway, expressway

159

| | |
|---|---|
| **motorway interchange** [ˌ... ˈɪntətʃeɪndʒ] *n* | **Autobahnkreuz** *n* |
| **motorway toll** [ˌ... ˈtəʊl] *n* | **Autobahngebühr** *f* |
| **motorway service area** [ˌ... ˈsɜːvɪs ˌeəriə] *n* | **Autobahnraststätte** *f* |
| We're going to stop at the next motorway service area. | Wir machen bei der nächsten Raststätte Halt. |

## ● Expressions

| | |
|---|---|
| **turn sb out onto the streets** | **jdn. auf die Straße setzen** |
| After working 20 years with the same company, he was turned out onto the streets. | Nach 20 Jahren Betriebszugehörigkeit wurde er auf die Straße gesetzt. |
| **I'll keep my fingers crossed for you.** | **Ich drücke dir die Daumen.** |
| **be round the bend** *informal* | **spinnen, verrückt sein** |
| You must be round the bend to think that. | Du spinnst wohl, so etwas zu denken. |

# 11.3  Die Verkehrsmittel

| | |
|---|---|
| **transport** [ˈtrænspɔːt] *n, sg, no indefinite article* | **Verkehrsmittel** *n, Sg und Pl* |
| I always use public transport. | Ich benütze immer die öffentlichen Verkehrsmittel. |
| Public transport is always overcrowded at this time of day. | Zu dieser Tageszeit sind die öffentlichen Verkehrsmittel immer überfüllt. |
| The different forms of transport are: | Die verschiedenen Verkehrsmittel sind: |
| **plane** [pleɪn] | **Flugzeug** *n* |
| **train** [treɪn] | **Eisenbahn** *f* |
| **ship** [ʃɪp] | **Schiff** *n* |
| **bus** [bʌs] | **Bus** *m* |
| **coach** [kəʊtʃ] | **Reisebus** *m* |
| **tram** [træm] | **Straßenbahn** *f* |
| **underground**[1] [ˈʌndəɡraʊnd] | **U-Bahn** *f* |
| **go** [ɡəʊ] *v* <br> **travel** [ˈtrævl] *v* | **fahren** |
| I go (I travel) by bus/by tram/by underground to work. | Ich fahre mit dem Bus/der Straßenbahn/der U-Bahn zur Arbeit. |

1 *In London auch:* tube *informal* AE: subway

**ride** [raɪd] *n*
During our stay in London we went on a boat ride on the Thames from Westminster to Greenwich.

The bus ride from Newark airport to Manhattan lasts about an hour.

**Fahrt** *f*
Während unseres Aufenthaltes in London machten wir eine Bootsfahrt auf der Themse von Westminster nach Greenwich.
Die Busfahrt vom Flughafen Newark nach Manhatten dauert ungefähr eine Stunde.

**transport network** [ˌ.. ˈnetwɜːk] *n*
There is not enough money to modernize the transport network.

**Verkehrsnetz** *n*
Es fehlt an Geld, um das Verkehrsnetz zu modernisieren.

**transport** [trænˈspɔːt] *v*
Today most goods are transported by road or by air.

**befördern**
Die meisten Güter werden heute auf der Straße oder in der Luft befördert.

**timetable** [ˈtaɪmteɪbl] *n*
There is a new timetable in operation from 1st June.

**Fahrplan** *m*
Ab 1. Juni tritt ein neuer Fahrplan in Kraft.

**underground map** [ˈ... mæp]
You can get a free underground map at the ticket counter.

**U-Bahn-Plan** *m*
Den U-Bahn-Plan erhält man kostenlos am Fahrkartenschalter.

**road map** [ˈrəʊd .] *n*
My road map of Great Britain is on a scale of 1 : 200,000.

**Straßenkarte** *f*
Meine Straßenkarte von Großbritannien ist im Maßstab 1 : 200.000.

**ticket** [ˈtɪkət] *n*
Don't forget to cancel your ticket.

Weekly and monthly tickets cannot be bought from ticket machines.

**Fahrschein** *m*
Vergiss nicht, deinen Fahrschein zu entwerten!
Wochen- und Monatskarten können nicht am Fahrkartenautomaten gelöst werden.

**conductor** [kənˈdʌktə] *n*
**inspector** [ɪnˈspektə] *n*

**Schaffner/in** *m/f*
**Kontrolleur/in** *m/f*

**on the bus/on the train/on the plane**
You must not smoke on the bus.

**im Bus/im Zug/im Flugzeug**
Im Bus darf man nicht rauchen.

**get on** [get ˈɒn] *v*
**get off** [get ˈɒf] *v*
You must get on now. The train is just about to leave.
Please stop. I'd like to get off here.

**einsteigen**
**aussteigen**
Du musst jetzt einsteigen. Der Zug fährt gleich ab.
Halte bitte an. Ich möchte hier aussteigen.

**bus stop** [ˈbʌs stɒp] *n*
I waited at the bus stop for 20 minutes this morning.

**Bushaltestelle** *f*
Heute morgen habe ich 20 Minuten an der Bushaltestelle gewartet.

**connection** [kə'nektʃn] *n*
There is a good train connection between
London and Brighton.
Our train was delayed and we missed our
connection to Cardiff.

**Verbindung** *f*, **Anschluss** *m*
Es gibt eine gute Zugverbindung zwischen
London und Brighton.
Unser Zug hatte Verspätung und wir
verpassten den Anschlusszug nach Cardiff.

**cover a distance** [ˌkʌvə ə 'dɪstəns]
He covers the distance between London
and Aberdeen twice a week.

**eine Strecke zurücklegen**
Er legt die Strecke London-Aberdeen
zweimal die Woche zurück.

**journey** ['dʒɜːni] *n*
The journey from London to Paris
through the Channel tunnel takes
approximately three hours.

**Fahrzeit** *f*
Die Fahrzeit von London nach Paris
durch den Kanaltunnel beträgt ungefähr
drei Stunden.

**commute** [kə'mjuːt] *v*
More and more people commute daily
between their home and workplace.

**pendeln**
Immer mehr Menschen pendeln täglich
zwischen Wohnort und Arbeitsstätte.

**commuter** [kə'mjuːtə] *n*
A lot of commuters today form car pools.

**Pendler** *m*
Viele Pendler bilden heute Fahr-
gemeinschaften.

● **Expression**

**take sb for a ride** *informal*
– How much did you pay for the ring?
– $ 1000.
– Then you have really been taken for a
  ride. It is only worth $ 100, at most.

**jdn. übers Ohr hauen**
– Wie viel haben Sie für den Ring bezahlt?
– 1000 $.
– Dann hat man Sie aber gewaltig übers
  Ohr gehauen. Der Ring ist höchstens
  100 $ wert.

# 11.4  Die Straßenverkehrsordnung

**Highway Code** [ˌhaɪweɪ 'kəʊd] *n*
**... sign** [saɪn] *n*
  **road** ['rəʊd .]
  **no parking** [nəʊ 'pɑːkɪŋ .]
  **no stopping** [. 'stɒpɪŋ .]
  **no overtaking** [. ˌəʊvə'teɪkɪŋ .]
  **give way** [gɪv 'weɪ .]

**Straßenverkehrsordnung** *f*
**... Schild** *n*
  **Verkehrs-**
  **Parkverbots-**
  **Halteverbots-**
  **Überholverbots-**
  **Vorfahrts-**

**one-way street** [wʌn weɪ ˈstriːt] *n* — Einbahnstraße *f*
**main road** [meɪn ˈrəʊd] *n* — Vorfahrtsstraße *f*

**right of way** [raɪt əv ˈweɪ] *n* — Vorfahrt *f*
**observe** [əbˈsɜːv] *v* — beachten
It's my fault. I didn't observe the right of way. — Ich bin schuld. Ich habe die Vorfahrt nicht beachtet.

**no parking area** [nəʊ ˈpɑːkɪŋ ˌeəriə] *n* — Parkverbot *n*
I can't park here. It's a no parking area. — Ich kann hier nicht parken. Es ist Parkverbot.

**speed limit** [ˈspiːd ˌlɪmɪt] *n* — Geschwindigkeitsbegrenzung *f*
The speed limit on British motorways is 70 m. p. h. — Die Geschwindigkeitsbegrenzung auf englischen Autobahnen beträgt 70 Meilen/Stunde.

**30 m. p. h. zone** [ˌθɜːti maɪl pər ˌaʊə ˈzəʊn] *n* — 30-Meilen-Zone *f*
30 m. p. h. zones have been introduced in many residential areas. — In vielen Wohngebieten wurden 30-Meilen-Zonen eingeführt.

**be breathalysed** [ˈbreθəlaɪzd] — ins Röhrchen blasen müssen
Have you ever been breathalysed? — Musstest du schon einmal ins Röhrchen blasen?

**driving licence** [ˈdraɪvɪŋ ˌlaɪsəns] *n* — Führerschein *m*
His driving licence was taken away from him for drink-driving offences. — Wegen Trunkenheit am Steuer wurde ihm der Führerschein abgenommen.

**ticket** [ˈtɪkət] *n* — Strafzettel *m*
**fine** [faɪn] *n* — Bußgeld *n*
**traffic warden** [ˈtræfɪk ˌwɔːdn] *n* — Politesse *f* /Hilfspolizist *m*
**traffic policeman**[1] [ˈ.. pəˌliːsmən] *n* — Verkehrspolizist *m*
**radar speed trap** [ˌreɪdɑː ˈspiːd træp] *n* — Radarkontrolle *f*

---

1 AE: traffic cop *informal*

# 12.1 Das Fahrrad, das Motorrad

bicycle ['baɪsɪkl] *n* ⎫
bike [baɪk] *n*, *informal* ⎭ **Fahrrad** *n*
mountain bike ['maʊntən .] *n* **Mountainbike** *n*
motorcycle ['məʊtə‚saɪkl] *n* ⎫
motorbike ['məʊtəbaɪk] *n*, *informal* ⎭ **Motorrad** *n*
scooter ['skuːtə] *n* **Motorroller** *m*
moped ['məʊped] *n* **Moped** *n*

go [gəʊ] *v*
If the weather is fine I'll go to school by bike tomorrow.
**fahren**
Bei schönem Wetter fahre ich morgen mit dem Fahrrad zur Schule.

frame [freɪm] *n* **Rahmen** *m*
handlebar ['hændlbɑː] *n* **Lenker** *m*
bell [bel] *n* **Klingel** *f*
mudguard ['mʌdgɑːd] *n* **Schutzblech** *n*
saddle ['sædl] *n* **Sattel** *m*
carrier ['kæriə] *n* **Gepäckträger** *m*
pedal ['pedl] *n* **Pedal** *n*
chain [tʃeɪn] *n* **Kette** *f*
sprocket ['sprɒkɪt] *n* **Zahnrad** *n*
gear [gɪə] *n* **Gang** *m*
brake [breɪk] *n* **Bremse** *f*
fork [fɔːk] *n* **Gabel** *f*
wheel [wiːl] *n* **Rad** *n*
rim [rɪm] *n* **Felge** *f*
spoke [spəʊk] *n* **Speiche** *f*
tyre ['taɪə] *n* **Reifen** *m*
(inner) tube [('ɪnə) tjuːb] *n* **Schlauch** *m*
valve [vælv] *n* **Ventil** *n*
pump [pʌmp] *n* **Luftpumpe** *f*

cyclist ['saɪklɪst] *n* **Radfahrer/in** *m/f*
motorcyclist ['məʊtəsaɪklɪst] *n* **Motorradfahrer/in** *m/f*
(bicycle/motorcycle) helmet ['helmɪt] *n* **(Fahrrad-/Motorrad-)Helm** *m*

pedal ['pedl] *v*
To reach the pass we had to pedal hard.
**(in die Pedale) treten**
Um den Pass zu erreichen, mussten wir stark in die Pedale treten.

**pump up** [pʌmp ˈʌp] *v*
Before we leave I must pump up my tyres.

**aufpumpen**
Bevor wir losfahren, muss ich die Reifen aufpumpen.

**come off** [kʌm ˈɒf] *v*
Wait, please! My chain has come off.

(Kette) **herunterspringen**
Wartet bitte! Die Kette ist mir heruntergesprungen.

**puncture** [ˈpʌŋktʃə] *n*
I had a puncture and had to push my bike.

**Reifenpanne** *f*
Ich hatte einen Platten und musste das Fahrrad schieben.

**repair kit** [rɪˈpeə kɪt] *n*
– Can you please help me to repair my puncture?
– Yes, do you have a repair kit?

**Flickzeug** *n*
– Kannst du mir bitte helfen den Reifen zu flicken?
– Ja, hast du Flickzeug?

# 12.2 Das Auto

**car** [kɑ:] *n*
I never travel to work by car.
Shall we take the car or will we walk?

**Auto** *n*
Ich fahre nie mit dem Auto zur Arbeit.
Nehmen wir das Auto oder gehen wir zu Fuß?

**racing car** [ˈreɪsɪŋ .] *n*
**convertible** [kənˈvɜ:təbl] *n*
**lorry**[1] [ˈlɒri] *n*
**van** [væn] *n*
**trailer**[2] [ˈtreɪlə] *n*
**taxi** [ˈtæksi] *n*
**cab** [kæb] *n*

**Rennwagen** *m*
**Kabrio** *n*
**Lastwagen** *m*
**Lieferwagen** *m*
**Anhänger** *m*

**Taxi** *n*

**travel ...** [ˈtrævl]
**go ...** [gəʊ]
  **slowly** [ˈsləʊli]
  **fast** [fɑ:st]
  **carefully** [ˈkeəfəli]
  **at 60 m. p. h.**
  [ət ˈsɪksti maɪlz pər ˌaʊə]

**... fahren**

  **langsam**
  **schnell**
  **vorsichtig**
  **mit 60 Meilen/h**

**driver** [ˈdraɪvə] *n*
We asked the taxi driver if he knew of a cheap hotel.
He is a cautious driver.

**Fahrer/in** *m/f*
Wir fragten den Taxifahrer nach einem preiswerten Hotel.
Er ist ein vorsichtiger Fahrer.

1 *AE:* truck
2 *AE auch:* Wohnwagen, Wohnanhänger

**drive** [draɪv] v
Who is going to drive?
I have to go to the post office. Can you drive me there?
We took turns at driving.

**(jdn.) fahren**
Wer fährt?
Ich muss auf die Post. Kannst du mich hinfahren?
Wir wechselten uns beim Fahren ab.

**take** [teɪk] v ⎫
**give sb a lift** [gɪv ə 'lɪft] ⎬
Get ready. I'll take you to school.
I'll give you a lift to the railway station if you like.

**jdn. fahren, bringen, mitnehmen**

Mach dich fertig, ich bringe dich zur Schule.
Wenn Sie wollen, fahre ich Sie gerne zum Bahnhof.

**collect sb** [kə'lekt] v ⎫
**pick sb up** [pɪk 'ʌp] v ⎬
My father collected us from school.
(My father picked us up from school.)

**jdn. abholen**

Mein Vater hat uns von der Schule abgeholt.

**drop in on sb** [drɒp 'ɪn] v
On my way home from work I'll drop in on you.

**vorbeikommen, vorbeifahren**
Auf dem Heimweg von der Arbeit komme ich kurz bei dir vorbei.

**engine** ['endʒɪn] n
**bodywork** ['bɒdiwɜ:k] n
**bonnet**[1] ['bɒnɪt] n
**boot**[2] [bu:t] n
**wing**[3] [wɪŋ] n
**bumper** ['bʌmpə] n
**windscreen**[4] ['wɪndskri:n] n
**windscreen wiper** ['.. ˌwaɪpə] n
**headlight** ['hedlaɪt] n
**indicator**[5] ['ɪndɪkeɪtə] n
**rear-view mirror** [ˌrɪə vju: 'mɪrə] n
**numberplate**[6] ['nʌmbəpleɪt] n
**suspension** [sə'spenʃn] n
**tyre** ['taɪə] n
**power steering** [ˌpaʊə 'stɪrɪŋ] n
**air-conditioning** ['eə kənˌdɪʃənɪŋ] n
**automatic transmission**
[ˌɔ:təˌmætɪk træns'mɪʃn] n
**(front/back) seat** [('frʌnt/'bæk) si:t] n
**seat-belt** ['si:t belt] n
**air bag** ['eə bæg] n
**steering wheel** ['stɪrɪŋ wi:l] n

**Motor** m
**Karosserie** f
**Kühlerhaube** f
**Kofferraum** m
**Kotflügel** m
**Stoßstange** f
**Windschutzscheibe** f
**Scheibenwischer** m
**Scheinwerfer** m
**Blinker** m
**Rückspiegel** m
**Nummernschild** n
**Federung** f
**Reifen** m
**Servolenkung** f
**Klimaanlage** f
**Automatik** f

**(Vorder-, Rück-)Sitz** m
**Sicherheitsgurt** m
**Airbag** m
**Lenkrad** n

1 AE: hood
2 AE: trunk
3 AE: fender
4 AE: windshield
5 AE: blinker
6 AE: license plate

| | |
|---|---|
| **horn** [hɔːn] *n* | **Hupe** *f* |
| **starter** [ˈstɑːtə] *n* | **Anlasser** *m* |
| **gear** [gɪə] *n* | **Gang** *m* |
| **gear lever**[1] [ˈgɪə ˌliːvə] *n* | **Schalthebel** *m* |
| **accelerator** [əkˈseləreɪtə] | **Gaspedal** *n* |
| **clutch** [klʌtʃ] *n* | **Kupplung** *f* |
| **brake** [breɪk] *n* | **Bremse** *f* |
| **dashboard** [ˈdæʃbɔːd] *n* | **Armaturenbrett** *n* |
| **glove compartment** [ˈglʌv kəmˌpɑːtmənt] *n* | **Handschuhfach** *n* |
| **speedometer** [spiːˈdɒmɪtə] *n* | **Tachometer** *m* |
| **kilometer counter** [ˈkɪləmiːtə ˌkaʊntə] *n* | **Kilometerzähler** *m* |
| **rev counter** [ˈrev ˌ..] *n* | **Tourenzähler** *m* |
| **roof rack** [ˈruːf ræk] *n* | **Dachständer** *m* |

**start** [stɑːt] *v*
My car did not start this morning.

**anspringen, anlassen**
Heute Morgen ist mein Auto nicht angesprungen.

**turn the engine off** [tɜːn ði ˌendʒɪn ˈɒf]
Please turn your engine off!

**den Motor abstellen**
Stelle bitte den Motor ab!

**change gear** [tʃeɪndʒ ˈgɪə]
The engine is very powerful. I don't need to change gear very often.

**schalten**
Der Motor ist sehr stark. Ich muss nicht oft schalten.

**neutral** [ˈnjuːtrəl] *n*
It is dangerous to drive in neutral.

**Leerlauf** *m*
Es ist gefährlich, im Leerlauf zu fahren.

**put into reverse** [pʊt ɪntə rɪˈvɜːs]
How do you put it into reverse?

**den Rückwärtsgang einlegen**
Wie legt man den Rückwärtsgang ein?

**let in/out the clutch** [let ˈɪn/ˈaʊt ðə klʌtʃ]
On changing gear you must let in the clutch.
You must not let out the clutch too quickly.

**die Kupplung treten/loslassen**

Beim Schalten muss man die Kupplung treten.
Du darfst die Kupplung nicht zu schnell loslassen.

**brake** [breɪk] *v*
I had to brake sharply because a child was crossing the street.

**bremsen**
Ich musste scharf bremsen, weil ein Kind die Straße überquerte.

**accelerate** [əkˈseləreɪt] *v*
Accelerate before you change up into fifth gear.

**beschleunigen, Gas geben**
Gib Gas, bevor du in den fünften Gang schaltest!

---

1 AE: gear shift

**slow down** [sləʊ 'daʊn] v

You must slow down before you enter a
built-up area.

**mit der Geschwindigkeit
heruntergehen**
Man muss mit der Geschwindigkeit
heruntergehen, bevor man in eine
geschlossene Ortschaft einfährt.

**overtake** [ˌəʊvə'teɪk] v
There is no oncoming traffic. You can
overtake now.

**überholen**
Es ist kein Gegenverkehr. Du kannst jetzt
überholen.

**indicate** ['ɪndɪkeɪt] v
I'm positive that he didn't indicate.

**die Richtung anzeigen**
Ich bin sicher, er hat die Richtung nicht
angezeigt.

**move into the right/left hand lane**
['raɪt/'left hænd leɪn]
**turn** [tɜːn] v
Move into the right hand lane and turn at
the first set of lights.

**sich rechts/links einordnen**

**abbiegen**
Ordne dich rechts ein und biege bei der
ersten Ampel ab!

**sound the horn** [saʊnd ðə 'hɔːn]
**hoot** [huːt] v
It is forbidden to sound your horn
(to hoot) in town.

**hupen**

Es ist verboten, in der Stadt zu hupen.

**pull out** [pʊl 'aʊt] v
There is nothing coming. You can pull out.

**(los)fahren, ausscheren**
Die Straße ist frei. Du kannst (los)fahren.

**pull in** [pʊl 'ɪn] v
Pull in and let me out.

**(rechts) ranfahren**
Fahre rechts ran und lass mich aussteigen.

**go forward** [gəʊ 'fɔːwəd] v
**go back** [. 'bæk] v
Keep going forward another metre.
You can go back another 50 cm.

**vor(wärts)fahren**
**zurückfahren**
Fahre noch einen Meter vor.
Du kannst noch 50 cm zurückstoßen.

**cruise** [kruːz] v
Mike and his friends enjoy cruising around
town to loud music on Saturday evenings.

**herumfahren**
Am Samstagabend macht es Mike und
seinen Freunden Spaß, bei lauter Musik in
der Stadt herumzufahren.

**stop** [stɒp] v
You're not allowed to stop here.

**anhalten**
Du darfst hier nicht anhalten.

**car park** ['kɑː pɑːk] n
**underground car park**
['ʌndəgraʊnd ˌ. .] n
**parking space** ['pɑːkɪŋ speɪs] n

**Parkplatz** m, **Parkhaus** n
**Tiefgarage** f

**Parklücke** f, **Abstellplatz** m

**park** [pɑːk] v
You can park 50 m away from the hospital.

Where did you park your car?

**parken**
Du kannst 50 m vom Krankenhaus
entfernt parken.
Wo haben Sie Ihren Wagen geparkt?

**petrol station**[1] ['petrəl ˌsteɪʃn] n
**(unleaded) petrol** [(ʌnˌledɪd) 'petrəl] n
**4-star petrol** [ˌfɔː stɑː '..] n
**diesel** ['diːzl] n
**garage** ['gærɑːʒ] n
**motor mechanic** ['məʊtə məˌkænɪk] n
**service** ['sɜːvɪs] n
**oil change** ['ɔɪl tʃeɪndʒ] n

**Tankstelle** f
**(bleifreie/s) Benzin** n
**Super(benzin)** n
**Diesel(öl)** n
**Werkstatt** f
**Automechaniker/in** m/f
**Kundendienst** m
**Ölwechsel** m

**high/low fuel consumption**
[haɪ/ləʊ ˌfjuːəl kən'sʌmpʃn] n,
*no indefinite article*
This car has low fuel consumption.

**hohe(r)/geringe(r) Kraftstoff-
verbrauch** m

Dieses Auto hat einen geringen
Kraftstoffverbrauch.

**fill up with petrol** [fɪl 'ʌp wɪð ˌpetrəl]
**check the air pressure**
[tʃek ði 'eə ˌpreʃə]
I must fill up the car with petrol and check
the air pressure at the next petrol station.

**tanken**
**den Luftdruck prüfen**

An der nächsten Tankstelle muss ich
tanken und den Luftdruck prüfen.

**break down** [breɪk 'daʊn] v
**be towed** [təʊd]
We broke down on the motorway and
had to be towed away.

**eine Panne haben**
**sich abschleppen lassen**
Wir hatten auf der Autobahn eine Panne
und mussten uns abschleppen lassen.

● **Expressions**

**not care two hoots about**
She did not care two hoots about what
people said about her.

**schnurzegal sein**
Es war ihr schnurzegal, was die Leute
über sie redeten.

**slowly but surely**
The favourite slowly but surely extended
his lead.

**langsam, aber sicher**
Der Favorit baute seine Führung langsam,
aber sicher aus.

1 *AE: gas station*

# 12.3 Die Eisenbahn

**railway** ['reɪlweɪ] *n*
The British railway system is privatized and operated by different companies.

**Eisenbahn** *f*
Die britische Eisenbahn ist privatisiert und wird von verschiedenen Gesellschaften betrieben.

**travel ...** ['trævl]
  **first class** [fɜːst 'klɑːs]
  **second class** [ˌsekənd '.]

**... reisen**
  **erster Klasse**
  **zweiter Klasse**

**train** [treɪn] *n*
I'll take the 11 o'clock train.
The train to/from London is 10 minutes late.
I prefer travelling by train rather than by car.

**Zug** *m*
Ich nehme den Zug um 11 Uhr.
Der Zug nach/aus London hat 10 Minuten Verspätung.
Ich fahre lieber mit dem Zug als mit dem Auto.

**catch the train** [kætʃ . '.]
**miss the train** [mɪs . '.]
If you hurry you can still catch the 10:15 train.
I came two minutes late and missed the train.

**den Zug erreichen**
**den Zug verpassen**
Wenn du dich beeilst, kannst du noch den Zug um 10.15 h erreichen.
Ich bin zwei Minuten zu spät gekommen und habe den Zug verpasst.

**change trains** [tʃeɪndʒ '.z]
Don't forget to change trains at Durham.

**umsteigen**
Vergiss nicht in Durham umzusteigen!

**local train** [ˌləʊkl '.] *n*
**high-speed train**[1] [ˌhaɪ spiːd '.] *n*
**passenger/goods**[2] **train**
['pæsɪndʒə/'ɡʊdz .] *n*

**Nahverkehrszug** *m*
**Hochgeschwindigkeitszug** *m*
**Personen-/Güterzug** *m*

**rail** [reɪl] *n*
More goods should be transported by rail than is actually the case today.

**Schiene** *f*
Es müssten mehr Güter auf der Schiene befördert werden, als es heute tatsächlich der Fall ist.

**(railway) station** [(ˈreɪlweɪ) ˌsteɪʃn] *n*
– Excuse me. Can you tell me the way to the station?
– I'm sorry. I'm a stranger here myself. (I'm not from around here.)

**Bahnhof** *m*
– Entschuldigen Sie bitte. Können Sie mir sagen, wie ich zum Bahnhof komme?
– Tut mir leid, ich bin nicht von hier.

**station concourse** ['.. ˌkɒŋkɔːs] *n*
**ticket office** ['tɪkɪt ˌɒfɪs] *n*

**Bahnhofshalle** *f*
**Fahrkartenschalter** *m*

1 e.g.: the Eurostar which connects London with Paris and Brussels.
2 AE: freight train

**a ... ticket**
  **one-way** ['wʌn weɪ ˌ.. ]
  **return** [rɪ'tɜːn ˌ..]

**railway engine** ['reɪlweɪ ˌendʒɪn] *n*
**(railway) carriage** [('..) ˌkærɪdʒ] *n*
**goods waggon**¹ ['gʊdz ˌwægən] *n*
**sleeping car** ['sliːpɪŋ kɑː] *n*
**restaurant car** ['restrɒnt .] *n*
**... compartment** [kəm'pɑːtmənt] *n*
  **smoking** ['sməʊkɪŋ .ˌ..]
  **non-smoking** ['nɒn ˌ.. .ˌ..]
**berth** [bɜːθ] *n*
**passenger** ['pæsɪndʒə] *n*
**chief guard** ['tʃiːf gɑːd] *n*

**timetable** ['taɪmteɪbl] *n*
**arrival** [ə'raɪvl] *n*
**departure** [dɪ'pɑːtʃə] *n*
The timetable has information concerning the arrivals and the departures of the trains.

**arrive** [ə'raɪv] *v*
**depart** [dɪ'pɑːt] *v*
According to the timetable, the train arrives at 10:52 a.m.
The next train departs at 2:25 p.m.

**connection** [kə'nekʃn] *n*
Do I have a connection at Leeds?

**platform** ['plætfɔːm] *n*
The train from Stirling arrives at platform 6.
I will wait for you on the platform.
Access to the platforms is through the underpass.

**luggage**²['lʌgɪdʒ] *n*
Can I help you with your luggage?

**left-luggage office**³ [left '.. ˌɒfɪs] *n*
**left-luggage locker**⁴ [. '.. ˌlɒkə] *n*
During my two hour stay in Portsmouth I left my suitcase at the left-luggage office.

**eine ... Fahrkarte**
  **einfache**
  **Hin- und Rück-**

**Lokomotive** *f*
**(Eisenbahn-)Wagen** *m*
**Güterwagen** *m*
**Schlafwagen** *m*
**Speisewagen** *m*
**...Abteil** *n*
  **Raucher-**
  **Nichtraucher-**
**Liegeplatz** *m*
**Reisende** *m/f*
**Zugführer/in** *m/f*

**Fahrplan** *m*
**Ankunft** *f*
**Abfahrt** *f*
Der Fahrplan gibt Auskunft über Ankunft und Abfahrt der Züge.

**ankommen**
**abfahren**
Der Zug kommt fahrplanmäßig um 10.52 h an.
Der nächste Zug fährt um 14.25 h.

**Anschluss** *m*
Habe ich in Leeds Anschluss?

**Gleis** *n*, **Bahnsteig** *m*
Der Zug aus Stirling kommt auf Gleis 6 an.
Ich erwarte dich auf dem Bahnsteig.
Der Zugang zu den Bahnsteigen führt durch die Unterführung.

**Gepäck** *n*
Kann ich dir helfen das Gepäck zu tragen?

**Gepäckaufbewahrung** *f*
**Schließfach** *n*
Während meines zweistündigen Aufenthalts in Portsmouth habe ich meinen Koffer bei der Gepäckaufbewahrung abgegeben.

1 AE: freight car
2 AE: baggage
3 AE: baggage room
4 AE: baggage locker

| | |
|---|---|
| I left my suitcase in a left-luggage locker. | Ich habe meinen Koffer im Schließfach aufbewahrt. |
| **luggage trolley**[1] ['.. ˌtrɒli] *n*<br>Wait here for me. I'll go and get a luggage trolley. | **Kofferkuli** *m*<br>Warte hier auf mich. Ich hole einen Kofferkuli. |

● **Expressions**

| | |
|---|---|
| **the train of thought**<br>He is a brilliant analyst and his train of thought is undeniably logical. | **der Gedankengang**<br>Er ist ein glänzender Analyter und seine Gedankengänge sind von bestechender Logik. |
| **go off the rails**<br>Following his wife's death he started drinking and went off the rails. | **auf die schiefe Bahn geraten**<br>Nach dem Tod seiner Frau begann er zu trinken und geriet auf die schiefe Bahn. |

# 12.4  Das Flugzeug

| | |
|---|---|
| **(aero)plane** [(ˈeərə)pleɪn] *n*<br>I am taking the 11:25 a.m. plane. | **Flugzeug** *n*<br>Ich nehme das Flugzeug um 11.25 Uhr |
| **aircraft** [ˈeəkrɑːft] *n, sg and pl*<br>Part of the airport is reserved for military aircraft. | **Flugzeug/e** *n/Pl*<br>Ein Teil des Flughafens ist für Militärflugzeuge reserviert. |
| **airline** [ˈeəlaɪn] *n*<br>**airport** [ˈeəpɔːt] *n*<br>**airfield** [ˈeəfiːld] *n*<br>**runway** [ˈrʌnweɪ] *n*<br>**terminal** [ˈtɜːmɪnl] *n* | **Fluggesellschaft** *f*<br>**Flughafen** *m*<br>kleine(r) **Flugplatz** *m*<br>**Start-, Landebahn** *f*<br>**Terminal** *n* (Abfertigungsgebäude innerhalb eines Flughafens) |
| **gate** [geɪt] *n*<br>**arrival** [əˈraɪvəl] *n*<br>**departure** [dɪˈpɑːtʃə] *n* | **Gate** *n* (Ankunfts-, Abflugstor)<br>**Ankunft** *f*<br>**Abflug** *m* |
| **check-in desk** [ˈtʃek ɪn ˌdesk] *n*<br>The check-in desk for British Airways is in Hall C. | **Abfertigungsschalter** *m*<br>Der Abfertigungsschalter von British Airways befindet sich in Halle C. |
| **check in** [tʃek ˈɪn] *v*<br>You can check in now. | **einchecken**<br>Sie können jetzt einchecken. |

          1 AE: baggage cart

**flight** [flaɪt] *n*
The flight from Munich to New York lasts 9 hours.
They got to know each other on the flight to Hong Kong.

**Flug** *m*
Der Flug München/New York dauert 9 Stunden.
Sie lernten sich auf dem Flug nach Hong Kong kennen.

**fly** [flaɪ] *v*
We're now flying over Spain.

**fliegen**
Wir fliegen jetzt über Spanien.

**board** [bɔːd] *v*
**on board** [ɒn ˈbɔːd]
He was the last to board.
It is forbidden to use a mobile phone while on board an aeroplane.

**an Bord gehen**
**an Bord**
Er ist als Letzter an Bord gegangen.
Es ist verboten, an Bord eines Flugzeugs das Handy zu benutzen.

**take off** [teɪk ˈɒf] *v*
The plane could not take off due to the bad weather.

**starten**
Das Flugzeug konnte wegen des schlechten Wetters nicht starten.

**land** [lænd] *v*
**on/ahead/behind schedule** [ˈʃedjuːl]

We landed at 11 o'clock on schedule.
We landed one hour ahead of/behind schedule.

**landen**
**planmäßig/früher/später als planmäßig vorgesehen**

Wir sind planmäßig um 11 Uhr gelandet.
Wir sind eine Stunde früher/später als planmäßig vorgesehen gelandet.

**be delayed** [dɪˈleɪd]
The departure will be delayed because of a security check.
The plane was delayed by two hours.

**sich verspäten, sich verzögern**
Der Abflug verzögert sich wegen einer Sicherheitskontrolle.
Das Flugzeug verspätete sich um zwei Stunden.

**stop over** [stɒp ˈəʊvə] *v*
On our flight to Sydney we stopped over in Nouméa.

**eine Zwischenlandung machen**
Auf dem Flug nach Sydney machten wir in Nouméa Zwischenlandung.

**baggage claim** [ˈbægɪdʒ kleɪm] *n*
I had to wait quite a long time for my suitcase at the baggage claim.

**Gepäckausgabe** *f*
Ich musste ziemlich lange auf meinen Koffer bei der Gepäckausgabe warten.

**shuttle service** [ˈʃʌtl ˌsɜːvɪs] *n*
There is a shuttle service between the airport and the town centre.

**Pendeldienst** *m*
Zwischen Flughafen und Innenstadt besteht ein Pendeldienst.

**jet** [dʒet] *n*
**propellor plane** [prəˈpelə pleɪn] *n*
**helicopter** [ˈhelɪkɒptə] *n*
**aviation** [ˌeɪviˈeɪʃn] *n, no indefinite article*

**Düsenflugzeug** *n*
**Propellerflugzeug** *n*
**Hubschrauber** *m*
**Luftfahrt** *f*

| | |
|---|---|
| air traffic [ˈeə ˌtræfɪk] *n, no indefinite article* | **Luftverkehr** *m* |
| control tower [kənˈtrəʊl ˌtaʊə] *n* | **Tower** *m* |
| air-traffic controller [ˈeə ˌtræfɪk kənˌtrəʊlə] *n* | **Fluglotse/Fluglotsin** *m/f* |
| air-traffic control [ˈ. ˌ.. kənˌtrəʊl] *n* | **Flugsicherung** *f* |
| crew [kruː] *n* | **Mannschaft** *f* |
| captain [ˈkæptɪn] *n* | **Flugkapitän** *m* |
| pilot [ˈpaɪlət] *n* | **Pilot/in** *m/f* |
| co-pilot [ˈkəʊ ˌ..] *n* | **Kopilot/in** *m/f* |
| air hostess [ˈeə ˌhəʊstəs] *n* | **Stewardess** *f* |
| steward [ˈstjuːəd] *n* | **Steward** *m* |

● **Expressions**

**How time flies!**

**Wie schnell die Zeit vergeht!**

**Pigs might fly.**

**Da müsste schon ein Wunder geschehen.**

When asked if the job would be finished that day the worker said, "pigs might fly".

Als der Handwerker gefragt wurde, ob die Arbeit an diesem Tag fertig würde, antwortete er: „Da müsste schon ein Wunder geschehen."

**as the crow flies**
As the crow flies it is 50 km, but by road it is more than 100 km.

**Luftlinie**
Luftlinie sind es 50 km, auf der Straße dagegen mehr als 100 km.

# 12.5 Das Schiff

**ship** [ʃɪp] *n*
All sorts of ships are to be found in the Norwegian port of Bergen: merchant ships, supply ships for the rigs, cruise ships etc.

**Schiff** *n*
In dem norwegischen Hafen Bergen gibt es alle Arten von Schiffen: Handelsschiffe, Versorgungsschiffe für die Bohrtürme, Kreuzfahrtschiffe usw.

**boat** [bəʊt] *n*
We took the boat from Dover to Calais.

Passport control takes place on board the boat.

**Schiff** *n*, **Boot** *n*
Wir haben das Schiff von Dover nach Calais genommen.
Die Passkontrolle findet an Bord des Schiffes statt.

| | |
|---|---|
| **sailing boat** ['seɪlɪŋ .] *n* | **Segelboot** *n* |
| **rowing boat** ['rəʊɪŋ .] *n* | **Ruderboot** *n* |
| **ferry**, *pl* **-ies** ['feri, -z] *n* | **Fähre** *f*, **Fährschiff** *n* |
| **tanker** ['tæŋkə] *n* | **Tanker** *m* |
| **freighter** ['freɪtə] *n* | **Frachter** *m* |
| **yacht** [jɒt] *n* | **Jacht** *f* |

**bridge** [brɪdʒ] *n*
The captain gives his orders from the bridge.

**Brücke** *f*
Der Kapitän gibt seine Befehle von der Brücke aus.

**deck** [dek] *n*
During the day we liked to stay on deck.

**Deck** *n*
Tagsüber hielten wir uns gerne auf Deck auf.

| | |
|---|---|
| **hull** [hʌl] *n* | **Schiffsrumpf** *m* |
| **bow** [baʊ] *n* | **Bug** *m* |
| **stern** [stɜːn] *n* | **Heck** *n* |

**navy** ['neɪvi] *n*
The British merchant navy had their trading posts all over the world in the 19th century.

**Marine** *f*
Im 19. Jh. hatte die britische Handelsmarine auf der ganzen Welt ihre Stützpunkte.

**naval** ['neɪvl] *adj*
My brother is studying naval engineering.

**Schiffs-**
Mein Bruder studiert Schiffsbau.

**maritime** ['mærɪtaɪm] *adj*
On our last trip to London we visited the National Maritime Museum in Greenwich.

**See-, Schifffahrts-**
Bei unserem letzten Aufenthalt in London besuchten wir das Nationale Schifffahrtsmuseum in Greenwich.

| | |
|---|---|
| **captain** ['kæptɪn] *n* | **Kapitän** *m* |
| **sailor** ['seɪlə] *n* | **Matrose** *m*, **Seemann** *m* |
| **seaman** ['siːmən] *n* | |
| **port** [pɔːt] *n* | **Hafen** *m* |
| **harbour** ['hɑːbə] *n* | |
| **marina** [məˈriːnə] *n* | **Jachthafen** *m* |
| **dock** [dɒk] *n* | **Dock** *n* |
| **warehouse** ['weəhaʊs] *n* | **Lagerhaus** *n* |
| **lighthouse** ['laɪt.] *n* | **Leuchtturm** *m* |

**shipyard** ['ʃɪpjɑːd] *n*
One of the most important shipyards in Britain was on the Clyde in Glasgow.

**Schiffswerft** *f*
Eine der bedeutendsten Schiffswerften in Großbritannien lag am Clyde in Glasgow.

**shipbuilding** [ˈʃɪpbɪldɪŋ] n
Shipbuilding has been in decline for years.

**Schiffsbau** m
Der Schiffsbau geht seit Jahren zurück.

**embark** [ɪmˈbɑːk] v
**disembark** [ˌdɪsɪmˈbɑːk] v
We embarked/disembarked in
Bremerhaven at 8 a.m.

**an Bord gehen; verladen**
**von Bord gehen; entladen**
Wir sind um 8 Uhr in Bremerhaven an/
von Bord gegangen.

**cruise** [kruːz] n
**stop off** [stɒp ˈɒf] v
On our Mediterranean cruise we stopped
off at Cairo.

**Kreuzfahrt** f
**Zwischenstation machen**
Auf unserer Kreuzfahrt im Mittelmeer
machten wir in Kairo Station.

**run aground** [rʌn əˈgraʊnd] v
The tanker Amoco Cadiz ran aground off
Portsall in Brittany on 16th March 1978.

**auf Grund laufen, stranden**
Der Tanker Amoco Cadiz ist am 16. März
1978 vor Portsall in der Bretagne
gestrandet.

**sink** [sɪŋk] v
Their boat sank off Portsmouth.

On 7th December 1941 the Japanese
sank the American Pacific fleet in Pearl
Harbor.

**untergehen, versenken**
Ihr Schiff ist auf der Höhe von Portsmouth
untergegangen.
Am 7. Dezember 1941 versenkten die
Japaner in Pearl Harbor die amerikanische
Pazifikflotte.

**capsize** [kæpˈsaɪz] v
The sailing boat nearly capsized in the
storm.

**kentern**
Das Segelschiff wäre im Sturm beinahe
gekentert.

**shipwreck** [ˈʃɪprek] n
No one survived the shipwreck.

**Schiffbruch** m
Niemand überlebte den Schiffbruch.

**shipwrecked people**
[ˈʃɪprekt ˌpiːpl] n, pl
The shipwrecked people were brought
ashore in a rescue helicopter.

**Schiffbrüchige(n)** Pl

Die Schiffbrüchigen wurden mit einem
Rettungshubschrauber an Land gebracht.

**wreck** [rek] n
It would have been too expensive to recover the wreck.

**Wrack** n
Es wäre zu teuer gekommen, das Wrack
zu bergen.

● **Expressions**

**like ships that pass in the night**
We once met like ships that pass in the
night and have not seen each other again.

**zufällig**
Wir sind uns zufällig schon einmal
begegnet, haben uns seither aber nicht
mehr gesehen.

**Cross that bridge when you come to it.**
– What will you do if the negotiations brake down?
– We'll cross that bridge when we come to it.

**sich mit etw. befassen, wenn es soweit ist**
– Was werden Sie tun, wenn die Verhandlungen scheitern?
– Mit dieser Situation werden wir uns befassen, wenn es soweit ist.

# 12.6  Der Unfall

**accident** [ˈæksɪdənt] *n*
**happen** [ˈhæpən] *v*
**cause** [kɔːz] *v*
**be involved** [ɪnˈvɒlvd]
Who was at the wheel when the accident happened?
The accident was caused by brake failure.

He was involved in the accident but it was not his fault.
Hit-and-run accidents occur more and more often.

**Unfall** *m*
**sich ereignen**
**verursachen**
**beteiligt sein**
Wer saß am Steuer, als sich der Unfall ereignet hat?
Der Unfall wurde durch ein Versagen der Bremsen verursacht.

Er war an dem Unfall beteiligt, aber nicht schuld.
Unfälle mit Fahrerflucht kommen immer häufiger vor.

**crash** [kræʃ] *n*
More than one hundred people were killed and injured in the plane crash.

**Zusammenstoß** *m*, **Unfall** *m*
Bei dem Flugzeugabsturz gab es mehr als 100 Tote und Verletzte.

**crash** [kræʃ] *v*
He crashed with an oncoming car.

He skidded off the road at the bend and crashed into a tree.

**zusammenstoßen, aufprallen**
Er stieß mit einem entgegenkommenden Auto zusammen.
Er kam in der Kurve von der Straße ab und prallte gegen einen Baum.

**casualty,** *pl* **-ies** [ˈkæʒuəlti, -z] *n*
The number of road accident casualties has decreased in the last year.

**Unfallopfer** *n*
Die Zahl der Unfallopfer im Verkehr ist im letzten Jahr zurückgegangen.

**scene of the accident** [ˈsiːn əv ðɪ ˌ...] *n*
The police appeared straightaway at the scene of the accident.

**Unfallort** *m*
Die Polizei erschien sofort am Unfallort.

**cause damage** [kɔːz ˈdæmɪdʒ]
The accident caused much damage but luckily there were no deaths.

**Schaden verursachen**
Der Unfall hat großen Sachschaden verursacht, aber glücklicherweise gab es keine Toten.

**be run over** [rʌn 'əʊvə]
**be knocked down** [nɒkt 'daʊn]
I was nearly run over (knocked down).

**überfahren (werden)**

Ich wäre beinahe überfahren worden.

**give sb first aid** [fɜːst 'eɪd]
They were given first aid straightaway.

**jdm. erste Hilfe leisten**
Man hat ihnen sofort erste Hilfe geleistet.

**save** [seɪv] v
Although he was operated on immediately
after the accident his life could not be
saved.

**retten**
Obwohl er sofort nach dem Unfall
operiert wurde, konnte sein Leben nicht
gerettet werden.

**safety** ['seɪfti] n
For years parents have demanded more
safety on the road for their children.

**Sicherheit** f
Seit Jahren fordern die Eltern mehr Sicherheit für ihre Kinder im Straßenverkehr.

**safe** [seɪf] adj
Cars have become much safer since the
installation of airbags.

**sicher**
Seit dem Einbau der Airbags sind die
Autos viel sicherer geworden.

**rescue** ['reskjuː] n; v
The rescue was hindered by bad weather.

A few survivers were able to be rescued
from the plane wreckage.

**Rettung** f; **retten, bergen**
Die Rettung wurde durch das schlechte
Wetter behindert.
Einige Überlebende konnten aus den
Trümmern des Flugzeugs gerettet werden.

**fire brigade** ['faɪə brɪˌgeɪd] n
The fire brigade came immediately and
extinguished the fire.

**Feuerwehr** f
Die Feuerwehr war sofort zur Stelle und
löschte den Brand.

**fire engine** ['faɪə ˌendʒɪn] n
The fire engines raced through the town
with their blue flashing lights and sirens.

**Feuerwehrauto** n
Die Feuerwehrautos rasten mit Blaulicht
und Martinshorn durch die Stadt.

# 13.1 Die Zahlen

**number** ['nʌmbə] *n*
A distinction is made between cardinal and ordinal numbers.

**Zahl** *f*
Man unterscheidet die Grund- und die Ordnungszahlen.

**even** ['i:vn] *adj*
**odd** [ɒd] *adj*
Two, four, six etc. are even numbers; one, three, five etc. are odd numbers.

**gerade**
**ungerade**
Zwei, vier, sechs usw. sind gerade Zahlen; eins, drei, fünf usw. sind ungerade Zahlen.

| | | | | |
|---|---|---|---|---|
| **zero**[1] ['zɪərəʊ] | 0 | **twenty-one** [ˌtwenti 'wʌn] | 21 |
| **one** [wʌn] | 1 | **twenty-two** [ˌtwenti 'tu] | 22 |
| **two** [tu:] | 2 | **thirty** ['θɜ:tɪ] | 30 |
| **three** [θriː] | 3 | **thirty-one** [ˌθɜːtɪ 'wʌn] | 31 |
| **four** [fɔː] | 4 | **thirty-two** [ˌθɜːtɪ 'tuː] | 32 |
| **five** [faɪv] | 5 | **forty** ['fɔːti] | 40 |
| **six** [sɪks] | 6 | **fifty** ['fɪfti] | 50 |
| **seven** ['sevn] | 7 | **sixty** ['sɪkstɪ] | 60 |
| **eight** [eɪt] | 8 | **seventy** ['sevnti] | 70 |
| **nine** [naɪn] | 9 | **eighty** ['eɪti] | 80 |
| **ten** [ten] | 10 | **ninety** ['naɪnti] | 90 |
| **eleven** [ɪ'levn] | 11 | **a (one) hundred** | 100 |
| **twelve** [twelv] | 12 | [ə (wʌn) 'hʌndrəd] | |
| **thirteen** [θɜː'tiːn] | 13 | **a hundred and one** | 101 |
| **fourteen** [fɔː'tiːn] | 14 | [ə '.. ənd wʌn] | |
| **fifteen** [fɪf'tiːn] | 15 | **two hundred** [tuː '..] | 200 |
| **sixteen** [sɪks'tiːn] | 16 | **a (one) thousand** | 1000 |
| **seventeen** [ˌsevn'tiːn] | 17 | [ə (wʌn) 'θaʊznd] | |
| **eighteen** [eɪ'tiːn] | 18 | **a thousand and one** | 1001 |
| **nineteen** [naɪn'tiːn] | 19 | [ə '.. ənd wʌn] | |
| **twenty** ['twenti] | 20 | **two tousand** [tuː '..] | 2000 |

**a million** [ə 'mɪljən]
**two million** [tuː 'mɪljən]
**a billion** [ə 'bɪljən]
**two billion** [. '..]

**eine Million**
**zwei Millionen**
**eine Milliarde**
**zwei Milliarden**

**hundreds/thousands/millions of people**
['hʌndrədz/'θaʊzndz/'mɪljənz əv 'piːpl]

**Hunderte/Tausende/Millionen von Menschen**

1 *BE* auch: nought – Zur Zahl Null beim Telefonieren s. S.142, beim Sport s. S.152.

| | |
|---|---|
| 1st **first** [fɜ:st] | 1. **erste (r, s)** |
| 2nd **second** ['sekənd] | 2. **zweite(r, s)** |
| 3rd **third** [θɜ:d] | 3. **dritte(r, s)** |
| 4th **fourth** [fɔ:θ] | 4. **vierte(r, s)** |
| 5th **fifth** [fɪfθ] | 5. **fünfte(r, s)** |
| 6th **sixth** [sɪksθ] | 6. **sechste(r, s)** |
| 7th **seventh** ['sevnθ] | 7. **siebente(r, s)** |
| 8th **eighth** [eɪtθ] | 8. **achte(r, s)** |
| 9th **ninth** [naɪnθ] | 9. **neunte(r, s)** |
| 10th **tenth** [tenθ] | 10. **zehnte(r, s)** |
| 11th **eleventh** [ɪ'levnθ] | 11. **elfte(r, s)** |
| 12th **twelfth** [twelvθ] | 12. **zwölfte(r, s)** |
| 13th **thirteenth** [θɜ:'ti:nθ] etc. | 13. **dreizehnte(r, s)** usw. |
| 20th **twentieth** ['twentiəθ] | 20. **zwanzigste(r, s)** |
| 21st **twenty-first** [ˌtwenti 'fɜ:st] etc. | 21. **einundzwanzigste(r, s)** usw. |
| **last** [lɑ:st] | **letzte(r, s)** |

**double/triple** ['dʌbl/'trɪpl] *v*
**increase threefold/fourfold** etc.
[ɪnˌkri:s 'θri:fəʊld/'fɔ:fəʊld]
Within the last five years the number
of road accidents has doubled/tripled/
increased fourfold.

**verdoppeln/verdreifachen**
**verdreifachen/vervierfachen** usw.

In den letzten fünf Jahren hat sich die
Anzahl der Verkehrsunfälle verdoppelt/
verdreifacht/vervierfacht.

**half**, *pl* **-ves** [hɑ:f, -vz] *n, adj*
Half of ten is five.
Five halves make two and a half.
half a mile/half a pound/half a dozen

**Hälfte** *f*, **halb**
Die Hälfte von 10 ist 5.
Fünf Halbe ergeben zweieinhalb.
eine halbe Meile/ein halbes Pfund/
ein halbes Dutzend

**the third** [θɜ:d] *n*
**the quarter** ['kwɔ:tə] *n*
**the fifth** [fɪfθ] *n*

**das Drittel**
**das Viertel**
**das Fünftel**

**about** [ə'baʊt] *adv*
**approximately** [ə'prɒksɪmətli] *adv*
That makes a profit of about
(approximately) 20 %.
The distance is about (approximately)
300 km.

**ungefähr, zirka**

Das macht einen Gewinn von ca. 20 %.

Die Entfernung beträgt ungefähr 300 km.

**count** [kaʊnt] *v*
Now I'll close my eyes and count to ten.

**zählen**
Jetzt schließe ich die Augen und zähle bis
zehn.

**calculate** ['kælkjuleɪt] v
To calculate the area of the rectangle you must multiply the length by the breadth.

**(be)rechnen**
Um die Fläche eines Rechtecks zu berechnen, muss man die Länge mit der Breite multiplizieren.

**calculation** [kælkju'leɪʃn] n
I saw at first glance that your calculation was wrong.

**Rechnen** n, **Berechnung** f
Ich habe auf den ersten Blick gesehen, dass deine Rechnung falsch ist.

**mental arithmetic**
[ˌmentl ə'rɪθmətɪk] n
I've never liked mental arithmetic.

**Kopfrechnen** n

Kopfrechnen habe ich nie gemocht.

**calculator** ['kælkjuleɪtə] n — **Taschenrechner** m
**arithmetic** [ə'rɪθmətɪk] n — **Arithmetik** f (das Rechnen mit Zahlen)
**algebra** ['ældʒɪbrə] n — **Algebra** f
**addition** [ə'dɪʃn] n — **Addition** f
**subtraction** [səb'strækʃn] n — **Subtraktion** f
**multiplication** [ˌmʌltɪplɪ'keɪʃn] n — **Multiplikation** f
**division** [dɪ'vɪʃn] n — **Division** f
**fraction** ['frækʃn] n — **Bruch** m
**equation** [ɪ'kweɪʃn] n — **Gleichung** f
**root** [ruːt] n — **Wurzel** f

**add** [æd] v — addieren
**subtract** [səb'trækt] v — **subtrahieren, abziehen**
**multiply** ['mʌltɪplaɪ] v — **multiplizieren**
**divide** [dɪ'vaɪd] v — teilen

**Examples:** | **Beispiele:**

| | | | | | | |
|---|---|---|---|---|---|---|
| 4 | and | 2 is 6 | | 4 | plus | 2 equals 6 |
| 4 | less | 2 is 2 | or | 4 | minus | 2 equals 2 |
| 4 | by | 2 is 8 | | 4 multiplied by | 2 equals 8 |
| 4 divided by | 2 is 2 | | | 4 divided by | 2 equals 2 |

$$4 + 2 = 6$$
$$4 - 2 = 2$$
$$4 \times 2 = 8$$
$$4 : 2 = 2$$

● **Expressions**

**It's six of one and half a dozen of the other.**
It's six of one and half a dozen of the other whether we go there by underground or by bus.

**Das ist Jacke wie Hose.**

Ob wir mit der U-Bahn fahren oder mit dem Bus, ist Jacke wie Hose.

**have forty winks**
My grandfather always had forty winks after lunch before going back to work.

**ein Nickerchen machen**
Mein Großvater machte nach dem Mittagessen immer ein Nickerchen, bevor er wieder zur Arbeit ging.

**be at sixes and sevens**
I was at sixes and sevens and did not know what I should do.

**total durcheinander sein**
Ich war total durcheinander und wusste nicht, was ich tun sollte.

**Don't count your chickens before they are hatched.**
- I'll definitely get the job. And then I'll buy a new car.
- It's too early to get excited. Don't count your chickens before they're hatched.

**Man kann das Fell des Bären erst verkaufen, wenn er erlegt ist.**
- Ich werde die Stelle sicher bekommen. Dann kaufe ich mir ein neues Auto.
- Freue dich ja nicht zu früh. Du kannst das Fell des Bären erst verkaufen, wenn er erlegt ist.

# 13.2  Geometrische Begriffe

| | |
|---|---|
| **geometry** [dʒiˈɒmətri] *n* | **Geometrie** *f* |
| **geometric** [ˌdʒiːəˈmetrɪk] *adj* | **geometrisch** |
| **figure** [ˈfɪɡə] *n* | **Figur** *f* |
| **design** [dɪˈzaɪn] *n* | **Darstellung** *f* |
| | |
| **straight line** [streɪt ˈlaɪn] *n* | **gerade Linie** *f* |
| **curve** [kɜːv] *n* | **gekrümmte Linie** *f* |
| **angle** [ˈæŋɡl] *n* | **Winkel** *m* |
| **point** [pɔɪnt] *n* | **Punkt** *m* |
| **point of intersection** [. əv ɪntəˈsekʃn] *n* | **Schnittpunkt** *m* |
| | |
| **circle** [ˈsɜːkl] *n* | **Kreis** *m* |
| **semicircle** [ˈsemiˌsɜːkl] *n* | **Halbkreis** *m* |
| **square** [skweə] *n* | **Quadrat** *n* |
| **triangle** [ˈtraɪæŋɡl] *n* | **Dreieck** *n* |
| **rhombus** [ˈrɒmbəs] *n* | **Raute** *f* |
| **trapezium** [trəˈpiːziəm] *n* | **Trapez** *n* |
| **sphere** [sfɪə] *n* | **Kugel** *f* |
| **cube** [kjuːb] *n* | **Würfel** *m* |
| **cylinder** [ˈsɪlɪndə] *n* | **Zylinder** *m* |
| **pyramid** [ˈpɪrəmɪd] *n* | **Pyramide** *f* |
| | |
| **shape** [ʃeɪp] *n* | **Form** *f* |
| – What shape is the table? | – Welche Form hat der Tisch? |

| | |
|---|---|
| – It's ... | – Er ist ... |
|   **round** [raʊnd] |   **rund** |
|   **square** [skweə] |   **quadratisch** |
|   **rectangular** [rek'tæŋgjələ] |   **rechteckig** |
|   **triangular** [traɪ'æŋgjələ] |   **dreieckig** |
| **proportion** [prə'pɔːʃn] *n* | **Proportion** *f*, **Größenverhältnis** *n* |
| **area** ['eəriə] *n* | **Fläche** *f* |
| **surface area** ['sɜːfɪs ˌ..] *n* | **Oberfläche** *f* |
| **volume** ['vɒljuːm] *n* | **Rauminhalt** *m*, **Volumen** *n* |

● **Expression**

| | |
|---|---|
| **the vicious circle** | **der Teufelskreis** |
| How are you going to get out of this vicious circle? | Wie willst du aus diesem Teufelskreis herauskommen? |

## 13.3 Maße

| | |
|---|---|
| **measure**[1] ['meʒə] *n* | **Maß** *n*, **Maßeinheit** *f* |
| Although Great Britain adopted the metric system[2] in 1971, many Britons continue to use measures such as *yard, ounce, pint* and *gallon*. | Obwohl Großbritannien das metrische System 1971 eingeführt hat, benützen viele Briten weiterhin Maßeinheiten wie *yard, ounce, pint* und *gallon*. |
| **tape-measure** ['teɪp ˌ..] *n* | **Meterstab** *m*, **Meterband** *n* |
| As an architect, he always has a tape-measure on him. | Als Architekt hat er immer einen Meterstab bei sich. |
| **measure** ['meʒə] *v* | **messen** |
| The swimming pool measures 25 m by 10 m. | Das Schwimmbad misst 25 m auf 10 m. |
| **long** [lɒŋ] *adj* | **lang** |
| **wide** [waɪd] *adj* | **breit** |
| **high** [haɪ] *adj* | **hoch** |
| **deep** [diːp] *adj* | **tief** |
| The house is 13 m long, 12 m wide and 10 m high. | Das Haus ist 13 m lang, 12 m breit und 10 m hoch. |

1 Britische und amerikanische Maßeinheiten:
  1 inch (2,54 cm), 1 foot (30,48 cm), 1 yard (91,44 cm), 1 mile (1,6 km),
  1 ounce (28,35 g), 1 pound (450 g), 1 stone (6,35 kg), 1 ton (*UK* 1016 kg/
  *US* 907 kg), 1 cup (0,23 l), 1 pint (0,57 l), 1 gallon (*UK* 4,54 l/*US* 3,78 l),
  Fahrenheit: 32 °F = 0 °C
2 Entfernungen und Geschwindigkeiten werden in Großbritannien und den
  USA weiterhin offiziell in Meilen angegeben.

| | |
|---|---|
| – How deep is the pond? | – Wie tief ist der Teich? |
| – It's 2 m deep. | – Er ist 2 m tief. |

**length** [leŋθ] *n*

**Länge** *f*

**width** [wɪdθ] *n*
**breadth** [bredθ] *n*

**Breite** *f*

**height** [haɪt] *n*
**depth** [depθ] *n*

**Höhe** *f*
**Tiefe** *f*

| | |
|---|---|
| – What's the width (the breadth) of the table? | – Welche Breite hat der Tisch? |
| – It's 90 cm in width (in breadth). | – Er hat eine Breite von 90 cm. |
| | |
| – What's the depth of the swimming-pool? | – Welche Tiefe hat das Schwimmbecken? |
| – It's 3 m in depth. | – Es hat eine Tiefe von 3 m. |
| | |
| – How tall is your girlfriend? | – Wie groß ist deine Freundin? |
| – She's about the same height as me. | – Sie hat ungefähr die gleiche Größe wie ich. |

To calculate the volume you multiply the length by the breadth (by the width) by the height.

Man errechnet den Rauminhalt, indem man Länge mit Breite mit Höhe multipliziert.

**broad** [brɔːd] *adj*
A broad avenue leads up to the castle.

**breit**
Eine breite Allee führt zum Schloss.

**distance** ['dɪstəns] *n*
From a distance everything looks quite different.
You can see the spire of Strasburg Cathedral in the distance.

**Entfernung** *f*
Aus der Entfernung sieht alles ganz anders aus.
In der Ferne kann man den Turm des Straßburger Münsters sehen.

**far** [fɑː] *adv*
**away** [ə'weɪ] *adv*

**weit, entfernt**

| | |
|---|---|
| – How far is it from here to London? | – Wie weit ist es von hier nach London? |
| – London is about 400 km away from here. | – London ist ungefähr 400 km von hier entfernt. |

**capacity** [kə'pæsəti] *n*
The concert hall has a capacity of 2,500 people.

**Fassungsvermögen** *n*
Der Konzertsaal fasst 2500 Menschen.

**hold** [həʊld] *v*
How much petrol does your tank hold?

**fassen**
Wie viel Benzin fasst Ihr Tank?

**weight** [weɪt] *n*
**scales** [skeɪlz] *n, pl*
She stands on the scales every morning and checks her weight.

**Gewicht** *n*
**Waage** *f*
Sie stellt sich jeden Morgen auf die Waage und überprüft ihr Gewicht.

**weigh** [weɪ] *v*
– How much do you weigh?
– I weigh 60 kg.

**wiegen**
– Wie viel wiegst du?
– Ich wiege 60 kg.

**heavy** ['hevi] *adj*
**light** [laɪt] *adj*
How heavy is the parcel?
I can carry the suitcase on my own. It's quite light.

**schwer**
**leicht**
Wie schwer ist das Paket?
Ich kann den Koffer alleine tragen. Er ist ganz leicht.

**put on weight** [pʊt ɒn 'weɪt]
**lose weight** [lu:z '.]
I put on weight in the holidays.
I know of a diet which lets you lose weight quickly.

**zunehmen**
**abnehmen**
Ich habe in den Ferien zugenommen.
Ich kenne eine Diät, bei der man sehr schnell abnimmt.

**warm** [wɔ:m] *adj*
**hot** [hɒt] *adj*
**cold** [kəʊld] *adj*
The water is pleasantly warm; it is not too hot, not too cold.

**warm**
**heiß**
**kalt**
Das Wasser ist angenehm warm. Es ist weder zu heiß noch zu kalt.

**degree** [dɪ'gri:] *n*
**Celsius** ['selsiəs] *n*
**Centigrade (C)** ['sentɪgreɪd] *n*
Water freezes at 0 °C [zero degrees Celsius] and boils at 100 °C [a hundred degrees Celsius].

**Grad** *m*

**Celsius (C)**

Das Wasser gefriert bei 0 °C und kocht bei 100 °C.

**millimetre** ['mɪlɪmi:tə] *n*
**centimetre** ['sentɪmi:tə] *n*
**metre** ['mi:tə] *n*
**kilometre** ['kɪləmi:tə] *n*
**square metre** ['skweə ˌmi:tə] *n*
**cubic metre** ['kju:bɪk ˌ..] *n*

**Millimeter** *m*
**Zentimeter** *m*
**Meter** *m*
**Kilometer** *m*
**Quadratmeter** *m*
**Kubikmeter** *m*

**litre** ['li:tə] *n*
**millilitre** ['mɪlɪli:tə] *n*

**Liter** *m*
**Milliliter** *m*

**gram** [græm] *n*
**kilogram** ['kɪləgræm] *n*
**tonne** [tʌn] *n*

**Gramm** *n*
**Kilo(gramm)** *n*
**Tonne** *f* (1000 kg)

## ● Expressions

**have a heavy heart**
He had a heavy heart as he left.

**schwer ums Herz sein**
Beim Abschied war ihm schwer ums Herz.

| | |
|---|---|
| **Give him an inch, and he will take a mile.** | **Gibt man ihm den kleinen Finger, dann nimmt er gleich die ganze Hand.** |
| **far-fetched** | **an den Haaren herbeigezogen** |
| This comparison seems far-fetched to me. | Dieser Vergleich scheint mir an den Haaren herbeigezogen. |

Zu *Konfektionsgröße* s. S. 80.

# 13.4 Statistik

**statistics** [stə'tɪstɪks] *n, pl*
The statistics show that it is mainly young people who are involved in fatal car accidents.

**Statistik** *f*
Die Statistik zeigt, dass vor allem Jugendliche an tödlichen Autounfällen beteiligt sind.

**statistical data** [stə'tɪstɪkl ˌdeɪtə] *n, sing. or plural verb*
Do you have last year's statistical data on unemployment?
The statistical data in this reference book is (are) out of date.

**statistische(n) Daten** *Pl*

Besitzen Sie die statistischen Daten vom letzten Jahr über die Arbeitslosigkeit?
Die statistischen Daten in diesem Handbuch sind veraltet.

**figure** ['fɪgə] *n*
These figures are from the Ministry of Finance.

**Ziffer** *f*, **Zahl** *f*
Diese Zahlen stammen aus dem Finanzministerium.

**rate** [reɪt] *n*
**rise** [raɪz] *v*
**fall** [fɔːl] *v*
The inflation rate this year is lower/higher than last year's.
The unemployment rate in Germany rose to 4.5 million in 1998.
The interest rate fell from 3.5% to 2.5%.

**Rate** *f*, **Satz** *m*, **Kurs** *m*
**steigen**
**fallen**
Die Inflationsrate ist dieses Jahr niedriger/höher als letztes Jahr.
Die Zahl der Arbeitslosen stieg 1998 in Deutschland auf 4,5 Millionen.
Der Zinssatz fiel von 3,5% auf 2,5%.

**percentage** [pə'sentɪdʒ] *n*
**increase** [ɪn'kriːs] *v*
**decrease** [dɪ'kriːs] *v*
The percentage of abstentions at the last election has increased/decreased in comparison to previous years.

**Prozentsatz** *m*
**zunehmen**
**abnehmen**
Der Prozentsatz der Stimmenthaltungen bei den letzten Wahlen nahm im Vergleich zu früheren Jahren zu/ab.

**percent** [pə'sent] *n*
**soar** [sɔː] *v*

**Prozent** *n*
**(an)steigen**

**drop** [drɒp] *v*
The cost of living has soared/dropped by
1.5% in the last month.

**fallen**
Die Lebenshaltungskosten stiegen/fielen
im vergangenen Monat um 1,5%.

**one, two, three etc. out of ...**
Two out of eight candidates failed the
exam.

**ein(s,e,r), zwei, drei usw. von ...**
Zwei von acht Kandidaten fielen durch die
Prüfung.

**average** [ˈævərɪdʒ] *n*
His marks are clearly above/below the
class average.
The British have on average 24 days of
holiday per year.

**Durchschnitt** *m*
Seine Noten liegen deutlich über/unter
dem Klassendurchschnitt.
Die Briten haben im Durchschnitt 24 Tage
Urlaub im Jahr.

**graph** [græf] *n*
**chart** [tʃɑːt] *n*
This graph (chart) illustrates the growth
of our economy very well.

**graphische Darstellung** *f*

Diese graphische Darstellung veranschau-
licht sehr gut das Wachstum unserer
Wirtschaft.

**the charts** [tʃɑːts] *pl*
This hit song has been at the top of the
charts for months.

**Hitliste** *f*
Dieser Schlager führt seit Monaten die
Hitliste an.

**rank** [ræŋk] *v*
Oxford, Cambridge and St. Andrews rank
above other British universities.

**den Rang, den Platz einnehmen**
Oxford, Cambridge and St. Andrews
nehmen die ersten Plätze unter den
britischen Universitäten ein.

**questionnaire** [kwestʃəˈneə] *n*
Could you please fill in the questionnaire?

**Fragebogen** *m*
Würden Sie bitte den Fragebogen
ausfüllen?

**survey** [ˈsɜːveɪ] *n*
The local government is carrying out a
survey regarding the building of an arts
centre.

**Erhebung** *f*, **Umfrage** *f*
Die Stadtverwaltung führt eine Umfrage
im Hinblick auf den Bau eines Kultur-
zentrums durch.

**opinion poll** [əˈpɪnɪən pəʊl] *n*
This magazine regularly publishes opinion
polls.

**Meinungsumfrage** *f*
Diese Zeitschrift veröffentlicht regelmäßig
Meinungsumfragen.

**market research** [ˌmɑːkɪt rɪˈsɜːtʃ] *n*
Before a company launches a new product
they usually carry out market research.

**Marktforschung** *f*
Bevor eine Firma ein neues Produkt
herausbringt, führt sie für gewöhnlich eine
Marktforschung durch.

**analyst** [ˈænəlɪst] *n*

**Wirtschaftsexperte/Wirtschafts-
expertin** *m/f*

forecast ['fɔːkɑːst] v
predict [prɪ'dɪkt] v
increase [ɪn'kriːs] n
fall [fɔːl] n
Wall Street analysts forecast (predict) that
there will be an increase/a fall in shares at
the end of the year.

voraussagen

**Ansteigen** n, **Zunahme** f
**Fallen** n, **Rückgang** m
Die Wirtschaftsexperten der Wallstreet
sagen zum Jahresende ein Ansteigen/ein
Fallen der Aktienkurse voraus.

forecast ['fɔːkɑːst] n
prediction [prɪ'dɪkʃn] n
None of the forecasts (predictions)
proved to be true.

**Vorhersage** f
Keine der Vorhersagen ist eingetroffen.

projection [prə'dʒekʃn] n
Shortly after the polling stations closed,
there was a projection of the results on
the television.

**Hochrechnung** f
Kurz nach Schließen der Wahllokale
wurde im Fernsehen eine Hochrechnung
des Ergebnisses gebracht.

● **Expression**

at a rate of knots
He drove round the bend at a rate of
knots.

**mit einem Affenzahn**
Er fuhr mit einem Affenzahn um die
Kurve.

# 14.1 Das Wetter

**weather** ['weðə] *n*
**forecast** ['fɔːkɑːst] *v*
There is nothing more difficult than forecasting the weather.

**Wetter** *n*
**vorhersagen**
Nichts ist schwieriger, als das Wetter vorherzusagen.

**weather forecast** ['.. ˌ..] *n*
– What will the weather be like tomorrow?
– According to the weather forecast it'll rain tomorrow.

**Wettervorhersage** *f*
– Wie wird das Wetter morgen?
– Laut Wettervorhersage wird es morgen regnen.

**It is ...**
  **fine/bad** [faɪn/bæd]
  **warm/hot/cold/freezing** [wɔːm/hɒt/kəʊld/'friːzɪŋ]
  **chilly/fresh/mild/muggy** ['tʃɪli/freʃ/maɪld/'mʌgi]
  **bright/sunny/windy** [braɪt/'sʌni/'wɪndi]
  **rainy/stormy/thundery** ['reɪni/'stɔːmi/'θʌndri]
  **damp/wet/dry** [dæmp/wet/draɪ]

**Es ist ...**
  **schön/schlecht**
  **warm/heiß/kalt/sehr kalt**

  **kühl/frisch/mild/schwül**

  **heiter/sonnig/windig**

  **regnerisch/stürmisch/gewittrig**

  **feucht/nass/trocken**

**The sky is ...** [skaɪ]
  **clear/overcast/hazy/cloudy** [klɪə/'əʊvəkɑːst/'heɪzi/'klaʊdi]

**Der Himmel ist ...**
  **klar/bedeckt/verhangen/bewölkt**

**cold** [kəʊld] *n*
In winter I wear a hat to protect myself against the cold.

**Kälte** *f*
Im Winter trage ich einen Hut, um mich vor der Kälte zu schützen.

**be cold** [kəʊld]
I'm cold.

**kalt sein, frieren**
Mir ist kalt.

**freeze** [friːz] *v*
If you're freezing then put on something warmer.

sehr **frieren**
Wenn du frierst, zieh dich wärmer an!

**heat** [hiːt] *n*
I can't sleep at night in this heat.

**Hitze** *f*
Bei dieser Hitze kann ich nachts nicht schlafen.

**be hot/warm** [hɒt/wɔːm]
I'm so hot/warm that I'll have to take off my pullover.

**heiß/warm sein**
Mir ist so heiß. Ich muss meinen Pullover ausziehen.

**sweat** [swet] v
**perspire** [pə'spaɪə] v
Sweating/Perspiring is healthy.

**schwitzen**
Schwitzen ist gesund.

**shade** [ʃeɪd] n
**shadow** ['ʃædəʊ] n
I must go into the shade.
The sun was low in the sky and the trees cast long shadows.

**Schatten** m
Ich muss in den Schatten gehen.
Die Sonne stand tief am Himmel und die Bäume warfen lange Schatten.

**in this weather** ['weðə]
**outside** ['aʊtsaɪd] adv
You can't play outside in this weather.

**bei diesem Wetter**
**im Freien**
Bei diesem Wetter könnt ihr nicht im Freien spielen.

**dawn** [dɔːn] n

We came home from the party at dawn.

**Morgendämmerung** f,
**Tagesanbruch** m
Wir sind bei Tagesanbruch von der Party heimgekehrt.

**sun** [sʌn] n
**sunshine** ['sʌnʃaɪn] n
The sun was shining all day today.

It was typical April weather; alternate rain and sunshine.

**Sonne** f
**Sonnenschein** m
Die Sonne hat heute den ganzen Tag geschienen.
Es war typisches Aprilwetter, abwechselnd Regen und Sonnenschein.

**sunrise** ['sʌnraɪz] n
**sunset** ['sʌnset] n
We left before sunrise.
I can see the sunset from my study.

**Sonnenaufgang** m
**Sonnenuntergang** m
Wir sind vor Sonnenaufgang aufgebrochen.
Von meinem Arbeitszimmer aus kann ich den Sonnenuntergang sehen.

**dusk** [dʌsk] n

We reached our holiday destination at dusk.

**Abenddämmerung** f, **Einbruch** m **der Dunkelheit**
Wir erreichten unseren Ferienort bei Einbruch der Dunkelheit.

**moon** [muːn] n
**moonlight** ['muːnlaɪt] n
Many people are nervous and cannot sleep at full moon.
We went for a walk by moonlight.

**Mond** m
**Mondschein** m
Bei Vollmond sind viele Menschen nervös und können nachts nicht schlafen.
Wir machten bei Mondschein einen Spaziergang.

**star** [stɑː] n
I can't see a single star in the sky.

**Stern** m
Ich sehe keinen einzigen Stern am Himmel.

**cloud** [klaʊd] n
Today there was not a trace of cloud in the sky.

**Wolke** f
Heute war kein Wölkchen am Himmel.

**rain** [reɪn] v
It has been raining non-stop for ten days now.
It will not stop raining.

**regnen**
Seit zehn Tagen regnet es nun schon ununterbrochen.
Es hört nicht auf zu regnen.

**rain** [reɪn] n
I had to wait 20 minutes for my bus in the rain.
It was pouring with rain.
The first drops of rain are already falling.

**Regen** m
Ich musste 20 Minuten im Regen auf den Bus warten.
Es goss in Strömen.
Die ersten Regentropfen fallen schon.

**rainbow** ['reɪnbəʊ] n
The colours of the rainbow are: red, orange, yellow, green, blue, indigo and violet.

**Regenbogen** m
Die Regenbogenfarben sind: rot, orange, gelb, grün, blau, indigoblau und violett.

**flood** [flʌd] n
The flood caused devastating damage.

**Überschwemmung** f, **Hochwasser** n
Das Hochwasser verursachte verheerende Schäden.

**mist** [mɪst] n
The whole landscape was shrouded in a light mist.

**Nebel** m, **Dunst** m
Die ganze Landschaft war in einen leichten Nebel gehüllt.

**misty** ['mɪsti] adj
In autumn it is often misty where we live.

**neblig, dunstig**
Im Herbst ist es bei uns oft neblig.

**fog** [fɒg] n
In the valley there was thick fog; higher up there was wonderful sunshine.

**Nebel** m
Im Tal war dichter Nebel, auf der Höhe herrlicher Sonnenschein.

**foggy** ['fɒgi] adj
It was wet and foggy and we were happy to be back home.

**neblig**
Es war nass und neblig und wir waren froh wieder zu Hause zu sein.

**snow** [snəʊ] n, v
Eskimos live in a world of snow and ice.

It has been snowing for days.

**Schnee** m; **schneien**
Die Eskimos leben in einer Welt von Schnee und Eis.
Seit Tagen schneit es.

**snowflake** ['snəʊfleɪk] n
I've never seen such large snowflakes.

**Schneeflocke** f
Ich habe noch nie so große Schneeflocken gesehen.

**blizzard** ['blɪzəd] *n*
The mountain climbers were caught out by a blizzard.

**Schneesturm** *m*
Die Bergsteiger wurden von einem Schneesturm überrascht.

**thaw** [θɔ:] *v*
It is starting to thaw.

**tauen**
Es beginnt zu tauen.

**freeze** [fri:z] *v*
According to the weather forecast it will freeze tonight.

**gefrieren**
Laut Wetterbericht gefriert es heute Nacht.

**ice** [aɪs] *n*
**melt** [melt] *v*
You can't skate on the lake any more. The ice is melting.

**Eis** *n*
**schmelzen**
Du kannst auf dem See nicht mehr Schlittschuh laufen. Das Eis schmilzt.

**icy** ['aɪsi] *adj*
The car skidded on the icy road.

**vereist, eisig**
Der Wagen kam auf der vereisten Straße ins Schleudern.

**black ice** [blæk 'aɪs] *n*
Be careful! There is black ice.

**Glatteis** *n*
Pass auf! Es gibt Glatteis.

**hail** [heɪl] *n*
The hail destroyed the harvest.

**Hagel** *m*
Der Hagel hat die Ernte vernichtet.

**storm** [stɔ:m] *n*
The storm raged the whole night long.

**Sturm** *m*
Der Sturm hat die ganze Nacht getobt.

**thunderstorm** ['θʌndəstɔ:m] *n*
**lightning**[1] ['laɪtnɪŋ] *n, sg, no indefinite article*
**thunder**[1] ['θʌndə] *n, sg, no indefinite article*
**strike** [straɪk] *v*
That was quite a thunderstorm. The thunder and lightning lasted for one hour. Our house was once struck by lightning.

**Gewitter** *n*
**Blitz/e** *m/Pl*
**Donner** *m*
**einschlagen**
Das war ein Gewitter! Eine Stunde lang hat es gedonnert und geblitzt. Einmal hat der Blitz in unser Haus eingeschlagen.

**wind** [wɪnd] *n*
**blow** [bləʊ] *v*
The wind mostly blows from the west.

**Wind** *m*
**wehen, blasen**
Der Wind weht meistens von Westen.

**breeze** [bri:z] *n*
**gale** [geɪl] *n*
**hurricane** ['hʌrɪkən] *n*

**Brise** *f*, **Wind** *m*
gewaltige(r) **Sturm** *m*
**Hurrikan** *m*

**temperature** ['temprətʃə] *n*
The temperature in the desert can sometimes reach more than 50 °C.

**Temperatur** *f*
In der Wüste werden manchmal Temperaturen von mehr als 50 °C erreicht.

1 ein Blitz = a flash of lightning
ein Donnerschlag = a clap of thunder

**humidity** [hju:'mɪdəti] *n*
**humid** ['hju:mɪd] *adj*
Already by early morning the humidity here is over 80 %.
The climate in this area is very humid.

**Feuchtigkeit** *f*
**feucht**
Die Luftfeuchtigkeit hier beträgt schon frühmorgens über 80 %.
Das Klima in dieser Gegend ist sehr feucht.

**high pressure**[1] [haɪ 'preʃə] *n, no indefinite article*
**low pressure**[1] [ləʊ '..] *n, no indefinite article*
An area of high pressure/low pressure is coming in from the Atlantic and is bringing good/bad weather.

**Hoch** *n*

**Tief** *n*
Ein Hoch/Tief nähert sich vom Atlantik und bringt uns schönes/schlechtes Wetter.

**thermometer** [θə'mɒmɪtə] *n*
**barometer** [bə'rɒmɪtə] *n*
**degree** [dɪ'gri:] *n*

**Thermometer** *n*
**Barometer** *n*
**Grad** *m*

● **Expressions**

**live in the shadow of sb**
Throughout his life he lived in the shadow of his famous father.

**in jds. Schatten stehen**
Zeit seines Lebens stand er im Schatten seines berühmten Vaters.

**rain cats and dogs**
We really had bad luck. It rained cats and dogs the whole weekend.

**in Strömen gießen**
Wir hatten wirklich Pech. Das ganze Wochenende über goss es in Strömen.

**It never rains but pours.**
First of all his wife left him and then he lost his job. It never rains but pours.

**Ein Unglück kommt selten allein.**
Zuerst lief ihm die Frau davon und dann wurde er auch noch arbeitslos: Ein Unglück kommt selten allein.

**once in a blue moon**
Only once in a blue moon would he help in the kitchen.

**alle Jubeljahre**
Dass er in der Küche hilft, das kommt nur alle Jubeljahre vor.

# 14.2 Die Zeit

**time** [taɪm] *n*
The older you become, the quicker time seems to pass.

**Zeit** *f*
Je älter man wird, desto schneller scheint die Zeit zu vergehen.

1 ein Hoch/ein Tief = an area of high/low pressure

| | |
|---|---|
| Time goes by so fast. | Die Zeit vergeht so schnell. |
| It is time to leave. | Es ist Zeit aufzubrechen. |
| Watching this film is a waste of time. | Diesen Film anzusehen ist Zeit-verschwendung. |
| I don't have time to go to the cinema this evening. | Ich habe heute Abend keine Zeit ins Kino zu gehen. |

**take** [teɪk] v
**take one's time**
How long does it usually take you to mow the lawn?
We're not in a hurry. Take your time.

Zeit **brauchen**
**sich Zeit lassen**
Wie lange brauchst du für gewöhnlich, um den Rasen zu mähen?
Wir sind nicht in Eile. Lass dir Zeit!

**spend time** [spend]
Children spend too much time on watching television.
Van Gogh spent the last part of his life in St. Rémy.

**Zeit verbringen**
Kinder verbringen zu viel Zeit vor dem Fernseher.
Die letzte Zeit seines Lebens verbrachte van Gogh in St. Rémy.

**present** ['preznt] n
**past** [pɑːst] n
**future** ['fjuːtʃə] n
People live in the present, remember the past and plan for the future.

**Gegenwart** f
**Vergangenheit** f
**Zukunft** f
Der Mensch lebt in der Gegenwart, erinnert sich an die Vergangenheit und plant für die Zukunft.

**transitory** ['trænsətri] adj
Happiness is transitory.

**flüchtig, vergänglich**
Das Glück ist vergänglich.

**temporary** ['temprəri] adj
This is only a temporary solution to the problem.
A temporary bridge was built over the river.

**vorläufig, provisorisch**
Das ist nur eine vorläufige Lösung des Problems.
Es wurde eine provisorische Brücke über den Fluss gebaut.

**an eternity** [ən ɪ'tɜːnəti]
**eternal** [ɪ'tɜːnl] adj
**last** [lɑːst] v
This moment seemed to last an eternity to me.
Nothing is eternal.

**eine Ewigkeit**
**ewig**
**dauern**
Dieser Augenblick kam mir wie eine Ewigkeit vor.
Nichts dauert ewig.

**duration** [djuːˈreɪʃn] n
The duration of this course is four years.

**Dauer** f
Die Dauer dieses Studiums beträgt vier Jahre.

## ● Expressions

**have a whale of time**
– How was the staff outing?
– Fantastic. We all had a whale of a time.

**sich großartig amüsieren**
– Wie war der Betriebsausflug?
– Toll. Wir haben uns alle großartig amüsiert.

**in no time**
She could rustle up a meal in no time.

**sehr schnell, im Nu**
Sie konnte im Nu ein Essen hinzaubern.

**Better late than never.**
He did his A-Levels at 22. Better late than never.

**Besser spät als nie.**
Er machte mit 22 das Abitur. Besser spät als nie.

**Time is money**
Hurry up! Time is money.

**Zeit ist Geld**
Beeile Dich! Zeit ist Geld.

# 14.3  Die Uhrzeit

**time** [taɪm] n
Mark, it's 6 o'clock. Time to get up.
The plane arrives at Newark at 2 p.m. local time.
What time does the museum open/close?

**Uhrzeit** f
Mark, es ist 6 Uhr, Zeit zum Aufstehen.
Das Flugzeug kommt um 14 Uhr Ortszeit in Newark an.
Um wie viel Uhr öffnet/schließt das Museum?

**hour** [aʊə] n
**minute** ['mɪnɪt] n
**second** ['sekənd] n
There are 24 hours in a day, 60 minutes in an hour and 60 seconds in a minute.

**Stunde** f
**Minute** f
**Sekunde** f
Der Tag hat 24 Stunden, die Stunde 60 Minuten und die Minute 60 Sekunden.

**What time is it?**
It is ...

**Wie viel Uhr ist es?**
Es ist ...

|  |  |  |
|---|---|---|
| eight o'clock (in the morning) | 8 a.m. | 8.00 h |
| five minutes past eight | 8:05 a.m.[1] | 8.05 h |
| a quarter past eight | 8:15 a.m.[2] | 8.15 h |
| half past eight | 8:30 a.m. | 8.30 h |
| twenty-five to nine | 8:35 a.m. | 8.35 h |
| a quarter to nine | 8:45 a.m. | 8.45 h |
| five minutes to nine | 8:55 a.m. | 8.55 h |
| midday ⎫ noon ⎬ twelve o'clock ⎭ | 12 p.m. | 12.00 h |
| five minutes past twelve | 12:05 p.m. | 12.05 h |

1 [eɪt əʊ faɪv ˌeɪ 'əm]
2 [eɪt 'fɪftiːn ˌeɪ 'əm] etc.

| | | |
|---|---|---|
| one o'clock (in the afternoon) | 1 p.m. | 13.00 h |
| five o'clock (in the afternoon) | 5 p.m. | 17.00 h |
| half past five (in the afternoon) | 5:30 p.m. | 17.30 h |
| a quarter to six (in the evening) | 5:45 p.m. | 17.45 h |
| six o'clock (in the evening) | 6 p.m. | 18.00 h |
| midnight<br>twelve o'clock | 12 a.m. | 24.00 h |
| half past twelve | 12:30 a.m. | 0.30 h |

Official time announcements in railway stations and airports as well as in timetables etc. are indicated as follows:

Offizielle Zeitangaben auf Bahnhöfen und Flugplätzen, in Fahr- und Flugplänen usw. werden wie folgt angegeben:

| | |
|---|---|
| 0800 [zero eight hundred hours] | 08.00 h |
| 0805 [zero eight zero five hours] | 08.05 h |
| 0830 [zero eight thirty hours] | 08.30 h |
| 1200 [twelve hundred hours] | 12.00 h |
| 2400 [twenty-four hundred hours] | 24.00 h |

**watch** [wɒtʃ] n
**be slow** [sləʊ]
**be fast** [fɑːst]
**set** [set] v
My watch is slow/fast. I'll have to set it (to the right time).

**(Armband-, Taschen-)Uhr** f
**nachgehen**
**vorgehen**
**stellen**
Meine Uhr geht nach/geht vor. Ich muss sie stellen.

**wind up** [waɪnd 'ʌp] v
This is an automatic watch. I don't need to wind it up.

**aufziehen**
Das ist eine Automatikuhr. Ich brauche sie nicht aufzuziehen.

**hand** [hænd] n
My watch has a second hand.

**Zeiger** m
Meine Uhr hat einen Sekundenzeiger.

**clock** [klɒk] n
The church clock strikes every hour.
The ticking of the clock drives me mad.

**Uhr** f
Die Kirchenuhr schlägt jede Stunde.
Das Ticken der Uhr macht mich verrückt.

**alarm clock** [ə'lɑːm .] n
I've set my alarm clock for 6:15 a.m.
This morning I didn't hear the alarm clock go off.

**Wecker** m
Ich habe den Wecker auf 6.15 h gestellt.
Heute Morgen habe ich den Wecker nicht klingeln gehört.

**watchmaker** ['wɒtʃmeɪkə] n
There are still many watchmakers left in Switzerland.

**Uhrmacher** m
In der Schweiz gibt es noch viele Uhrmacher.

**arrive ...** [ə'raɪv]
  **on time**
  **in time** (to do sth)

**... (an)kommen**
  **pünktlich**
  **rechtzeitig** (etw. zu tun)

| | |
|---|---|
| late [leɪt] | verspätet |
| (too) early ['ɜːli] | zu früh |
| at six o'clock on the dot | Punkt 6 Uhr |
| [ət 'sɪks əˌklɒk ɒn ðə 'dɒt] | |

**punctual** ['pʌŋktʃuəl] adj
I hate people who are not punctual for appointments.

**pünktlich**
Ich hasse es, wenn Leute nicht pünktlich zu ihren Verabredungen kommen.

**time shift** ['taɪm ʃɪft] n
The time shift between New York and Germany is 6 hours, e.g.:
New York = 9 a.m.
Germany = 3 p.m.

**Zeitverschiebung** f
Die Zeitverschiebung zwischen New York und Deutschland beträgt 6 Stunden, z.B.:
New York   =  9.00 h
Deutschland = 15.00 h

**time zone** ['taɪm zəʊn] n
There are 4 time zones in the USA:
1. Eastern Standard time
2. Central Standard time
3. Mountain Standard time
4. Pacific Standard time
The time shift between the different time zones is one hour. That is to say the difference between New York and San Francisco is three hours, e.g.:

New York   =  3 p.m.
San Francisco = 12 p.m.

**Zeitzone** f
In den USA gibt es vier Zeitzonen:
1. Eastern Standard Time
2. Central Standard Time
3. Mountain Standard Time
4. Pacific Standard Time
Die Zeitverschiebung zwischen den einzelnen Zeitzonen beträgt eine Stunde. Das heißt: Zwischen New York und San Francisco beträgt die Differenz 3 Stunden, z.B.:

New York   = 15.00 h
San Francisco = 12.00 h

● **Expression**

**like clockwork**
– How did the exam go?
– Good. It ran like clockwork.

**wie am Schnürchen**
– Wie war die Prüfung?
– Gut. Es lief wie am Schnürchen.

# 14.4  Das Datum

**date** [deɪt] n
– On which date is the meeting?
– On 8th January. [On the 8th of January.]
  Or: On January 8th. [On January the 8th.]

**Datum** n
– Wann findet das Treffen statt?
– Am 8. Januar.

On Thursday, August 10th.
[On Thursday, August the 10th.]
What date is it today?

*In a letter you write the date as follows:*

**18th December 2000**
[the 18th December 2000]

*In official documents you write the date as follows:*
**Tuesday 05/09/2000**[1]
**Thursday 19/10/2000**

**in (the year) 1983**
William Golding was awarded the Nobel Prize for literature in 1983.

**calendar** ['kælɪndə] *n*
We have a calendar hanging in our kitchen where we mark holidays and important appointments.

**diary** ['daɪəri] *n*
I've noted the date in my diary.

---

Am Donnerstag, dem 10. August.

Welches Datum haben wir heute?

*In einem Brief schreibt man das Datum wie folgt:*
**18. Dezember 2000**

*In offiziellen Schriftstücken schreibt man das Datum wie folgt:*
**Dienstag, 05. 09. 2000**
**Donnerstag, 19. 10. 2000**

**(im Jahre) 1983**
William Golding erhielt 1983 den Nobelpreis für Literatur.

**Kalender** *m*
In unserer Küche hängt ein Kalender, in den wir die Ferientage und wichtige Termine eintragen.

**Terminkalender** *m*
Ich habe das Datum in meinen Terminkalender eingetragen.

# 14.5  Das Jahr, der Monat, die Woche, der Tag

**year** [jɪə] *n*
The Olympic Games are taking place next year.
Last year we did not go on holiday.

We have not seen much of each other in the past few years.
When is Whitsun this year?

**annual** ['ænjuəl] *adj*
His annual income amounts to £ 35,000.

**month** [mʌnθ] *n*
The months are:
   **January** ['dʒænjuəri]
   **February** ['februəri]

---

**Jahr** *n*
Im nächsten Jahr finden die Olympischen Spiele statt.
Letztes Jahr sind wir nicht in Urlaub gefahren.
In den letzten Jahren haben wir uns wenig gesehen.
Wann ist dieses Jahr Pfingsten?

**Jahres-, jährlich**
Sein Jahreseinkommen beträgt 35.000 £.

**Monat** *m*
Die Monate heißen:
   **Januar**
   **Februar**

1 *AE:* Tuesday 09/05/2000, Thursday 10/19/2000

| | |
|---|---|
| **March** [mɑːtʃ] | **März** |
| **April** ['eɪprəl] | **April** |
| **May** [meɪ] | **Mai** |
| **June** [dʒuːn] | **Juni** |
| **July** [dʒuːˈlaɪ] | **Juli** |
| **August** ['ɔːgəst] | **August** |
| **September** [sepˈtembə] | **September** |
| **October** [ɒkˈtəʊbə] | **Oktober** |
| **November** [nəʊˈvembə] | **November** |
| **December** [dɪˈsembə] | **Dezember** |

This conference is taking place ...     Die Konferenz findet ... statt.
    **in May**     **im Mai**
    **at the beginning of June**     **Anfang Juni**
    **in the middle of August**     **Mitte August**
    **in mid-August**
    **at the end of September**     **Ende September**

**monthly** ['mʌnθli] *adj*     **Monats-, monatlich**
I go to school by bus and I have a monthly bus pass.     Ich fahre mit dem Bus in die Schule und habe eine Monatskarte.

**week** [wiːk] *n*     **Woche** *f*
The days of the week are:     Die Wochentage sind:
    **Monday** ['mʌndɪ]     **Montag**
    **Tuesday** ['tjuːzdɪ]     **Dienstag**
    **Wednesday** ['wenzdɪ]     **Mittwoch**
    **Thursday** ['θɜːzdɪ]     **Donnerstag**
    **Friday** ['fraɪdɪ]     **Freitag**
    **Saturday** ['sætədɪ]     **Samstag**
    **Sunday** ['sʌndɪ]     **Sonntag**

**on Mondays**     **montags**
**on Monday**     **am Montag**
On Mondays I go to the swimming-pool.     Montags gehe ich ins Schwimmbad.
On Monday I was held up.     Ich war am Montag verhindert.
I'll definitely come on Monday.     Am Montag komme ich bestimmt.

**two weeks**[1] [tu ˈwiːks]     **14 Tage**
Every two weeks he goes home.     Er fährt alle 14 Tage nach Hause.
Come back in two weeks' time, please.     Kommen Sie bitte in 14 Tagen wieder.

**weekend** [wiːkˈend] *n*     **Wochenende** *n*
Will you be at home this weekend?     Bist du am Wochenende zu Hause?
At the weekend[2] we generally leave the car in the garage and travel by bike or walk.     Am Wochenende lassen wir meistens das Auto in der Garage und fahren mit dem Fahrrad oder gehen zu Fuß.

1 *BE* auch: a fortnight
2 *AE*: on the weekend

199

**weekly** ['wiːkli] *adj*
Our weekly meeting was shifted from Tuesday to Thursday.

**Woche-, wöchentlich**
Unser wöchentliches Treffen wurde vom Dienstag auf den Donnerstag verlegt.

**day** [deɪ] *n*
– What day is it today?
– It's Tuesday today.
I have been waiting the whole day for your call.

**Tag** *m*
– Welchen Tag haben wir heute?
– Heute ist Dienstag.
Ich habe den ganzen Tag auf deinen Anruf gewartet.

**night** [naɪt] *n*
I don't like driving at night.

I couldn't sleep last night.
"Paris by night". What a fantastic experience.
Night is falling.

**Nacht** *f*
Ich fahre bei Nacht nicht gerne mit dem Auto.
Ich konnte letzte Nacht nicht schlafen.
„Paris bei Nacht". Was für ein tolles Erlebnis!
Die Nacht bricht herein.

**nightfall** ['naɪtfɔːl] *n*
We must reach our destination before nightfall.

**Einbruch** *m* **der Nacht**
Wir müssen unser Ziel vor Einbruch der Nacht erreichen.

We left ...
   **in the morning**
   **at midday**
   **in the afternoon**
   **at night**
   **at midnight**
   **this morning**

Wir sind ... aufgebrochen.
   **am Vormittag**
   **um 12 Uhr mittags**
   **am Nachmittag**
   **in der Nacht**
   **um Mitternacht**
   **heute Morgen**

**yesterday/the day before yesterday** ['jestədeɪ]
**today** [tə'deɪ]
**tomorrow/the day after tomorrow** [tə'mɒrəʊ]
**the next day** [nekst '.]
**the day before/the evening before** ['iːvnɪŋ]

**gestern/vorgestern**

**heute**
**morgen/übermorgen**

**am folgenden Tag**
**der (am) Tag zuvor/der (am) Vorabend**

**daily** ['deɪli] *adj*
Between 3 and 4 o'clock he takes his daily walk.
Daily life can be very exhausting.

**täglich**
Zwischen drei und vier Uhr macht er seinen täglichen Spaziergang.
Der Alltag kann sehr ermüdend sein.

**season** ['siːzn] *n*
The four seasons are:
   **spring** [sprɪŋ]
   **summer** ['sʌmə]

**Jahreszeit** *f*
Die vier Jahreszeiten sind:
   **Frühling**
   **Sommer**

**autumn**[1] ['ɔːtm]
**winter** ['wɪntə]
We always take our annual holiday in spring/in summer/in autumn/in winter.

**Herbst**
**Winter**
Wir nehmen unseren Jahresurlaub immer im Frühjahr/im Sommer/im Herbst/im Winter.

The Chancellor will travel to Moscow in the autumn.

Der Kanzler wird im Herbst nach Moskau fahren.

**seasonal** ['siːzənl] *adj*
Seasonal workers are employed during the grape harvest.

**Saison-**
Während der Weinlese werden Saisonarbeiter beschäftigt.

● **Expressions**

**never in a month of Sundays**
– When do you intend to marry?
– Never in a month of Sundays.

**nie**
– Wann beabsichtigst du zu heiraten?
– Nie.

**One swallow does not make a summer.**

**Eine Schwalbe macht noch keinen Sommer.**

**Rome was not built in a day.**

**Rom ist (auch) nicht an einem Tag erbaut worden.**

**save up for a rainy day**
He put a bit of money aside each month to save up for a rainy day.

**auf die hohe Kante legen**
Jeden Monat legte er etwas Geld auf die hohe Kante.

# 14.6 Die Astronomie

**astronomy** [ə'strɒnəmi] *n*
Astronomy is the scientific study of the stars.

**Astronomie** *f*
Die Astronomie ist die Wissenschaft von den Sternen.

**star** [stɑː] *n*
**shine** [ʃaɪn] *v*
The stars are shining in the sky.

**Stern** *m*
**leuchten, scheinen**
Die Sterne leuchten am Himmel.

**shooting star** [ˌʃuːtɪŋ 'stɑː] *n*
**meteor** ['miːtiə] *n*
Shooting stars are meteors which burn in the atmosphere.

**Sternschnuppe** *f*
**Meteor** *m*
Sternschnuppen sind Meteore, die in der Atmosphäre verglühen.

1 AE: fall

**planet** ['plænɪt] *n*
Copernicus discovered that the planets
revolve around the sun.

**Planet** *m*
Kopernikus entdeckte, dass die Planeten
sich um die Sonne drehen.

**constellation** [ˌkɒnstə'leɪʃn] *n*
My favourite constellation is Orion.

**Sternbild** *n*
Mein Lieblingssternbild ist der Orion.

**solar eclipse** [ˌsəʊlə ɪ'klɪps] *n*
On 11th August 1999 there was a total
solar eclipse. The moon covered the sun
and it was dark for a short time.

**Sonnenfinsternis** *f*
Am 11.8. 1999 gab es eine totale
Sonnenfinsternis. Der Mond verdeckte die
Sonne und für kurze Zeit war es dunkel.

**lunar eclipse** [ˌluːnə .'.] *n*
During a lunar eclipse the moon is in the
Earth's shadow and therefore cannot be
seen.

**Mondfinsternis** *f*
Bei einer Mondfinsternis befindet sich der
Mond im Schatten der Erde, und deshalb
können wir ihn nicht sehen.

**solar system** ['səʊlə ˌsɪstəm] *n*
There are billions of solar systems.

**Sonnensystem** *n*
Es gibt Milliarden von Sonnensystemen.

**sun** [sʌn] *n*
**moon** [muːn] *n*
**star** [stɑː] *n*
**Milky Way** [ˌmɪlki 'weɪ] *n*
**galaxy** ['gæləksi] *n*
**Plough** [plaʊ] *n*
**Venus** ['viːnəs] *n*
**comet** ['kɒmɪt] *n*
**starry sky** [ˌstɑːri 'skaɪ] *n*
**the heavens** ['hevnz] *n, pl*

**Sonne** *f*
**Mond** *m*
**Stern** *m*
**Milchstraße** *f*
**Galaxie** *f*, **Milchstraßensystem** *n*
**Große(r) Wagen** *m*
**Venus** *f*
**Komet** *m*
**Sternenhimmel** *m*
**Firmament** *n*

**telescope** ['telɪskəʊp] *n*
**observe** [əb'zɜːv] *v*
Astronomy is his hobby and he often
observes the stars through his telescope.

**Teleskop** *n*
**beobachten**
Er ist Hobbyastronom und beobachtet oft
mit seinem Teleskop die Sterne.

**observatory** [əb'zɜːvətəri] *n*
The most important observatories in the
USA are located in California.

**Observatorium** *n*, **Sternwarte** *f*
Die bedeutendsten Sternwarten der USA
befinden sich in Kalifornien.

**planetarium** [plænɪ'teəriəm] *n*
**orbit** ['ɔːbɪt] *n*
A planetarium is a room where the
changing positions of the stars and the
orbits of the planets are projected onto
an artificial sky.

**Planetarium** *n*
**(Umlauf-)Bahn** *f*
Ein Planetarium ist ein Raum, in dem die
wechselnden Positionen der Sterne und
die Umlaufbahnen der Planeten auf einen
künstlichen Himmel projiziert werden.

# 15.1 Die Tiere

**animal** ['ænɪml] *n*
Domestic animals live together with humans.
Wild animals live free in nature.

**Tier** *n*
Haustiere leben mit den Menschen zusammen.
Wilde Tiere leben frei in der Natur.

**fauna** ['fɔːnə] *n*
Darwin studied the fauna on the Galapagos Islands.

**Fauna** *f*, **Tierwelt** *f*
Darwin studierte die Tierwelt auf den Galapagosinseln.

**pet** [pet] *n*
Delphina has four pets: a dog, a cat and two hamsters.

**Haustier** *n*
Delphina hat vier Haustiere: einen Hund, eine Katze und zwei Hamster.

**male** *adj* /**the male (he** *informal*) [meɪl (hiː)]
**female** *adj* /**the female (she** *informal*) ['fiːmeɪl (ʃiː)]
Is your canary male or female? (Is your canary a he or a she?)

**männlich/das Männchen**

**weiblich/das Weibchen**

Ist dein Kanarienvogel ein Männchen oder ein Weibchen?

**kitten** ['kɪtn] *n*
**puppy** ['pʌpi] *n*
Our cat has had five kittens. Would you like one?
Our dog has had three puppies. Would you like one?

**das Junge** von einer Katze
**das Junge** von einem Hund
Unsere Katze hat fünf Junge bekommen. Möchtest du eines haben?
Unser Hund hat drei Junge bekommen. Möchtest du eines haben?

**bark** [bɑːk] *v*
**miaow** [miˈaʊ] *v*
**sing** [sɪŋ] *v*
**cock-a-doodle-doo** [ˌkɒk ə ˌduːdl ˈduː]
Dogs bark, cats miaow, birds sing and the cock goes cock-a-doodle-doo.

**bellen**
**miauen**
**singen**
**Kikeriki**
Hunde bellen, Katzen miauen, Vögel singen, der Hahn macht Kikeriki.

**bite** [baɪt] *v*
**sting** [stɪŋ] *v*
**catch** [kætʃ] *v*
Wild animals bite, insects sting and cats catch mice.

**beißen**
**stechen**
**fangen**
Wilde Tiere beißen, Insekten stechen, Katzen fangen Mäuse.

**kind** [kaɪnd] *n*
**species** ['spiːʃiːz] *n, sg and* pl

**Art** *f*, **Gattung** *f*

There are many kinds of birds (species of birds) in our garden.
– What kind of bird is that?
– It's a blackbird.
Pandas have been declared an endangered species and must not be hunted any more.

In unserem Garten gibt es viele Arten von Vögel.
– Was für ein Vogel ist das?
– Es ist eine Amsel.
Der Panda wurde zur bedrohten Art erklärt und darf nicht mehr gejagt werden.

| | |
|---|---|
| **mammals** ['mæmlz] *n, pl* | **Säugetiere** *n, Pl* |
| **dog/bitch** [dɒg/bɪtʃ] *n* | **Hund/Hündin** *m/f* |
| **cat/tomcat** [kæt/'tɒmkæt] *n* | **Katze/Kater** *f/m* |
| **mouse**, *pl* **mice** [maʊs, maɪs] *n* | **Maus** *f* |
| **horse** [hɔːs] *n* | **Pferd** *n* |
| **cow** [kaʊ] *n* | **Kuh** *f* |
| **calf**, *pl* **-ves** [kɑːf, -vz] *n* | **Kalb** *n* |
| **bull** [bʊl] *n* | **Stier** *m* |
| **sheep** [ʃiːp] *n, sg and pl* | **Schaf/e** *n/Pl* |
| **lamb** [læm] *n* | **Lamm** *n* |
| **goat** [gəʊt] *n* | **Ziege** *f* |
| **donkey** ['dɒŋki] *n* | **Esel** *m* |
| **pig** [pɪg] *n* | **Schwein** *n* |
| **guinea-pig** ['gɪni pɪg] *n* | **Meerschweinchen** *n* |
| **rat** [ræt] *n* | **Ratte** *f* |
| **squirrel** ['skwɪrəl] *n* | **Eichhörnchen** *n* |
| **rabbit** ['ræbɪt] *n* | **Kaninchen** *n* |
| **fox**, *pl* **-es** [fɒks, -ɪz] *n* | **Fuchs** *m* |
| **wolf**, *pl* **-ves** [wʊlf, -vz] *n* | **Wolf** *m* |
| **elephant** ['elɪfənt] *n* | **Elefant** *m* |
| **bear** [beə] *n* | **Bär** *m* |
| **tiger/tigress** ['taɪgə/'taɪgrɪs] *n* | **Tiger/Tigerin** *m/f* |
| **lion/lioness** ['laɪən/'laɪənɪs] *n* | **Löwe/Löwin** *m/f* |
| **panther** ['pænθə] *n* | **Panter** *m* |
| **cheetah** ['tʃiːtə] *n* | **Gepard** *m* |
| **leopard** ['lepəd] *n* | **Leopard** *m* |
| **zebra** ['zebrə] *n* | **Zebra** *n* |
| **giraffe** [dʒə'rɑːf] *n* | **Giraffe** *f* |
| **monkey** ['mʌŋki] *n* | **Affe** *m* |
| **whale** [weɪl] *n* | **Wal** *m* |
| **dolphin** ['dɒlfɪn] *n* | **Delfin** *m* |
| **birds** [bɛːdz] *n, pl* | **Vögel** *m, Pl* |
| **chicken** ['tʃɪkɪn] *n* | **Huhn** *n* |
| **cock/hen/chick** [kɒk/hen/tʃɪk] *n* | **Hahn** *m* /**Henne** *f* /**Küken** *n* |
| **goose**, *pl* **geese** [guːs, giːs] *n* | **Gans** *f* |
| **duck** [dʌk] *n* | **Ente** *f* |
| **turkey** ['tɜːki] *n* | **Truthahn** *m* |

| | |
|---|---|
| **swallow** ['swɒləʊ] n | **Schwalbe** f |
| **sparrow** ['spærəʊ] n | **Spatz** m |
| **lark** [lɑ:k] n | **Lerche** f |
| **blackbird** ['blækbɜ:d] n | **Amsel** f |
| **nightingale** ['naɪtɪŋgeɪl] n | **Nachtigall** f |
| **magpie** ['mægpaɪ] n | **Elster** f |
| **raven** ['reɪvn] n | **Rabe** m |
| **crow** [krəʊ] n | **Krähe** f |
| **owl** [aʊl] n | **Eule** f |
| **eagle** ['i:gl] n | **Adler** m |
| **pigeon** ['pɪdʒɪn] n | **Taube** f |
| **seagull** ['si:gʌl] n | **Möwe** f |
| **stork** [stɔ:k] n | **Storch** m |
| **canary** [kə'neəri] n | **Kanarienvogel** m |
| **parrot** ['pærət] n | **Papagei** m |
| **fish** [fɪʃ] n, sg and pl[1] | **Fisch/e** m/Pl |
| **trout** [traʊt] n | **Forelle** f |
| **carp** [kɑ:p] n | **Karpfen** m |
| **pike** [paɪk] n | **Hecht** m |
| **sardine** [sɑ:'di:n] n | **Sardine** f |
| **anchovy** ['æntʃəvi] n | **Sardelle** f |
| **salmon** ['sæmən] n | **Lachs** m |
| **sole** [səʊl] n | **Seezunge** f |
| **cod** [kɒd] n | **Kabeljau** m |
| **haddock** ['hædək] n | **Schellfisch** m |
| **tuna** ['tju:nə] n | **Tunfisch** m |
| **sword-fish** ['sɔ:d fɪʃ] n | **Schwertfisch** m |
| **shark** [ʃɑ:k] n | **Hai** m |
| **shellfish** ['ʃelfɪʃ] n, sg and pl | **Schalentier/e** n/Pl |
| **lobster** ['lɒbstə] n | **Hummer** m |
| **shrimps** [ʃrɪmps] n, pl | **Shrimps** Pl, **Krabben** Pl |
| **prawns** [prɔ:nz] n, pl | **Garnelen** f, Pl |
| **mussels** ['mʌslz] n, pl | **Muscheln** f, Pl |
| **oysters** ['ɔɪstəz] n, pl | **Austern** f, Pl |
| **insects** ['ɪnsekts] n, pl | **Insekten** n, Pl |
| **spider** ['spaɪdə] n | **Spinne** f |
| **fly,** pl **-ies** [flaɪ, -z] n | **Fliege** f |
| **mosquito** [məs'ki:təʊ] n | **Mücke** f |
| **bee** [bi:] n | **Biene** f |
| **wasp** [wɒsp] n | **Wespe** f |
| **louse** [laʊs] n | **Laus** f |
| **flea** [fli:] n | **Floh** m |

---

1 Z. B.: *Not one fish has taken the bait.* (Nicht ein Fisch hat angebissen.)/*I caught five fish yesterday.* (Ich habe gestern fünf Fische gefangen.)

| | |
|---|---|
| **bug** [bʌg] *n* | **Wanze** *f* |
| **grasshopper** ['grɑ:shɒpə] *n* | **Heuschrecke** *f* |
| **cricket** ['krɪkɪt] *n* | **Grille** *f* |
| **ant** [ænt] *n* | **Ameise** *f* |
| **butterfly,** *pl* **-ies** ['bʌtəflaɪ, -z] *n* | **Schmetterling** *m* |
| **caterpillar** ['kætəpɪlə] *n* | **Raupe** *f* |
| | |
| **reptiles** ['reptaɪlz] *n, pl* | **Reptilien** *n, Pl*, **Kriechtiere** *n, Pl* |
| **frog** [frɒg] *n* | **Frosch** *m* |
| **toad** [təʊd] *n* | **Kröte** *f* |
| **snake** [sneɪk] *n* | **Schlange** *f* |
| **crocodile** ['krɒkədaɪl] *n* | **Krokodil** *n* |
| **lizard** ['lɪzəd] *n* | **Eidechse** *f* |
| **tortoise** ['tɔːtəs] *n* | **Schildkröte** *f* |
| | |
| **snails** [sneɪlz] *n, pl* | **Schnecken** *f, Pl* |
| | |
| **game** [geɪm] *n* | **Wild** *n* |
| **deer** [dɪə] *n, sg and pl* | **Reh/e** *n/Pl* |
| **stag** [stæg] *n* | **Hirsch** *m* |
| **boar** [bɔː] *n* | **Wildschwein** *n* |
| **hare** [heə] *n* | **Hase** *m* |
| **pheasant** ['feznt] *n* | **Fasan** *m* |
| **partridge** ['pɑːtrɪdʒ] *n* | **Rebhuhn** *n* |
| **grouse** [graʊs] *n, sg and pl* | **Moorhuhn/Moorhühner** *n/Pl* |
| | |
| **muzzle** ['mʌzl] *n* | **Schnauze** *f*, **Maul** *n* |
| **beak** [biːk] *n* | **Schnabel** *m* |
| **feather** ['feðə] *n* | **Feder** *f* |
| **wing** [wɪŋ] *n* | **Flügel** *m* |
| **tail** [teɪl] *n* | **Schwanz** *m* |
| **fur** [fɜː] *n* | **Fell** *n* |
| **claw** [klɔː] *n* | **Kralle** *f* |

**rear** [rɪə] *v*
We reared the lamb with a baby's bottle.

**aufziehen**
Wir haben das Lamm mit der Flasche aufgezogen.

**feed** [fiːd] *v*
Before going to school Ben feeds his guinea-pig.

**füttern**
Bevor Ben in die Schule geht, füttert er sein Meerschweinchen.

**reproduce** [ˌriːprə'djuːs] *v*
**lay eggs** [leɪ 'egz]
Birds and fish reproduce by laying eggs.

**sich fortpflanzen**
**Eier legen**
Vögel und Fische pflanzen sich fort, indem sie Eier legen.

**brood** [bruːd] v
**hatch out** [hætʃ 'aʊt] v
Birds brood until the young hatch out of the eggs.

**brüten**
**ausschlüpfen**
Vögel brüten, bis die Jungen aus den Eiern schlüfen.

**nest** [nest] n
Birds build their nests in spring.

**Nest** n
Im Frühjahr bauen die Vögel ihre Nester.

**tend** [tend] v
**shepherd** ['ʃepəd] n
**flock** [flɒk] n
The flock of sheep was tended by a shepherd and two dogs.

**hüten**
**Hirt** m
**Herde** f
Die Schafherde wurde von einem Hirten und zwei Hunden gehütet.

**herd** [hɜːd] n
During the day the herd of cattle stay in the pasture and in the evening they return to the barn.

**Herde** f
Die Kuhherde ist tagsüber auf der Weide und kehrt abends in den Stall zurück.

**hunt** [hʌnt] v
**protect** [prə'tekt] v
Today elephants are protected and must no longer be hunted.

**jagen**
**schützen**
Elefanten sind heute geschützt und dürfen nicht mehr gejagt werden.

**hunter** ['hʌntə] n
**hide** [haɪd] n
The hunters watched the game from the hide.

**Jäger** m
**Hochstand** m
Die Jäger beobachteten das Wild vom Hochstand aus.

**go ...**
　**hunting** ['hʌntɪŋ]
　**angling** ['æŋglɪŋ]
　**fishing** ['fɪʃɪŋ]

**... gehen**
　**auf die Jagd**
　**zum Angeln**
　**zum Fischen**

**angler** ['æŋglə] n
**fisherman/fisherwoman**
['fɪʃəmən/'..wʊmən] n
This area is paradise for anglers.
In summer the fishermen go out to sea in their boats every morning at 5 a.m.

**Angler/in** m/f
**Fischer/in** m/f

Diese Gegend ist ein Paradies für Angler.
Im Sommer fahren die Fischer jeden Morgen um 5 Uhr mit ihren Booten aufs Meer hinaus.

**fishing rod** ['fɪʃɪŋ rɒd] n
I own a bamboo fishing rod.

**Angelrute** f
Ich besitze eine Angelrute aus Bambus.

**tame** [teɪm] v
This bird is easy to tame.

**zähmen**
Dieser Vogel lässt sich leicht zähmen.

**cage** [keɪdʒ] *n*
When we clean out its cage, the canary flies around the room.

**Käfig** *m*
Wenn wir den Käfig sauber machen, fliegt unser Kanarienvogel im Zimmer herum.

**aquarium** [ə'kweərɪəm] *n*
He enjoys watching the fish in the aquarium.

**Aquarium** *n*
Es macht ihm Spaß, die Fische im Aquarium zu beobachten.

**zoo** [zu:] *n*
I don't think that animals such as elephants and lions feel at home in a zoo.

**Zoo** *m*
Ich glaube nicht, dass sich Tiere wie Elefanten und Löwen in einem Zoo wohl fühlen.

**vet** [vet] *n*
The vet gave our cat an injection to make it well again.

**Tierarzt/Tierärztin** *m/f*
Der Tierarzt gab unserer Katze eine Spritze, um sie wieder gesund zu machen.

● **Expressions**

**get goose pimples**
The water was so cold that I got goose pimples.

**eine Gänsehaut bekommen**
Das Wasser war so kalt, dass ich eine Gänsehaut bekam.

**take the bull by the horns**
I told myself: don't hesitate and take the bull by the horns.

**den Stier bei den Hörnern packen**
Ich sagte mir: Zögere nicht und packe den Stier bei den Hörnern.

**have butterflies in one's stomach**
– How did the interview go?
– I think that I made a good impression although at the start I had butterflies in my stomach.

**ganz flau im Magen sein**
– Wie verlief das Vorstellungsgespräch?
– Ich glaube, ich habe einen guten Eindruck gemacht, obwohl mir anfangs ganz flau im Magen war.

**have kittens**
If my mother sees this mess she will have kittens.

**Zustände kriegen**
Wenn meine Mutter diese Unordnung sieht, kriegt sie Zustände.

**His bark is worse than his bite.**
– What's wrong?
– The boss is going mad because I didn't prepare the documents for the meeting.
– Don't worry. His bark is worse than his bite.

**Hunde, die bellen, beißen nicht.**
– Was ist denn los?
– Der Chef tobt, weil ich die Unterlagen für die Besprechung nicht vorbereitet habe.
– Nimm's nicht zu ernst. Hunde, die bellen, beißen nicht.

**have ants in the pants**
You have got ants in your pants, haven't you? Just sit down and relax.

**Hummeln im Hintern haben**
Du hast wohl Hummeln im Hintern. Setz dich mal hin und entspann dich.

**There are plenty more fish in the sea.**
– I'm so upset. Steven and I have split up.

– Don't worry. There are plenty more fish in the sea.

**Es gibt noch andere auf der Welt.**
– Ich bin total fertig. Steven und ich haben uns getrennt.

– Gräm dich nicht. Es gibt noch viele andere Männer auf der Welt.

# 15.2 **Die Pflanzen**

**plant** [plɑ:nt] n
**grow** [grəʊ] v
Plants grow particularly fast after a shower of rain.

**Pflanze** f
**wachsen**
Nach dem Regen wachsen die Pflanzen besonders schnell.

**flora** ['flɔ:rə] n
Pines and cypress trees are typical Mediterranean flora.

**Flora** f, **Pflanzenwelt** f
Pinien und Zypressen sind typisch für die Mittelmeerflora.

**vegetation** [ˌvedʒə'teɪʃn] n
The vegetation on this island is luxuriant.

**Vegetation** f
Die Vegetation auf dieser Insel ist üppich.

**tree** [tri:] n
**forest** ['fɒrɪst] n
**wood** [wʊd] n
**fir** [fɜ:] n
**spruce** [spru:s] n
**oak** [əʊk] n
**(weeping) willow** [(ˌwi:pɪŋ) 'wɪləʊ] n
**sycamore**[1] ['sɪkəmɔ:] n
**lime-tree** ['laɪm tri:] n
**poplar** ['pɒplə] n
**birch,** pl **-es** [bɜ:tʃ, -ɪz] n
**beech,** pl **-es** [bi:tʃ, -ɪz] n
**maple** ['meɪpl] n
**chestnut tree** ['tʃesnʌt tri:] n
**lilac** ['laɪlək] n

**Baum** m
**Wald** m
kleine(r) **Wald** m
**Tanne** f
**Fichte** f
**Eiche** f
**(Trauer-)Weide** f
**Platane** f
**Linde** f
**Pappel** f
**Birke** f
**Buche** f
**Ahorn** m
**Kastanienbaum** m
**Flieder** m

**bush,** pl **-es** [bʊʃ, -ɪz] n
**shrub** [ʃrʌb] n

**Strauch** m, **Busch** m

**hedge** [hedʒ] n

**Hecke** f

**fruit tree** ['fru:t tri:] n
**apple tree** ['æpl .] n
**pear tree** ['peə .] n
**cherry tree** ['tʃeri .] n
**plum tree** ['plʌm .] n

**Obstbaum** m
**Apfelbaum** m
**Birnbaum** m
**Kirschbaum** m
**Pflaumenbaum** m

1 AE: plane-tree

| | |
|---|---|
| **flower** ['flaʊə] n | **Blume** f |
| **rose, -s** [rəʊz, -ɪz] n | **Rose** f |
| **tulip** ['tjuːlɪp] n | **Tulpe** f |
| **carnation** [kɑːˈneɪʃn] n | **Nelke** f |
| **lily,** pl **-ies** ['lɪli, -z] n | **Lilie** f |
| **daffodil** ['dæfədɪl] n | **Narzisse** f |
| **sunflower** ['sʌnflaʊə] n | **Sonnenblume** f |
| **cowslip** ['kaʊslɪp] n | **Schlüsselblume** f |
| **lily of the valley** [ˌlɪli əv ðə ˈvæli] n | **Maiglöckchen** n |
| **forget-me-not** [fəˈget mi nɒt] n | **Vergissmeinnicht** n |
| **violet** ['vaɪələt] n | **Veilchen** n |
| **ox-eye daisy,** pl **-ies** [ˌɒks aɪ ˈdeɪzi, -z] n | **Margerite** f |
| **daisy,** pl **-ies** ['deɪzi, -z] n | **Gänseblümchen** n |
| **dandelion** ['dændɪlaɪən] n | **Löwenzahn** m |
| | |
| **leaf/** pl **leaves** [liːf/-vz] n | **Blatt** n/**Blätter** Pl, **Laub** n |
| **branch,** pl **-es** [brɑːnʃ, -ɪz] n | **Zweig** m |
| **trunk** [trʌŋk] n | **Baumstamm** m |
| **stem** [stem] n ⎫ | |
| **stalk** [stɔːk] n ⎭ | **Stängel** m, **Stiel** m |
| **thorn** [θɔːn] n | **Dorn** m, **Stachel** m |
| **cone** [kəʊn] n | **Tannenzapfen** m |
| **reed** [riːd] n | **Schilf(rohr)** n |
| **moss** [mɒs] n | **Moos** n |
| **algae** ['ældʒiː] n, sg and pl | **Alge/n** f/Pl |

**blossom** ['blɒsəm] n; v
By Whitsun everything is already in blossom.
The meadow flowers start to blossom in March.

**Blüte** f; **blühen**
An Pfingsten steht schon alles in Blüte.

Im März fangen die Wiesenblumen an zu blühen.

**wilt** [wɪlt] v
Unfortunately these roses have wilted very quickly.

**verwelken, verblühen**
Die Rosen sind leider sehr schnell verwelkt.

● **Expressions**

**No rose without a thorn.**

**Keine Rose ohne Dornen.**

**see everything in a rosy light**
He is an irrepressible optimist and always sees things in a rosy light.

**alles in einem rosigen Licht sehen**
Er ist ein unverwüstlicher Optimist und sieht immer alles in einem rosigen Licht.

**You cannot see the wood for the trees.**
Obviously he should have moved the knight but could not see the wood for the trees and lost the game.

**den Wald vor lauter Bäumen nicht sehen**
Ganz klar. Er hätte mit dem Springer ziehen müssen, aber er hat den Wald vor lauter Bäumen nicht gesehen und das Spiel verloren.

**pull sb's chestnuts out of the fire**

Don't think that I'll always pull your chestnuts out of the fire.

**für jdn. die Kastanien aus dem Feuer holen**
Bilde dir ja nicht ein, dass ich immer für dich die Kastanien aus dem Feuer hole.

# 15.3 Die Stoffe

**material** [mə'tɪərɪəl] n
A material can be ...
  **solid/liquid/gaseous**
  ['sɒlɪd/'lɪkwɪd/'gæsɪəs]
  **organic/inorganic**
  [ɔ:'gænɪk/ˌɪnɔ:'gænɪk]

**Stoff** m, **Materie** f
Ein Stoff kann ... sein.
  **fest/flüssig/gasförmig**

  **organisch/anorganisch**

**raw material** [ˌrɔ: .'..] n
Gold and diamonds are valuable raw materials.

**Rohstoff** m
Gold und Diamanten sind kostbare Rohstoffe.

**molecule** ['mɒlɪkju:l] n
A molecule is made up of two or more atoms.

**Molekül** n
Ein Molekül besteht aus zwei oder mehreren Atomen.

**element** ['elɪmənt] n
The Greeks believed that the world was made up of four elements: fire, water, air and earth.

**Element** n
Die Griechen glaubten, die Welt bestehe aus vier Elementen: aus Feuer, Wasser, Luft und Erde.

**water** ['wɔ:tə] n
**liquid** ['lɪkwɪd] n
Water is a colourless, odourless and tasteless liquid.

**Wasser** n
**Flüssigkeit** f
Das Wasser ist eine farblose, geruchlose und geschmacklose Flüssigkeit.

**oil** [ɔɪl] n
**vegetable** ['vedʒtəbl] adj
**mineral** ['mɪnərəl] adj
There are vegetable and mineral oils.

**Öl** n
**pflanzlich**
**mineralisch**
Es gibt pflanzliche und mineralische Öle.

| | |
|---|---|
| **air** [eə] n | **Luft** f |
| **gas** [gæs] n | **Gas** n |
| Air is a gas which is made up of the following elements: | Die Luft ist ein Gas, das sich aus folgenden Elementen zusammensetzt: |
|    **oxygen** ['ɒksɪdʒən] |    **Sauerstoff** m |
|    **hydrogen** ['haɪdrədʒən] |    **Wasserstoff** m |
|    **nitrogen** ['naɪtrədʒən] |    **Stickstoff** m |
| **mineral** ['mɪnərəl] n | **Mineral** n |
| **stone** [stəʊn] n | **Stein** m |
| **sand** [sænd] n | **Sand** m |
| **pebble** ['pebl] n | **Kieselstein** m |
| **rock** [rɒk] n | **Felsen** m |
| **marble** ['mɑːbl] n | **Marmor** m |
| **sandstone** ['sændstəʊn] n | **Sandstein** m |
| **granite** ['grænɪt] n | **Granit** m |
| **limestone** ['laɪmstəʊn] n | **Kalkstein** m |
| **clay** [kleɪ] n | **Ton** m |
| **terracotta** [ˌterə'kɒtə] n | **gebrannte/r Ton** m, **Terrakotta** f |
| **ceramics** [sɪ'ræmɪks] n | **Keramik** f |
| **porcelain** ['pɔːsəlɪn] n | **Porzellan** n |
| **china** ['tʃaɪnə] n | |
| **glass** [glɑːs] n | **Glas** n |
| **metal** ['metl] n | **Metall** n |
| **bronze** [brɒnz] n | **Erz** n |
| **iron** ['aɪən] n | **Eisen** n |
| **steel** [stiːl] n | **Stahl** m |
| **copper** ['kɒpə] n | **Kupfer** n |
| **gold** [gəʊld] n | **Gold** n |
| **silver** ['sɪlvə] n | **Silber** n |
| **tin** [tɪn] n | **Zinn** n |
| **aluminium** [ˌæljə'mɪniəm] n | **Aluminium** n |
| **brass** [brɑːs] n | **Messing** n |
| **zinc** [zɪŋk] n | **Zink** n |
| **wood** [wʊd] n | **Holz** n |
| **plastic** ['plæstɪk] n | **Plastik** n, **Kunststoff** m |
| **rubber** ['rʌbə] n | **Gummi** m |
| **terracotta vase** [ˌterəˌkɒtə 'vɑːz] n | **Tonvase** f |
| **ceramic tile** [sɪˌræmɪk 'taɪl] n | **Keramikfliese** f |
| **plastic cup** [ˌplæstɪk 'kʌp] n | **Plastikbecher** m |

## ● Expressions

**All that glitters is not gold.**

**Es ist nicht alles Gold, was glänzt.**

**vanish into thin air**
I've looked everywhere but my glasses seem to have vanished into thin air.

**sich in Luft auflösen**
Ich habe alles abgesucht, aber meine Brille scheint sich in Luft aufgelöst zu haben.

**get into hot water**
If customs catch you doing that you'll really get into hot water.

**in des Teufels Küche kommen**
Wenn du damit beim Zoll erwischt wirst, wirst du bestimmt in des Teufels Küche kommen.

**have several irons in the fire**
He is a clever chap who always has serveral irons in the fire.

**mehrere Eisen im Feuer haben**
Er ist ein kleverer Kerl, der immer mehrere Eisen im Feuer hat.

**Speech is silver and silence is golden.**

**Reden ist Silber, Schweigen ist Gold.**

# 15.4 Die Farben

**colour** ['kʌlə] *n*
What colour is your new car?
Miro used bright colours.
The leaves start to change colour at the beginning of October.

**Farbe** *f*
Welche Farbe hat dein neues Auto?
Miro verwendete leuchtende Farben.
Anfang Oktober beginnt das Laub sich bunt zu färben.

**colourful** ['kʌləfl] *adj*
**plain-coloured** [pleɪn 'kʌləd] *adj*
She loves colourful bunches of flowers.
This colourful blouse is beautiful but I prefer plain-coloured clothes.

**bunt**
**einfarbig**
Sie liebt bunte Blumensträuße.
Diese bunte Bluse ist schön, aber ich bevorzuge einfarbige Kleidungsstücke.

**colourless** ['kʌlələs] *adj*
This small box is coated with a colourless varnish.

**farblos**
Das Kästchen ist mit farblosem Lack überzogen.

**paint** [peɪnt] *v*
Why have you painted the trees blue?

**(an)malen**
Warum hast du die Bäume blau (an)gemalt?

| | | | |
|---|---|---|---|
| **red** [red] *adj*[1] | **chestnut** ['tʃesnʌt] | rot | kastanienbraun |
| **blue** [bluː] | **violet** ['vaɪələt] | blau | violett |
| **light blue** [laɪt '.] | **purple** ['pɜːpl] | hellblau | lila |
| **dark blue** [dɑːk '.] | **white** [waɪt] | dunkelblau | weiß |

1 *adj* bezieht sich auch auf die folgenden Stichwörter in dieser Kolonne.

| | | | |
|---|---|---|---|
| **yellow** ['jeləʊ] | **black** [blæk] | gelb | schwarz |
| **green** [gri:n] | **grey** [greɪ] | grün | grau |
| **brown** [braʊn] | | braun | |

**shade** [ʃeɪd] *n*
Monet was a master of the different shades of blue.

**Farbton** *m*
Monet war ein Meister der verschiedenen Blautöne.

**dye** [daɪ] *v*
She has had her hair dyed.

**färben**
Sie hat sich die Haare färben lassen.

**discolour** [dɪs'kʌlə] *v*
My pullover discoloured during washing.

**sich verfärben, die Farbe verlieren**
Mein Pullover hat sich beim Waschen verfärbt.

**run** [rʌn] *v*
The colour from my T-shirt has run onto the rest of the washing.

**auslaufen, abfärben**
Mein T-Shirt hat auf die ganze Wäsche abgefärbt.

## ● Expressions

**see red**
When I hear such things I see red.

**rot sehen, wütend werden**
Wenn ich so etwas höre, sehe ich rot.

**be as red as a lobster**
After two hours of sunbathing he was as red as a lobster.

**krebsrot**
Nach zwei Stunden Sonnenbad war er krebsrot.

**go green with envy**
When he saw his former class mate drive past in a Rolls Royce he went green with envy.

**vor Neid grün werden**
Als er seinen ehemaligen Klassenkameraden in einem Rolls Royce vorbeifahren sah, wurde er grün vor Neid.

# 16.1 Erdkunde

**geography** [dʒɪ'ɒɡrəfi] n
**geographical** [ˌdʒɪə'ɡræfɪkl] adj
Geography has always been her favourite subject.
I only have a very vague idea of the geographical location of the Fiji Islands.

What are the geographical features of the Orkney Islands?

**Erdkunde** f, **Geografie** f
**geografisch**
Erdkunde war schon immer ihr Lieblingsfach.
Ich habe nur eine sehr vage Vorstellung von der geografischen Lage der Fidschi-inseln.
Was ist für die Orkneyinseln charakteristisch?

**come into existence** [ɪɡ'zɪstəns]
The Alps are a young mountain range. They came into existence after the Black Forest.

**entstehen**
Die Alpen sind ein junges Gebirge. Sie entstanden nach dem Schwarzwald.

**discover** [dɪs'kʌvə] v
In 1497 Vasco da Gama discovered the sea route to India.

**entdecken**
Vasco da Gama entdeckte 1497 den Seeweg nach Indien.

**explore** [ɪk'splɔː] v
Christopher Columbus discovered the New World and explored the Mexican coast.

**erforschen, erkunden**
Christoph Columbus entdeckte die Neue Welt und erkundete die Küste von Mexiko.

**explorer** [ɪk'splɔːrə] n
16th century explorers were both adventurers and geographers.

**Entdecker/in** m/f; **Forscher/in** m/f
Die Entdecker des 16. Jahrhunderts waren gleichzeitig Abenteurer und Geografen.

**countryside** ['kʌntrɪsaɪd] n
The countryside to the south-east of London is one of the most beautiful in England.

**Landschaft** f, **Land** n
Die Landschaft südöstlich von London ist eine der schönsten in England.

**scenery** ['siːnəri] n
The detour into the mountains was worth it. I have seldom seen such glorious scenery.

malerische **Landschaft** f
Der Abstecher in die Berge hat sich gelohnt. Ich habe selten eine so herrliche Landschaft gesehen.

**area** ['eəriə] n
The Kaiserstuhl mountain range, north-west of Freiburg, is one of the sunniest areas in Germany.

**Gebiet** n, **Gegend** f
Das Kaiserstuhl-Gebirge nordwestlich von Freiburg ist eine der sonnigsten Gegenden Deutschlands.

**region** ['ri:dʒən] n
The mountainous regions of Great Britain are situated to the west (Wales) and to the north (the Scottish Highlands).

**Region** f
Die Gebirgsregionen von Großbritannien liegen im Westen (Wales) und im Norden (das Schottische Hochland).

**belt** [belt] n
The Sunbelt stretches from Florida to California in the south of the USA.

**Gürtel** m, **Zone** f
Die Sonnenzone erstreckt sich im Süden der USA von Florida bis Kalifornien.

**map** [mæp] n — **Landkarte** f
**atlas** ['ætləs] n — **Atlas** m
**universe** ['ju:nɪvɜ:s] n — **Universum** n
**earth** [ɜ:θ] n — **Erde** f
**globe** [ɡləʊb] n — **Erdkugel** f
**world** [wɜ:ld] n — **Welt** f
**continent** ['kɒntɪnənt] n — **Kontinent** m

**earth's surface** [ɜ:θs 'sɜ:fɪs] n — **Erdoberfläche** f
**land** [lænd] n — **Land** n
**ground** [ɡraʊnd] n — **Boden** m
**sea** [si:] n — **Meer** n
**seabed** ['si:bed] n — **Meeresgrund** m
**sea level** ['. ,levl] n — **Meeresspiegel** m
**mainland** ['meɪnlænd] n — **Festland** n
**island** ['aɪlənd] n — **Insel** f
**peninsula** [pə'nɪnsjələ] n — **Halbinsel** f
**coast** [kəʊst] n — **Küste** f
**tides** [taɪdz] n, pl — **Gezeiten** Pl
**low tide/high tide** ['ləʊ taɪd/'haɪ .] n — **Ebbe** f/ **Flut** f
**plain** [pleɪn] n — **Ebene** f
**plateau** ['plætəʊ] n — **Hochebene** f
**valley** ['væli] n — **Tal** n
**basin** ['beɪsn] n — **Becken** n
**mountain** ['maʊntən] n — **Berg** m, **Gebirge** n
**mountain range** ['.. ,reɪndʒ] n — **Gebirgskette** f
**ridge** [rɪdʒ] n — **Gebirgskamm** m
**hill** [hɪl] n — **Hügel** m
**volcano, pl -oes** [vɒl'keɪnəʊ, -z] n — **Vulkan** m
**summit** ['sʌmɪt] n — **Gipfel** m
**peak** [pi:k] n — **Gipfel** m; **Berg** m mit hohem Gipfel
**rock** [rɒk] n — **Felsen** m
**cliff** [klɪf] n — **Klippe** f, **Steilküste** f
**glacier** ['ɡlæsiə] n — **Gletscher** m

**river** ['rɪvə] n — **Fluss** m, **Strom** m
**tributary, pl -ies** ['trɪbjətri, -z] n — **Nebenfluss** m

| | |
|---|---|
| **source** [sɔːs] *n* | **Quelle** *f* |
| **mouth** [maʊθ] *n* | **Mündung** *f* |
| **estuary,** *pl* **-ies** ['estʃuəri, -z] *n* | große **Mündung** *f* |
| **waterfall** ['wɔːtəfɔːl] *n* | **Wasserfall** *m* |
| **canal** [kə'næl] *n* | **Kanal** *m* |
| **lock** [lɒk] *n* | **Schleuse** *f* |
| **river bank** ['rɪvə bæŋk] *n* | **Ufer** *n* |
| **shore** [ʃɔː] *n* | **Küste** *f*, **Ufer** *n* |
| **lake** [leɪk] *n* | **See** *m* |
| **swamp** [swɒmp] *n* | **Sumpf** *m* |
| **marsh** [mɑːʃ] *n* | **Moor** *n* |
| **desert** ['desət] *n* | **Wüste** *f* |
| **(sub-)tropical region** [(sʌb)'trɒpɪkl ˌriːdʒən] *n* | **(sub)tropische Zone** *f* |

| | |
|---|---|
| **the north/the south**[1] [nɔːθ/saʊθ] | **der Norden/der Süden** |
| **the east/the west** [iːst/west] | **der Osten/der Westen** |
| **the north-east/the south-west** [nɔːθ 'iːst/saʊθ 'west] | **der Nordosten/der Südwesten** |
| Which way is north? | Wo liegt Norden? |
| The wind comes mainly from the west. | Die meiste Zeit kommt der Wind aus Westen. |
| Swallows fly south in autumn. | Im Herbst fliegen die Schwalben nach Süden. |

| | |
|---|---|
| **be situated** ['sɪtʃueɪtɪd] <br> **be located** [ləʊ'keɪtɪd] | **liegen** |
| – Where is this town situated (located)? | – Wo liegt diese Stadt? |
| – It's situated (located) ... | – Sie liegt ... |
| on the Thames | an der Themse |
| at the mouth of the River Tyne | an der Mündung des Tynes |
| on the left/right bank | auf dem linken/rechten Ufer |
| on the coast | an der Küste, am Meer |
| on the Atlantic coast | am Atlantik |
| at the foot of the Alps | am Fuße der Alpen |

| | |
|---|---|
| **lie** [laɪ] *v* | **liegen** |
| The village, high up in the mountains, lies on a sunny plateau. | Das Dorf im Hochgebirge liegt auf einem Sonnenplateau. |
| The Orkney Islands lie north-east of Scotland. | Die Orkneyinseln liegen im Nordosten von Schottland. |

| | |
|---|---|
| **the source of a river is ...** <br> **rise** [raɪz] *v* | **entspringen** |
| Where is the source of the River Trent? (Where does the River Trent rise?) | Wo entspringt der Trent? |

---

1 Bezeichnen *north/south* usw. einen Landesteil, dann werden sie groß geschrieben. Z. B.: *the South of the USA/the North of England.*

**flow** [fləʊ] v
The Tay, the longest river in Scotland,
flows through Perth and then into the
North Sea.

**meet** [miːt] v
The Mississippi and its main tributary the
Missouri meet north of St. Louis.

**stretch** [stretʃ] v
The Lake District stretches from Penrith
in the north to Morecambe Bay in the
south.

**natural border** [ˌnætʃrəl ˈbɔːdə] n
The Cheviot Hills form a natural border
between England and Scotland.

**separate** [ˈsepəreɪt] v
**link** [lɪŋk] v
The English Channel separates Great
Britain from France.
The Oregon trail and the Santa Fe trail
linked the east and the west coasts of
America in the 19th century.

**climb** [klaɪm] v
**come down** [kʌm ˈdaʊn] v
**descend** [dɪˈsend] v
In 1953 Edmund Hillary was the first to
climb Mount Everest.
It took us an hour to descend (to come
down) the mountain.

**a ... climate** [ˈklaɪmət]
  **hot/cold/mild** [hɒt/kəʊld/maɪld]
  **damp/dry** [dæmp/draɪ]

**be exposed to ...** [ɪkˈspəʊzd]
  **the wind/the sun/the rain**
  [wɪnd/sʌn/reɪn]

**be protected from sth** [prəˈtektɪd]
The vineyard is protected from the west
wind.

**natural disaster** [ˌnætʃrəl dɪˈzɑːstə] n
**earthquake** [ˈɜːθkweɪk] n

**fließen, münden**
Der Tay, der längste Fluss Schottlands,
fließt durch Perth und dann in die
Nordsee.

**zusammenlaufen, sich vereinigen**
Der Mississippi und sein größter Neben-
fluss, der Missouri, fließen nördlich von
St. Louis zusammen.

**sich erstrecken**
Der Lake District erstreckt sich von
Penrith im Norden bis Morecambe Bay im
Süden.

**natürliche Grenze** f
Die Cheviot Hills bilden eine natürliche
Grenze zwischen England und Schottland.

**trennen**
**verbinden**
Der Ärmelkanal trennt Großbritannien
von Frankreich.
Der Oregon Trail und der Santa Fe Trail
verbanden im 19. Jh. die Ostküste
Amerikas mit der Westküste.

**besteigen, hinaufsteigen**

**herab-, hinabsteigen**

1953 bestieg Edmund Hillary als erster
den Mount Everest.
Wir sind in einer Stunde den Berg
hinabgestiegen.

**ein ... Klima**
  **heißes/kaltes/mildes**
  **feuchtes/trockenes**

**... ausgesetzt sein**
  **dem Wind/der Sonne/dem Regen**

**vor etw. geschützt sein**
Der Weinberg ist vor dem Westwind
geschützt.

**Naturkatastrophe** f
**Erdbeben** n

Natural disasters can be caused by floods, storms[1] or earthquakes.

Naturkatastrophen können durch Überschwemmungen, Stürme oder Erdbeben verursacht werden.

| | |
|---|---|
| **Rhine Plain** ['raɪn pleɪn] *n* | **Rheinebene** *f* |
| **Black Forest** [blæk 'fɒrɪst] *n* | **Schwarzwald** *m* |
| **Alps** [ælps] *n, pl* | **Alpen** *Pl* |
| **Pyrenees** [ˌpɪrə'niːz] *n, pl* | **Pyrenäen** *Pl* |
| **Scottish Highlands** [ˌskɒtɪʃ 'haɪləndz] *n, pl* | **Schottische(s) Hochland** *n* |
| **Rocky Mountains** [ˌrɒki '..] *n, pl* | **Rocky Mountains** *Pl* |

| | |
|---|---|
| **Atlantic Ocean** [ətˌlæntɪk 'əʊʃən] *n* | **Atlantik** *m* |
| **Pacific Ocean** [pəˌsɪfɪk '..] *n* | **Pazifik** *m* |
| **Mediterranean** [ˌmedɪtə'reɪnɪən] *n* | **Mittelmeer** *n* |
| **North Sea** [nɔːθ 'siː] *n* | **Nordsee** *f* |
| **Baltic Sea** [ˌbɔːltɪk '.] *n* | **Ostsee** *f* |
| **Irish Sea** [ˌaɪrɪʃ '.] *n* | **Irische See** *f* |
| **English Channel** [ˌɪŋglɪʃ 'tʃænəl] *n* | **Ärmelkanal** *m* |
| **Channel Islands** [ˌ.. 'aɪləndz] *n, pl* (Guernsey, Jersey, Alderney) | **Kanalinseln** *Pl* (Guernsey, Jersey, Alderney) |

| | |
|---|---|
| **Thames** [temz] *n* | **Themse** *f* |
| **Mississippi** [ˌmɪsɪ'sɪpɪ] *n* | **Mississippi** *m* |

| | |
|---|---|
| **Europe** ['jʊərəp] *n* | **Europa** *n* |
| **Asia** ['eɪʃə] *n* | **Asien** *n* |
| **Africa** ['æfrɪkə] *n* | **Afrika** *n* |
| **(South/North) America** [(saʊθ/nɔːθ) ə'merɪkə] *n* | **(Süd-/Nord-)Amerika** *n* |
| **Central America** [ˌsentrəl '.'...] *n* | **Mittelamerika** *n* |
| **Mexico** ['meksɪˌkəʊ] *n* | **Mexiko** *n* |
| **Gulf of Mexico** [ˌgʌlf əv '...] *n* | **Golf von Mexiko** *m* |
| **Caribbean Sea** [kəˌrɪbɪən 'siː] *n* | **karibische(s) Meer** *n* |
| **West Indies** [west 'ɪndɪz] *n, pl* | **Antillen** *Pl* |
| **Hawaii** [hə'waɪɪ] *n* | **Hawaii** *n* |

| | |
|---|---|
| **Australia** [ɒ'streɪlɪə] *n* | **Australien** *n* |
| **New Zealand** [njuː 'ziːlənd] *n* | **Neuseeland** *n* |
| **the West** [west] *n* | **der Westen, das Abendland** |
| **Western Europe** [ˌwestən 'jʊərəp] *n* | **Westeuropa** *n* |
| **the East** [iːst] *n* | **der Osten** |
| **the Middle East/the Far East** [ˌmɪdl './fɑː '.] | **der Nahe Osten/der Ferne Osten** |
| **North Pole/South Pole** [pəʊl] *n* | **Nordpol** *m*/**Südpol** *m* |
| **equator** [ɪ'kweɪtə] *n* | **Äquator** *m* |

1 Zu *storm* s. auch S. 192.

## ● Expressions

**The coast is clear.**
You can now come out of your
hiding-place. The coast is clear.

**Die Luft ist rein.**
Du kannst jetzt aus deinem Versteck
herauskommen. Die Luft ist rein.

**have both feet firmly on the ground**
He has a more romantic disposition; she
however has both her feet firmly on the
ground.

**mit beiden Füßen auf der Erde stehen**
Er ist mehr romantisch veranlagt; sie
dagegen steht mit beiden Füßen fest auf
der Erde.

**make a mountain out of a molehill**

OK, I've spilt some red wine. But there is
no need to make a mountain out of a
molehill.

**aus einer Mücke einen Elefanten
machen**
Gut, ich habe etwas Rotwein verschüttet.
Aber mach deswegen aus einer Mücke
nicht gleich einen Elefanten.

# 16.2 Geschichte

**history** ['hɪstri] *n*
Do you think that humans can learn from
history?

**Geschichte** *f*
Glaubst du, dass der Mensch aus der
Geschichte lernen kann?

**historic**[1] [hɪ'stɒrɪk] *adj*
**historical**[2] ['..l] *adj*
**event** [ɪ'vent] *n*
The reunification of Germany was a
historic event.
You have to see these events in their
historical context.

**geschichtlich, historisch**

**Ereignis** *n*
Die Wiedervereinigung Deutschlands war
ein historisches Ereignis.
Diese Ereignisse muss man im
geschichtlichen Zusammenhang sehen.

**background** ['bækgraʊnd] *n*
The French Revolution forms the
background to this film.

**Hintergrund** *m*
Die Französische Revolution bildet den
Hintergrund dieses Films.

**Celt** [kelt] *n*
**Celtic** ['keltɪk] *adj*
The Celts lived in Western Europe when
the Romans conquered it.
The Celtic language has survived to the
present day. Varying forms are still spoken
today in Ireland, Wales, Scotland,
Cornwall and Brittany.

**Kelte/Keltin** *m/f*
**keltisch**
Als die Römer Westeuropa eroberten,
lebten dort die Kelten.
Die keltische Sprache hat bis in die
Gegenwart überlebt. In unterschiedlicher
Form wird sie heute noch in Irland,
Wales, Schottland, Cornwall und der
Bretagne gesprochen.

1 *historic* = historisch bedeutend
2 *historical* = auf historischen Fakten beruhend

**Briton** ['brɪtn] n
**Britain** ['brɪtn] n
The Romans called the Celts Britons and
their country Britain.

**Brite/Britin** m/f
**Britannien** n
Die Römer nannten die Kelten Briten und
ihr Land Britannien.

**Roman** ['rəʊmən] n
Although Caesar had already landed in
Britain in 55 BC [bi: 'si:], the Romans did
not settle there until 43 AD [eɪ 'di:].

**Römer/in** m/f
Obwohl Cäsar schon 55 v. Chr. in
Britannien gelandet war, ließen sich die
Römer dort erst 43 n. Chr. nieder.

**Roman Empire** [‚.. 'empaɪə] n
**Hadrian's Wall** [‚heɪdrɪənz 'wɔ:l] n
In order to protect the Roman Empire
against attacks from the north, Emperor
Hadrian had a wall constructed. It ran
close along what is today the border
between England and Scotland and is
called Hadrian's Wall.

**römische(s) Welt-, Kaiserreich** n
**Hadrianswall** m
Um das römische Weltreich gegen
Angriffe aus dem Norden zu schützen,
ließ Kaiser Hadrian einen Wall errichten.
Dieser verlief nahe der heutigen Grenze
zwischen England und Schottland und
heißt Hadrianswall.

**Germanic** [dʒɜ:'mænɪk] adj
**tribe** [traɪb] n
**Angles and Saxons**
['æŋglz ənd 'sæksnz] n, pl
In the 5th century two Germanic tribes,
the Angles and the Saxons, conquered
Britain.

**germanisch**
**Stamm** m
**Angeln und Sachsen** Pl

Im 5. Jahrhundert eroberten zwei
germanische Stämme, die Angeln und
die Sachsen, Britannien.

**Norman** ['nɔ:mən] n
**William the Conqueror**
[‚wɪljəm ðə 'kɒŋkərə]
In 1066 the Normans, led by William the
Conqueror, defeated the Anglo-Saxons at
the Battle of Hastings.

**Normanne/Normannin** m/f
**Wilhelm der Eroberer**

1066 schlugen die Normannen unter
Wilhelm dem Eroberer in der Schlacht bei
Hastings die Angelsachsen.

**prehistoric** [‚pri:hɪ'stɒrɪk] adj
**age** [eɪdʒ] n
One of the most impressive monuments
of the prehistoric age is Stonehenge in the
south of England.

**vorgeschichtlich**
**Zeitalter** n
Eines der eindrucksvollsten Monumente
vorgeschichtlicher Zeit ist Stonehenge in
Südengland.

**stone age** ['stəʊn .] n
**bronze age** ['brɒnz .] n
**iron age** ['aɪən .] n

**Steinzeit** f
**Bronzezeit** f
**Eisenzeit** f

**antiquity** [æn'tɪkwəti] n
Our conception of art is greatly
influenced by Greek and Roman antiquity.

**Antike** f; **Antiquität** f
Unsere Auffassung von Kunst ist sehr von
der griechischen und römischen Antike
beeinflusst.

Our museum owns a collection of Roman antiquities.

Unser Museum besitzt eine Sammlung römischer Antiquitäten.

**antique** [æn'tiːk] *n, adj*
In the old town of Brighton there are a lot of antiques shops.
That is an antique piece of furniture.

**Antiquität** *f;* **antik**
In der Altstadt von Brighton gibt es viele Antiquitätengeschäfte.
Das ist ein antikes Möbelstück.

**ancient** ['eɪnʃənt] *adj*
Ancient Greece has always inspired me.

**antik**
Das antike Griechenland hat mich schon immer begeistert.

**archaeology** [ˌɑːkiˈɒlədʒi] *n*
**remains** [rɪˈmeɪnz] *n, pl*
Archaeology is concerned with the remains of former civilisations.

**Archäologie** *f*
**Überreste** *Pl*
Die Archäologie befasst sich mit den Überresten vergangener Kulturen.

**excavations** [ˌekskəˈveɪʃnz] *n, pl*
**ruins** ['ruːɪnz] *n, pl*
The ruins of Roman baths were discovered during recent excavations.

**Ausgrabungen** *Pl*
**Ruine/n** *f/Pl*
Bei neueren Ausgrabungen wurden die Ruinen eines römischen Bades entdeckt.

**Middle Ages** [ˌmɪdl ˈeɪdʒɪz] *n, pl*
The Church was powerful and rich in the Middle Ages.

**Mittelalter** *n*
Im Mittelalter war die Kirche mächtig und reich.

**medieval** [ˌmediˈiːvl] *adj*
York is a medieval town.

**mittelalterlich**
York ist eine mittelalterliche Stadt.

**Renaissance** [rɪˈneɪsns] *n*
Renaissance art began in Italy in the 14th century.

**Renaissance** *f*
Die Kunst der Renaissance begann in Italien im 14. Jahrhundert.

**Enlightenment** [ɪnˈlaɪtnmənt] *n*
The 18th century is called the Age of Enlightenment.

**Aufklärung** *f*
Das 18. Jahrhundert wird das Jahrhundert der Aufklärung genannt.

**modern** ['mɒdn] *adj*
She studies modern history at Manchester University.

**modern, neuzeitlich**
Sie studiert Geschichte der Neuzeit an der Universität von Manchester.

**civilization** [ˌsɪvəlaɪˈzeɪʃn] *n*
Our civilization is based upon antiquity and Christianity.

**Zivilisation** *f*
Unsere Zivilisation beruht auf der Antike und dem Christentum.

**culture** ['kʌltʃə] *n*
The Spanish destroyed the Inca culture.

**Kultur** *f*
Die Spanier zerstörten die Kultur der Inkas.

**Eastern** [ˈiːstən] *adj*
**Western** [ˈwestən] *adj*
Eastern and Western cultures meet on
the Mediterranean coast.

**östlich**
**westlich**
Am Mittelmeer treffen die östliche und
westliche Kultur aufeinander.

**century** [ˈsentʃəri] *n*
**epoch** [ˈiːpɒk] *n*
**period** [ˈpɪərɪəd] *n*
**peak period** [piːk ˈ...] *n*

**Jahrhundert** *n*
**Epoche** *f*, **Zeit** *f*
**Zeit** *f*, **Zeitabschnitt** *m*
**Glanzzeit** *f*, **Höhepunkt** *m*

**These events took place ...**
    in (the year) 1789
    in the 19th century
    at the time of Queen Victoria
    during the reign of Elizabeth II
    at the start of the 13th century
    in the first half of the 20th century
    towards the end of the Second World
    War
    during the period after the war
    in the 1920s, 1960s

**Diese Ereignisse fanden ... statt.**
    (im Jahre) 1789
    im 19. Jh.
    zur Zeit von Königin Victoria
    unter der Regentschaft von Elizabeth II.
    Anfang des 13. Jh.
    in der 1. Hälfte des 20. Jh.
    gegen Ende des Zweiten Weltkriegs

    in der Zeit nach dem Krieg
    in den 20er, 60er Jahren

**last from ... until ...** [lɑːst] *v*
The First World War lasted from 1914
until 1918.

**dauern von ... bis**
Der Erste Weltkrieg dauerte von 1914 bis
1918.

**date from** [deɪt] *v*
**date back to** *v*
This stone bridge dates from Roman
times. (... dates back to Roman times.)

**stammen aus, datieren**

Diese Steinbrücke stammt aus der
römischen Zeit.

**go back to** [bæk] *v*
**originate from sth** [əˈrɪdʒɪneɪt] *v*
Our calendar goes back to Pope Gregory
who reformed the Roman calendar in
1582.
A large part of our legal system originates
from Roman law.

**zurückgehen auf**

Unser Kalender geht auf Papst Gregor
zurück, der 1582 den römischen Kalender
reformierte.
Große Teile unseres Rechtswesens gehen
auf das Römische Recht zurück.

**be at the root of sth** [ruːt]
The different social and economic systems
of the North and the South were at the
root of the American Civil War.

**seinen Ursprung in etw. haben**
Der amerikanische Bürgerkrieg hatte
seinen Ursprung in den unterschiedlichen
sozialen und wirtschaftlichen Systemen
des Nordens und des Südens.

**mark** [mɑːk] v
The period from 1979 until 1990 was marked by Margaret Thatcher, Great Britain's first female Prime Minister.

**prägen**
Die Zeit von 1979 bis 1990 wurde geprägt von Margaret Thatcher, Großbritanniens erster Premierministerin.

**turning point** ['tɜːnɪŋ pɔɪnt] n
The battle of Gettysburg (1863) was the turning point in the American Civil War.

**Wendepunkt** m
Die Schlacht bei Gettysburg (1863) bedeutete den Wendepunkt im amerikanischen Bürgerkrieg.

**tradition** [trə'dɪʃn] n
The British are very attached to their traditions.

**Tradition** f
Die Briten hängen sehr an ihren Traditionen.

**traditional** [trə'dɪʃənl] adj
Traditional ceremonies such as the Changing of the Guard in front of Buckingham Palace or the Opening of Parliament by the Queen are very popular with the tourists.

**traditionell**
Traditionelle Zeremonien wie die Wachablösung vor dem Buckingham Palace oder die Eröffnung des Parlaments durch die Königin sind bei den Touristen sehr beliebt.

**development** [dɪ'veləpmənt] n
This regime obstructed any development.

**Entwicklung** f
Dieses Regime verhinderte jede Entwicklung.

**develop** [dɪ'veləp] v
How has the economic situation in Great Britain developed since the departure of Margaret Thatcher?

**sich entwickeln**
Wie hat sich die wirtschaftliche Lage in Großbritannien nach dem Weggang von Margaret Thatcher entwickelt?

**rise** [raɪz] n
**pinnacle** ['pɪnəkl] n
**decline** [dɪ'klaɪn] n
The rise of Napoleon took place during the French Revolution. He reached the pinnacle of his power in 1804 with his crowning as Emperor. His decline started in 1812 with his campaign against Russia.

**Aufstieg** m
**Höhepunkt** m
**Niedergang** m
Der Aufstieg Napoleons vollzog sich in der französischen Revolution. Den Höhepunkt seiner Macht erreichte er 1804 mit der Krönung zum Kaiser. Sein Niedergang begann 1812 mit dem Feldzug gegen Russland.

**succeed** [sək'siːd] v
– Who succeeded George VI to the throne in 1952?
– His daughter Elizabeth II.

**folgen**
– Wer folgte 1952 Georg VI. auf dem Thron?
– Seine Tochter Elizabeth II.

**transition** [træn'zɪʃn] n
The transition between monarchy and republic in Germany took place in 1918.

**Übergang** m
Der Übergang von der Monarchie zur Republik fand in Deutschland 1918 statt.

**break with sth** [breɪk] *v*
Russia broke with its Communist past in 1991.

mit etw. brechen
Russland hat 1991 mit seiner kommunistischen Vergangenheit gebrochen.

**collapse** [kəˈlæps] *v*
The Communist regimes in the East collapsed following the opening of the Berlin Wall in 1990.

zusammenbrechen
Nach der Öffnung der Berliner Mauer 1990 brachen die kommunistischen Regime im Osten zusammen.

**overthrow** [ˌəʊvəˈθrəʊ] *v*
The dictator regime was overthrown by rebel forces.

stürzen
Das diktatorische Regime wurde von der rebellierenden Armee gestürzt.

● **Expression**

**When in Rome, do as the Romans do.**
At first I didn't want to eat the snails. Then I thought to myself, when in Rome, do as the Romans do.

Als Gast muss man sich anpassen.
Zuerst wollte ich die Schnecken nicht essen. Dann sagte ich mir: Als Gast muss man sich anpassen.

# 16.3 Die Umwelt – Ökologische Probleme

**environment** [ɪnˈvaɪrənmənt] *n*
**ecology** [iˈkɒlədʒi] *n*
Ecology is about the relationship between living beings to their natural environment.

Umwelt *f*
Ökologie *f*
Die Ökologie handelt von den Beziehungen der Lebewesen zu ihrer natürlichen Umwelt.

**ecological** [ˌikəˈlɒdʒɪkl] *adj*

Umwelt-, ökologisch

**equilibrium** [ˌiːkwɪˈlɪbriəm] *n*
**balance** [ˈbæləns] *n*

Gleichgewicht *n*

**disrupt** [dɪsˈrʌpt] *v*
In many areas of nature the ecological equilibrium (balance) has been disrupted.

stören, unterbrechen
In vielen Bereichen der Natur ist das ökologische Gleichgewicht gestört.

**environmental** [ɪnˌvaɪrənˈmentl] *adj*
Environmental issues are discussed at great length but little is done to resolve them.

Umwelt-
Über Umweltprobleme wird viel diskutiert, zu ihrer Lösung jedoch wenig getan.

**pollution** [pəˈluːʃn] *n*
Pollution affects air, water and ground.

(Umwelt-)Verschmutzung *f*
Die Umweltverschmutzung betrifft die Luft, das Wasser und den Boden.

**pollute** [pəˈluːt] v
You cannot swim in this lake. It is too polluted.
The ground is polluted with heavy metals.

**verschmutzen, verseuchen**
In diesem See kann man nicht baden. Er ist zu verschmutzt.
Der Boden ist mit Schwermetallen verseucht.

**rubbish**[1] [ˈrʌbɪʃ] n
The rubbish is collected every week.
Has the rubbish collection already gone?
We took the rubbish to the municipal dump.
There are still some people who dump their rubbish at the side of the road, in car parks or in forests.
Following the rock concert the park was littered with rubbish.

**Müll** m, **Abfall** m
Der Müll wird jede Woche abgeholt.
War die Müllabfuhr schon da?
Wir brachten den Müll auf die städtische Mülldeponie.
Es gibt heute immer noch Leute, die ihren Müll am Straßenrand, auf Parkplätzen oder im Wald abkippen.
Nach dem Rockkonzert war der Park mit Abfällen übersät.

**dustbin**[2] [ˈdʌstbɪn] n
Nowadays rubbish must be sorted out and households have dustbins for glass, paper etc.

**Mülleimer** m
Der Müll muss heute sortiert werden und die Haushalte haben Mülleimer für Glas, Papier usw.

**waste** [weɪst] n
**waste disposal** [ˈ. dɪˌspəʊzl] n
**dispose of sth** [dɪˈspəʊz] v
There is still no satisfactory waste disposal system for industrial, toxic or radioactive waste.
It is becoming more and more costly to dispose of our waste.

**Abfall** m, **Müll** m
**Abfallbeseitigung** f, **Entsorgung** f
**etw. entsorgen**
Es gibt heute noch keine zufriedenstellende Entsorgung von Industrie-, Gift- oder radioaktivem Müll.
Es wird immer kostspieliger, unseren Abfall zu entsorgen.

**waste paper** [. ˈpeɪpə] n
**waste-paper basket** [ˈ.. ˌbɑːskɪt] n

**Altpapier** n, **Papierabfälle** Pl
**Papierkorb** m

**damage** [ˈdæmɪdʒ] n, v
Floods are becoming more and more frequent and cause great damage to the environment.
Ultraviolet rays damage the skin.

**Schaden** m; **schaden**
Überschwemmungen werden immer häufiger und fügen der Umwelt großen Schaden zu.
UV-Strahlen schaden der Haut.

**do harm to sth** [hɑːm]
**be harmful to sth** [ˈhɑːmfl]
The rigorous extension of the traffic network has done much harm to the countryside.
Heavy metals such as mercury and lead taken in through our food are harmful to our health.

**etw. schaden**
**für etw. schädlich sein**
Der rigorose Ausbau des Verkehrsnetzes hat der Landschaft sehr geschadet.

Schwermetalle wie Quecksilber und Blei, die wir mit der Nahrung aufnehmen, sind für unsere Gesundheit schädlich.

1 AE: trash, garbage
2 AE: trash can

**deteriorate** [dɪ'tɪərɪəreɪt] v ⎱
**worsen** ['wɜːsn] v ⎰
The state of our forests has continually deteriorated (worsened) in the last 50 years.

**sich verschlechtern, sich verschlimmern**
Der Zustand unserer Wälder hat sich in den letzten 50 Jahren laufend verschlechtert.

**exploitation** [ˌeksplɔɪ'teɪʃn] n
The exploitation of natural resources cannot continue at the same pace as has been the case up until now.

**Ausbeutung** f
Die Ausbeutung der natürlichen Resourcen kann nicht im gleichen Tempo wie bisher weitergehen.

**exploit** [ɪk'splɔɪt] v
Man shamelessly exploits the earth.

**ausbeuten**
Der Mensch beutet die Erde schamlos aus.

**exhaust** [ɪg'zɔːst] v
The earth's mineral resources will soon be exhausted.

**erschöpfen**
Die Bodenschätze der Erde werden bald erschöpft sein.

**chop down the rainforest**
[tʃɒp 'daʊn ðə 'reɪnˌfɒrɪst]
The rainforest is continually being chopped down.

**den Regenwald abholzen**

Der Regenwald wird weiterhin abgeholzt.

**be threatened with extinction**
['θretnd wɪð ɪk'stɪŋkʃn]
The whale is just one of the animals which are threatened with extinction.

**vom Aussterben bedroht sein**

Der Wal ist nur eines der Tiere, die vom Aussterben bedroht sind.

**become extinct** [ɪk'stɪŋkt]
Many plants and animals cannot adapt to the changing environment and become extinct.

**aussterben**
Viele Pflanzen und Tiere können sich nicht der veränderten Umwelt anpassen und sterben aus.

**greenhouse effect** [ˌgriːnhaʊs ɪ'fekt] n
**atmosphere** ['ætməsfɪə] n
The greenhouse effect is caused by too much carbon dioxide in the atmosphere.

**Treibhauseffekt** m
**Atmosphäre** f
Durch zu viel Kohlendioxyd in der Atmosphäre entsteht der Treibhauseffekt.

**global warming** [ˌgləʊbl 'wɔːmɪŋ] n
**ozone layer** ['əʊzəʊn ˌleɪə] n
The destruction of the ozone layer has resulted in global warming.

**Erwärmung** f **der Erde**
**Ozonschicht** f
Die Zerstörung der Ozonschicht hat die Erwärmung der Erde zur Folge.

**exhaust fumes** [ɪg'zɔːst fjuːmz] n, pl
Even the most beautiful monuments are damaged by exhaust fumes.

**Auspuffgase** Pl
Selbst die schönsten Kulturdenkmäler werden durch Auspuffgase beschädigt.

**toxic gas,** pl **-es** ['tɒksɪk gæs, -ɪz] n
**emit** [i'mɪt] v

**Giftgas** n
**ausströmen lassen**

There are factories which keep emitting their toxic gases into the atmosphere.

Es gibt immer noch Fabriken, die ihre giftigen Gase in die Atmosphäre ausströmen lassen.

**smog** [smɒg] *n*
The term smog originally meant a mixture of smoke and fog. Today smog means the general air pollution above conurbations, e.g. the smog over London or over Los Angeles.

**Smog** *m*
Der Ausdruck Smog bedeutete ursprünglich eine Mischung aus Rauch und Nebel. Heute bezeichnet man mit Smog ganz allgemein die Luftverschmutzung über Ballungsgebieten, z.B. den Smog über London oder über Los Angeles.

**drinking water** [ˈdrɪŋkɪŋ ˌwɔːtə] *n*
**ground-water** [ˈgraʊnd ˌ..] *n*
**water table** [ˈwɔːtə ˌteɪbl] *n*
**acid rain** [ˌæsɪd ˈreɪn] *n*
**sewage** [ˈsuːɪdʒ] *n*
**chemical fertilizer** [ˌkemɪkl ˈfɜːtəlaɪzə] *n*
**insecticide** [ɪnˈsektɪsaɪd] *n*
**herbicide** [ˈhɜːbɪsaɪd] *n*
**detergent** [dɪˈtɜːdʒənt] *n*

**Trinkwasser** *n*
**Grundwasser** *n*
**Grundwasserspiegel** *m*
**saure(r) Regen** *m*
**Abwasser** *n* von Haushalten
**Kunstdünger** *m*

**Insektenvertilgungsmittel** *n*
**Unkrautvertilgungsmittel** *n*
**Waschmittel** *n*

**effluent** [ˈefluənt] *n*
**discharge** [dɪsˈtʃɑːdʒ] *v*
It is scandalous that this factory discharges its effluents into the Rhine.

**(Industrie-)Abwasser** *n*
**ablassen, einleiten**
Es ist skandalös, dass diese Fabrik ihre Abwässer in den Rhein einleitet.

**oil spill** [ˈɔɪl spɪl] *n*
One of the largest oil spills was caused by the Exxon Valdez in 1989 off the west coast of Alaska.

**Ölpest** *f*, **Ölverschmutzung** *f*
Eine der größten Ölverschmutzungen wurde 1989 von dem Tanker Exxon Valdez an der Westküste von Alaska verursacht.

**oil slick** [ˈ. slɪk] *n*
Many birds and fish were killed by the oil slick.

**Ölteppich** *m*
Viele Vögel und Fische kamen in dem Ölteppich um.

**leak** [liːk] *v*
A vast amount of crude oil was leaking out of the stranded oil tanker.
The pipeline is leaking.

**auslaufen, undicht sein**
Aus dem gestrandeten Öltanker liefen riesige Mengen Rohöl aus.
Die Pipeline ist undicht.

**nuclear disaster** [ˌnjuːkliə dɪˈzɑːstə] *n*

**atomare(r) Störfall** *m*,
**Atomkatastrophe** *n*

People are more and more afraid of nuclear disasters and demand the closure of nuclear power plants.

Die Menschen fürchten sich immer mehr vor Atomkatastrophen und fordern die Stilllegung der Atomkraftwerke.

**radioactivity** [ˌreɪdɪəʊækˈtɪvəti] *n*    **Radioaktivität** *f*
**radioactive** [ˌreɪdɪəʊˈæktɪv] *adj*    **radioaktiv**
**toxic substance** [ˈtɒksɪk ˌsʌbstəns] *n*    **giftige(r) Stoff** *m*

**poison** [ˈpɔɪzn] *v*    **vergiften**
Through our food, we take in many harmful substances which poison our bodies.    Mit der Nahrung nehmen wir viele schädliche Stoffe auf, die unseren Körper vergiften.

**contaminate** [kənˈtæmɪneɪt] *v*    **verseuchen**
**contamination** [kənˌtæmɪˈneɪʃn] *n*    **Verseuchung**
The area around the nuclear power station was contaminated.    Das Gebiet um das Kernkraftwerk wurde verseucht.
The extent of the radioactive contamination by the Chernobyl disaster was underestimated at first.    Das Ausmaß der radioaktiven Verseuchung durch den Unfall von Tschernobyl wurde zunächst unterschätzt.

● **Expressions**

**You could have cut the atmosphere with a knife.**    **Die Atmosphäre war zum Zerreißen gespannt.**
When the heirs met at the lawyer's for the opening of the will, you could have cut the atmosphere with a knife.    Als sich die Erben beim Rechtsanwalt zur Eröffnung des Testaments trafen, war die Atmosphäre zum Zerreißen gespannt.

**talk a lot of rubbish**    **Unsinn daherreden**
Don't talk such a lot of rubbish. Think before you speak.    Rede nicht solchen Unsinn daher. Überlege erst, bevor du etwas sagst.

# 16.4 Natur- und Umweltschutz

**conservation** [ˌkɒnsəˈveɪʃn] *n*    **Natur- und Umweltschutz** *m*
Conservation is one of our society's main concerns today.    Natur- und Umweltschutz gehören heute zu den wesentlichen Aufgaben unserer Gesellschaft.

**conservation area** [ˌ..ˈ.. ˌeəriə] *n*    **Landschaftsschutzgebiet** *n*
The Lake District in northwest England is one of the most beautiful conservation areas in Great Britain.    Der Lake District im Nordwesten Englands ist eines der schönsten Landschaftsschutzgebiete von Großbritannien.

229

**conservationist** [ˌkɒnsəˈveɪʃənɪst] *n*
**environmentalist** [ɪnˌvaɪrənˈmentəlɪst] *n*
At the beginning of the 1980s the conservationists (environmentalists) joined together to form political parties.

**Umweltschützer/in** *m/f*

Anfang der 80er Jahre schlossen sich die Umweltschützer zu politischen Parteien zusammen.

**wildlife** [ˈwaɪldlaɪf] *n*
We need laws to protect the wildlife from people.

unberührte **Natur, Tierwelt** *f*
Wir brauchen Gesetze, die die Natur vor dem Menschen schützen.

**habitat** [ˈhæbɪtæt] *n*
Wolves and lynxes are being reintroduced into European forests, which were originally their habitat.

natürliche(r) **Lebensraum** *m*
Wolf und Lux werden heute in den europäischen Wäldern, ihrem ursprünglichen Lebensraum, wieder heimisch gemacht.

**quality of life** [ˌkwɒlɪti əv ˈlaɪf] *n*
**improve** [ɪmˈpruːv] *v*
In the past few decades the quality of life has noticeably improved for many people.

**Lebensqualität** *f*
**(sich) verbessern**
In den letzten Jahrzehnten hat sich die Lebensqualität für viele Menschen merklich verbessert.

**save** [seɪv] *v*
– What must we do to save the Earth?

– We must ...
protect the environment
protect endangered species [ˈspiːʃiːz]
redevelop derelict areas
campaign against the destruction of the rain forests
heighten global awareness of environmental issues
re-establish the ecological balance

avoid accumulating rubbish

**retten**
– Was müssen wir tun, um die Erde zu retten?
– Wir müssen ...
die Umwelt schützen
bedrohte Arten schützen
heruntergekommene Gebiete sanieren
gegen die Zerstörung des Regenwaldes kämpfen
das Umweltbewusstsein der Menschen schärfen
das ökologische Gleichgewicht wiederherstellen
vermeiden Abfälle anzuhäufen

**remedy the situation** [ˈremədi ðə ˌsɪtʃuˈeɪʃn]
– How can the situation be remedied?
– By using ...
recycled paper
detergent without phosphates [ˈfɒsfeɪts]
aerosols without CFC's [ˈeərəsɒlz]

**Abhilfe schaffen**

– Wie können wir Abhilfe schaffen?
– Indem wir ... verwenden.
Umweltpapier
Waschmittel ohne Phosphate

Spraydosen ohne Treibgas

| | |
|---|---|
| environmentally friendly products | umweltfreundliche Produkte |
| biological fertilizer | biologischen Dünger |
| cars with catalytic converters | Autos mit Katalysator |
| recyclable materials | wiederverwendbare Stoffe |
| returnable bottles | Mehrwegflaschen |
| biodegradable cleaning products [ˌbaɪəʊdɪˈɡreɪdəbl] | biologisch abbaubare Waschmittel |

**bottle bank** [ˈbɒtl bæŋk] n
There are bottle banks for clear, green and brown glass.

**Altglascontainer** m
Es gibt Altglascontainer für weißes, grünes und braunes Glas.

**purify** [ˈpjʊərɪfaɪ] v
This factory purifies its effluents before discharging them into the river.

**klären, reinigen**
Diese Fabrik klärt ihre Abwässer, bevor sie sie in den Fluss leitet.

**water purification plant** n
[ˌwɔːtə ˌpjʊərɪfɪˈkeɪʃn plɑːnt]
A lot of industrial companies have their own water purification plants.

**Klärwerk** n

Viele Industriebetriebe haben ihre eigenen Kläranlagen.

**recycling** [riːˈsaɪklɪŋ] n
Recycling alone will not solve our rubbish problems.

**Recycling** n
Recycling allein wird unsere Abfallprobleme nicht lösen.

# 17.1 Die Schule

**school** [sku:l] *n*
In Great Britain children start school at
the age of 5.
Which school do you go to?
I'm at school until 5 p.m. on Wednesdays.

He left school at 16 and started serving an
apprenticeship.

In Great Britain there are the following
types of school:
**nursery school** ['nɜ:səri .] *n*
from 3 to 5 years old
**primary school**[1] ['praɪməri .] *n*
from 5 to 11 years old

**comprehensive school**[2]
[ˌkɒmprɪ'hensɪv .] *n*
from 11 to 16 years old or to 18 years old, if
sixth-form studies are available

**sixth-form college**
['sɪksθ fɔ:m ˌkɒlɪdʒ] *n*
from 16 to 18 years old

**secondary school** ['sekəndri .] *n*
Schools which pupils go to from the age of
11 are called secondary schools.

**independent school** [ˌɪndɪ'pendənt .] *n* ⎫
**public school** [ˌpʌblɪk '.] *n* ⎭
*Independent schools* are private schools.
Some of these private schools are called
*public schools*. The most famous are Eton,
Harrow, Rugby and Winchester. Today
8% of British pupils go to private schools.

**entrance exam** ['entrəns ɪgˌzæm] *n*
It is necessary to sit an entrance exam for
most independant schools.

**Schule** *f*
In Großbritannien kommen die Kinder mit
5 Jahren in die Schule.
In welche Schule gehst du?
Mittwochs bin ich bis 17 Uhr in der
Schule.
Er hat die Schule mit 16 verlassen und
eine Lehre angefangen.

In Großbritannien gibt es folgende
Schularten:
**Vorschule** *f*
vom 3. bis 5. Lebensjahr
**Grundschule** *f*
vom 5. bis 11. Lebensjahr

**Gesamtschule** *f*
vom 11. bis 16. Lebensjahr oder bis zum 18.,
wenn die Schule eine gymnasiale Oberstufe
besitzt

**Sixth-form College** *n* (= Gymnasiale
Oberstufe)
vom 16. bis 18. Lebensjahr

**weiterführende Schule** *f*
Die Schulen, auf die Schüler ab dem
11. Lebensjahr gehen, heißen
weiterführende Schulen.

**Privatschule** *f*

*Independent schools* sind Privatschulen.
Einige von diesen Privatschulen heißen
*public schools*. Die berühmtesten sind
Eton, Harrow, Rugby und Winchester.
Heute gehen 8% der britischen Schüler
auf Privatschulen.

**Aufnahmeprüfung** *f*
Für die meisten Privatschulen muss man
eine Aufnahmeprüfung machen.

1 AE: elementary school
2 AE: high school: junior high (3 years), senior high (2 or 3 years)

**fee** [fiː] *n*
Generally speaking, private schools only accept fee-paying pupils.
No fees are charged at state schools.

**Schulgeld** *n*
Im Allgemeinen nehmen Privatschulen nur zahlende Schüler auf.
An staatlichen Schulen wird kein Schulgeld erhoben.

**boarding school** ['bɔːdɪŋ .] *n*
Practically all boarding schools are independant schools.

**Internatsschule** *f*
Praktisch alle Internatsschulen sind Privatschulen.

**compulsary school attendance**
[kəm'pʌlsəri skuːl ə'tendəns] *n*
In Great Britain compulsary school attendance is from 5 to 16 years of age.

**Schulpflicht** *f*

In Großbritannien besteht vom 5. bis zum 16. Lebensjahr Schulpflicht.

**school report** ['. rɪ‚pɔːt] *n*
How was your last school report?

**(Schul-)Zeugnis** *n*
Wie war dein letztes Zeugnis?

**school uniform** ['. ‚juːnɪfɔːm] *n*
In Great Britain school uniforms are very common even at state schools.

**Schuluniform** *f*
Schuluniformen sind in Großbritannien weit verbreitet, auch an staatlichen Schulen.

**school year** ['. jɪə] *n*
The school year starts in September and ends in July.

**Schuljahr** *n*
Das Schuljahr beginnt im September und endet im Juli.

**school-days** ['. deɪz] *n, pl*
I have fond memories of my school-days.

**Schulzeit** *f*
Ich erinnere mich gerne an meine Schulzeit.

**teacher** ['tiːtʃə] *n*
**English teacher** ['ɪŋglɪʃ ‚..] *n*
**form teacher** ['fɔːm ‚..] *n*
**headteacher** ['hed‚..] *n*
**staff** [stɑːf] *n, sing. or plural verb*

**Lehrer/in** *m/f*
**Englischlehrer/in** *m/f*
**Klassenlehrer/in** *m/f*
**Schuldirektor/in** *m/f*
**Lehrerkollegium** *n*, **die Lehrer**

**teach** [tiːtʃ] *v*
Mr. Martin taught me Latin.

Our mathematics teacher taught us how to use a computer.

**unterrichten**
Herr Martin hat mich in Latein unterrichtet.
Unser Mathematiklehrer brachte uns bei mit dem Computer umzugehen.

**pupil** ['pjuːpl] *n*
Children and young people who go to school are called pupils. Older pupils, particularly in USA, may also be called students.

**Schüler/in** *m/f*
Kinder und Jugendliche, die zur Schule gehen, heißen *pupils*. Ältere Schüler, besonders in den USA, heißen auch *students*.

**year**[1] [jɪə] *n*
– Which year are you in?
– I'm in the fifth year.

**Klasse** *f* (Jahrgangsstufe)
– In welcher Klasse bist du?
– Ich bin in der 12. Klasse.

**class** [klɑːs] *n*
I'm in the same maths class as Jane.

**Klasse** *f* (Schülergruppe)
In Mathe bin ich mit Jane in einer Klasse.

**classmate** ['klɑːsmeɪt] *n*
**classroom** ['.rʊm] *n*
**staff room** ['stɑːf rʊm] *n*
**sports hall** ['spɔːts hɔːl] *n*
**gym(nasium)** [dʒɪm('neɪziəm)] *n*
**language laboratory** ['læŋgwɪdʒ lə,bɒrətri] *n*
**cafeteria** [,kæfə'tɪəriə] *n*

**Klassenkamerad/in** *m/f*
**Klassenzimmer** *n*
**Lehrerzimmer** *n*

**Turnhalle** *f*

**Sprachlabor** *n*

**Cafeteria** *f*, **Kantine** *m*

**break** [breɪk] *n*
**ring the bell** [rɪŋ ðə 'bel]
The bell is ringing. Break time!
We're not allowed to leave the school playground during the break.

**Pause** *f*
**läuten**
Es läutet. Geht in die Pause!
Wir dürfen in der Pause den Schulhof nicht verlassen.

**lesson** ['lesn] *n*
**lessons** ['lesnz] *n, pl*
On Tuesday we have two maths lessons.

In Great Britain lessons start at 9 o'clock and end at 4 o'clock in the afternoon.

**Unterrichtsstunde** *f*
**Unterricht** *m*
Am Dienstag haben wir zwei Mathe-stunden.
In Großbritannien beginnt der Unterricht um 9 Uhr und endet nachmittags um 4 Uhr.

**subject** ['sʌbdʒekt] *n*
Which subjects do you take?
Can you drop subjects in the sixth-form?

Which subjects are you good at?

**(Unterrichts-)Fach** *n*
Welche Fächer hast du?
Kannst du auf der Oberstufe Fächer abwählen?
In welchen Fächern bist du gut?

**school club** ['. klʌb] *n*
**extra-curricula activities**
[,ekstrə kə'rɪkjələr æk'tɪvətiz] *n, pl*
*School clubs* and *extra-curricula activities* roughly correspond to *Arbeitsgemein-schaften* in German schools, e.g. drama club, debating club, cricket club etc.

**Arbeitsgemeinschaft** *f*
**schulische Aktivitäten** *Pl* (zusätzlich zum Lehrplan)
*Schools clubs* und *extra-curricula activities* entsprechen ungefähr den *Arbeitsgemein-schaften* an deutschen Schulen, z. B. Theater-AG, Rhetorik-AG, Kricket-AG usw.

**school exchange** ['. ɪks,ʃeɪndʒ] *n*
All of the pupils in the the fifth form are taking part in the school exchange this year.

**Schüleraustausch** *m*
Alle Schüler der 11. Klasse nehmen dieses Jahr am Schüleraustausch teil.

1 AE: grade

**class outing** ['klɑːs ˌaʊtɪŋ] *n*
Our class goes on an outing every year.

**Klassenausflug** *m*
Unsere Klasse macht jedes Jahr einen Ausflug.

**timetable** ['taɪmteɪbl] *n* — **Stundenplan** *m*
**foreign language** [ˌfɒrən 'læŋgwɪdʒ] *n* — **Fremdsprache** *f*
**Latin, Greek** ['lætɪn, griːk] *n* — **Latein** *n*, **Griechisch** *n*
**history** ['hɪstrɪ] *n* — **Geschichte** *f*
**geography** [dʒi'ɒgrəfi] *n* — **Erdkunde** *f*
**social studies** [ˌsəʊʃl 'stʌdiz] *n*, *pl* — **Gemeinschaftskunde** *f*
**mathematics** [ˌmæθə'mætɪks] *n*, *sing. verb* — **Mathematik** *f*
**biology** [baɪ'ɒlədʒi] *n* — **Biologie** *f*
**physics** ['fɪzɪks] *n*, *sing. verb* — **Physik** *f*
**chemistry** ['kemɪstri] *n* — **Chemie** *f*
**music** ['mjuːzɪk] *n* — **Musik** *f*
**art** [ɑːt] *n* — **Kunsterziehung** *f*
**sport** [spɔːt] *n*
**physical education**[1] [ˌfɪzɪkl edʒuˈkeɪʃn] *n* — **Sport** *m*
**religious education**[2] [rɪˌlɪdʒəs ..'..] *n* — **Religion** *f*
I'm doing English and French at school.
Ich habe Englisch und Französisch in der Schule.

Christine is very good/poor at spelling/at history.
Christine ist in Rechtschreibung/in Geschichte sehr gut/schwach.

**blackboard** ['blækbɔːd] *n* — **Tafel** *f*
**blackboard duster** [ˌ.. 'dʌstə] *n* — **Tafellappen** *m*
**sponge** [spʌndʒ] *n* — **Schwamm** *m*
**chalk** [tʃɔːk] *n* — **Kreide** *f*
**desk** [desk] *n* — **Schülertisch** *m*
**teacher's desk** ['tiːtʃəz .] *n* — **Lehrerpult** *n*

**school bag** ['. bæg] *n* — **Schultasche** *f*
**exercise book** ['eksəsaɪz bʊk] *n* — **Heft** *n*
**ring binder** ['rɪŋ ˌbaɪndə] *n* — **Ringheft** *n*
**textbook** ['tekstbʊk] *n* — **Schulbuch** *n*, **Lehrbuch** *n*
**pencil** ['pensəl] *n* — **Bleistift** *m*
**coloured pencil** [ˌkʌləd '..] *n* — **Farbstift** *m*
**felt-tip pen** [ˌfelt tɪp 'pen] *n* — **Filzstift** *m*
**fountain pen** ['faʊntən .] *n* — **Füller** *m*
**ballpoint (pen)** ['bɔːlpɔɪnt] *n*
**biro** ['baɪrəʊ] *n* — **Kugelschreiber** *m*
**ink** [ɪŋk] *n* — **Tinte** *f*
**ink cartridge** [. 'kɑːtrɪdʒ] *n* — **Tintenpatrone** *f*
**refill** ['riːfɪl] *n* — **Mine** *f*

1 Abgekürzt: PE [piː 'iː]
2 Abgekürzt: RE [ɑːr 'iː]

**sheet of blotting paper**
[ʃiːt əv 'blɒtɪŋ ˌpeɪpə] n
**rubber** ['rʌbə] n
**ink eraser pen** [. ɪ'reɪzə pen] n
**ruler** ['ruːlə] n
**set square** ['set skweə] n
**compass** ['kʌmpəs] n
**pencil case** ['pensl keɪs] n
**calculator** ['kælkjuleɪtə] n

**Löschblatt** n

**Radiergummi** m
**Tintenkiller** m
**Lineal** n
**Geodreieck** n
**Zirkel** m
**Federmäppchen** n
**Taschenrechner** m

**write down** [raɪt 'daʊn] v ⎫
**note down** [nəʊt 'daʊn] v ⎬
I wrote down (noted down) all of the important points.

**aufschreiben, notieren**

Ich habe alles Wichtige aufgeschrieben.

**take notes** [teɪk 'nəʊts]
During the lesson I take notes.

**sich Notizen machen**
Während des Unterrichts mache ich mir Notizen.

**copy down** [ˌkɒpi 'daʊn] v
At the end of the lesson the pupils copy down what is on the blackboard.

**abschreiben**
Am Ende der Stunde schreiben die Schüler ab, was an der Tafel steht.

**cross out** [krɒs 'aʊt] v
Your name was indeed on the list but it was crossed out.

**durchstreichen**
Dein Name stand zwar auf der Liste, war aber durchgestrichen.

**tick** [tɪk] v
In multiple choice tests you must tick the correct answers.

**abhaken**
Bei Multiple-Choice-Tests muss die richtige Antwort mit einem Häkchen versehen werden.

**read out** [riːd 'aʊt] v
A fellow pupil read out the short story to us.
She read out the text in a soft/loud voice.

**vorlesen**
Ein Mitschüler las uns die Kurzgeschichte vor.
Sie las den Text mit leiser/lauter Stimme vor.

**learn** [lɜːn] v
Today pupils learn (how) to use the internet at a lot of schools.
I've learnt three modern languages.
I don't like it when we have to learn a poem by heart.

**lernen**
An vielen Schulen lernen heute die Schüler mit dem Internet zu arbeiten.
Ich habe drei moderne Sprachen gelernt.
Ich habe es nicht gerne, wenn wir ein Gedicht auswendig lernen müssen.

**homework** ['həʊmwɜ:k] *n, sg,*
*no indefinite article*
She always does her homework very
conscientiously.
At the beginning of the lesson, the teacher
checks our homework.

**Hausaufgaben** *Pl*

Sie macht ihre Hausaufgaben immer sehr
gewissenhaft.
Zu Beginn der Stunde sieht unser Lehrer
die Hausaufgaben nach.

**course work** ['kɔ:s wɜ:k] *n, sg,*
*no indefinite article*
I must hand in my course work on the EU
before Christmas.

größere **Hausarbeit** *f,* **Referat** *n*

Die Hausarbeit über die EU muss ich vor
Weihnachten abgeben.

**report** [rɪ'pɔ:t] *n*
We'll have to write a report about our
excursion.

**Bericht** *m,* **Protokoll** *n*
Wir müssen einen Bericht über unseren
Ausflug schreiben.

**test** [test] *n*
Next Thursday we'll have an English test.

**Klassenarbeit** *f*
Am nächsten Donnerstag schreiben wir
eine Englischarbeit.

**grammar exercise**
[ˌgræmər 'eksəsaɪz] *n*
Grammar exercises are often boring.

**Grammatikübung** *f*

Grammatikübungen sind oft langweilig.

**essay** ['eseɪ] *n*
**in rough** [rʌf]
The essay is finished in rough. Now all I
have to do is write it out in neat.

**Aufsatz** *m*
**im Konzept**
Im Konzept ist der Aufsatz fertig. Jetzt
muss ich ihn nur noch ins Reine schreiben.

**structure** ['strʌktʃə] *n*
The structure is made up of ...
  **an introduction** [ˌɪntrə'dʌkʃn]
  **a body** ['bɒdi]
  **a conclusion** [kən'klu:ʒn]

**Gliederung** *f*
Die Gliederung umfasst ...
  **eine Einleitung**
  **einen Hauptteil**
  **einen Schluss**

**mark** [mɑ:k] *n*
– What mark did you get in history?

– I got 15 out of 20.

**Note** *f*
– Welche Note hast du in Geschichte
  bekommen?
– 15 von 20 Punkten.

**grade** [greɪd] *n*
In Great Britain exam results are given as
grades from A to F. A corresponds to the
German mark 1.

You could study at any university with
those grades.

**(Prüfungs-, Zeugnis-)Note** *f*
In Großbritannien werden die Prüfungs-
ergebnisse in Noten von A bis F
angegeben. A entspricht der deutschen
Note 1.
Mit solchen Noten kannst du an jeder
Universität studieren.

**exam(ination)** [ɪɡˌzæmɪˈneɪʃn] *n*
**oral exam** [ˈɔrəl ɪɡˌzæm] *n*
**written exam** [ˈrɪtn .ˌ.] *n*
**take** [teɪk] *v* ⎱
**do** [du] *v* ⎰

– Have you already taken (done) your
exams?
– Only part of them. I did (took) the
written exam last week. The oral exam
takes place in about a month's time.

**pass** [pɑːs] *v*
I don't know yet if I've passed my A levels.

Robert has passed his A levels with ...

**A/B/C/D/E**

**fail** [feɪl] *v*
He has failed his exams twice.

**school leaving exam(ination)**
[ˈskuːl ˌliːvɪŋ .ˌ.ˈ.] *n*
In Great Britain there are the following
school leaving examinations:
**GCSE**[1] [ˌdʒiː siː es ˈiː]
This exam is taken by 16 year olds.
It corresponds to the *Mittlere Reife*.

**A levels**[2] [ˈeɪ ˌlevəlz] *n, pl*
This exam is taken by 18 year olds in
usually three subjects. It corresponds to
the German *Abitur*.

**the three R's** [ðə θriː ˈɑːz]
They stand for **R**eading, w**R**iting and
a**R**ithmetic and signify basic school
requirements.

**School slang:**
**square** [ˈskweə] *n*
**swot** [swɒt] *v* ⎱
**cram** [kræm] *v* ⎰

**Prüfung** *f*
**mündliche Prüfung** *f*
**schriftliche Prüfung** *f*

**machen**

– Hast du die Prüfung schon gemacht?

– Nur zum Teil. Die schriftliche Prüfung
habe ich letzte Woche gemacht, die
mündliche findet in ungefähr einem
Monat statt.

**bestehen**
Ich weiß noch nicht, ob ich das Abitur
bestanden habe.
Robert hat das Abitur mit der Note ...
bestanden.
**sehr gut/sehr gut bis gut/gut/be-
friedigend/ausreichend**

**durchfallen**
Er ist zweimal durch die Prüfung gefallen.

**Schulabschlussprüfung** *f*

In Großbritannien gibt es folgende
Schulabschlussprüfungen:
**GCSE**
Die Prüfung wird von 16-jährigen
Schülern gemacht. Sie entspricht der
Mittleren Reife.

**A Levels** *Pl*
Diese Prüfung wird von 18-jährigen
Schülern meistens in drei Fächern
abgelegt. Sie entspricht dem deutschen
Abitur.

**„die drei R's"**
Sie stehen für **R**eading, w**R**iting und
a**R**ithmetic und bedeuten schulische
Grundkenntnisse.

**Schülersprache:**
**Penne** *f*

**pauken, büffeln**

1 = General Certificate of Secondary Education
2 = Advanced levels

## ● Expressions

**You can't teach an old dog new tricks.**
He carries on using his old typewriter instead of a computer. You can't teach an old dog new tricks.

**Alte Menschen können sich nicht mehr umstellen.**
Er benutzt immer noch seine alte Schreibmaschine anstelle eines Computers. Alte Menschen können sich eben nicht mehr umstellen.

**It's all Greek to me.**
I've read the instructions but it is all Greek to me.

**für jdn. böhmische Dörfer sein**
Die Gebrauchsanleitung habe ich gelesen. Aber das sind alles böhmische Dörfer für mich.

# 17.2 Die Universität

**university** [ˌjuːnɪˈvɜːsəti] *n*
The oldest university in Great Britain is Oxford. It was founded in 1167.
Which university did you go to?
He graduated from Sheffield university with a B. Sc.
She applied to different universities for a place.
He matriculated at Swansea university.

I'm at university until 6 p. m. on Mondays.

**Universität** *f*
Die älteste Universität von Großbritannien ist Oxford. Sie wurde 1167 gegründet.
Auf welcher Universität warst du?
Er machte an der Universität von Sheffield das B. Sc.-Diplom.
Sie bewarb sich an verschiedenen Universitäten um einen Studienplatz.
Er schrieb sich an der Universität in Swansea ein.
Montags bin ich bis abends 6 Uhr an der Uni.

**campus university** [ˌkæmpəs ˌ..ˈ...] *n*
**hall of residence** [hɔːl əv ˈrezɪdəns] *n*
Campus universities are situated outside towns. Not only is the university on campus but there are also halls of residence and, particularly in the USA, accommodation for the lecturers.

**Campus-Universität** *f*
**Studentenwohnheim** *n*
Die Campus-Universität befindet sich außerhalb der Stadt. Auf dem Campus befindet sich nicht nur die Universität, sondern es sind dort auch Studenten-wohnheime und, besonders in den USA, Wohnungen für Professoren.

**college** [ˈkɒlɪdʒ] *n*
At college you can study, for example, tourism, design and management.

**Fachhochschule** *f*, **Universität** *f*
An einem „college" kann man z. B. Tourismus, Grafik und Management studieren.

In the USA colleges are universities where you can only take a Bachelor's degree.

In den USA sind „colleges" Universitäten, an denen man nur ein „Bachelor's degree" erwerben kann.

**faculty** ['fæklti] n
He is the dean of the medical/law/philosophy faculty at Cambridge.

**Fakultät** f
Er ist Dekan der medizinischen/juristischen/philosophischen Fakultät in Cambridge.

**department** [dɪ'pɑːtmənt] n
Prof. Furness is the head of the German department.

**Fachabteilung** f
Prof. Furness ist der Chef der Fachabteilung Deutsch.

**professor**[1] [prə'fesə] n
**lecturer** ['lektʃərə] n
**studies** ['stʌdiz] n, pl
**course** [kɔːs] n

**Professor/in** m/f

**Studium** n
**Kurs** m

**lecture** ['lektʃə] n
– When are you going to uni tomorrow?
– At 9 a.m. since I have a lecture at 9:30 a.m.

**Vorlesung** f
– Wann gehst du morgen zur Uni?
– Um 9 Uhr. Die Vorlesung beginnt um 9.30 h.

**student** ['stjuːdnt] n
**undergraduate** [ˌʌndə'grædʒuət] n
**postgraduate** [pəʊst'...] n

**Student/in** m/f
**Student/in** (vor der ersten Prüfung)
**Student/in** (nach der ersten Prüfung)

**study** ['stʌdi] v
She has studied law at Durham for two years.
He is studying economics at London University.

**studieren**
Sie studiert seit zwei Jahren Jura an der Universität in Durham.
Er studiert Wirtschaftswissenschaften an der Universität in London.

**paper** ['peɪpə] n
It is important for a professor's reputation to publish as many papers as possible in academic periodicals.

**Aufsatz** m, **Referat** n
Für den Ruf eines Professors ist es wichtig, möglichst viele Aufsätze in wissenschaftlichen Zeitschriften zu veröffentlichen.

**tuition fee** [tju'ɪʃn fiː] n
**student grant** ['.. grɑːnt] n
**scholarship** ['skɒləʃɪp] n
Tuiton fees are imposed at many American universities.
Student grants give young people who are not as well off the opportunity to study.

**Studiengebühr** f
**Studienbeihilfe** f
**Stipendium** n
An vielen amerikanischen Universitäten werden Studiengebühren erhoben.
Die Studienbeihilfe gibt Jugendlichen, die finanziell nicht so gut gestellt sind, die Möglichkeit zu studieren.

1 BE: professor ist der Titel für die ranghöchsten Universitätslehrer. Die anderen Professoren heißen lecturer oder reader.

The scholarship gave her the opportunity to study abroad for a year.

Das Stipendium erlaubte ihr ein Jahr im Ausland zu studieren.

**degree** [dɪˈgriː] *n*
The following degrees are available at British universities:
**Bachelor's Degree (B.A.**[1] or **B.Sc.**[2]**)**
[ˈbætʃələz .,. (biː ˈeɪ/ˌbiː es ˈsiː)]
This is the first academic degree which you acquire after 3 years of study in either Arts or in Science.

**akademische(r) Grad** *m*
An britischen Universitäten kann man folgende akademische Grade erwerben:
**Bachelor's Degree (B.A.** oder **B.Sc.)**

Es handelt sich um den ersten akademischen Grad, der nach 3 Jahren entweder in der philosophischen Fakultät oder in den Naturwissenschaften erworben wird.

**Master's Degree (M.A.** or **M.Sc.)**
[ˈmɑːstəz .,. (em ˈeɪ/ˌem es ˈsiː)]
(after 4 years of study) − It corresponds roughly to the German "Diplom" or "Staatsexamen".
**Doctorate (Ph.D.**[3]**)**
[ˈdɒktərət (ˌpiː eɪtʃ ˈdiː)]

**Master's Degree (M.A.** oder **M.Sc.)**

(nach 4-jährigem Studium) − Entspricht ungefähr dem deutschen Diplom oder Staatsexamen.
**Promotion**

# 17.3  Wissenschaft und Technik

**science** [ˈsaɪəns] *n*
Science cannot solve every problem.

**Wissenschaft** *f*
Die Wissenschaft kann nicht alle Probleme lösen.

The different branches of science are:
**natural science** [ˌnætʃrəl ˈsaɪəns], e.g.:
   **biology** [baɪˈɒlədʒi] *n*
   **physics** [ˈfɪsɪks] *n , sing. verb*
   **chemistry** [ˈkemɪstri] *n*
   **botany** [ˈbɒtəni] *n*
   **geology** [dʒiˈɒlədʒi] *n*

Die verschiedenen Wissenschaften sind:
**die Naturwissenschaften**, z.B.:
   **Biologie** *f*
   **Physik** *f*
   **Chemie** *f*
   **Botanik** *f*
   **Geologie** *f*

**the humanities** [hjuːˈmænətɪz] 
**the arts** [ɑːts], e.g.: 
   **literature** [ˈlɪtrətʃə] *n*
   **history** [ˈhɪstri] *n*
   **philosophy** [fəˈlɒsəfi] *n*
   **languages** [ˈlæŋgwɪdʒɪz] *n, pl*

**die Geisteswissenschaften**, z.B.:

   **Literatur** *f*
   **Geschichte** *f*
   **Philosophie** *f*
   **Sprachen** *Pl*

1 = Bachelor of Arts
2 = Bachelor of Sciences
3 = Doctor of Philosophy

**social science** [ˌsəʊʃl '..], e.g.:
  **sociology** [ˌsəʊsi'ɒlədʒi] n
  **politics** ['pɒlətɪks] n, sing. verb
  **economics** [ˌiːkə'nɒmɪks] n, sing. verb

**die Gesellschaftswissenschaften**, z. B.:
  **Soziologie** f
  **Politik** f
  **Wirtschaft** f

**science park** ['.. pɑːk] n
The most famous science park is Silicon Valley, south-east of San Francisco.

**Technologiepark** m
Der berühmteste Technologiepark ist das Silicon Valley südöstlich von San Francisco.

**scientific** [ˌsaɪən'tɪfɪk] adj
Scientific achievements do not always work to the advantage of humans.

**wissenschaftlich**
Wissenschaftliche Errungenschaften wirken sich nicht immer zum Vorteil der Menschen aus.

**scientist** ['saɪəntɪst] n
He is a scientist and works for the ESA[1].

**Wissenschaftler/in** m/f
Er ist Wissenschaftler und arbeitet bei der ESA.

**technology** [tek'nɒlədʒi] n
The latest technologies are used in this factory.

**Technologie** f, **Technik** f
In dieser Fabrik kommen die modernsten Technologien zum Einsatz.

**high technology** [haɪ .'...] n
Telecommunication, aircraft construction and information science are examples of high technology.

**Spitzentechnologie** f
Telekommunikation, Flugzeugbau und Informatik sind Beispiele für Spitzentechnologien.

**high-tech** [haɪ 'tek] adj
The USA, Europe and Japan are the centres of the high-tech industry.

**Hightech-**
Die USA, Europa und Japan sind die Zentren der Hightechindustrie.

**information technology**
[ˌɪnfə'meɪʃn .'...] n
Information technology today plays an important part in our daily lives.

**Informatik** f

Die Informatik spielt heute eine wichtige Rolle in unserem Alltag.

**technological** [ˌteknə'lɒdʒɪkl] adj
**technical** ['teknɪkl] adj
Dolly, the first cloned sheep, signifies a technological breakthrough in the field of genetics.
This book is teeming with technical terms.

The tunnel between France and Great Britain is a technical masterpiece.

**technologisch**
**technisch**
Dolly, das erste geklonte Schaf, bedeutet einen technologischen Durchbruch auf dem Gebiet der Genetik.
Dieses Buch wimmelt von technischen Ausdrücken.

Der Tunnel zwischen Frankreich und Großbritannien ist ein technisches Meisterwerk.

1 = European Space Agency (Europäische Raumfahrtbehörde)

**engineering** [ˌendʒɪˈnɪərɪŋ] *n*
German engineering has always had a good reputation.

**Technik** *f*, **Ingenieurwesen** *n*
Deutsche Technik hat seit jeher einen guten Ruf.

**engineer** [ˌendʒɪˈnɪə] *n*
George Stephenson was an engineer and built the "Rocket", the first modern steam locomotive.

**Ingenieur/in** *m/f*
George Stephenson war Ingenieur und baute mit der „Rocket" die erste moderne Dampflokomotive.

**research** [rɪˈsɜːtʃ] *n*
Today research and industry work closely together.
There is a nuclear research centre at Karlsruhe.

**Forschung** *f*
Forschung und Industrie arbeiten heute eng zusammen.
In Karlsruhe befindet sich ein Kernforschungszentrum.

**researcher** [rɪˈsɜːtʃə] *n*
The Nobel Prize was the peak of his career as a researcher.

**Forscher/in** *m/f*
Seine Forscherlaufbahn wurde durch den Nobelpreis gekrönt.

**scholar** [ˈskɒlə] *n*
That is a controversial topic among scholars.

**Gelehrte(r)** *m/f*
Das ist ein umstrittenes Thema unter den Gelehrten.

**laboratory** [læˈbɒrətri]
The blood tests were carried out in the laboratory.

**Laboratorium** *n*
Die Blutuntersuchungen wurden im Labor gemacht.

**invention** [ɪnˈvenʃn] *n*
The microprocessor has been the most revolutionary invention of the 20th century.

**Erfindung** *f*
Der Mikroprozessor ist die revolutionärste Erfindung des 20. Jahrhunderts.

**inventor** [ɪnˈventə] *n*
**invent** [ɪnˈvent] *v*
Leonardo da Vinci was an artist and an inventor.
Benjamin Franklin invented the lightning conductor in 1752.

**Erfinder/in** *m/f*
**erfinden**
Leonardo da Vinci war Künstler und Erfinder.
Benjamin Franklin erfand 1752 den Blitzableiter.

**experiment** [ɪkˈsperɪmənt] *n*
We did many interesting experiments in our physics lesson today.

**Versuch** *m*
Im Physikunterricht haben wir heute interessante Versuche gemacht.

**malfunction** [mælˈfʌŋkʃn] *n*
**spacecraft** [ˈspeɪskrɑːft] *n*
The computer system malfunction on board the spacecraft was able to be corrected after a few hours.

**Störfall** *m*
**Raumschiff** *n*
Die Störung im Computersystem des Raumschiffes konnte nach einigen Stunden behoben werden.

**(outer) space** [(ˌaʊtə) 'speɪs] *n*
Man is in the process of conquering (outer) space.

**Weltraum** *m*
Der Mensch ist dabei, den Weltraum zu erobern.

**astronaut** ['æstrənɔːt] *n*
**cosmonaut** ['kɒzmənɔːt]
The first American astronaut was Alan B. Shepard (1961).
The first Russian cosmonaut was Yuri Gagarin (1961).

**Astronaut/in** *m/f*
**Kosmonaut/in** *m/f*
Der erste amerikanische Astronaut war Alan B. Shepard (1961).
Der erste russische Kosmonaut war Yuri Gagarin (1961).

**Examples of controversial research:**
- cloning ['kləʊnɪŋ] of animals and humans
- test-tube babies
- nuclear power stations
- nuclear weapons, the atom ['ætəm] bomb

**Beispiele für umstrittene Forschung:**
- das Klonen von Tieren und Menschen

- das Retortenbaby
- die Atomkraftwerke
- die Atomwaffen, die Atombombe

## ● Expression

**Necessity is the mother of invention.**
I laid a handkerchief on my head to protect myself from the sun. Necessity is the mother of invention.

**Not macht erfinderisch.**
Um mich vor der Sonne zu schützen, legte ich mein Taschentuch auf den Kopf. Not macht erfinderisch.

# 18.1 Die Berufsausbildung, die Weiterbildung

**vocational training**
[vəʊˈkeɪʃənl ˌtreɪnɪŋ] *n, no indefinite article*
Good vocational training is essential today.
At the moment she is doing vocational training in a bank.

**Berufsausbildung** *f*

Eine gute Berufsausbildung ist heute unerlässlich.
Zur Zeit macht sie eine Banklehre.

**a training …**
  **college** [ˈ.. ˌkɒlɪdʒ]
  **course** [ˈ.. kɔːs]
  **scheme** [ˈ.. skiːm]

**eine Berufsschule**
**ein Lehrgang**
**ein Ausbildungsprogramm**

**train** [treɪn] *v*
She is being trained as a receptionist in a hotel at the moment.
He is trained in technical drawing.

**ausbilden**
Sie macht zur Zeit eine Ausbildung als Empfangsdame in einem Hotel.
Er hat eine Ausbildung als technischer Zeichner.

**retrain** [riːˈtreɪn] *v*
The Chamber of Industry and Commerce offers retraining courses.
When the factory closed many workers had to be retrained.

**umschulen**
Die Industrie- und Handelskammer bietet Umschulungskurse an.
Als die Fabrik geschlossen wurde, mussten viele Arbeiter umgeschult werden.

**trainee** [treɪˈniː] *n*
There are three trainees in our company.
He is a management trainee at the moment.

**Auszubildende** *m/f*; **Praktikant/in** *m/f*
In unserer Firma gibt es drei Azubis.
Er macht zur Zeit ein Praktikum als Betriebswirt.

**be a trainee …**
  **journalist** [ˌ.. ˈdʒɜːnəlɪst]
  **engineer** [ˌ.. ˌendʒɪˈnɪə]
  **salesman/saleswoman**
  [ˌ.. ˈseɪlzmən/ˈseɪlzwʊmən]
  **hairdresser** [ˌ.. ˈheədresə]

**sich in der Ausbildung befinden als …**
  **Journalist/in**
  **Ingenieur/in**
  **Verkäufer/in**

  **Frisör/Frisöse**

**apprentice** [əˈprentɪs] *n*
**apprenticeship** [əˈprentɪʃɪp] *n*
He wants to become a chef and works as an apprentice in a hotel.
James has started serving an apprenticeship at a bakery.

**Lehrling** *m*
**Lehre** *f*
Er möchte Koch werden und arbeitet als Lehrling in einem Hotel.
James hat eine Lehre bei einem Bäcker begonnen.

**further education**
[ˌfɜːðər edjuˈkeɪʃn] n
She regularly goes to further education courses.

Fortbildung f

Sie besucht regelmäßig Fortbildungskurse.

**go to**
  **a commercial college**
  [kəˌmɜːʃl ˈkɒlɪdʒ]
  **a secretarial college**
  [sekrəˌteəriəl ˈ..]
  **night school** [ˈnaɪt skuːl]
  **the adult education centre**
  [ˌædʌlt ..ˈ.. ˌsentə]

auf die Handelsschule ⎫
⎬ gehen
auf die Sekretärinnenschule ⎭

die Abendschule ⎫
⎬ besuchen
die Volkshochschule ⎭

**correspondence course**
[ˌkɒrəˈspɒndəns .] n
He is taking a correspondence course in business studies.

Fernkurs m

Er macht zur Zeit einen Fernkurs in Betriebswirtschaft.

**course** [kɔːs] n
**diploma** [dɪˈpləʊmə] n ⎫
**certificate** [səˈtɪfɪkət] n ⎭
She did a course in information technology.
At the end of the course the participants receive a diploma/a certificate.

Seminar n, Lehrgang m

Diplom n, Zeugnis n

Sie hat an einem EDV-Lehrgang teilgenommen.
Am Ende des Lehrgangs erhalten die Teilnehmer ein Diplom/ein Zeugnis.

**specialize in sth** [ˈspeʃəlaɪz] v
He specialized in commercial law.

sich in etw. spezialisieren
Er hat sich auf Handelsrecht spezialisiert.

**qualify** [ˈkwɒlɪfaɪ] v
After qualifying he must work two years in an archtitect's firm before he can become self-employed.
She is a qualified nurse.

Examen machen, sich qualifizieren
Nach dem Examen muss er zwei Jahre in einem Architekturbüro arbeiten, bevor er sich selbständig machen kann.
Sie ist staatlich geprüfte Krankenschwester.

**careers office** [kəˈrɪəz ˌɒfɪs] n
**careers officer** [.ˈ. ˌɒfɪsə] n

Berufsberatung f
Berufsberater/in m/f

# 18.2  Die Arbeit, der Beruf

**job**[1] [dʒɒb] n

Arbeit f, Arbeitsplatz m, Anstellung f, Beruf m

Following his apprenticeship he found a job with Rover as a mechanic.

Nach Beendigung der Lehre fand er bei Rover eine Anstellung als Monteur.

1 Wird in einem Formular nach dem Beruf gefragt, dann heißt es *occupation* – s. S. 27

| | |
|---|---|
| She lost her job two years ago and has been since unemployed. | Sie verlor vor zwei Jahren ihren Arbeitsplatz und ist seither arbeitslos. |
| – What's your job? | – Was machen Sie beruflich? |
| – I'm a painter. | – Ich bin Maler. |
| The building of the factory created 500 jobs. | Durch den Bau der Fabrik wurden 500 Arbeitsplätze geschaffen. |

**job centre** ['. ˌsentə] *n*
She found a new job through the job centre.

**Arbeitsamt** *n*
Sie hat durch Vermittlung des Arbeitsamtes eine neue Stelle gefunden.

**profession** [prəˈfeʃn] *n*
Many politicians are lawyers by profession.

akademische(r) **Beruf** *m*
Viele Politiker sind von Beruf Jurist.

**professional** [prəˈfeʃənəl] *adj*
His professional duties do not leave him much time to spend with his family.

**beruflich, Berufs-**
Seine beruflichen Verpflichtungen lassen ihm nicht viel Zeit für die Familie.

**trade** [treɪd] *n*
He is a baker by trade.
Trade career outlooks are very good at the moment.

handwerkliche(r) **Beruf** *m*
Er ist Bäcker von Beruf.
Die Berufsaussichten im Handwerk sind zur Zeit sehr gut.

**career** [kəˈrɪə] *n*
Everyone advised him to pursue a career as a diplomat.

**berufliche Laufbahn** *f*
Alle rieten ihm die Diplomatenlaufbahn einzuschlagen.

**do** [du] *v*
– What do you do for a living?
– I'm a lawyer.

beruflich **machen**
– Was machen Sie beruflich?
– Ich bin Rechtsanwalt.

– What do you want to do when you leave school?
– I'd like to become a journalist.

– Was möchtest du nach der Schule machen?
– Ich möchte Journalist werden.

**self-employed** [self ɪmˈplɔɪd] *adj*
He is a self-employed architect.

**selbständig**
Er ist selbständiger Architekt.

**freelance** [ˈfriːlɑːns] *adj*
She is a freelance fashion designer and works for several Italian fashion houses.

**freiberuflich, freier Mitarbeiter**
Sie ist freiberufliche Modedesignerin und arbeitet für mehrere italienische Modehäuser.

He is a freelance journalist.
He/She is ...
  **a secretary** [ˈsekrətri]
  **an IT**[1] **engineer** [ˌaɪ ˈtiː endʒɪˌnɪə]
  **a bookkeeper** [ˈbʊkkiːpə]

Er ist freier Journalist.
Er/Sie ist ...
  **Sekratär/in**
  **Informatiker/in**
  **Buchhalter/in**

---

1 = information technology

**a sales representative**
['seɪlz reprɪˌzentətɪv]
**an engineer** [ˌendʒɪ'nɪə]
**a plumber** ['plʌmə]
**a fitter** ['fɪtə]
**an electrician** [ɪˌlek'trɪʃn]
**a (motor) mechanic**
[(ˌməʊtə) mə'kænɪk]

**an operator** ['ɒpəreɪtə]
**a carpenter** ['kɑːpəntə]
**a painter** ['peɪntə]
**a bricklayer** ['brɪkleɪə]

Vertreter/in

Ingenieur/in
Installateur/in
Monteur, Installateur
Elektriker
(Auto-)Mechaniker/in

Maschinist/in, Kranführer/in
Schreiner, Zimmermann
Maler/in
Maurer

**official** [ə'fɪʃl] *n*
**officer** ['ɒfɪsə] *n*
**civil servant** [ˌsɪvl 'sɜːvənt] *n*

Beamte(r)/Beamtin *m/f*

Staatsbeamte(r)/Staatsbeamtin *m/f*

**head** [hed] *v*
**be in charge of sth** [tʃɑːdʒ] *v*
She heads (She is in charge of) the export department.

leiten

Sie leitet die Exportabteilung.

**work¹** [wɜːk] *n, sg, no indefinite article*
It was hard work to negotiate a compromise.
When do you go to work in the morning?
My work starts at 7:45 a.m.
Mark is not in. He is still at work.

Arbeit *f*
Es war eine harte Arbeit, einen Kompromiss auszuhandeln.
Wann gehst du morgens zur Arbeit?
Meine Arbeit beginnt um 7.45 h.
Mark ist nicht zu Hause. Er ist noch bei der Arbeit.

**working hours** [ˌwɜːkɪŋ 'aʊəz] *n, pl*
Flexible working hours have been introduced by many companies.
– What are your working hours?
– I work from 9 a.m. to 5 p.m.

Arbeitszeit *f*
In vielen Betrieben ist die flexible Arbeitszeit eingeführt worden.
– Wie ist Ihre Arbeitszeit?
– Ich arbeite von 9 bis 17 Uhr.

**workplace** ['wɜːkpleɪs] *n*
My workplace is 25 km away from my flat.

Arbeitsstätte *f*
Meine Arbeitsstätte liegt 25 km von meiner Wohnung entfernt.

**workforce** ['.fɔːs] *n, sg*
For years there has been a lack of a qualified workforce.
The company has been cutting back its workforce for years.

Arbeitskräfte *Pl*
Seit Jahren fehlt es an qualifizierten Arbeitskräften.
Die Firma baut seit Jahren Arbeitskräfte ab.

---

1 eine Arbeit = a piece of work *or* a job, z. B.: *She has done a good piece of work.* (für etw. Schriftliches: Bericht, Seminararbeit usw.). In anderen Fällen: *She has done a good job.*

**labour** ['leɪbə] *n, sg, no indefinite article*
The construction industry uses more and more cheap labour from the East.
Many workshops charge 80,– DM per hour for labour.

**Arbeit** *f*, **Arbeitskräfte** *Pl*
Die Baubranche beschäftigt immer mehr billige Arbeitskräfte aus dem Osten.
Viele Handwerksbetriebe berechnen eine Arbeitsstunde mit 80,– DM.

**worker** ['wɜ:kə] *n*
He is a factory worker.

**Arbeiter/in** *m/f*
Er ist Fabrikarbeiter.

**workman,** *pl* **workmen** ['wɜ:kmən] *n*
We have had workmen in the house for days.

**Handwerker/in** *m/f*
Wir haben seit Tagen die Handwerker im Haus.

**skilled worker** [skɪld '..] *n*
There is still a lack of skilled workers.

**Facharbeiter/in** *m/f*
Es besteht nach wie vor Mangel an Facharbeitern.

**unskilled worker** [ʌnˌskɪld '..] *n*
As an unskilled worker you have less chance of finding a job.

**ungelernte(r) Arbeiter/in** *m/f*
Als ungelernter Arbeiter hast du geringere Aussichten einen Arbeitsplatz zu finden.

**office-worker** ['ɒfɪs ˌwɜ:kə] *n*
Many office-workers earn less than good skilled workers.

**Büroangestellte** *m/f*
Viele Büroangestellte verdienen weniger als ein guter Facharbeiter.

**immigrant worker** ['ɪmɪgrənt ˌwɜ:kə] *n*
A large part of the immigrant workers in Great Britain come from Pakistan.

**Gastarbeiter/in** *m/f*
Die Gastarbeiter in Großbritannien kommen zum großen Teil aus Pakistan.

**work ...**
  **as a shop assistant** [ʃɒp ə'sɪstənt]
  **in an office** ['ɒfɪs]
  **in a workshop** ['wɜ:kʃɒp]
  **in a garage** ['gærɑ:ʒ]
  **for Ford** [fɔ:d]
  **on the assembly line** [ə'sembli laɪn]
  **in a team** [ti:m]
  **full-time** [fʊl 'taɪm]
  **part-time** [pɑ:t 'taɪm]
  **35 hours per week** [ˌθɜ:ti faɪv 'aʊəz pə wi:k]
  **hard** [hɑ:d]

**... arbeiten**
  **als Verkäufer/in**
  **im Büro**
  **in einer Werkstatt**
  **in einer Autowerkstatt**
  **bei Ford**
  **am Fließband**
  **im Team**
  **ganztags**
  **halbtags, Teilzeit**
  **35 Stunden in der Woche**

  **hart**

**shift** [ʃɪft] *n*
At the moment I'm on night shift.

**Schicht(arbeit)** *f*
Zur Zeit habe ich Nachtschicht.

**overtime** ['əʊvətaɪm]
We are not paid overtime.

**Überstunden** *Pl*
Überstunden werden bei uns nicht bezahlt.

On average I work three hours overtime a week.

Durchschnittlich mache ich drei Überstunden in der Woche.

**application** [ˌæplɪˈkeɪʃn] *n*
I've already sent 40 applications.

**Bewerbung** *f*
Ich habe schon 40 Bewerbungen abgeschickt.

**apply for sth** [əˈplaɪ] *v*
I've applied for this position.

**sich um etw. bewerben**
Ich habe mich um diese Stelle beworben.

**employ sb**[1] [ɪmˈplɔɪ] *v*
This company only employs women.

**jdn. beschäftigen**
Diese Firma beschäftigt nur Frauen.

**take sb on** [teɪk] *v*
The company is not taking on any staff at the moment.

**jdn. einstellen**
Die Firma stellt zur Zeit kein Personal ein.

**appointment** [əˈpɔɪntmənt] *n*
He received an appointment as an English teacher in Kuwait.

**Ernennung** *f*, **Anstellung** *f*
Er bekam eine Anstellung als Englisch-lehrer in Kuweit.

**appoint** [əˈpɔɪnt] *v*
She was appointed department manager.

**ernennen**
Sie wurde zur Abteilungsleiterin ernannt.

**move** [muːv] *v*
After several years abroad he was moved to the company's head office in Detroit.

**versetzen**
Nach mehreren Jahren im Ausland wurde er in die Firmenzentrale nach Detroit versetzt.

**promotion** [prəˈməʊʃn] *n*
**notice** [ˈnəʊtɪs] *n*
He handed in his notice, since there was no opportunity for promotion.

**Beförderung** *f*
**Kündigung** *f*
Er kündigte, da er keine Aussicht auf Beförderung hatte.

**dismissal** [dɪsˈmɪsl] *n*
He had not reckoned on his dismissal.

**Entlassung** *f*
Er hatte mit seiner Entlassung nicht gerechnet.

**dismiss** [dɪsˈmɪs] *v*
**fire** [ˈfaɪə] *v, informal*
**sack** [sæk] *v, informal*
Due to bad business results the managing director was dismissed (fired, sacked).

**entlassen**

Aufgrund des schlechten Geschäfts-ergebnisses wurde der Geschäftsführer entlassen.

**unemployed** [ˌʌnəmˈplɔɪd] *adj*
**jobless** [ˈdʒɒbləs] *adj*
**out of work** [wɜːk]
He has already been unemployed (jobless, out of work) for over two years.

**arbeitslos**

Er ist schon über zwei Jahre arbeitslos.

1 *AE auch: hire*

15% of the working population in this area is unemployed (jobless, out of work).

In dieser Gegend gibt es 15% Arbeitslose.

**unemployment** [ˌʌnəmˈplɔɪmənt] *n*
The trade unions accuse the government of doing nothing about unemployment.

**Arbeitslosigkeit** *f*
Die Gewerkschaften werfen der Regierung vor, nichts gegen die Arbeitslosigkeit zu tun.

**redundancy,** *pl* **-ies** [rɪˈdʌndənsi, -z] *n*
The company is planning 200 redundancies in the coming year.

**Entlassung** *f*
Die Firma plant für das kommende Jahr 200 Entlassungen.

**make sb redundant** [rɪˈdʌndənt]
The management decided to make 50 people redundant.

**jdn. entlassen**
Die Direktion hat beschlossen, 50 Personen zu entlassen.

**job cuts** [ˈdʒɒb kʌts] *n, pl*
The merger of the two large banks involves 13,000 job cuts.

**Stellenabbau** *m*, **Arbeitsplatzverlust** *m*
Die Fusion der beiden Großbanken bedeutet einen Verlust von 13.000 Stellen.

**retirement** [rɪˈtaɪəmənt] *n*
She will be going into retirement next year.

**Pension** *f*, **Rente** *f*
Sie geht nächstes Jahr in Pension (in Rente).

**be retired** [rɪˈtaɪəd]
He has been retired for 5 years.

**im Ruhestand sein**
Er ist seit 5 Jahren im Ruhestand.

**pay** [peɪ] *n*
The working conditions are bad but the pay is good.

**Bezahlung** *f*
Die Arbeitsbedingungen sind schlecht, aber die Bezahlung ist gut.

**salary** [ˈsæləri] *n*
**wage** [weɪdʒ] *n*
Office workers get a salary which is paid monthly. Workers get a wage which is paid weekly.
Wages and salaries were raised on average by 5%.

**Gehalt** *n*
**Lohn** *m*
Büroangestellte erhalten Gehalt, das monatlich gezahlt wird. Arbeiter erhalten Lohn, der wöchentlich gezahlt wird.
Die Löhne und Gehälter wurden durchschnittlich um 5% erhöht.

**minimum wage** [ˌmɪnɪməm ˈ.] *n*
The minimum wage is set by the government.

**Mindestlohn** *m*
Der Mindestlohn ist von der Regierung festgesetzt.

**income** [ˈɪnkʌm] *n*
He does not have a fixed income.

**Einkommen** *n*
Er hat kein festes Einkommen.

**earn** [ɜːn] *v*
He is already thirty and he does not earn a living yet.

**verdienen**
Er ist schon dreißig und verdient immer noch nicht seinen Lebensunterhalt.

● **Expression**

**make the best of a bad job**
Because Kevin could not afford to go
abroad for a holiday, he made the best of
a bad job by visiting the places of local
interest.

**das Beste aus etw. machen**
Da Kevin es sich nicht leisten konnte,
einen Urlaub im Ausland zu machen,
machte er das Beste daraus, indem er
die Sehenswürdigkeiten der näheren
Umgebung besuchte.

# 18.3  Die Gewerkschaften

**trade union** [treɪd ˈjuːnɪən] n
Trade unions defend (campaign for) the
interests of employees.

The trade union movement originates
from the 19th century in Great Britain.
He joined the trade union in 1979 and left
it in 1999.

**Gewerkschaft** f
Die Gewerkschaften verteidigen
(setzen sich ein für) die Interessen
der Arbeitnehmer.
Die Gewerkschaftsbewegung hat ihren
Ursprung im 19. Jh. in England.
Er trat 1979 in die Gewerkschaft ein und
1999 wieder aus.

**strike** [straɪk] n; v
The employer's reply to the strike was a
lockout.
Post office workers have decided to go on
strike.
Teachers are not allowed to strike in
Germany.

**Streik** m; **streiken**
Die Arbeitgeber antworteten auf den
Streik mit der Aussperrung von der Arbeit.
Die Postangestellten sind entschlossen zu
streiken.
In Deutschland dürfen Lehrer nicht
streiken.

**industrial action** [ɪnˌdʌstrɪəl ˈækʃn] n
Neither side has emerged as victor from
this industrial action.

**Arbeitskampf** m
Aus diesem Arbeitskampf ist keine Seite
als Sieger hervorgegangen.

**industrial dispute** [.,... dɪˈspuːt] n
**settle** [ˈsetl] v
The industrial dispute about the reduction
in weekly working hours was finally
settled.

**Arbeitskonflikt** m
**beilegen**
Der Arbeitskonflikt um die Reduzierung
der wöchentlichen Arbeitszeit wurde
schließlich beigelegt.

**pay negotiations** [ˈpeɪ nɪɡəʊʃiˌeɪʃnz]
n, pl
Pay negotiations between employers and
employees have dragged on for weeks.

**Tarifverhandlungen** Pl

Die Tarifverhandlungen zwischen
Arbeitgebern und Arbeitnehmern ziehen
sich schon über Wochen hin.

**go to arbitration** [ˌɑːbɪ'treɪʃn]
When the employers and the employees cannot reach an agreement they go to arbitration.

**einen Schlichter anrufen**
Wenn sich die Sozialpartner nicht einigen können, rufen sie einen Schlichter an.

**wage settlement** ['weɪdʒ ˌsetlmənt] *n*
**negotiate** [nɪ'gəʊʃieɪt] *v*
The wage settlement was negotiated by the management and the unions.

**Tarifvertrag** *m*
**aushandeln**
Der Tarifvertrag wurde von der Geschäftsleitung und der Gewerkschaft ausgehandelt.

**demand** [dɪ'mɑːnd] *v*
Trade unions have been demanding the 35 hour week for years.

**fordern**
Seit Jahren fordern die Gewerkschaften die 35-Stunden-Woche.

**shop-steward** [ʃɒp 'stjuːəd] *n*
The shop-stewards' influence has diminished in the past few years.

**Gewerkschaftsvertreter im Betrieb**
Der Einfluss der Gewerkschaftsvertreter in den Betrieben ist in den letzten Jahren zurückgegangen.

**(member of the) works council**
[wɜːks 'kaʊnsl] *n*
The works council represents the interests of the employees in a company.
She is a member of the works council but is not a member of the trade union.

**Betriebsrat/Betriebsrätin** *m/f*

Der Betriebsrat vertritt die Interessen der Arbeitnehmer in einem Unternehmen.
Sie ist Betriebsrätin, aber sie ist kein Gewerkschaftsmitglied.

# 18.4 Soziale Sicherheit, Versicherungen

**social security** [ˌsəʊʃl sɪ'kjʊərəti] *n*
This state does not do enough for the social security of its citizens.
Our social security system is becoming more and more expensive and difficult to finance.

**soziale Sicherheit** *f*
Dieser Staat tut nicht genug für die soziale Sicherheit seiner Bürger.
Unser System der sozialen Sicherheit wird immer teurer und schwieriger zu finanzieren.

**National Insurance**
[ˌnæʃnəl ɪn'ʃʊərəns] *n*
In Great Britain every employed person has to contribute to National Insurance. It provides assistance in

**staatliche Sozialversicherung** *f*

In Großbritannien muss jede berufstätige Person in die staatliche Sozialversicherung einbezahlen. Diese leistet Unterstützung bei

- sickness
- unemployment
- retirement.

- Krankheit
- Arbeitslosigkeit
- Ruhestand.

**National Health Service (the NHS)** n
[ˌnæʃnəl ˈhelθ ˌsɜːvɪs (ˌen eɪtʃ ˈes)]
The NHS in Great Britain provides free
medical treatment; the patient must
however contribute to certain costs
(e.g. dental treatment, glasses, medicines).

Can I get this medicine on the NHS?

**staatliche(r) Gesundheitsdienst** m

Der staatliche Gesundheitsdienst in
Großbritannien trägt Vorsorge für
kostenlose ärztliche Behandlung. Der
Patient muss sich jedoch an bestimmten
Kosten beteiligen (z. B. bei Zahn-
behandlung, Brillen, Medikamenten).
Wird dieses Medikament von der
Krankenkasse bezahlt?

**insurance** [ɪnˈʃʊərəns] n
**take out insurance** [teɪk ˌaʊt .ˈ..]
**insure** [ɪnˈʃʊə] v
These damages are covered by our
insurance.
I've taken out insurance against theft.

We are insured against storm, fire and
water damage.

**Versicherung** f
**eine Versicherung abschließen**
**versichern**
Diesen Schaden zahlt unsere Versicherung.

Ich habe eine Diebstahlversicherung
abgeschlossen.
Wir sind gegen Sturm-, Feuer- und
Wasserschäden versichert.

**contribute to** [kənˈtrɪbjuːt] v
More and more people contribute to
private insurance such as life insurance,
medical insurance, accident insurance and
personal liability insurance.

**Beitrag zahlen**
Immer mehr Menschen zahlen Beiträge
in private Versicherungen wie Lebens-
versicherung, Krankenversicherung,
Unfallversicherung und Haftpflicht-
versicherung.

**benefit** [ˈbenɪfɪt] n
to get ...
   **social security benefit** [ˌ.. .ˌ... ˈ...]
   **unemployment benefit**
   [ˌʌnɪmˌplɔɪmənt ˈ...]
   **child benefit** [tʃaɪld ˈ...]
   **housing benefit** [ˌhaʊzɪŋ ˈ...]
   **maternity benefit** [məˌtɜːnəti ˈ...]

**Unterstützung** f
... bekommen
   **Sozialhilfe** f
   **Arbeitslosenunterstützung** f

   **Kindergeld** n
   **Wohngeld** n
   **Mutterschaftsgeld** n

**welfare** [ˈwelfeə] n
This family has lived on welfare for years.

**Sozialhilfe** f
Diese Familie lebt schon seit Jahren von
der Sozialhilfe.

**Welfare State** [ˌ.. ˈsteɪt] n
The British Welfare State was established
by the Labour government in 1948
through the introduction of the NHS and
the social security system.

**Sozialstaat** m, **Wohlfahrtsstaat** m
Der britische Wohlfahrtsstaat wurde 1948
von der Labourregierung durch die Einfüh-
rung des staatlichen Gesundheitsdienstes
und der Sozialversicherung geschaffen.

**old age pension** [ˌəʊld eɪdʒ ˈpenʃn] *n*
Women receive a pension at the age of 60, men at the age of 65.

**Rente** *f*, **Pension** *f*
Frauen bekommen Rente mit 60, Männer mit 65 Jahren.

**charity** [ˈtʃærəti] *n*

**Hilfsorganistion** *f*, **gemeinnützige Organisation** *f*; **wohltätige(r) Zweck** *m*

The Red Cross is no doubt the best known charity.
In the USA and Great Britain many cultural and social organizations are funded by charities.

Das Rote Kreuz ist mit Sicherheit die bekannteste Hilfsorganisation.
In den USA und Großbritannien werden viele kulturelle und soziale Einrichtungen von gemeinnützigen Organisationen finanziert.

The money raised by the gala circus performance will go to charity.

Der Erlös aus der Zirkusgala ist für wohltätige Zwecke bestimmt.

**social worker** [ˈsəʊʃl ˌwɜːkə] *n*
In our society more and more social workers are needed.

**Sozialarbeiter/in** *m/f*
In unserer Gesellschaft werden immer mehr Sozialarbeiter gebraucht.

**home help** [ˈhəʊm help] *n*
When our mother was in hospital a home help came every day for two hours, to take care of the house work.

**Haus- und Familienpflegerin** *f*
Als unsere Mutter im Krankenhaus war, kam jeden Tag für zwei Stunden eine Haus- und Familienpflegerin, um sich um den Haushalt zu kümmern.

# 19

## 19.1 Das Geschäftsleben

**business** ['bɪznəs] *n, sg*
At the moment business is booming/is in a slump.
This company does business mainly with South Africa.
The company has set up the main part of its business activity in Europe.

**Geschäftsleben** *n*, **Geschäfte** *Pl*
Zur Zeit gehen die Geschäfte gut/schlecht.
Diese Firma macht hauptsächlich Geschäfte mit Südafrika.
Der Konzern hat den Schwerpunkt seiner geschäftlichen Aktivitäten nach Europa verlagert.

**business,** *pl* **-es** ['bɪznəs, -ɪz] *n*
She employs 50 workers in her business.
She is in the advertising business.

**Betrieb** *m*, **Geschäft** *n*, **Unternehmen** *n*
Sie beschäftigt 50 Arbeiter in ihrem Unternehmen.
Sie arbeitet in der Werbung.

**businessman/businesswoman** ['..mən/'..ˌwʊmən] *n*
**business people** ['.. ˌpiːpl] *n, plural verb*
A serious businessman does not behave in such a way.
It is mainly business people who stay in this hotel.

**Geschäftsmann/Geschäftsfrau** *m/f*
**Geschäftsleute** *Pl*
So verhält sich kein seriöser Geschäftsmann.
In diesem Hotel übernachten hauptsächlich Geschäftsleute.

**deal** [diːl] *n*
She got a good/bad deal by selling the shares.

**Geschäft** *n*, **Geschäftsabschluss** *m*
Mit dem Verkauf der Aktien hat sie ein gutes/schlechtes Geschäft gemacht.

**company** ['kʌmpəni] *n*
The company was established in 1870 by my great-grandfather.
General Motors is a joint-stock company.

**Gesellschaft** *f*, **Firma** *f*
Die Firma wurde 1870 von meinem Urgroßvater gegründet.
General Motors ist eine Aktiengesellschaft.

**run** [rʌn] *v*
She runs a company which publishes children's books.
She runs a beauty parlour.
That is a well-run restaurant.

**leiten, führen**
Sie leitet einen Verlag für Kinderbücher.
Sie hat ein Kosmetikinstitut.
Das ist ein gut geführtes Restaurant.

**firm** [fɜːm] *n*
Electronic firms trade in both hardware and software.
She works in a law firm.

**Firma** *f*
Elektronikfirmen handeln mit Hard- und Software.
Sie arbeitet in einer Anwaltskanzlei.

**corporation** [ˌkɔːpəˈreɪʃn] *n*
Many American multinational corporations are based in New York.
Competition forces many corporations to merge.

**Konzern** *m*
Viele amerikanische Multis haben ihre Hauptverwaltung in New York.
Der Konkurrenzkampf zwingt viele Konzerne zu fusionieren.

**corporate** [ˈkɔːpərət] *adj*
Corporate planning reaches far into the 21st century.

**Firmen-, Konzern-**
Die Konzernplanung reicht weit in das 21. Jahrhundert hinein.

**branch,** *pl* **-es** [brɑːntʃ, -ɪz] *n*
**subsidiary,** *pl* **-ies** [səbˈsɪdiəri, -z] *n*
This corporation has branches (subsidiaries) all over the world.

**Niederlassung** *f*, **Zweigwerk** *n*
Dieser Konzern besitzt auf der ganzen Welt Niederlassungen.

**establish oneself** [ɪˈstæblɪʃ] *v*
She established herself as a lawyer in Glasgow in 1980.

**sich niederlassen**
Sie ließ sich 1980 in Glasgow als Rechtsanwältin nieder.

**management** [ˈmænɪdʒmənt] *n*
The management offices are on the third floor.

**Geschäftsleitung** *f*, **Direktion** *f*
Die Büros der Geschäftsleitung sind im dritten Stock.

**manager** [ˈmænɪdʒə] *n*
He is not the owner of the business; he is only the manager.
Mr. Vernon is the personnel manager in our company.

**Geschäftsführer/in** *m/f*; **Direktor/in** *m/f*
Er ist nicht der Inhaber des Geschäfts; er ist nur der Gechäftsführer.
Mr. Vernon ist der Personalchef unserer Firma.

**executive** [ɪɡˈzekjətɪv] *n*
**chief executive** [tʃiːf .ˈ...] *n*
**chairman** [ˈtʃeəmən] *n*

**der/die leitende Angestellte**
**Vorstand** *m*
**Vorsitzende** *m/f*, **Präsident/in** *m/f*

**boss** [bɒs] *n, informal*
The boss consults with his executives once a week.

**Chef/in** *m/f*
Der Chef bespricht sich einmal wöchentlich mit seinen leitenden Angestellten.

**staff** [stɑːf] *n, sing. or plural verb*
The boss can count on his staff.

**Personal** *n*, **Belegschaft** *f*
Der Chef kann sich auf sein Personal verlassen.

The staff was (were) reduced by 20%.

Die Belegschaft wurde um 20% verringert.

**turnover** [ˈtɜːnəʊvə] *n*
By running an advertising campaign, they succeeded in increasing turnover by 5%.

**Umsatz** *m*
Durch eine Werbekampagne konnten sie ihren Umsatz um 5% steigern.

**profitable** [ˈprɒfɪtəbl] *adj*
The antiques trade today is very profitable.

**rentabel, einträglich**
Der Antiquitätenhandel ist heute sehr einträglich.

**profit** ['prɒfɪt] n
**have a share in** [ʃeə]
The workers and employees have a share in the company's profit.

**loss** [lɒs] n
The annual balance showed a loss.

Last year the business ran at a loss.

**bankruptcy** ['bæŋkrʌpsi] n
The company is on the verge of bankruptcy.

**bankrupt** ['bæŋkrʌpt] adj
**broke** [brəʊk] adj, informal
The company is bankrupt (broke).

**contract** ['kɒntrækt] n
**negotiate** [nɪ'gəʊʃieɪt] v
The contract has not yet been signed.
A few individual items in the contract are left to be negotiated.

**negotiation** [nɪ,gəʊʃi'eɪʃn] n
**conclude** [kən'klu:d] v
The deal was concluded only after long negotiations.
As the negotiations failed, each side blamed the other.

**competition** [,kɒmpə'tɪʃn] n
Competition in the computer market is becoming even stronger.

**competitor** [kəm'petɪtə] n
Ford and General Motors are competitors in the car market.

**competitive** [kəm'petətɪv] adj
This product is not competitive on the world market.

**compete with sb** [kəm'pi:t] v
In the field of technology, the Japanese compete with the Europeans.

**Gewinn** m
**beteiligt sein**
Die Arbeiter und Angestellten sind am Gewinn der Firma beteiligt.

**Verlust** m
Die Jahresbilanz hat mit Verlust abgeschlossen.
Im letzten Jahr hat das Unternehmen mit Verlust gearbeitet.

**Konkurs** m
Die Firma steht vor dem Konkurs.

**bankrott**
**pleite**
Die Firma ist bankrott/pleite.

**Vertrag**
**ver-, aushandeln**
Der Vertrag ist noch nicht unterzeichnet.
Einige wenige Punkte des Vertrages müssen noch ausgehandelt werden.

**Verhandlung** f
**abschließen**
Das Geschäft wurde erst nach langen Verhandlungen abgeschlossen.
Als die Verhandlungen scheiterten, gab jede Seite der anderen die Schuld.

**Konkurrenz** f, **Wettbewerb** m
Die Konkurrenz auf dem Computermarkt wird immer stärker.

**Konkurrent** m
Ford and General Motors sind Konkurrenten auf dem Automobilmarkt.

**konkurrenzfähig**
Dieses Produkt ist auf dem Weltmarkt nicht konkurrenzfähig.

**mit jdm. konkurrieren**
Auf dem Gebiet der Technologie konkurrieren die Japaner mit den Europäern.

● **Expressions**

**It is my business and not yours.**

Don't interfere in this matter, please! It's my business and not yours.

**Das ist meine Angelegenheit und nicht deine.**

Misch dich hier bitte nicht ein! Das ist meine Angelegenheit und nicht deine.

**Business is business.**
What about friendship? Business is business.

**Geschäft ist Geschäft.**
Was heißt hier Freundschaft? Geschäft ist Geschäft.

**Business before pleasure.**
First you must help in the kitchen and then you can go to the swimming pool. Business before pleasure.

**Erst die Arbeit, dann das Vergnügen.**
Du hilfst erst in der Küche, dann kannst du ins Schwimmbad gehen. Erst die Arbeit, dann das Vergnügen.

# 19.2  Die Wirtschaft

**economy** [ɪ'kɒnəmi] *n*
**economic** [ˌiːkə'nɒmɪk] *adj*
In a market economy prices are fixed according to supply and demand.
The economic situation has improved/ has worsened.
That is an economically advanced/ backward country.

**Wirtschaft** *f*
**wirtschaftlich, Wirtschafts-**
In der Marktwirtschaft bestimmen Angebot und Nachfrage die Preise.
Die wirtschaftliche Lage hat sich verbessert/hat sich verschlechtert.
Das ist ein wirtschaftlich fortschrittliches/ rückständiges Land.

**... economy** *n*
  **market** [ˌmɑːkɪt .'...]
  **planned** [ˌplænd .'...]
  **capitalist** [ˌkæpɪtəlɪst .'...]

**... Wirtschaft** *f*
  **Markt-**
  **Plan-**
  **kapitalistische**

**inflation** [ɪn'fleɪʃn] *n*
**purchasing power** ['pɜːtʃəsɪŋ ˌpaʊə] *n*
Purchasing power diminishes with rising inflation.

**Inflation** *f*
**Kaufkraft** *f*
Mit steigender Inflation nimmt die Kaufkraft ab.

**growth** [ɡrəʊθ] *n*
Our economy has a growth rate of 2.5 % at the moment.

**Wachstum** *n*
Unsere Wirtschaft hat zur Zeit eine Wachstumsrate von 2,5 %.

**boom** [buːm] *v*
**stagnate** [stæɡ'neɪt] *v*
The electronics industry is booming whereas the steel industry is stagnating.

**boomen, Hochkonjunktur haben**
**stagnieren**
Die Elektronikindustrie boomt, während die Geschäfte in der Stahlindustrie stagnieren.

**depression** [dɪ'preʃn] n
**recession** [rɪ'seʃn] n
The depression has already lasted for three years.
The textile industry has found itself in a recession over the past few years.

**wirtschaftliche Flaute** f
**Rezession** f
Die wirtschaftliche Flaute dauert schon drei Jahre.
Die Textilindustrie befindet sich seit einigen Jahren in einer Rezession.

**boost** [buːst] v
All the measures taken to boost the economy have failed up until now.

**ankurbeln, in Schwung bringen**
Alle Maßnahmen, die Wirtschaft in Schwung zu bringen, sind bisher gescheitert.

**investment** [ɪn'vestmənt] n
Investment in shipbuilding has diminished.

Only investments can boost the economy.

**Investition** f
Die Investitionen im Schiffsbau haben abgenommen.
Nur Investitionen können die Wirtschaft ankurbeln.

**invest** [ɪn'vest] v
This firm has invested too little in research.

**investieren**
Diese Firma hat zu wenig in die Forschung investiert.

**cut** [kʌt] n; v
Cuts affect all areas: staff, investment, salaries.
Company policy is to cut costs by 20%.

**Kürzung** f; **kürzen, senken**
Die Kürzungen betreffen alle Bereiche: Personal, Investitionen, Löhne.
Ziel der Firmenpolitik ist es, die Kosten um 20% zu senken.

**global** ['gləʊbl] adj
Global markets demand global marketing strategies.

**global**
Globale Märkte verlangen globale Marketingstrategien.

**working population**
[ˌwɜːkɪŋ pɒpjuˈleɪʃn] n
The working population is divided between

**berufstätige Bevölkerung** f

Die berufstätige Bevölkerung verteilt sich auf

– **the primary sector**
  [ˌpraɪmərɪ 'sektə] (producing raw materials, agriculture, fishing)
– **the secondary sector** [ˌsekəndri '..]
  (the manufacturing industries)
– **the tertiary sector** [ˌtɜːʃəri '..]
  (services, e.g. trade, banks and insurance, tourism, transport, telecommunications, public administration, schools, universities, health service)

– **den Primärsektor**
  (Gewinnung von Rohstoffen, Landwirtschaft, Fischfang)
– **den Sekundärsektor**
  (Produzierende Industrie)
– **den Tertiärsektor**
  (Dienstleistung, z.B. Handel, Banken und Versicherungen, Tourismus, Transport, Telekommunikation, öffentliche Verwaltung, Schulen, Universitäten, Gesundheitswesen)

**Gross National Product (GNP)** *n*
[grəʊs ˌnæʃnəl ˈprɒdʌkt (ˌdʒiː en ˈpiː)]
GNP is an indicator of how productive
and competitive the economy of a
country is.

**Bruttosozialprodukt (BSP)** *n*

Das Bruttosozialprodukt ist ein Index
dafür, wie leistungsfähig die Wirtschaft
eines Landes ist.

# 19.3  Der Handel

**trade** [treɪd] *n; v*
World trade increases yearly between
5 and 10%.
This company is based in Hamburg and
trades mainly in coffee.

**Handel** *m*; **Handel treiben**
Der Welthandel nimmt jährlich zwischen
5 und 10% zu.
Diese Firma hat ihren Sitz in Hamburg und
treibt hauptsächlich Handel mit Kaffee.

**... trade** *n*
  **foreign** [ˌfɒrən ˈ.]
  **domestic** [dəˌmestɪk ˈ.]
  **retail** [ˌriːteɪl ˈ.]
  **wholesale** [ˌhəʊlseɪl ˈ.]

**... Handel** *m*
  **Außen-**
  **Binnen-**
  **Einzel-**
  **Groß-**

**trademark** [ˈtreɪdmɑːk] *n*
The three-pointed star is the trademark
of Mercedes.
Trademarks are registered.

**Warenzeichen** *n*
Der Stern ist das Warenzeichen von
Mercedes.
Warenzeichen sind gesetzlich geschützt.

**brand** [brænd] *n*
Milka is a well-known brand of chocolate.
There are many shops in this street,
selling luxury brands such as Cartier,
Rolex, Armani etc.

**Marke** *f*
Milka ist eine bekannte Schokoladenmarke.
In dieser Straße gibt es viele Geschäfte,
die Luxusmarken wie Cartier, Rolex,
Armani usw. führen.

**deal in** [diːl] *v*
He deals in Italian specialities.

**mit etw. handeln**
Er handelt mit italienischen Spezialitäten.

**market** [ˈmɑːkɪt] *n*
When does the new car come onto the
market?
This medicine is not available on the
German market.

**Markt** *m*
Wann kommt das neue Auto auf den
Markt?
Dieses Medikament ist auf dem deutschen
Markt nicht erhältlich.

**goods** [gʊdz] *n, pl*
These goods are transported by plane.

The demand for consumer goods has
increased/decreased.

**Ware** *f*
Diese Waren werden mit dem Flugzeug
transportiert.
Die Nachfrage nach Konsumgütern hat
zugenommen/nachgelassen.

**buy** [baɪ] *v*
**sell** [sel] *v*
He owns a few emeralds which he bought in Columbia.
Swiss watches are sold all over the world.

**kaufen**
**verkaufen**
Er besitzt einige Smaragde, die er in Kolumbien gekauft hat.
Schweizer Uhren werden auf der ganzen Welt verkauft.

**sale** [seɪl] *n*
The house has been on sale for a year.

The retail trade was not satisfied with the winter sales this year.

Computer sales have noticeably risen in the last few years.

**(Aus-, Schluss-)Verkauf** *m*
Das Haus steht seit einem Jahr zum Verkauf.
Der Einzelhandel war mit dem Winterschlussverkauf dieses Jahr nicht zufrieden.
Der Verkauf von Computern hat in den letzten Jahren merklich zugenommen.

**purchase** ['pɜːtʃəs] *n*
A purchase on credit is not possible.

**Kauf** *m*
Ein Kauf auf Kredit ist nicht möglich.

**supply** [sə'plaɪ] *v*
This company supplies restaurants with fish, vegetables and wine.

**(be)liefern**
Diese Firma beliefert Restaurants mit Fisch, Gemüse und Wein.

**delivery** [dɪ'lɪvəri] *n*
**deliver** [dɪ'lɪvə] *v*
Home delivery is free of charge.
When can you deliver the furniture to us?

**Lieferung** *f*, **Zustellung** *f*
**(aus)liefern, zustellen**
Die Lieferung erfolgt frei Haus.
Wann können Sie uns die Möbel liefern?

**export** ['ɪkspɔːt] *n*
**import** ['ɪmpɔːt] *n*
Our standard of living depends on exports.
Our imports diminished last year.

**Export** *m*
**Import** *m*
Unser Lebensstandard hängt vom Export ab.
Unsere Importe sind im letzten Jahr zurückgegangen.

**export** [ɪk'spɔːt] *v*
**import** [ɪm'pɔːt] *v*
Japan imports raw materials and exports finished products.

**exportieren**
**importieren**
Japan importiert Rohstoffe und exportiert Fertigprodukte.

● **Expression**

**sell like hot cakes**
Elton John's latest CD has sold like hot cakes.

**wie warme Semmeln weggehen**
Die letzte CD von Elton John ging weg wie warme Semmeln.

# 19.4 Die Industrie

**industry** ['ɪndəstri] *n*
**establish** [ɪ'stæblɪʃ] *v*
The government endeavours to establish
industry in this area.

**Industrie** *f*
**gründen, ansiedeln**
Die Regierung bemüht sich, in dieser
Gegend Industrie anzusiedeln.

**... industry** *n*
  **food** ['fu:d ,...]
  **car** ['kɑ: ,...]
  **textile** ['tekstaɪl ,...]
  **aircraft** ['eəkrɑ:ft ,...]
  **space** ['speɪs ,...]
  **electronics** [ˌɪlek'trɒnɪks ,...]
  **steel** ['sti:l ,...]
  **chemical** ['kemɪkl ,...]
  **nuclear** ['nju:kliə ,...]
  **film** ['fɪlm ,...]
  **entertainment** [ˌentə'teɪnmənt ,...]

**... Industrie** *f*
  **Nahrungsmittel-**
  **Automobil-**
  **Textil-**
  **Flugzeug-**
  **Raumfahrt-**
  **Elektronik-**
  **Stahl-**
  **chemische**
  **Atom-**
  **Film-**
  **Unterhaltungs-**

**industrial** [ɪn'dʌstriəl] *adj*
The seven leading industrial nations of the
world meet regularly to discuss global
economic problems.

**industriell, Industrie-**
Die sieben führenden Industrienationen
der Welt treffen sich regelmäßig, um
globale Wirtschaftspobleme zu
diskutieren.

The industrial estate is to the north of the
city.

Das Industriegebiet liegt im Norden der
Stadt.

**factory,** *pl* **-ies** ['fæktri, -z] *n*
**plant** [plɑ:nt] *n*
This factory is a subsidiary of VW.
The large Swiss chemical plants are in
Basel.

**Fabrik** *f*
**Werk** *n*
Diese Fabrik ist ein Zweigwerk von VW.
Die großen Schweizer Chemiewerke
befinden sich in Basel.

**power station**[1] ['paʊə ˌsteɪʃn] *n*
There are hydro-electric, coal-fired,
nuclear and solar power stations.

**Kraftwerk** *n*, **Elektrizitätswerk** *n*
Es gibt Wasser-, Kohle-, Atom- und
Solarkraftwerke.

**production** [prə'dʌkʃn] *n*
Henry Ford introduced the assembly line
into car production.

**Produktion** *f*
Henry Ford führte das Montageband in
der Automobilproduktion ein.

**produce** [prə'dju:s] *v*
Kenwood produces household appliances.
Cuckoo clocks are produced in the Black
Forest.

**herstellen, erzeugen**
Kenwood stellt Haushaltsgeräte her.
Im Schwarzwald werden Kuckucksuhren
hergestellt.

1 AE: power plant

**product** ['prɒdʌkt] n
The markets for this product are in South America.
The European economy loses billions every year through product piracy.

**Produkt** n, **Erzeugnis** n
Die Märkte für dieses Produkt liegen in Südamerika.
Durch Produktpiraterie entsteht der europäischen Wirtschaft ein jährlicher Schaden in Milliardenhöhe.

**manufacture** [ˌmænjuˈfæktʃə] v
Today most chemical companies manufacture drugs.

**herstellen, produzieren**
Die meisten Chemiekonzerne stellen heute Medikamente her.

**manufacturer** [ˌmænjuˈfæktʃərə] n
General Motors is the world's largest car manufacturer.

**Hersteller** m
General Motors ist der größte Automobilhersteller der Welt.

**merger** ['mɜːdʒə] n
The merger of Mercedes and Chrysler was a surprise to everyone.

**Fusion** f
Die Fusion von Mercedes und Chrysler kam für alle überraschend.

**merge** [mɜːdʒ] v
The globalisation of markets forces many companies to merge.

**fusionieren, sich zusammenschließen**
Die Globalisierung der Märkte zwingt viele Unternehmen sich zusammen-zuschließen.

**restructure** [riːˈstrʌktʃə] v
This company was completely restructured last year.

**umstrukturieren**
Das Unternehmen wurde letztes Jahr völlig umstrukturiert.

**rationalization** [ˌræʃnəlaɪˈzeɪʃn] n
The costs could be reduced through rationalization measures.

**Rationalisierung** f
Die Kosten konnten durch Rationalisierungsmaßnahmen gesenkt werden.

**automation** [ˌɔːtəˈmeɪʃn] n
As a result of automation, fewer and fewer workers produce more and more goods.

**Automatisierung** f
Als Folge der Automatisierung produzieren immer weniger Arbeiter immer mehr Waren.

**automate** ['ɔːtəmeɪt] v
The factory is highly automated and runs on very low staff numbers.

**automatisieren**
Die Fabrik ist hoch automatisiert und kommt mit sehr wenig Personal aus.

**robot** ['rəʊbɒt] n
Today cars are built by robots controlled by microprocessors.

**Roboter** m, **Automat** m
Autos werden heute von Robotern gebaut, die von Mikroprozessoren gesteuert werden.

# 19.5 Die Landwirtschaft

**agriculture** [ˈægrɪkʌltʃə] *n*
About 2 % of the working population of Great Britain is employed in agriculture, forestry and fishing.

For years the EU has supported agriculture with subsidies.

**farming** [ˈfɑːmɪŋ] *n*
Many claim that farming is no longer profitable today.

**farm** [fɑːm] *n*
The whole family works on the farm.

Farms must be run according to business principles.

The farm comprises ...
   **the farmhouse** [ˈfɑːmhaʊs]
   **the cattle shed** [ˈkætl ʃed]
   **the stable** [ˈsteɪbl]
   **the barn** [bɑːn]
   **the shed** [ʃed]
   **the cellar** [ˈselə]

**farmer** [ˈfɑːmə] *n*
Farmers are organized in agricultural cooperatives.
He is a farmer and lives on his own land.

**(agricultural) product**
[(ˌægrɪˈkʌltʃərəl) ˈprɒdʌkt] *n*
Every Saturday the farmers from the surrounding area offer their products for sale at the weekly market.
Many farmers today market their own products with the slogan "From producer to consumer".

**Landwirtschaft** *f*
In Großbritannien sind ungefähr 2 % der berufstätigen Bevölkerung in der Landwirtschaft, der Forstwirtschaft und der Fischerei beschäftigt.
Seit Jahren unterstützt die EU die Landwirtschaft mit Subventionen.

**Landwirtschaft** *f*
Viele behaupten, die Landwirtschaft sei heute nicht mehr rentabel.

**Bauernhof** *m*
Die ganze Familie arbeitet auf dem Bauernhof.
Ein Bauernhof muss nach betriebs- wirtschaftlichen Gesichtspunkten geführt werden.
Der Bauernhof besteht aus...
   **dem Wohnhaus**
   **dem Kuhstall**
   **dem Pferdestall**
   **der Scheune**
   **dem (Geräte-)Schuppen**
   **dem Keller**

**Landwirt/in** *m/f*, **Bauer/Bäuerin** *m/f*
Die Bauern sind in Landwirtschafts- genossenschaften organisiert.
Er ist Landwirt und lebt auf eigenem Grund und Boden.

**(landwirtschaftliche(s)) Erzeugnis** *n*

Jeden Samstag bieten die Bauern aus der Gegend ihre Erzeugnisse auf dem Wochenmarkt an.
Viele Bauern vermarkten heute selbst ihre Produkte unter dem Slogan „Vom Erzeuger zum Verbraucher".

**organic produce** [ɔː,gænɪk 'prɒdjuːs]
*n, sg, no indefinite article*
Organic produce is becoming more and more popular, even though it is somewhat more expensive.

**Bioprodukt/e** *n/Pl*

Bioprodukte werden immer beliebter, auch wenn sie etwas teurer sind.

**produce** [prə'djuːs] *v*
Kansas produces large amounts of high quality wheat. It is therefore also called the "bread basket of the nation".

**erzeugen, produzieren**
Kansas produziert große Mengen von hervorragendem Weizen. Es wird daher auch der „Brotkorb der Nation" genannt.

**plantation** [plɑːn'teɪʃn] *n*
There are huge sugarcane plantations on the islands of La Réunion and Mauritius. Fruit plantations in California are irrigated.

**Plantage** *f*
Auf den Inseln La Réunion und Mauritius gibt es riesige Zuckerrohrplantagen. Die Obstplantagen in Kalifornien werden künstlich bewässert.

**rural** ['rʊərəl] *adj*
The rural population mainly votes for the conservative parties.

**ländlich, Land-**
Die Landbevölkerung wählt meistens konservative Parteien.

**tractor** ['træktə] *n*
**plough** [plaʊ] *n*
**combine harvester**
[,kɒmbaɪn 'hɑːvɪstə] *n*
**cart** [kɑːt] *n*

**Traktor** *m*
**Pflug** *m*
**Mähdrescher** *m*

**Pferdewagen** *m*

**cultivation** [,kʌltɪ'veɪʃn] *n*
Only a few areas in Europe are suitable for the cultivation of rice.

**Anbau** *m*
Nur wenige Gegenden sind in Europa für den Anbau von Reis geeignet.

**cultivate** ['kʌltɪveɪt] *v*  }
**grow** [grəʊ] *v*
Potatoes have only been systematically cultivated (grown) in Europe since the 18th century.

**anbauen**

Kartoffeln werden in Europa erst seit dem 18. Jahrhundert systematisch angebaut.

**cereal** *n* /**corn**[1] *n* ['sɪəriəl/kɔːn]
**wheat** *n* /**rye** *n* [wiːt/raɪ]
**oats** *n, pl* /**barley** *n* [əʊts/'bɑːli]
**maize** *n* /**rape** *n* [meɪz/reɪp]

**Getreide** *n* /**Korn** *n*
**Weizen** *m* /**Roggen** *m*
**Hafer** *m*/**Gerste** *f*
**Mais** *m* /**Raps** *m*

**ranch**[2] [rɑːntʃ] *n*
**cattle** ['kætl] *n, plural verb*
It is not uncommon for ranches in the USA to have herds in excess of 1,000 head of cattle.

**Ranch** *f*
**Vieh** *n*, **Rinder** *Pl*
Eine Ranch in den USA hat nicht selten Viehherden mit mehr als 1000 Rindern.

1 *AE:* corn = Mais
   2 *AE:* [ræntʃ]

**rear** [rɪə] v
Cows are reared in Great Britain particularly in the North, West and South-West.

**breed** [briːd] v
Farmers in Jersey and Guernsey breed milk cows; farmers in the Aberdeen area breed beef cattle.

**feed on sth** [fiːd] v
**grass** [grɑːs] n
**hay** [heɪ] n
In summer cows feed on grass, in winter they stay in the cowshed and are fed on hay.

**graze** [greɪz] v
**meadow** ['medəʊ] n
On our trip through the rolling Downs we saw a lot of sheep, cattle and horses grazing in the meadows.

**pasture** ['pɑːstʃə] n
During the day the cows are put out to pasture.

**field** [fiːld] n
**plough** [plaʊ] v
The fields are ploughed in spring and in autumn.
No special training is required for working in the fields.

**sow** [səʊ] v
The corn has already been sown.

**fertilize** ['fɜːtəlaɪz] v
This farmer fertilizes his fields with ...
  **chemical fertilizer** [ˌkemɪkl 'fɜːtəlaɪzə]
  **manure** [mə'njuə]

**soil** [sɔɪl] n
**fertile** ['fɜːtaɪl] adj
**infertile** [ɪn'fɜːtaɪl] adj
This soil is fertile/infertile.

**halten**
Rinder werden in Großbritannien vor allem im Norden, Westen und Südwesten gehalten.

**züchten**
Die Bauern auf Jersey und Guernsey züchten Milchkühe; die Bauern rund um Aberdeen züchten Mastrinder.

**füttern, sich ernähren von**
**Gras** n
**Heu** n
Im Sommer ernähren sich die Kühe von Gras, im Winter bleiben sie im Stall und werden mit Heu gefüttert.

**weiden**
**Wiese** f
Auf unserer Fahrt durch das Hügelland der Downs sahen wir viele Schafe, Rinder und Pferde auf den Wiesen weiden.

**Weide** f
Tagsüber sind die Kühe auf der Weide.

**Feld** n, **Acker** m
**(um)pflügen**
Die Felder werden im Frühjahr und im Herbst umgepflügt.
Man braucht keine besondere Ausbildung, um auf dem Feld zu arbeiten.

**säen**
Das Korn ist schon gesät.

**düngen**
Dieser Bauer düngt seine Felder mit ...
  **Kunstdünger** m

  **Dung** m, **Mist** m

**Boden** m
**fruchtbar**
**unfruchtbar**
Dieser Boden ist fruchtbar/unfruchtbar.

**crop** [krɒp] *n*
The cold weather and rain damaged the crops.

**Ernte** *f*, **Ernteertrag** *m*
Die Ernte hat unter dem kalten Wetter und dem Regen gelitten.

**harvest** ['hɑːvɪst] *n; v*
In autumn I help with the potato harvest/ fruit harvest.
It is too early to harvest the asparagus.

**Ernte** *f*; **ernten**
Im Herbst helfe ich bei der Kartoffelernte/ bei der Obsternte.
Es ist noch zu früh, um Spargel zu ernten.

**ripe** [raɪp] *adj*
The apples are not yet ripe.

**reif**
Die Äpfel sind noch nicht reif.

**wine-grower** ['waɪn ˌɡrəʊə] *n*
**vine** [vaɪn] *n*
**vineyard** ['vɪnjəd] *n*
**grape** [ɡreɪp] *n*
**grape harvest** ['ɡreɪp ˌhɑːvɪst] *n*

**Winzer/in** *m/f*
**Rebe** *f*
**Weinberg** *m*
**(Wein-)Traube** *f*
**Weinlese** *f*

**wine-growers' cooperative** [. ˌ.. kəˈɒpərətɪv] *n*
The wine in this area is marketed by a wine-growers' cooperative.

**Winzergenossenschaft** *f*

Der Wein dieser Gegend wird von der Winzergenossenschaft vermarktet.

● **Expressions**

**put the cart before the horse**
To buy the tie first and then to search for a suit which goes with it; that is putting the cart before the horse.

**das Pferd beim Schwanz aufzäumen**
Zuerst eine Krawatte kaufen und dann den dazu passenden Anzug, das heißt das Pferd beim Schwanz aufzäumen.

**be fed up with sth**

– What's wrong with you?
– Nothing but I'm just fed up with your arrogant attitude towards me.

**etw. satt haben, von etw. die Nase voll haben**
– Was ist los mit dir?
– Nichts. Ich habe nur die Nase voll von deinem arroganten Benehmen mir gegenüber.

**go haywire**
I don't know what I should do. The computer has gone haywire. It keeps crashing.

**verrückt spielen**
Ich weiß nicht, was ich tun soll. Der Computer spielt verrückt. Immer wieder stürzt er ab.

# 19.6  Die Energie

**energy** ['enədʒi] *n*
Sun, wind and water are renewable sources of energy.

**Energie** *f*
Sonne, Wind und Wasser sind erneuerbare Energiequellen.

**energy resources** [,... rɪ'sɔsɪz] *n, pl*
We are in the process of using up the Earth's energy resources.

**Energievorräte** *Pl*
Wir sind dabei, die Energievorräte der Erde aufzubrauchen.

**electricity** [ɪˌlek'trɪsəti] *n*
Today we can hardly imagine how people used to live without electricity.

**Elektrizität** *f*, **Strom** *m*
Heute können wir uns kaum vorstellen, wie die Menschen früher ohne Elektrizität lebten.

**generation of electricity**
[ˌdʒenəˌreɪʃn əv .ˌ.'...] *n*
In Great Britain the generation of electricity is in the hands of private enterprise.

**Stromerzeugung** *f*

In Großbritannien liegt die Stromerzeugung in den Händen von Privatunternehmen.

**raw material** [rɔː mə'tɪərɪəl] *n*
Our country must import many raw materials.

**Rohstoff** *m*
Unser Land muss viele Rohstoffe importieren.

**fuel** ['fjuːəl] *n*
Aeroplanes need more fuel than any other form of transport.

**Brennstoff** *m*, **Kraftstoff** *m*
Das Flugzeug benötigt mehr Brennstoff als jedes andere Transportmittel.

**coal** [kəʊl] *n*
Since the 1970s there has been a decreasing demand for coal and more and more mines are being closed down.

**Kohle** *f*
Seit den 70er Jahren lässt die Nachfrage nach Kohle nach und es werden immer mehr Bergwerke geschlossen.

**oil** [ɔɪl] *n*
The high point of the energy crisis was in 1973/74 when oil prices rose by 100% as a result of the Arab oil embargo.

**Öl** *n*
Der Höhepunkt der Energiekrise war 1973/74, als die Ölpreise als Folge des arabischen Ölembargos um 100% stiegen.

**crude oil** [kruːd '.] *n*
**oil rig** ['. rɪg] *n*
**oil port** ['. pɔːt] *n*
**tanker** ['tæŋkə] *n*
**pipeline** ['paɪplaɪn] *n*
**refinery** [rɪ'faɪnəri] *n*

**Rohöl** *n*
**Bohrinsel** *f*
**Ölhafen** *m*
**Tanker** *m*
**Pipeline** *f*
**Raffinerie** *f*

**nuclear energy** [ˌnjuːkliə '...] *n*
The Greens are against nuclear energy and promote alternative sources of energy.

**Atomenergie** *f*
Die Grünen sind gegen Atomenergie und befürworten alternative Energiequellen.

**nuclear power station**
[ˌ... 'paʊə ˌsteɪʃn] *n*
Nuclear power stations are easily recognizable from a distance by their huge cooling towers.

**Atomkraftwerk** *n*

Atomkraftwerke erkennt man schon aus der Ferne an ihren riesigen Kühltürmen.

**solar energy** [ˌsəʊlə '...] *n*
**wind power** ['wɪnd ˌpaʊə] *n*
Solar energy is turned into electricity by means of solar panels.
Wind power is used increasingly for the generation of electricity.

**Sonnenenergie** *f*
**Windenergie** *f*
Sonnenenergie wird mit Hilfe von Sonnenkollektoren in Strom umgewandelt.
Zur Erzeugung von Strom wird immer häufiger Windenergie nutzbar gemacht.

**natural gas** [ˌnætʃrəl 'gæs] *n*
Large natural gas deposits were recently discovered in the North Sea.

**Erdgas** *n*
In der Nordsee wurden in jüngster Zeit große Erdgasvorkommen entdeckt.

**hydroelectric power**
[ˌhaɪdrəʊɪ'lektrɪk ˌ..] *n*
The Aswan Dam on the river Nile facilitates the generation of vast quantities of hydroelectric power.

**durch Wasserkraft erzeugter Strom**

Der Assuan Staudamm am Nil ermöglicht, riesige Mengen von Strom durch Wasserkraft zu erzeugen.

**hydroelectric power station**
[ˌ...'.. ˌ.. ˌ..] *n*
There are ten hydroelectric power stations on the Rhine between Basel and Karlsruhe.

**Wasserkraftwerk** *n*

Zwischen Basel und Karlsruhe gibt es am Rhein zehn Wasserkraftwerke.

**consume** [kən'sjuːm] *v*
We consume far too much energy.

**verbrauchen**
Wir verbrauchen viel zu viel Energie.

**consumption** [kən'sʌmpʃn] *n*
If we do not reduce our energy comsumption the world's resources will soon run out.

**Verbrauch** *m*
Wenn wir unseren Energieverbrauch nicht einschränken, werden die Vorräte auf der Erde bald aufgebraucht sein.

**waste** [weɪst] *v*
**conserve** [kən'sɜːv] *v*
We have wasted energy for too long and we must now learn how to conserve energy.

**verschwenden**
**sparen**
Wir haben zu lange Energie verschwendet und müssen jetzt wieder lernen Energie zu sparen.

# 20.1 Das Geld, die Währung

**money** [ˈmʌni] *n*
He never has money on him.
– Who manages the housekeeping money
  in your home?
– My mother.

**Geld** *n*
Er hat nie Geld bei sich.
– Wer verwaltet bei euch das
  Haushaltsgeld?
– Meine Mutter.

**be paid** [peɪd]
He was paid a lot of money for his
invention.

**Geld bekommen, erhalten**
Für seine Erfindung hat er viel Geld
bekommen.

**earn** [ɜːn] *v*
How much do you earn per month?
She earns some pocket money by
babysitting.

**verdienen**
Wie viel verdienst du im Monat?
Sie verdient sich als Babysitter etwas
Taschengeld.

**make both ends meet**
[meɪk bəʊθ endz ˈmiːt]
Although he is well paid, he does not
manage to make both ends meet.

**mit seinem Geld auskommen**

Obwohl er gut verdient, kommt er mit
seinem Geld nicht aus.

**cash** [kæʃ] *n*
You can only pay in cash or by cash card.

She is always short of cash.

**Bargeld** *n*, **Geld** *n*
Sie können nur bar bezahlen oder mit
Bankcard.
Sie ist immer knapp bei Kasse.

**change** [tʃeɪndʒ] *n*
I've no change for the parking meter.

**Wechselgeld** *n*, **Kleingeld** *n*
Ich habe kein Kleingeld für die Parkuhr.

**purse** [pɜːs] *n*
**wallet** [ˈwɒlɪt] *n*
**note** [nəʊt] *n*
**ten pound note** [ten ˈpaʊnd .] *n*
**coin** [kɔɪn] *n*
**fifty pence coin** [ˌfɪfti ˈpens .] *n*

**Portmonee** *n*
**Brieftasche** *f*
**Geldschein** *m*
**Zehnpfundschein** *m*
**Geldstück** *n*, **Münze** *f*
**Fünfzig-Pence-Münze** *f*

**spend** [spend] *v*
She spends a lot of money on travelling.

**ausgeben**
Sie gibt viel Geld für Reisen aus.

**cost**[1] [kɒst] *n, sg; v*
The cost of living has risen over the years.

Take a taxi. It doesn't cost much.

**Kosten** *Pl*; **kosten**
Seit Jahren steigen die Lebenshaltungs-
kosten.
Nimm ein Taxi. Das kostet nicht viel.

---

1 *cost* kommt auch im Plural vor. Z. B.: *production costs (Produktionskosten),
running costs, e. g. of a car (Unterhaltskosten, z. B. für ein Auto)*

**payment** ['peɪmənt] n
Our monthly payments for rent,
electricity, water, heating and insurance
are so high that there is not much left to
live on.

**(Be-)Zahlung** f
Unsere monatlichen Zahlungen für
Miete, Strom, Wasser, Heizung und
Versicherungen sind so hoch, dass uns
zum Leben nicht viel übrig bleibt.

**expenses** [ɪk'spensɪz] n, pl
The travel expenses will be refunded.
I've added up our expenses.

**Ausgaben** Pl, **Kosten** Pl
Die Reisekosten werden erstattet.
Ich habe unsere Ausgaben zusammen-
gezählt.

**expenditure** [ɪk'spendɪtʃə] n
Politicians talk of saving but public
expenditure rises constantly.

**Ausgaben** Pl
Die Politiker reden vom Sparen, die
öffentlichen Ausgaben steigen jedoch
ständig.

**budget** ['bʌdʒɪt] n
We must not under any circumstances go
over the budget.

**Budget** n, **Etat** m
Das Budget darf unter keinen Umständen
überschritten werden.

**save** [seɪv] v
They saved for years in order to be able
to buy a flat.
You save £ 20 if you buy a return ticket.

**sparen**
Sie haben jahrelang gespart, um sich eine
Wohnung kaufen zu können.
Sie sparen 20 £, wenn Sie eine
Rückfahrkarte nehmen.

**savings** ['seɪvɪŋz] n, pl
She has put her savings into shares.

**Ersparnisse** Pl
Sie hat ihre Ersparnisse in Aktien angelegt.

**economical** [ˌiːkə'nɒmɪkl] adj
She is an economical housewife.

**sparsam**
Sie ist eine sparsame Hausfrau.

**waste** [weɪst] v
How can you waste your money in such a
way?

**verschwenden**
Wie kann man sein Geld so verschwenden?

**lend sb sth** [lend] v
Can you lend me $ 10? I'm completely
broke.

**jdm. etw. leihen, geben**
Kannst du mir 10 $ leihen? Ich bin total
pleite.

**borrow sth from sb** ['bɒrəʊ] v
I did not have enough money on me and
had to borrow £ 30 from Antony.

**sich etw. von jdm. leihen**
Ich hatte nicht genug Geld dabei und
musste mir bei Antony 30 £ leihen.

**loan** [ləʊn] n
When we built the house we took out a
loan.

**Darlehen** n, **Kredit** m
Als wir das Haus bauten, haben wir ein
Darlehen aufgenommen.

**on credit** ['kredɪt]
We bought the car on credit.

**auf Kredit**
Wir haben das Auto auf Kredit gekauft.

**owe sb sth** [əʊ] v
When will you pay me back the money you owe me?

**jdm. etw. schulden**
Wann zahlst du das Geld zurück, das du mir schuldest?

**debts** [dets] n, pl
Have you already paid your debts?

**Schulden** Pl
Hast du deine Schulden schon bezahlt?

**charge** [tʃɑːdʒ] v
The hotel charges £ 5 per night for car parking.

**berechnen, verlangen**
Das Hotel berechnet für den Parkplatz 5 £ pro Nacht.

**free of charge** [friː əv '.]
The shuttle service is free of charge.

**kostenlos**
Der Pendeldienst ist kostenlos.

**bill** [bɪl] n
**invoice** ['ɪnvɔɪs] n
The bill (The invoice) must be paid within two weeks.

**Rechnung** f

Die Rechnung ist innerhalb von 14 Tagen zu bezahlen.

**total** ['təʊtl] n
**amount** [ə'maʊnt] n
**receipt** [rɪ'siːt] n

**Summe** f
**Betrag** m
**Quittung** f

**deposit** [dɪ'pɒzɪt] n
I had to pay a deposit of £ 50 for my order.

**Anzahlung** f
Bei meiner Bestellung musste ich 50 £ anzahlen.

**interest** ['ɪntrəst] n, sg
The interest on the loan is 12 % per year.

**Zinsen** Pl
Die Darlehenszinsen belaufen sich auf 12 % im Jahr.

**bank** [bæŋk] n
**savings bank** ['seɪvɪŋz .] n
**interest rate** [,.. 'reɪt] n
**cash machine** ['kæʃ mə,ʃiːn] n
**cashpoint** ['.pɔɪnt] n
**cash card** ['. kɑːd] n
**credit card** ['kredɪt .] n
**account** [ə'kaʊnt] n

**Bank** f
**Sparkasse** f
**Zinssatz** m
**Geldautomat** m

**Bankcard** f
**Kreditkarte** f
**(Bank-)Konto** n

**transfer** [træns'fɜː] v
My salary is transferred into my account at the end of the month.

**überweisen**
Mein Gehalt wird am Monatsende auf mein Konto überwiesen.

**withdraw** [wɪð'drɔː] v
She withdrew a large sum of money from her account.

**abheben**
Sie hat von ihrem Konto eine große Summe abgehoben.

273

**currency,** *pl* **-ies** ['kʌrənsi, -z] *n*
The British currency unit is the pound sterling. 1 pound sterling (£ 1) is 100 pence[1].
The American dollar and the Euro are considered to be hard currencies.

**Währung** *f*
Die britische Währungseinheit ist das Pfund Sterling. 1 Pfund Sterling (£ 1) sind 100 Pence.
Der amerikanische Dollar und der Euro gelten als harte Währungen.

**change** [tʃeɪndʒ] *v*
I must change money at the border.
I changed 500 Euro into pounds.

**wechseln, umtauschen**
An der Grenze muss ich Geld wechseln.
Ich habe 500 Euro in Pfund umgetauscht.

**exchange rate** [ɪks‚tʃeɪndʒ 'reɪt] *n*
The exchange rate of the dollar fluctuates permanently.
I got the dollars at a favourable exchange rate.

**Wechselkurs** *m*
Der Wechselkurs des Dollars schwankt ständig.
Ich habe die Dollars zu einem günstigen Wechselkurs bekommen.

**finances** ['faɪnænsɪz] *n, pl*
He is responsible for the company's finances.

**Finanzen** *Pl*
Er ist für die Finanzen der Firma verantwortlich.

**finance** ['faɪnæns] *v*
**financial** [faɪ'nænʃl] *adj*
The old town redevelopment was partly financed by EU subsidies.
The reunification of Germany brought considerable financial problems with it.

**finanzieren**
**finanziell**
Die Altstadtsanierung wurde zum Teil mit EU-Mitteln finanziert.
Die Wiedervereinigung Deutschlands hat große finanzielle Probleme mit sich gebracht.

**sponsor** ['spɒnsə] *v*
Formula One racing is sponsored by the tobacco industry.

**sponsern, finanziell unterstützen**
Die Formel 1 wird von der Tabakindustrie gesponsert.

**fund** [fʌnd] *v*
The International University in Bruchsal is a private university funded by industry.

**finanzieren**
Die Internationale Universität in Bruchsal ist eine Privatuniversität, die von der Industrie finanziert wird.

**stock exchange** ['stɒk ɪks‚tʃeɪndʒ] *n*
**share** [ʃeə] *n*
Shares are traded on the stock exchange.

**Börse** *f*
**Aktie** *f*
An der Börse werden Aktien gehandelt.

**stockbroker** ['stɒkbrəʊkə] *n*
Stockbrokers conduct the buying and selling of shares.

**Börsenmakler/in** *m/f*
Börsenmakler tätigen den Kauf und Verkauf von Aktien.

1 Abgekürzt: 100 p [pi:]

**speculate** ['spekjuleɪt] v

Bank employees are not allowed to speculate on their own behalf in their place of work.

**spekulieren**

Bankangestellte dürfen im eigenen Haus nicht auf eigene Rechnung spekulieren.

**speculation** [ˌspekju'leɪʃn] n
**fortune** ['fɔːtʃən] n

He made his fortune through speculation.

**Spekulation** f
**Vermögen** n

Er hat sein Vermögen durch Spekulation gemacht.

● **Expressions**

**dosh** [dɒʃ]
**dough** [dəʊ]
**lolly** ['lɒli]

**Moneten** Pl, **Zaster** m, **Kohle** f

I can't buy the sunglasses yet. I've run out of dosh (dough/lolly).

Ich kann mir die Sonnenbrille jetzt nicht kaufen. Mir sind die Moneten ausgegangen.

You can make a lot of lolly (bread/dough) that way.

Damit kannst du viel Zaster machen.

**save one's breath**

You can save your breath. He will just do what he wants anyway.

**sich seine Worte sparen**

Deine Worte kannst du dir sparen. Er macht doch, was er will.

# 20.2 Die Steuern

**tax,** pl **-es** [tæks, ɪz] n

The government plans to raise/to lower taxes.

Recently we have started to pay an environmental tax on petrol, electricity and fuel oil.

He was accused of tax evasion.

Charities are exempt from paying tax.

**Steuer** f

Die Regierung beabsichtigt die Steuern zu erhöhen/zu senken.

Seit kurzem zahlen wir eine Ökosteuer auf Benzin, Strom und Heizöl.

Er wurde wegen Steuerhinterziehung angeklagt.

Gemeinnützige Organisationen sind von der Steuer befreit.

**VAT**[1] [ˌviː eɪ 'tiː] or [væt] n

The VAT rate in Great Britain is 17.5% at the moment.

**Mehrwertsteuer** f

Die Mehrwertsteuer beträgt in Großbritannien zur Zeit 17,5%.

1 = value added tax

**income tax** [ˈɪnkʌm .] n
Income tax is deducted from salaries.

**Einkommenssteuer** f, **Lohnsteuer** f
Die Lohnsteuer wird vom Gehalt abgezogen.

**road tax** [ˈrəʊd .] n
Every vehicle owner must pay road tax.

**Kraftfahrzeugsteuer** f
Jeder Besitzer eines Kraftfahrzeugs muss Kfz-Steuer bezahlen.

**taxpayer** [ˈ.ˌpeɪə] n
As a taxpayer, I am interested in what the state does with my money.

**Steuerzahler** m
Als Steuerzahler interessiere ich mich dafür, was der Staat mit meinem Geld macht.

**tax return** [ˈ. rɪˌtɜːn] n
Tax returns are to be submitted by 30th April.

**Steuererklärung** f
Die Steuererklärung ist bis zum 30. April abzugeben.

**Inland Revenue**[1] [ˌɪnlənd ˈrevənjuː] n
The Inland Revenue checks that all citizens pay their taxes.

**Finanzamt** n
Das Finanzamt wacht darüber, dass alle Bürger ihre Steuern bezahlen.

**tax revenue** [ˈ. ˌrevənjuː] n
Tax revenue has risen by 10%.

**Steuereinnahme** n
Die Steuereinnahmen sind um 10% gestiegen.

**tax haven** [ˈ. ˌheɪvn] n
Monaco is a tax haven.

**Steuerparadies** n
Monaco ist ein Steuerparadies.

1 AE: Internal Revenue Service

# 21.1 Der Rundfunk: Radio und Fernsehen

**broadcasting** ['brɔːdkɑːstɪŋ] *n*
The BBC[1] [ˌbiː biː 'siː] is not financed by advertising but by licence fees and government grants.

**Rundfunk** *m*
Die BBC wird nicht durch Werbung, sondern durch Gebühren und staatliche Mittel finanziert.

**radio** ['reɪdiəʊ] *n*
I practically no longer listen to the radio except in the morning at breakfast.
– Have you already heard about the plane disaster?
– Yes, this morning on the radio.

**Radio** *n*
Ich höre praktisch nur noch morgens beim Frühstück Radio.
– Hast du schon von dem Flugzeugunglück gehört?
– Ja, heute Morgen im Radio.

**radio station** ['.. ˌsteɪʃn] *n*
– What is your favourite radio station?
– Classic FM.

**Radiosender** *m*
– Welches ist dein Lieblingssender?
– Classic FM.

**television (TV)** ['telɪvɪʒn (tiː 'viː)] *n*
We watch television (TV) every evening.
Did you watch the detective film on television (on TV) last night?
Television, radio and the press make up the mass media.

**Fernsehen** *n*
Wir sehen jeden Abend fern.
Hast du gestern Abend den Krimi im Fernsehen gesehen?
Fernsehen, Radio und die Presse sind Massenmedien.

**be on television**
– What is on television tonight?

– Tonight there is a film with Antony Hopkins on BBC 1.

**im Fernsehen kommen**
– Was kommt heute Abend im Fernsehen?
– Heute Abend kommt ein Film mit Antony Hopkins in BBC 1.

**... television** *n*
   **colour** [ˌkʌlə '....]
   **cable** [ˌkeɪbl '....]
   **satellite** [ˌsætəlaɪt '....]
   **commercial** [kəˌmɜːʃl '....]

**... Fernsehen** *n*
   **Farb-**
   **Kabel-**
   **Satelliten-**
   **Werbe-**

**channel** ['tʃænl] *n*
There are 5 channels in Great Britain: BBC 1, BBC 2, ITV, Channel 4 and Channel 5. ITV, Channel 4 and Channel 5 are private stations and are financed by advertising.

**Radio-/Fernsehsender** *m*
In Großbritannien gibt es 5 Rundfunkanstalten: BBC 1, BBC 2, ITV, Channel 4 und Channel 5. ITV, Channel 4 und Channel 5 sind Privatsender und werden durch Werbung finanziert.

---

1 = British Broadcasting Corporation

**broadcast** ['brɔːdkɑːst] v
BBC broadcasts television and radio programmes.
CNN and the BBC World Service broadcast news reports around the world.

**senden**
BBC sendet Radio- und Fernsehprogramme.
CNN und BBC World Service senden Nachrichten weltweit.

**transmit** [træns'mɪt] v
The match will be transmitted live via satellite from Tokyo.

**übertragen**
Das Spiel wird live über Satellit aus Tokio übertragen.

**... programme** ['prəʊɡræm] n
   **sports** [spɔːts '..]
   **political** [pə‚lɪtɪkl '..]
   **local** [‚ləʊkl '..]
Programmes about wildlife, foreign countries and the world of science are very popular with the public.

**... Sendung** f
   **Sport-**
   **politische**
   **Regional-**
Sendungen aus der Tierwelt, über fremde Länder, aus der Welt der Wissenschaft sind beim Publikum sehr beliebt.

**present** [prɪ'zent] v
**presenter** [prɪ'zentə] n
Jeremy Paxman is a very well-known presenter. He has presented the programme "Newsnight" for years.

**präsentieren, moderieren**
**Moderator/in** m/f
Jeremy Paxman ist ein sehr bekannter Moderator. Er moderiert seit Jahren die Nachrichtensendung „Newsnight".

**the news** [njuːz] n, sing. verb
ITV broadcasts the news at 11 p.m.

**die Nachrichten**
ITV bringt die Nachrichten um 23 h.

**newscaster**[1] ['njuːz‚kɑːstə] n
**reporting** [rɪ'pɔːtɪŋ] n
**show** [ʃəʊ] n, e.g. quiz show, games show

**Nachrichtensprecher/in** m/f
**Berichterstattung** f
**Unterhaltungssendung** f,
z.B. Quizsendung, Spiele

**serial** ['sɪəriəl] n
**episode** ['epɪsəʊd] n
The next episode of this serial will be shown on Saturday evening.

**(Fernseh-)Serie** f
**Folge** f, **Fortsetzung** f
Die nächste Folge dieser Serie wird am Samstagabend gesendet.

**soap opera** ['səʊp ‚ɒprə] n
"Coronation Street" on ITV is one of the most popular soap operas. It is set in a working class part of Manchester.

**Seifenoper** f (rührselige Fernsehserie)
„Coronation Street" in ITV ist eine der populärsten Seifenopern. Sie spielt in einem Arbeiterviertel von Manchester.

**series** ['sɪəriːz] n, sg and pl
A series about ancient Egypt starts next week.

**Serie/n** f/Pl (Sendereihe unter einem Thema)
Nächste Woche beginnt eine Serie über das alte Ägypten.

1 BE auch: newsreader

**documentary,** *pl* **-ies**
[ˌdɒkjuˈmentri, -z] *n*

**Dokumentarfilm** *m*

**feature film** [ˈfiːtʃə fɪlm] *n*

**Spielfilm** *m*

**report** [rɪˈpɔːt] *n*

**Bericht** *m*, **Reportage** *f*

**listener** [ˈlɪsnə] *n*

**Hörer/in** *m/f*

**viewer** [ˈvjuːə] *n*

**Fernsehzuschauer/in** *m/f*

**audience** [ˈɔːdiəns] *n*

**Rundfunk- und Fernsehpublikum** *n*

**aerial**[1] [ˈeəriəl] *n*

**Antenne** *f*

**satellite dish,** *pl* **-es** [ˈsætəlaɪt dɪʃ, -ɪz] *n*

**Parabolantenne** *f*

**television licence fee** [ˌ.... ˈlaɪsəns fiː] *n*

**Fernsehgebühr** *f*

**remote control** [rɪˌməʊt kənˈtrəʊl] *n*

**Fernbedienung** *f*

**screen** [skriːn] *n*

**Bildschirm** *m*

**switch over** [swɪtʃ ˈəʊvə] *v*
Switch over to ITV. There's a film I'd like to see.

**umschalten**
Schalte um in ITV. Dort kommt ein Film, den ich gerne sehen möchte.

**receive** [rɪˈsiːv] *v*
We can receive English and American channels here only on shortwave.
We can receive 36 different channels with cable television.

**empfangen**
Englische und amerikanische Sender kann man hier nur auf Kurzwelle empfangen.
Mit dem Kabelfernsehen können wir 36 verschiedene Fernsehsender empfangen.

**wavelength** [ˈweɪvleŋθ] *n*
– On which wavelength can you get Radio I here?
– On 95 FM.

**Wellenlänge** *f*
– Auf welcher Wellenlänge kommt hier Radio I.
– Auf 95 UKW.

**video recorder** [ˈvɪdiəʊ rɪˌkɔːdə] *n*

**Videogerät** *n*

**video cassette** [ˌ... kəˈset] *n*

**Videokassette** *f*

**record** [rɪˈkɔːd] *v*
I recorded the film "Braveheart" starring Mel Gibson onto video cassette.

**aufnehmen**
Ich habe den Film „Braveheart" mit Mel Gibson in der Hauptrolle auf Videokassette aufgenommen.

# 21.2 **Die Presse**

**press** [pres] *n*
Due to its diversity, the press today caters for every taste.

**Presse** *f*
Aufgrund ihrer Vielfalt bietet die Presse heute für jeden Geschmack etwas.

---

1 *AE:* antenna

**newspaper** ['nju:z,peɪpə] *n*
The first English newspaper appeared in
1702 and was called the "Daily Courant".

**Zeitung** *f*
Die erste englische Tageszeitung erschien
1702 und hieß „Daily Courant".

**tabloid** ['tæblɔɪd] *n*
**quality paper** [,kwɒləti 'peɪpə] *n*
The quality papers in Great Britain are
double the size of the tabloids. Thus they
are also known as "broadsheets".

**Massenblatt** *n*, **Boulevardzeitung** *f*
**seriöse Zeitung** *f*
Die seriösen Zeitungen in Großbritannien sind doppelt so groß wie die
Massenblätter. Deshalb werden sie auch
„broadsheets" genannt.

**... paper** *n*
  **national** [,næʃnəl '..]
  **local** [,ləʊkl '..]
  **daily** [,deɪli '..]
  **Sunday** [,sʌndi '..]
  **evening** [,i:vnɪŋ '..]
  **right-wing/left-wing**
  [raɪt 'wɪŋ/left '.]

**... Zeitung** *f*
  **überregionale**
  **regionale**
  **Tages-**
  **Sonntags-**
  **Abend-**
  **politisch rechte/politisch linke**

**magazine** [mægə'zi:n] *n*
**weekly** ['wi:kli] *n*
**monthly** ['mʌnθli] *n*
**supplement** ['sʌplɪmənt] *n*

**Zeitschrift** *f*, **Illustrierte** *f*
**Wochenzeitschrift** *f*
**Monatszeitschrift** *f*
**Beilage** *f*

**issue** ['ɪʃju:] *n*
The article is in the January issue of
"GEO".

**Ausgabe** *f*
Der Artikel steht in der Januarausgabe
von „GEO".

**edition** [ɪ'dɪʃn] *n*
A few British newspapers have special
editions for Scotland.

**Ausgabe** *f*
Einige britische Zeitungen haben eine
besondere Ausgabe für Schottland.

**a copy of the ...** ['kɒpi]
Do you still have a copy of last week's
"Time"?

**eine** + Name der Zeitung
Haben Sie noch eine „Time" von letzter
Woche?

**reader** ['ri:də] *n*
**journalist** ['dʒɜ:nəlɪst] *n*
**reporter** [rɪ'pɔ:tə] *n*
**correspondent** [,kɒrə'spɒndənt] *n*
**editor** ['edɪtə] *n*
**publisher** ['pʌblɪʃə] *n*

**Leser/in** *m/f*
**Journalist/in** *m/f*
**Reporter/in** *m/f*
**Korrespondent/in** *m/f*
**Redakteur/in** *m/f*
**Verleger/in** *m/f*

**article** ['ɑ:tɪkl] *n*
This article was written by "The
Independant's" special correspondent in
Rome.

**Artikel** *m*
Dieser Artikel wurde vom Sonder-
berichterstatter des „Independant" in
Rom verfasst.

The article which I have cut out is about the future of Europe.

Der Artikel, den ich ausgeschnitten habe, handelt von der Zukunft Europas.

**report** [rɪ'pɔːt] n
Have you read the report on Tony Blair's speech in "The Daily Telegraph"?

**Bericht** m, **Reportage** f
Hast du den Bericht über Tony Blairs Rede im „Daily Telegraph" gelesen?

**report sth** [rɪ'pɔːt] v
The princess' accident was reported for weeks in all the newspapers.
The media reported the avalanche disaster in the Alps.

**über etw. berichten**
Über den Unfall der Prinzessin wurde wochenlang in allen Zeitungen berichtet.
Die Medien berichteten über das Lawinenunglück in den Alpen.

**reporting** [rɪ'pɔːtɪŋ] n
The reporting in this paper is tendentious/anti-liberal/anti-European/objective/informative/serious/sensational.

**Berichterstattung** f
Die Berichterstattung dieses Blattes ist tendenziös/antiliberal/antieuropäisch/objektiv/informativ/seriös/reißerisch.

**cover** ['kʌvə] v
The tabloids cover above all social events, the private lives of media stars, disasters and sport.

**berichten**
Die Massenblätter berichten vor allem über gesellschaftliche Ereignisse, das Privatleben der Medienstars, Katastrophen und Sport.

**editorial** [edɪ'tɔːriəl] n
The editorial is an article which regularly appears in a magazine or newspaper and is written by the editor-in-chief.

**Editorial** n
Das Editorial ist ein Artikel, der regelmäßig in einer Zeitschrift oder Zeitung erscheint und der vom Chefredakteur verfasst ist.

**leader** ['liːdə] n
**leading article** [ˌliːdɪŋ 'ɑːtɪkl] n
The leader (The leading article) is signed by A. Smith.

**Leitartikel** m
Der Leitartikel ist mit A. Smith unterzeichnet.

**interview** ['ɪntəvjuː] n; v
The interview appeared in last Saturday's issue.
Only one reporter has succeeded in interviewing the star.

**Interview** n; **interviewen**
Das Interview erschien in der Ausgabe vom letzten Samstag.
Nur einem Reporter ist es gelungen, den Star zu interviewen.

**investigative** [ɪn'vestɪgətɪv] adj
"The Washington Post", "Der Spiegel" and "Le Canard Enchaîné" are all famous for their investigative coverage.

**Enthüllungs-, investigativ**
Berühmt für ihre investigative Berichterstattung sind die „Washington Post", „Der Spiegel" und „Le Canard Enchaîné".

**news** [njuːz] n, sing. verb, no indefinite article
News on television is often more recent than in the press.

**Nachricht/en** f/Pl
Nachrichten im Fernsehen sind oft aktueller als die in der Presse.

This was good news for everybody. (This was a piece of good news for everybody.)

Das war für alle eine gute Nachricht.

This news is ...

Diese Nachricht steht ...

**in "The Guardian"** ['gɑːdɪən]
**on the front-page** [frʌnt 'peɪdʒ]
**at the top/at the bottom of the page** ['tɒp/'bɒtəm əv ðə peɪdʒ]

im „Guardian"
auf der ersten Seite
oben/unten auf der Seite

**scoop** [skuːp] n
**publish** ['pʌblɪʃ] v

Sensation(snachricht) f
veröffentlichen

This scoop was published in "The Times" on 3rd September.

Diese Sensation wurde in der „Times" vom 3. September veröffentlicht.

**section** ['sekʃn] n

Teil m, Rubrik f

The sections in a newspaper are:

Die Teile einer Zeitung sind:

**Politics** ['pɒlətɪks]
**Foreign affairs** [ˌfɒrən ə'feəz]
**Economy** [ɪ'kɒnəmi]
**General interest** [ˌdʒenrəl 'ɪntrəst]
**Local section** [ˌləʊkl 'sekʃn]
**Births, Deaths and Marriages** [bɜːθs, deθs ənd 'mærɪdʒɪz]
**Culture** ['kʌltʃə]
**Serialized novel** [ˌsɪərɪəlaɪzd 'nɒvl]
**Letters to the editor** [ˌletəz tə ði 'edɪtə]
**Sport** [spɔːt]
**Announcements** etc. [ə'naʊnsmənts]

Politik
Außenpolitik
Wirtschaft
Vermischtes
Lokalteil
Geburts-, Todes- und Heirats-anzeigen
Kultur
Fortsetzungsroman
Leserbriefe

Sport
Anzeigenteil usw.

**advertisement** [əd'vɜːtɪsmənt] n

Annonce f, Inserat n

Do you want to sell your camera? Then just put an advertisement in the paper.

Du willst deinen Fotoapparat verkaufen? Dann gib doch eine Anzeige in der Zeitung auf.

No one answered our advertisement.

Niemand hat auf unsere Anzeige geantwortet.

**news agency, ** pl **-ies** ['njuːz ˌeɪdʒənsi, -z] n

Nachrichten-, Presseagentur f

News agencies provide news as well as ready-to-print articles.

Die Presseagenturen liefern Nachrichten sowie druckfertige Artikel.

The British news agency Reuters supplies newspapers, radio and television stations around the world with information.

Die britische Nachrichtenagentur Reuters versorgt Zeitungen, Radio- und Fernsehstationen auf der ganzen Welt mit Informationen.

**source** [sɔːs] *n*
A journalist must be confident that his sources of information are reliable.

Quelle *f*
Ein Journalist muss sicher sein, dass seine Informationsquelle verlässlich ist.

**publisher's** [ˈpʌblɪʃəz] *n*
**publishing house** [ˈpʌblɪʃɪŋ haʊs] *n*
**printer's** [ˈprɪntəz] *n*
**printing house** [ˈprɪntɪŋ .] *n*
The publisher's have their own printing house.

**Verlag** *m*

**Druckerei** *f*

Der Verlag besitzt eine eigene Druckerei.

**print** [prɪnt] *v*
The editor-in-chief refused to print this article.

**drucken**
Der Chefredakteur lehnte es ab diesen Artikel zu drucken.

**small/large print** [smɔːl/lɑːdʒ ˈprɪnt] *n*
**bold type** [bəʊld ˈtaɪp] *n*
This announcement appeared in small print/in large print/in bold type.

**Klein-/Großdruck** *m*
**Fettdruck** *m*
Diese Anzeige erschien im Kleindruck/im Großdruck/im Fettdruck.

**layout** [ˈleɪaʊt] *n*
I like the layout of this magazine very much. The text and photos are clearly arranged.

**Layout** *n*, **Gestaltung** *f*
Das Layout dieser Zeitschrift gefällt mir sehr. Text und Fotos sind übersichtlich angeordnet.

**cover** [ˈkʌvə] *n*
**heading** [ˈhedɪŋ] *n*
**(eye-catching) headline**
[(ˈaɪ ˌkætʃɪŋ) ˈhedlaɪn] *n*
**caption** [ˈkæpʃn] *n*
**column** [ˈkɒləm] *n*
**newsagent's** [ˈnjuːzeɪdʒənts] *n*
Excuse me. Is there a newsagent's nearby?

**Umschlag** *m*
**Überschrift** *f*
**(reißerische) Schlagzeile** *f*

**Bildüber-, Bildunterschrift** *f*
**Spalte** *f*
**Zeitungsladen** *m*, **Zeitungskiosk** *m*
Entschuldigen Sie, ist hier ein Zeitungsladen in der Nähe?

**do a paper round** [ˈpeɪpə raʊnd]
When I was at school I did a paper round for years.

**Zeitungen austragen**
Als Schüler habe ich jahrelang Zeitungen ausgetragen.

**circulation** [ˌsɜːkjəˈleɪʃn] *n*
"The Sun" has the largest circulation of all the daily newspapers in Great Britain with nearly 4 million.

**Auflage** *f*
Die „Sun" hat mit knapp 4 Millionen die höchste Auflage aller Tageszeitungen in Großbritannien.

**subscription** [səbˈskrɪpʃn] *n*
An annual subscription for this magazine costs £ 80.

**Abonnement** *n*
Das Jahresabonnement dieser Zeitschrift kostet 80 £.

**subscribe to sth** [səb'skraɪb] v
If you want to keep up-to-date you must subscribe to a daily newspaper.

**etw. abonnieren**
Wenn du auf dem Laufenden sein willst, musst du eine Tageszeitung abonnieren.

**concentration of the press**
[ˌkɒnsnˌtreɪʃn əv ðə 'pres] n
**diversity of opinion**
[daɪ'vɜːsəti əv əˌpɪnjən] n
The concentration of the press threatens the diversity of opinion.

**Konzentration** f der Presse

**Meinungsvielfalt** f

Die Konzentration der Presse bedroht die Meinungsvielfalt.

**publishing empire**
[ˌpʌblɪʃɪŋ 'empaɪə] n
Rupert Murdoch's publishing empire includes newspapers in the USA, Australia and Great Britain. He controls a large part of the British press with "The Times", "The Sun" and "The News of the World".

**Presseimperium** n

Rupert Murdochs Presseimperium umfasst Zeitungen in den USA, Australien und Großbritannien. Mit der „Times", der „Sun" und den „News of the World" beherrscht er einen großen Teil der britischen Presse.

**press group** ['pres gruːp] n
One single press group should not hold the monopoly on information.

**Pressekonzern** m
Ein einziger Pressekonzern sollte nicht das Informationsmonopol innehaben.

**freedom of the press**
[ˌfriːdəm əv ðə 'pres] n
Freedom of the press is a fundamental democratic right.

**Pressefreiheit** f

Die Pressefreiheit ist ein demokratisches Grundrecht.

**censorship** ['sensəʃɪp] n
Every form of censorship contravenes the freedom of the press.

**Zensur** f
Jede Form der Zensur verstößt gegen die Pressefreiheit.

**Typical characteristics of tabloid newspapers:**
– They appeal to the masses.
– The layout is garish. They have large headlines, many photos and little text.

– Their main interest is in sex, financial and political scandal.
– Their language is emotive. The reports are in the form of stories of human interest.

**Typische Merkmale der Massenblätter:**
– Sie wenden sich an die breite Masse.
– Die Aufmachung ist schreiend. Sie haben große Überschriften, viele Fotos, wenig Text.
– Das Hauptinteresse richtet sich auf Sex-, Finanz- und politische Skandale.
– Ihre Sprache ist gefühlsbetont. Die Reportagen sind als menschlich ansprechende Geschichten verfasst.

**Typical characteristics of quality newspapers:**
- They appeal to the educated public who is interested in politics, culture, economy etc.
- The layout is plain, the headlines are smaller, the text is more extensive and the reports are serious in content.

- The language is factual.

**Typische Merkmale der seriösen Zeitungen:**
- Sie wenden sich an ein gebildetes Publikum, das sich für Politik, Kultur, Wirtschaft usw. interessiert.
- Die Aufmachung ist nüchtern, die Überschriften sind kleiner, die Texte sind umfangreicher und die Reportagen haben einen ernsthaften Inhalt.
- Die Sprache ist sachlich.

● **Expressions**

**have a good/bad press**
At the moment banks do not have a good press.

**eine gute/schlechte Presse haben**
Zur Zeit haben die Banken keine gute Presse.

**make the headlines**
This affair has made the headlines for weeks

**Schlagzeilen machen**
Diese Affäre macht seit Wochen Schlagzeilen in der Presse.

# 21.3 Die Werbung

**advertising** ['ædvətaɪzɪŋ] *n*
This company spends one million pounds every year on advertising.
This advertising agency runs offices in New York, London and Paris.
Cigarette advertising is forbidden on television.

**Werbung** *f*
Diese Firma gibt jedes Jahr eine Million Pfund für Werbung aus.
Diese Werbeagentur unterhält Büros in New York, London und Paris.
Zigarettenwerbung ist im Fernsehen verboten.

**advertising ...**
   **slogan** [ˌ.... 'sləʊgən] *n*
   **campaign** [ˌ.... kæm'peɪn] *n*
   **poster** [ˌ.... 'pəʊstə] *n*
**commercial** [kə'mɜːʃl] *n*
**hoarding**[1] ['hɔːdɪŋ] *n*

**Werbeslogan** *m*
**Werbekampagne** *f*
**Werbeplakat** *n*
**Werbefilm** *m*, **Werbespot** *m*
**Reklametafel** *f*

**advertise** ['ædvətaɪz] *v*
This company advertises its products in the press/on television/on the radio.

**Werbung machen**
Diese Firma macht für ihre Produkte Werbung in der Presse/im Fernsehen/im Radio.

1 AE: billboard

285

**advertisement** [əd'vɜːtɪsmənt] n
**ad** [æd] n, *informal*
The private television stations ITV,
Channel 4 and Channel 5 have
advertisements every 15 to 30 minutes.

**Werbeanzeige** f, **Werbung** f

Die privaten Fernsehsender ITV,
Channel 4 und Channel 5 bringen alle
15 bis 30 Minuten Werbung.

**sales promotion** ['seɪlz prə,məʊʃn] n
**promotional** [prə'məʊʃənl] *adj*
The department store is having a winter
clothes sales promotion starting on
1st December.
The supermarket is organizing a
promotional week for Italian food
at the moment.

**Werbeaktion** f
**Werbe-**
Das Kaufhaus startet am 1. Dezember
eine Werbeaktion für Winterkleidung.

Der Supermarkt veranstaltet zur Zeit
eine Werbewoche für italienische
Nahrungsmittel.

**brochure** ['brəʊʃə] n
**leaflet** ['liːflət] n
Could you please send me a brochure/
a leaflet about the festival?

**Broschüre** f
**Prospekt** m
Könnten Sie mir bitte eine Broschüre/
einen Prospekt über die Festspiele
zusenden?

# 22.1 Die Kunst

**art** [ɑːt] *n*
Which do you prefer, abstract or representational art?
The plastic arts include drawing, painting, sculpture and architecture.
He went to art college for 3 years.

There are many art galleries in this part of town.
He is an expert in Renaissance art.

**Kunst** *f*
Was gefällt dir besser, abstrakte oder gegenständliche Kunst?
Die bildende Kunst umfasst Grafik, Malerei, Bildhauerei und Architektur.
Er besuchte drei Jahre lang eine Kunstakademie.
In diesem Stadtviertel gibt es viele Kunstgalerien.
Er ist ein Experte auf dem Gebiet der Renaissancekunst.

**work of art** [wɜːk əv '.] *n*
The Greeks created the most beautiful works of art.

**Kunstwerk** *n*
Die Griechen haben die schönsten Kunstwerke geschaffen.

**artist** ['ɑːtɪst] *n*
He is a famous artist.

**Künstler/in** *m/f*
Er ist ein berühmter Künstler.

**artistic** [ɑːˈtɪstɪk] *adj*
Today it is not always easy to judge the artistic merit of a painting.

I love art very much but unfortunately I don't possess any artistic ability.

**künstlerisch, Kunst-**
Heute ist es nicht immer leicht den künstlerischen Wert eines Gemäldes zu beurteilen.
Ich liebe Kunst sehr, besitze selber aber leider keinerlei künstlerische Fähigkeiten.

**creation** [kriˈeɪʃn] *n*
The Statue of Liberty in New York is the creation of the French sculptor Bartholdi.

**Schöpfung** *f*
Die Freiheitsstatue in New York ist eine Schöpfung des französischen Bildhauers Bartholdi.

**creative** [kriˈeɪtɪv] *adj*
If you work in advertising you must be creative.

**schöpferisch, kreativ**
Wenn man in der Werbung arbeitet, muss man kreativ sein.

**creator** [kriˈeɪtə] *n*
Walt E. Disney was the creator of the cartoon characters Mickey Mouse, Donald Duck and Bambi.

**Schöpfer/in** *m/f*, **Erfinder/in** *m/f*
Walt E. Disney ist der Erfinder der Comicfiguren Mickey Mouse, Donald Duck und Bambi.

**painter** ['peɪntə] *n*
**painting** ['peɪntɪŋ] *n*

**Maler/in** *m/f*
**Malerei** *f*, **Gemälde** *n*

| | |
|---|---|
| **canvas** ['kænvəs] *n* | **Ölgemälde** *n*, **Leinwand** *f* |
| **drawing** ['drɔːɪŋ] *n* | **Zeichnung** *f* |
| **engraving** [ɪn'greɪvɪŋ] *n* | **Stich** *m* |
| **lithograph** ['lɪθəgrɑːf] *n* | **Lithografie** *f* |
| **poster** ['pəʊstə] *n* | **Poster** *n* |
| **original** [ə'rɪdʒənl] *n* | **Original** *n* |
| **print** [prɪnt] *n* | **Druck** *m* |
| **frame** [freɪm] *n* | **Rahmen** *m* |

**paint** [peɪnt] *v*

**malen**

**draw** [drɔː] *v*

**zeichnen**

Constable painted almost exclusively landscapes.

Constable malte beinahe ausschließlich Landschaften.

Do you enjoy drawing?

Zeichnest du gerne?

**frame** [freɪm] *v*

**(ein)rahmen**

Where did you have your picture framed?

Wo hast du das Bild rahmen lassen?

**hang** [hæŋ] *v*

**auf-, hinhängen**

Where would you like to hang the picture?

Wo möchtest du das Bild hinhängen?

**sculpture** ['skʌlptʃə] *n*

**Bildhauerei** *f*; **Skulptur** *f*

**sculptor** ['skʌlptə] *n*

**Bildhauer/in** *m/f*

**statue** ['stætʃuː] *n*

**Statue** *f*

**relief** [rɪ'liːf] *n*

**Relief** *n*

**architecture** ['ɑːkɪtektʃə] *n*

**Architektur** *f*

Heathrow Airport is an example of modern architecture.

Der Flughafen von Heathrow ist ein Beispiel für moderne Architektur.

**architectural** [ɑːkɪ'tektʃərəl] *adj*

**Architektur-, baulich**

The church and its cloisters form a perfect architectural unity.

Kirche und Kreuzgang bilden eine vollkommene bauliche Einheit.

**architect** ['ɑːkɪtekt] *n*

**Architekt/in** *m/f*

**plan** [plæn] *n*

**Plan** *m*

Today many architects draw their plans using a computer aided design programme such as CAD.

Heute zeichnen viele Architekten ihre Pläne am Computer mit einem Zeichenprogramm wie zum Beispiel dem CAD.

**design** [dɪ'zaɪn] *v*

**entwerfen, bauen**

John Sterling designed the Staatsgalerie in Stuttgart.

John Sterling hat die Staatsgalerie in Stuttgart entworfen.

**style** [staɪl] *n*

**Stil** *m*

This cathedral was built in the Gothic/ in the Renaissance style.

Diese Kathedrale wurde im gotischen Stil/ im Renaissancestil erbaut.

| | |
|---|---|
| façade [fə'sɑːd] *n* | **Fassade** *f* |
| column ['kɒləm] *n* | **Säule** *f* |
| colonnade [ˌkɒlə'neɪd] *n* | **Säulengang** *m* |
| pillar ['pɪlə] *n* | **Pfeiler** *m* |
| vault [vɔːlt] *n* | **Gewölbe** *n* |
| steps[1] [steps] *n* | (Außen-)**Treppe** *f* |
| patio ['pætiəʊ] *n* | **Terrasse** *f* |
| balcony ['bælkəni] *n* | **Balkon** *m* |
| veranda [və'rændə] *n* | **Veranda** *f* |
| porch [pɔːtʃ] *n* | **überdachte(r) Eingang** *m* |
| arcade [ɑː'keɪd] *n* | **Arkaden** *Pl* |

museum [mju'zɪəm] *n*
Most museums are closed on Monday.

**Museum** *n*
Die meisten Museen haben montags geschlossen.

collection [kə'lekʃn] *n*
She owns a valuable collection of old dolls.

**Sammlung** *f*
Sie besitzt eine wertvolle Sammlung alter Puppen.

collect [kə'lekt] *v*
He collects old glasses.

**sammeln**
Er sammelt alte Gläser.

exhibition [ˌeksɪ'bɪʃn] *n*
Did you see the Degas exhibition at the Metropolitan Museum in New York?

**Ausstellung** *f*
Haben Sie die Degas-Ausstellung im Metropolitan Museum in New York gesehen?

exhibit [ɪg'zɪbɪt] *v*
The majority of art ojects exhibited here, come from private collections.

**ausstellen**
Die meisten der hier ausgestellten Kunstgegenstände stammen aus Privatsammlungen.

## ● Expression

**He is not as black as he is painted.**
- How can you get mixed up with such a good-for-nothing like Tom?
- You are wrong about him. He is not as black as he is painted.

**Er ist besser als sein Ruf.**
- Wie kannst du dich mit einem solchen Taugenichts wie Tom einlassen?
- Du täuschst dich in ihm. Er ist besser als sein Ruf.

---

1 eine Treppe = a flight of steps

## 22.2 Die Musik

music ['mjuːzɪk] n
listen to ['lɪsn] v
I like listening to music while driving.

**Musik** f
**hören, zuhören**
Im Auto höre ich gerne Musik.

... music n
  classical ['klæsɪkl ,..]
  folk ['fəʊk ,..]
  pop ['pɒp ,..]

**klassische Musik** f
**Volksmusik** f
**Popmusik** f

musician [mjuˈzɪʃn] n
She is a musician and plays in the radio symphony orchestra.

**Musiker/in** m/f
Sie ist Musikerin und spielt im Rundfunksinfonieorchester.

musical ['mjuːzɪkl] n
Andrew Lloyd Webber is currently the most successful composer of musicals.

**Musical** n
Andrew Lloyd Webber ist zur Zeit der erfolgreichste Komponist von Musicals.

jazz [dʒæz] n
Jazz comes from North America.

**Jazz** m
Der Jazz kommt aus Nordamerika.

tune [tjuːn] n
Do you remember the tune from the film "The Third Man"?
I can't get this tune out of my head.

**Melodie** f
Erinnerst du dich an die Melodie aus dem Film „Der dritte Mann"?
Diese Melodie geht mir nicht aus dem Kopf.

The hit song from the film "Titanic" definitely has a catchy tune.

Der Hit aus dem Film „Titanic" ist ein richtiger Ohrwurm.

melody ['melədi] n
The melody seems familiar to me. Is it by Johann Strauß?

**Melodie** f
Die Melodie kommt mir bekannt vor. Ist sie von Johann Strauß?

sing [sɪŋ] v
The children were happy and sang at the top of their voices.

**singen**
Die Kinder waren vergnügt und sangen aus vollem Halse.

song [sɒŋ] n
pop song ['pɒp .] n
aria ['ɑːriə] n
voice [vɔɪs] n
singer ['sɪŋə] n

**Lied** n
**Schlager** m
**Arie** f
**Stimme** f
**Sänger/in** m/f

play a musical instrument
[pleɪ ə ,... ˈɪnstrəmənt]
– Do you play a musical instrument?
– Yes, the guitar.

**ein Musikinstrument spielen**

– Spielst du ein Musikinstrument?
– Ja, Gitarre.

He/She plays ...
   the **piano** [pi'ænəʊ]
   the **organ** ['ɔːgən]
   the **violin** [ˌvaɪə'lɪn]
   the **guitar** [gɪ'tɑː]
   the **harp** [hɑːp]
   the **trumpet** ['trʌmpɪt]
   the **flute** [fluːt]
   the **clarinet** [ˌklærə'net]
   the **saxophone** ['sæksəfəʊn]
   the **drums** [drʌmz]

**pianist** ['pɪənɪst] n
**violinist** [ˌvaɪə'lɪnɪst] n
**guitarist** [gɪ'tɑːrɪst] n
**saxophonist** [sæk'sɒfənɪst] n
**drummer** ['drʌmə] n

**record** ['rekɔːd] n
**CD** [siː 'diː] n
**cassette** [kə'set] n
**put on** [pʊt 'ɒn] v
Could you put on a record/a CD/
a cassette?

**play** [pleɪ] v
I'll definitely have to play you the new
Whitney Houston CD.

**record** [rɪ'kɔːd] v
I wasn't at home when the concert was
broadcast but I recorded it onto video
cassette.

**recording** [rɪ'kɔːdɪŋ] n
**record-player** ['rekɔːd ˌpleɪə] n
**cassette-player** [kə'set ˌpleɪə] n
**tape recorder** ['teɪp rɪˌkɔːdə] n
**CD player** [siː 'diː ˌpleɪə] n
**stereo system** ['steriəʊ ˌsɪstəm] n
**receiver** [rɪ'siːvə] n
**amplifier** ['æmplɪfaɪə] n
**loudspeaker** ['laʊdspiːkə] n

**festival** ['festɪvl] n
They regularly go to the Salzburg festival.

Er/Sie spielt ...
   **Klavier** n
   **Orgel** f
   **Geige** f
   **Gitarre** f
   **Harfe** f
   **Trompete** f
   **Flöte** f
   **Klarinette** f
   **Saxophon** n
   **Schlagzeug** n

**Pianist/in** m/f
**Geiger/in** m/f
**Gitarrist/in** m/f
**Saxophonist/in** m/f
**Schlagzeuger/in** m/f

**Schallplatte** f
**CD** f
**Kassette** f
**auf-, einlegen**
Könntest du eine Platte/eine CD auflegen/
eine Kassette einlegen?

**vorspielen**
Ich muss dir unbedingt die neue CD von
Whitney Houston vorspielen.

**aufnehmen**
Ich war nicht zu Hause, als das Konzert
gesendet wurde, aber ich habe es auf
Videokassette aufgenommen.

**Aufnahme** f
**Plattenspieler** m
**Kassettenrekorder** m
**Tonbandgerät** n
**CD-Player** m
**Stereoanlage** f
**Empfänger** m
**Verstärker** m
**Lautsprecher** m

**Festspiele** Pl
Sie gehen regelmäßig zu den Salzburger
Festspielen.

**conduct** [kən'dʌkt] *v*
Simon Rattle conducts the Berlin Philharmonic Orchestra.

**dirigieren**
Simon Rattle dirigiert die Berliner Philharmoniker.

**orchestra** ['ɔːkɪstrə] *n*
**conductor** [kən'dʌktə] *n*
**soloist** ['səʊləʊɪst] *n*
**band** [bænd] *n*
**group** [gruːp] *n*
**choir** ['kwaɪə] *n*
**opera** ['ɒprə] *n*
**operetta** [ˌɒpə'retə] *n*
**concert** ['kɒnsət] *n*
**conservatoire** [kən'sɜːvətwɑː] *n*
**opera-house** ['ɒprə haʊs] *n*
**concert hall** ['kɒnsət hɔːl] *n*
**music hall** ['mjuːzɪk .] *n*

**Orchester** *n*
**Dirigent/in** *m/f*
**Solist/in** *m/f*
**Band** *f*, **Gruppe** *f*
**Chor** *m*
**Oper** *f*
**Operette** *f*
**Konzert** *n*
**Konservatorium** *n*
**Oper** *f*
**Konzertsaal** *m*
**Musikhalle** *f*

**compose** [kəm'pəʊz] *v*
Beethoven composed nine symphonies.

**komponieren**
Beethoven hat neun Sinfonien komponiert.

**composition** [ˌkɒmpə'zɪʃn] *n*
**note** [nəʊt] *n*
**score** [skɔː] *n*
**(3/4) time** [(θriː fɔː) 'taɪm] *n*
**rhythm** ['rɪðəm] *n*
**symphony** ['sɪmfəni] *n*
**concerto** [kən'tʃɜːtəʊ] *n*
**dance** [dɑːns] *n*
**dancer** ['dɑːnsə] *n*
**ballet** ['bæleɪ] *n*
**ballerina** [ˌbælə'riːnə] *n*
**choreography** [ˌkɒri'ɒgrəfi] *n*

**Komposition** *f*
**Note** *f*
**Partitur** *f*
**(Dreiviertel-)Takt** *m*
**Rhythmus** *m*
**Sinfonie** *f*
**Konzert** *n* (Musikstück)
**Tanz** *m*
**Tänzer/in** *m/f*
**Ballett** *n*
**Ballerina** *f*
**Choreographie** *f*

● **Expressions**

**He who pays the piper, calls the tune.**
Due to its economic strength, the USA today plays a leading role in world politics. He who pays the piper, calls the tune.

**Wer bezahlt, gibt den Ton an.**
Aufgrund ihrer wirtschaftlichen Stärke spielen die USA heute eine führende Rolle in der Weltpolitik. Wer bezahlt, gibt den Ton an.

**dance to sb's tune**
Everyone had to dance to mother's tune.

**nach jds. Pfeife tanzen**
Alle mussten nach Mutters Pfeife tanzen.

**face the music**
You have put yourself in this awkward situation. Now you must face the music.

**die Suppe auslöffeln**
Du hast dich selbst in diese missliche Lage gebracht. Jetzt musst du die Suppe auch auslöffeln.

# 22.3 Die Literatur

**literature** [ˈlɪtrətʃə] *n*
She knows English literature well.

"Hamlet" is one of the great works of English literature.

**Literatur** *f*
Sie kennt sich in der englischen Literatur gut aus.

„Hamlet" ist eines der großen Werke der englischen Literatur.

**literary** [ˈlɪtərəri] *adj*
**literary genre** [ˌ.... ˈʒɒnrə] *n*
The most important literary genres are: novels, drama and poetry.

**Literatur-, literarisch**
**literarische Gattung** *f*
Die wichtigsten literarischen Gattungen sind: der Roman, das Drama, die Lyrik.

**literary ...**
  **work** [ˌ.... ˈwɜːk] *n*
  **prize** [ˌ.... ˈpraɪz] *n*
  **criticism** [ˌ.... ˈkrɪtɪsɪzəm] *n*
**fiction** [ˈfɪkʃn] *n*
**non-fiction** [nɒn ˈ..] *n*

**literarische(s) Werk** *n*
**Literaturpreis** *m*
**Literaturkritik** *f*
**Belletristik** *f*
**Sachbuch** *n*

**author** [ˈɔːθə] *n*
That is not the author's real name. He writes under a pseudonym.

**Autor/in** *m/f*
Das ist nicht der wirkliche Name des Autors. Er schreibt unter einem Pseudonym.

**writer** [ˈraɪtə] *n*
**playwright** [ˈpleɪraɪt] *n*

**Schriftsteller/in** *m/f*, **Verfasser/in** *m/f*
**Dramatiker/in** *m/f*,
**Stückeschreiber/in** *m/f*

**novelist** [ˈnɒvəlɪst] *n*
**poet** [ˈpəʊɪt] *n*
**book** [bʊk] *n*
**volume** [ˈvɒljuːm] *n*
**... novel** [ˈnɒvl] *n*
  **detective** [dɪˈtektɪv ˌ..]
  **romantic** [rəʊˈmæntɪk ˌ..]
  **adventure** [ədˈventʃə ˌ..]
  **science fiction** [ˌsaɪəns ˈfɪkʃn ˌ..]
**story,** *pl* **-ies** [ˈstɔːri, -z] *n*

**Romanschriftsteller/in** *m/f*
**Dichter/in** *m/f*; **Lyriker/in** *m/f*
**Buch** *n*
**Band** *m*
**... Roman** *m*
  **Kriminal-**
  **Liebes-**
  **Abenteuer-**
  **Zukunfts-**
**Erzählung** *f*, **Geschichte** *f*

| | |
|---|---|
| **short story** [ʃɔːt '..] *n* | **Kurzgeschichte** *f* |
| **fairy tale** ['feəri teɪl] *n* | **Märchen** *n* |
| **fable** ['feɪbl] *n* | **Fabel** *f* |
| **biography** [baɪ'ɒgrəfi] *n* | **Biographie** *f* |
| **profile** ['prəʊfaɪl] *n* | **Kurzbiographie** *f* |
| **epic** ['epɪk] *n*, e.g. The Odyssey | **Epos** *n*, z.B. Die Odyssee |
| **poem** [pəʊm] *n* | **Gedicht** *n* |
| **poetry** ['pəʊətri] *n* | **Lyrik** *f*, **Versdichtung** *f* |
| **prose** [prəʊz] *n* | **Prosa** *f* |
| **play** [pleɪ] *n* | **Theaterstück** *n* |
| **drama** ['drɑːmə] *n* | **Drama** *n* |
| **tragedy**, *pl* **-ies** ['trædʒədi, -z] *n* | **Tragödie** *f* |
| **comic strip**[1] ['kɒmɪk strɪp] *n* | **Comic(strip)** *m*, **Bildgeschichte** *f* |

**dramatic** [drə'mætɪk] *adj*
The story took an unexpected, dramatic turn.

**dramatisch**
Die Geschichte nahm eine unerwartete, dramatische Wendung.

**tragic** ['trædʒɪk] *adj*
There was a tragic chain of circumstances.

**tragisch**
Es gab eine tragische Verkettung von Umständen.

**comic** ['kɒmɪk] *adj*
There are also comic scenes in Shakespeare's tragedies.

**komisch**
In den Tragödien Shakespeares gibt es auch komische Szenen.

**epic** ['epɪk] *adj*
Charles Dickens describes his characters' background in epic proportions.

**episch**
Charles Dickens beschreibt das Milieu seiner Figuren in epischer Breite.

**poetic** [pəʊ'etɪk] *adj*
D.H. Laurence's prose is very poetic in parts.
The author treats the historical facts with much poetic licence.

**poetisch, lyrisch**
Die Prosa von D.H. Laurence ist stellenweise sehr poetisch.
Der Autor behandelt den historischen Stoff mit viel dichterischer Freiheit.

**look up** [lʊk 'ʌp] *v*
**dictionary**, *pl* **-ies** ['dɪkʃənri, -z] *n*
**reference book** ['refərəns bʊk] *n*

**nachschlagen**
**Lexikon** *n*, **Wörterbuch** *n*
**(Konversations-)Lexikon** *n*,
**Nachschlagewerk** *n*

I must look up that word in the dictionary.

Ich muss das Wort im Lexikon nachschlagen.

I had to look up several reference books to find out information on this topic.

Um mich in dieser Sache kundig zu machen, musste ich in mehreren Lexika nachschlagen.

1 *BE* auch: cartoon strip

| | |
|---|---|
| **travel guide** ['trævl gaɪd] n | **Reiseführer** m |
| **update** [ʌp'deɪt] v | **aktualisieren, auf den neuesten Stand bringen** |
| This travel guide was updated in 2000. | Dieser Reiseführer wurde 2000 auf den neuesten Stand gebracht. |

| | |
|---|---|
| **textbook** ['tekstbʊk] n | **Schulbuch** n |
| **treatise** ['triːtɪs] n | **Abhandlung** f |
| **report** [rɪ'pɔːt] n | **Bericht** f |
| **review** [rɪ'vjuː] n | **Kritik** f, **Besprechung** f, **Rezension** f |
| **table of contents** [ˌteɪbl əv 'kɒntents] n | **Inhaltsverzeichnis** n |
| **preface** ['prefəs] n | **Vorwort** n |
| **introduction** [ˌɪntrə'dʌkʃn] n | **Einleitung** f |
| **index** ['ɪndeks] n | **Stichwortverzeichnis** n |

| | |
|---|---|
| The great literary periods are: | Die großen literarischen Epochen sind: |
| **antiquity** [æn'tɪkwəti] n | **Antike** f |
| **the Middle Ages** [ˌmɪdl 'eɪdʒɪz] n, pl | **Mittelalter** n |
| **classicism** ['klæsɪsɪzəm] n | **Klassik** f |
| **romanticism** [rəʊ'mæntɪsɪzəm] n | **Romantik** f |
| **realism** ['riːəlɪzəm] n | **Realismus** m |
| **naturalism** ['nætʃrəlɪzəm] n | **Naturalismus** m |

● **Expressions**

| | |
|---|---|
| **be a closed book to sb** | **für jdn. ein Buch mit sieben Siegeln sein** |
| David Cronenberg's films are a closed book to me. | Die Filme von David Cronenberg sind für mich ein Buch mit sieben Siegeln. |
| **be in sb's good books** | **bei jdm. einen Stein im Brett haben** |
| Since she helped out when her colleague was ill she was in her boss' good books. | Seit sie für ihre erkrankte Kollegin eingesprungen war, hatte sie bei ihrem Chef einen Stein im Brett. |
| **cut a long story short** | **um es kurz zu machen** |
| To cut a long story short; after two days the streets were cleared again and we could finally start our return journey. | Um es kurz zu machen: Nach zwei Tagen waren die Straßen wieder geräumt und wir konnten endlich unsere Rückreise antreten. |

# 22.4 Das Theater

**theatre** ['θɪətə] *n*
I rarely go to the theatre.

**Theater** *n*
Ich gehe selten ins Theater.

**company,** *pl* **-ies** ['kʌmpəni, -z] *n*
**play** [pleɪ] *n*
**actor/actress** ['æktə/'æktrəs] *n*
**cast** [kɑ:st] *n*

**Theatertruppe** *f*, **Ensemble** *n*
**Theaterstück** *n*; **Schauspiel** *n*
**Schauspieler/in** *m/f*
**Besetzung** *f*

**stage** [steɪdʒ] *n; v*
At the end of the play there are four dead characters on the stage.
The new theatre manager announced that more plays by contemporary writers would be staged.

**Bühne** *f*; **auf die Bühne bringen**
Am Ende des Stückes liegen vier Tote auf der Bühne.
Der neue Intendant kündigte an, mehr Stücke von zeitgenössischen Autoren auf die Bühne zu bringen.

**play** [pleɪ] *v*
**part** [pɑ:t] *n*
**role** [rəʊl] *n*
Kenneth Brannagh played the part (the role) of Benedicte in the Shakespeare comedy "Much ado about nothing".

**spielen**
**Rolle** *f*
Kenneth Brannagh spielte in der Shakespeare-Komödie „Viel Lärm um nichts" die Rolle des Benedikt.

**character** ['kærəktə] *n*
This is a play for only two characters.

**Person** *f*, **Figur** *f*
Das ist ein Stück für nur zwei Personen.

**act** [ækt] *n*
**scene** [si:n] *n*
Hamlet's famous monologue, "To be or not to be ", is in the first scene of the third act.

**Akt** *m*
**Szene** *f*
Hamlets berühmter Monolog „Sein oder nicht sein" steht in der ersten Szene des dritten Aktes.

**monologue** ['mɒnəlɒg] *n*
**dialogue** ['daɪəlɒg] *n*

**Monolog** *m*
**Dialog** *m*

**director** [də'rektə] *n*
**direction** [də'rekʃn] *n*

**Regisseur/in** *m/f*
**Inszenierung** *f*, **Regie** *f*

**direct** [də'rekt] *v*
I'd like to know who directed this play.

**inszenieren, Regie führen**
Ich würde gerne wissen, wer dieses Stück inszeniert hat.

**performance** [pə'fɔ:məns] *n*
**be on at ...**
The performance is on at the Covent Garden Opera House.

**Aufführung** *f*
**stattfinden**
Die Aufführung findet in der Covent Garden Opera statt.

| | |
|---|---|
| **rehearsal** [rɪ'hɜːsl] n | **Probe** f |
| **dress rehearsal** [dres .'..] n | **Generalprobe** f |
| **premiere** ['premieə] n | **Premiere** f |
| **prompter** ['prɒmptə] n | **Souffleur/Souffleuse** m/f |
| **decor and costumes** ['deɪkɔːr ənd 'kɒstjuːmz] n | **Ausstattung** f |
| **scenery** ['siːnəri] n ⎫ | |
| **set** [set] n ⎭ | **Kulissen** Pl, **Bühnenaufbau** m |
| **costume** ['kɒstjuːm] n | **Kostüm** n |
| **box-office** ['bɒks ˌɒfɪs] | **(Theater-)Kasse** f |
| **interval**[1] ['ɪntəvl] | **Pause** f |

## 22.5 Das Kino

| | |
|---|---|
| **cinema** ['sɪnəmə] n | **Kino** n |
| I regularly go to the cinema. | Ich gehe regelmäßig ins Kino. |
| What's on at the cinema today? | Was läuft heute im Kino? |
| **film**[2] [fɪlm] n | **Film** m |
| Have you seen Julia Roberts' latest film? | Hast du den letzten Film mit Julia Roberts gesehen? |
| **silent film** [ˌsaɪlənt '.] n | **Stummfilm** m |
| Rudolph Valentino, the star of silent films in the 1920 s, was adored by all women. | Rudolph Valentino, der Star des Stummfilms in den 20 er Jahren, war der Liebling aller Frauen. |
| **film genre** ['. ˌʒɒnrə] n | **Filmgenre** n |
| Examples of film genres: | Beispiele für Filmgenres: |
| **... film** n | **...Film** m |
|   **detective** [dɪ'tektɪv .] |   **Kriminal-** |
|   **adventure** [əd'ventʃə .] |   **Abenteuer-** |
|   **documentary** [ˌdɒkju'mentri .] |   **Dokumentar-** |
|   **science fiction** [ˌsaɪəns 'fɪkʃn .] |   **Sciencefiction-** |
| **western** ['westən] n | **Western** m |
| **comedy** ['kɒmədi] n | **Filmkomödie** f |
| **cartoon** [kɑː'tuːn] n | **Zeichentrickfilm** m |
| **director** [də'rektə] n | **Regisseur/in** m/f |
| **producer** [prə'djuːsə] n | **Produzent/in** m/f |
| **cameraman** ['kæmrəmən] n | **Kameramann** m |
| **cast** [kɑːst] n, sg | im Film mitwirkende **Schauspieler** Pl, **Besetzung** f |

1  AE: intermission
2  AE: movie

**actor/actress** ['æktə/'æktrəs] *n*
**(film) star** ['. stɑː] *n*
**supporting role** [sə'pɔːtɪŋ rəʊl] *n*
**extra** ['ekstrə] *n*
**stuntman** ['stʌntmən] *n*
**script** [skrɪpt] *n*
**screenplay** ['skriːnpleɪ] *n*

**Schauspieler/in** *m/f*
**(Film-)Star** *m*
**Nebenrolle** *f*
**Statist/in** *m/f*
**Stuntman** *m*
**Skript** *n*
**Drehbuch** *n*

**film** [fɪlm] *v*   ⎱
**shoot** [ʃuːt] *v*  ⎰

**filmen, drehen**

This scene is filmed (shot) from a
bird's-eye view/from a very low angle.
The film was shot in the studio/
on location.

Diese Szene ist aus der Vogelperspektive/
aus der Froschperspektive gedreht.
Der Film wurde im Studio/
am Originalschauplatz gedreht.

**shot** [ʃɒt] *n*

**Aufnahme** *f*, **Bild** *n*

In the opening shot we see the star's face
in close-up.
The last sequence of shots was filmed in
slow motion/in time-lapse photography.
At the moment they are doing interior/
exterior shots.

In der Eröffnungseinstellung sehen wir das
Gesicht des Stars in Großaufnahme.
Die letzte Bildfolge wurde in Zeitlupe/
im Zeitraffer gedreht.
Im Augenblick machen sie Innen-/
Außenaufnahmen.

**direct**  ⎱
**make**    ⎰ **a film** [də,rekt/meɪk ə 'fɪlm]

**einen Film drehen, Regie führen**

The film "Schindler's List", which won
7 Oscars, was directed (made) by Steven
Spielberg in 1993.
He makes only documentary films.

1993 drehte Steven Spielberg den Film
„Schindlers Liste", der 7 Oscars gewann.

Er dreht nur Dokumentarfilme.

**on the set** [ɒn ðə 'set]

**beim Drehen, am Drehort**

Everyone waited on the set for the star.
The director alone decides what happens
on the set.

Alle warteten am Drehort auf den Star.
Beim Drehen bestimmt allein der
Regisseur, was zu geschehen hat.

**be set** [bi 'set]

**spielen**

The film is set in New York and Paris.

Der Film spielt in New York und Paris.

**flashback** ['flæʃbæk] *n*
**sound track** ['saʊnd træk] *n*
**lighting** ['laɪtɪŋ] *n*
**trick photography** [trɪk fə'tɒgrəfi] *n*
**editing** ['edɪtɪŋ] *n*

**Rückblende** *f*
**Filmmusik** *f*, **Soundtrack** *m*
**Beleuchtung** *f*, **Licht** *n*
**Trickfotografie** *f*
**Schnitt** *m*, **Montage** *f*

**dub** [dʌb] *v*

**synchronisieren**

The film was made in English and has in
the meantime been dubbed into 15 other
languages.

Der Film wurde in englischer Sprache
gedreht. In der Zwischenzeit wurde er in
15 andere Sprachen synchronisiert.

**subtitle** ['sʌbtaɪtl] *n*
The film was shown in Italian with English subtitles.

**box-office** ['bɒks ˌɒfɪs] *n*
The box-office only opens one hour before the performance.
The film broke all box-office records.

**Untertitel** *m*
Der Film lief auf Italienisch mit englischen Untertiteln.

**Kino-, Theaterkasse** *f*
Die Kinokasse wird erst eine Stunde vor der Vorstellung geöffnet.
Der Film war ein Kassenschlager.

# 23.1 Die Religion, die Kirche, die Mythologie

**religion** [rɪˈlɪdʒən] *n*
Religion offers consolation and refuge for many people.
– What's your religion?
– I'm a Catholic/a Protestant/a Buddhist.

**Religion** *f*
Für viele Menschen bietet die Religion Trost und Zuflucht.
– Welcher Religion gehörst du an?
– Ich bin Katholik/Protestant/Buddhist.

**religious** [rɪˈlɪdʒəs] *adj*
Are people today less religious than they were previously?

**religiös**
Sind die Menschen heute weniger religiös als früher?

**Christian** [ˈkrɪstʃən] *n; adj*
**(Jesus) Christ** [(ˌdʒiːsəs) ˈkraɪst] *n*
For Christians, Christ is the Son of God and Redeemer of the World.

**Christ/in** *m/f*; **christlich**
**(Jesus) Christus** *m*
Für die Christen ist Christus der Sohn Gottes und der Erlöser der Welt.

**Christianity** [ˌkrɪstiˈænəti] *n*
**Jewish** [ˈdʒuːɪʃ] *adj*
**Islamic** [ɪzˈlæmɪk] *adj*

**Christentum** *n*
**jüdisch**
**islamisch**

**Judaism** [ˈdʒuːdeɪɪzəm] *n*
The Jews' religion is called Judaism.

**Judaismus** *m*
Die Religion der Juden heißt Judaismus.

**Islam** [ˈɪslɑːm] *n*
Islam is the religion of the Muslims.

**Islam** *m*
Der Islam ist die Religion der Muslime.

**Hinduism** [ˈhɪnduːɪzəm] *n*
**Buddhism** [ˈbʊdɪzəm] *n*

**Hinduismus** *m*
**Buddhismus** *m*

**atheism** [ˈeɪθiːɪzəm] *n*
Sartre professed atheism.

**Atheismus** *m*
Sartre bekannte sich zum Atheismus.

**atheist** [ˈeɪθiɪst] *n*
Atheists deny God's existence.

**Atheist/in** *m/f*
Die Atheisten leugnen die Existenz Gottes.

**God** [gɒd] *n*
**belief** [bɪˈliːf] *n*
**believe in sb/in sth** [bɪˈliːv] *v*
He has lost his belief in God.
He no longer believes in God.

**Gott** *m*
**Glaube** *m*
**an jdn./etw. glauben**
Er hat seinen Glauben an Gott verloren.
Er glaubt nicht mehr an Gott.

**faith** [feɪθ] *n*
**Bible** [ˈbaɪbl] *n*
The Christian faith is founded on the Bible.

**Glaube** *m*
**Bibel** *f*
Der christliche Glaube beruht auf der Bibel.

prayer [preə] n

When I was a child I used to say my
prayers before going to sleep.

**Gebet** n

Als Kind habe ich vor dem Einschlafen
immer ein Gebet gesprochen.

pray [preɪ] v

She prayed to God to help her.

**beten**

Sie betete zu Gott, dass er ihr helfen
möge.

devil ['devl] n
hell [hel] n

**Teufel** m
**Hölle** f

sect [sekt] n

The Quakers are a Christian sect which
defends pacifism and active brotherly love.

**Sekte** f

Die Quäker sind eine christliche Sekte,
die für Pazifismus und tätige Nächsten-
liebe eintritt.

church [tʃɜːtʃ] n
Catholic ['kæθlɪk] adj; n
Protestant ['prɒtɪstənt] adj; n

There are two churches in our village,
one is Catholic and the other is
Protestant.

**Kirche** f
**katholisch; der Kathotik**
**evangelisch, protestantisch;**
**der Protestant**

In unserem Dorf gibt es zwei Kirchen,
eine katholische und eine protestantische.

the Church of England [. əv 'ɪŋglənd]
the Church of Scotland [. əv 'skɒtlənd]
The Church of England and the Church of
Scotland are the official churches of Great
Britain.

**die Kirche von England**
**die Kirche von Schottland**
Die Kirche von England und die Kirche
von Schottland sind die offiziellen Kirchen
von Großbritannien.

service ['sɜːvɪs] n

When is the service on Sunday?

**Gottesdienst** m

Wann ist am Sonntag Gottesdienst?

Mass [mæs] n
bless [bles] v

At the end of Mass the priest blesses the
congregation.

**Messe** f
**segnen**

Am Ende der Messe segnet der Pfarrer
die Gemeindemitglieder.

priest/priestess [priːst/'priːstəs] n
pastor ['pɑːstə] n
parish ['pærɪʃ] n

The parish has not had a priest/a pastor
for two years.

**Pfarrer/in** m/f; **Priester/in** m/f
**Pastor/in** m/f
**(Pfarr-)Gemeinde** f

Die Gemeinde ist schon seit zwei Jahren
ohne Pfarrer/ohne Pastor.

bishop ['bɪʃəp] n
archbishop [ɑːtʃ'bɪʃəp] n
Pope [pəʊp] n
choirboy ['kwaɪəbɔɪ] n

**Bischof** m
**Erzbischof** m
**Papst** m
**Chorknabe** m, **Ministrant** m

**sermon** ['sɜ:mən] n
**preach** [pri:tʃ] v
Last Sunday our pastor preached a
sermon on the glory of God.

**Predigt** f
**predigen**
Am letzten Sonntag hielt unser Pastor
eine Predigt über die Herrlichkeit Gottes.

**confession** [kən'feʃn] n
It has been a long time since I went to
confession.

**Beichte** f
Ich habe schon lange nicht mehr
gebeichtet.

**cathedral** [kə'θi:drəl] n
**nave** [neɪv] n
**choir** ['kwaɪə] n
**altar** ['ɔ:ltə] n
**pulpit** ['pʊlpɪt] n
**stained glass window**
[ˌsteɪnd glɑ:s 'wɪndəʊ] n
**main entrance** [meɪn 'entrəns] n
**bell-tower** ['bel ˌtaʊə] n
**bell** [bel] n
**crucifix** ['kru:səfɪks] n
**angel** ['eɪndʒl] n
**saint** [seɪnt] n
**abbey** ['æbi] n
**cloisters** ['klɔɪstəs] n, pl

**Kathedrale** f
**Kirchenschiff** n
**Chor** m
**Altar** m
**Kanzel** f
bunte(s) **Kirchenfenster** n

**Portal** n
**Glockenturm** m
**Glocke** f
**Kruzifix** n
**Engel** m
**Heilige** m/f
**Abtei** f
**Kreuzgang** m

**convent** ['kɒnvənt] n
**monastery,** pl **-ies** ['mɒnəstri, -z] n
He entered a monastery at the age of 18./
She entered a convent at the age of 18.

**Kloster** (für Nonnen)
**Kloster** (für Mönche)
Er/Sie ist mit 18 ins Kloster gegangen.

**monk** [mʌnk] n
**nun** [nʌn] n
**abbot/abbess** ['æbət/'æbəs] n

**Mönch** m
**Nonne** f
**Abt/Äbtissin** m/f

**pilgrimage** ['pɪlgrɪmɪdʒ] n
"The Canterbury Tales" are about a
pilgrimage to Thomas Beckett's tomb in
Canterbury.

**Wallfahrt** f
„Die Canterbury Tales" handeln von einer
Walfahrt zum Grabe von Thomas Beckett
in Canterbury.

**mythology** [mɪ'θɒlədʒi] n
Gods from Greek and Roman mythology
are familiar to us through art and
literature.

**Mythologie** f
Die Götter der griechischen und
römischen Mythologie sind uns aus
Kunst und Literatur vertraut.

**myth** [mɪθ] n
"The myth of Sisyphus" is the title of a
philosophical work by Camus.

**Mythos** m
„Der Mythos von Sisyphus" ist der Titel
eines philosophischen Werkes von Camus.

| | |
|---|---|
| **heathen** ['hi:ðn] n ⎫<br>**pagan** ['peɪgən] n ⎭ | **Heide/Heidin** m/f |
| **crusade** [kru:'seɪd] n | **Kreuzzug** m |

The crusades against the heathens (the pagans) took place in the 11th–13th centuries [in the eleventh to thirteenth centuries].

Die Kreuzzüge gegen die Heiden fanden vom 11. bis 13. Jahrhundert statt.

| | |
|---|---|
| **god** [gɒd] n | **Gott** m |
| **sacrifice** ['sækrɪfaɪs] v | **opfern** |

The Greeks and Romans sacrificed animals to their pagan (heathen) gods.

Die Griechen und die Römer opferten ihren heidnischen Göttern Tiere.

**goddess** ['gɒdəs] n — **Göttin** f

This statue represents a Greek goddess.

Diese Statue stellt eine griechische Göttin dar.

● **Expressions**

**We will do it come hell or high water.** — **Wir werden es auf alle Fälle tun.**

**The devil finds work for idle hands.** — **Müßiggang ist aller Laster Anfang.**

Young unemployed people often turn to crime. That is quite understandable for the devil finds work for idle hands.

Jugendliche Arbeitslose werden oft straffällig. Das ist ganz verständlich, denn Müßiggang ist aller Laster Anfang.

**between the devil and the deep blue sea** — **in der Zwickmühle**

If I invite Spencer then Patricia will not come. If I don't invite Spencer then he will be offended. I'm really between the devil and the deep blue sea.

Lade ich Spencer ein, dann kommt Patricia nicht. Lade ich Spencer nicht ein, dann ist er beleidigt. Ich sitze ganz schön in der Zwickmühle.

# 23.2 Die Philosophie

**philosophy** [fə'lɒsəfi] n — **Philosophie** f

Philosophy deals with morals, metaphysics, logic, psychology and aesthetics.

Die Philosophie beschäftigt sich mit der Moral, der Metaphysik, der Logik, der Psychologie und der Ästhetik.

| | |
|---|---|
| **philosophical** [ˌfɪlə'sɒfɪkl] adj | **philosophisch** |
| **system** ['sɪstəm] n | **Lehre** f, **System** n |

Every philosophical system attempts to explain human beings, the world and human knowledge through reason.

Jedes philosophische System versucht, den Menschen, die Welt, die menschliche Erkenntnis mit der Vernunft zu erklären.

**philosopher** [fə'lɒsəfə] *n*
Bertrand Russell is recognized as the greatest British philosopher of the twentieth century.

**Philosoph/in** *m/f*
Bertrand Russell gilt als der größte britische Philosoph des 20. Jahrhunderts.

**the world** [wɜːld] *n*
**nothingness** ['nʌθɪŋnəs] *n*
**emerge** [i'mɜːdʒ] *v*
We cannot rationally explain how the world emerged from nothingness.

**die Welt**
**das Nichts**
**auftauchen, entstehen**
Wir können rational nicht erklären, wie die Welt aus dem Nichts entstand.

**create** [kri'eɪt] *v*
**chaos** ['keɪɒs] *n*
Before God created the world, chaos reigned.

**schaffen**
**Chaos** *n*
Bevor Gott die Welt schuf, herrschte das Chaos.

**creation** [kri'eɪʃn] *n*
**creator** [kri'eɪtə] *n*
**creature** ['kriːtʃə] *n*

**Schöpfung** *f*
**Schöpfer** *m*
**Geschöpf** *n*

**existence** [ɪg'zɪstəns] *n*
How did the world come into existence?

**Existenz** *f*, **Dasein** *n*
Wie entstand die Welt?

● **Expression**

**topsy-turvy world**
That is really a topsy-turvy world.

**verkehrte Welt**
Das ist wirklich eine verkehrte Welt!

# 23.3  Die Wahrheit, die Gewissheit, die Lüge, der Irrtum

**truth** [truːθ] *n*
Tell me the truth!

**Wahrheit** *f*
Sage mir die Wahrheit!

**true** [truː] *adj*
**false** [fɔːls] *adj*
The story sounds unlikely but is true.

**wahr**
**falsch**
Die Geschichte klingt unwahrscheinlich, ist aber wahr.

– Goethe was born in Weimar in 1749.
  True or false?
– False. He was born in Frankfurt.

– Goethe ist 1749 in Weimar geboren.
  Richtig oder falsch?
– Falsch. Er ist in Frankfurt geboren.

**check** [tʃek] *v*
I must check that first.

**sure** [ʃʊə] *adj*
**certain** ['sɜːtn] *adj*
**rumour** ['ruːmə] *n*
Are you sure (certain) that it is true and not a rumour?

**unsure** [ʌn'ʃʊə] *adj*
**uncertain** [ʌn'sɜːtn] *adj*
I'm still unsure (uncertain) about what I should study. Can you give me some advice?

**honest** ['ɒnɪst] *adj*
To be honest, that doesn't interest me at all.
I didn't mean to offend you, honestly.

**certainty** ['sɜːtnti] *n*
**uncertainty** [ʌn'sɜːtnti] *n*
**honesty** ['ɒnəsti] *n*

**lie** [laɪ] *n; v*
That is a damned lie!
He is lying when he claims not to have known anything.

**libel** ['laɪbl] *n*
The film star took out libel action against the magazine.

**mistake** [mɪ'steɪk] *n*
He had to pay heavily for his mistake.

**be wrong** [rɒŋ]
**be mistaken** [mɪ'steɪkn]
I was wrong (I was mistaken) about you.

**überprüfen**
Ich muss das erst überprüfen.

**sicher**

**Gerücht** *n*
Bist du sicher, dass das stimmt und nicht ein Gerücht ist?

**unsicher**

Ich bin immer noch unsicher, was ich studieren soll. Kannst du mir einen Rat geben?

**ehrlich**
Um ehrlich zu sein, das interessiert mich überhaupt nicht.
Ich wollte dich nicht beleidigen, ehrlich.

**Gewissheit** *f*
**Ungewissheit** *f*
**Ehrlichkeit** *f*

**Lüge** *f*; **lügen**
Das ist eine verdammte Lüge!
Er lügt, wenn er behauptet, nichts gewusst zu haben.

**üble Nachrede** *f*, **Verleumdung** *f*
Der Filmstar verklagte die Illustrierte wegen übler Nachrede.

**Irrtum** *m*
Er musste seinen Irrtum teuer bezahlen.

**sich täuschen, sich irren**

Ich habe mich in dir getäuscht.

● **Expressions**

**Truth will out.**

**lie through one's teeth**
**tell a pack of lies**
Don't believe a word he says! He lies through his teeth. (He tells a pack of lies.)

**Lügen haben kurze Beine.**

**lügen, dass sich die Balken biegen**

Glaube kein Wort von dem, was er sagt! Er lügt, dass sich die Balken biegen.

# 23.4 Die Wirklichkeit, der Schein, die Möglichkeit

**reality** [ri'æləti] *n*
In reality, things happened quite differently.

**Wirklichkeit** *f*
In Wirklichkeit haben sich die Dinge ganz anders zugetragen.

**real** ['ri:əl] *adj*
**unreal** [ʌn'ri:əl] *adj*
There are real and invented characters in this novel.
Do you not want to tell me the real reason?
The landscape was bathed in a bizarre light shortly before the storm, so that it appeared strange and almost unreal.

**wirklich**
**unwirklich**
In diesem Roman kommen wirkliche und erfundene Personen vor.
Willst du mir nicht den wirklichen Grund sagen?
Kurz vor dem Gewitter war die Landschaft in ein seltsames Licht getaucht, so dass sie fremd und beinahe unwirklich erschien.

**realize** ['ri:əlaɪz] *v*
It had always been her dream to travel to Bali. Now she has realized it.

**verwirklichen**
Es war schon immer ihr Traum, nach Bali zu reisen. Jetzt hat sie ihn verwirklicht.

**put sth into effect** [ɪ'fekt]

The idea is good but how can we put it into effect?
It will not be easy to put this project into effect.

**etw. in die Praxis umsetzen, verwirklichen**
Die Idee ist gut, aber wie kann man sie in die Praxis umsetzen?
Es wird nicht leicht sein, dieses Projekt zu verwirklichen.

**fulfil** [fʊl'fɪl] *v*
**come true** [kʌm 'tru:]  ⎫
⎬
I hope that your wishes and dreams will come true (will be fulfilled).

**sich erfüllen**

Ich hoffe, dass deine Wünsche und Träume in Erfüllung gehen.

**objectivity** [ˌɒbdʒek'tɪvəti] *n*
**objective** [əb'dʒektɪv] *adj*
His objectivity is unquestioned.
That is an objective report.

**Objektivität** *f*
**objektiv**
Seine Objektivität steht außer Frage.
Das ist ein objektiver Bericht.

**subjective** [səb'dʒektɪv] *adj*
He portrays the events very subjectively.

**subjektiv**
Er stellt die Ereignisse sehr subjektiv dar.

**appearances** [ə'pɪərənsɪz] *n, pl*
Appearances are deceptive.

**Schein** *m*
Der Schein trügt.

**apparent** [ə'pærənt] *adj*
They were an apparently happy couple.

**scheinbar, dem Schein nach**
Dem Schein nach waren sie ein glückliches Paar.

**imagination**[1] [ɪˌmædʒɪˈneɪʃn] n
This child does not lack imagination.

**Fantasie** f, **Einbildung** f
Diesem Kind fehlt es nicht an Fantasie.

**imagine** [ɪˈmædʒɪn] v
Try to imagine that you have won a million in the lottery. What would you do with the money?

**sich vorstellen, sich einbilden**
Stell dir vor, du hättest eine Million im Lotto gewonnen. Was würdest du mit dem Geld machen?

**imaginary** [ɪˈmædʒɪnəri] adj
Children often live in an imaginary world.

**eingebildet, imaginär**
Kinder leben oft in einer eingebildeten Welt.

**pretend** [prɪˈtend] v
He pretended to be from noble descent.

**behaupten**
Er behauptete von adeliger Abstammung zu sein.

**fictitious** [fɪkˈtɪʃəs] adj
The novel has a historical background but the characters are fictitious.

**frei erfunden**
Der Hintergrund des Romans ist historisch, die handelnden Personen jedoch sind frei erfunden.

**dream** [driːm] n; v
I have been having the same dream since I was a child.
How would you interpret this dream?
He dreams of a carefree life.

**Traum** m; **träumen**
Seit meiner Kindheit habe ich immer denselben Traum.
Wie würdest du diesen Traum deuten?
Er träumt von einem sorglosen Leben.

**possible** [ˈpɒsəbl] adj
**impossible** [ɪmˈpɒsəbl] adj
Do you really believe that it's possible?
You've put me in an impossible situation.

**möglich**
**unmöglich**
Glauben Sie wirklich, dass das möglich ist?
Du hast mich in eine unmögliche Situation gebracht.

**possibility** [ˌpɒsəˈbɪləti] n
There are several possibilities. We must decide on one of them.

**Möglichkeit** f
Es gibt mehrere Möglichkeiten. Wir müssen uns für eine entscheiden.

**opportunity** [ˌɒpəˈtjuːnəti] n
During my stay in the USA I had the opportunity of experiencing the American way of life.

**Möglichkeit** f, **Gelegenheit** f
Bei meinem Aufenthalt in den USA hatte ich die Möglichkeit, die amerikanische Lebensweise kennen zu lernen.

---

1 *imagination* wird auch zusammen mit dem unbestimmten Artikel *a/an* gebraucht. Z. B.: *This child has a vivid imagination. (Dieses Kind hat eine blühende Fantasie.)*

# 23.5 Die Magie, das Geheimnis

**magic** ['mædʒɪk] *n*
That is not science, it is magic.

**Magie** *f*
Das ist keine Wissenschaft, das ist Magie.

**magical** ['mædʒɪkl] *adj*
He was a medicine man and believed in the magical power of nature.

**magisch**
Er war Medizinmann und glaubte an die magische Kraft der Natur.

**magician** [mə'dʒɪʃn] *n*
Faust was a scientist and a magician.
The magician Merlin was King Arthur's protector.

**Zauberer/Zauberin** *m/f*; **Magier/in** *m/f*
Faust war Wissenschaftler und Magier.
Der Zauberer Merlin war der Beschützer von König Artus.

**sorcerer/sorceress**
['sɔːsərə/'sɔːsərəs] *n*
**conjure up** [ˌkʌndʒə 'ʌp] *v*
**spirit** ['spɪrɪt] *n*
Sorcerers conjure up evil spirits by uttering magic spells.

**Zauberer/Zauberin** *m/f*

**beschwören**
**Geist** *m*
Zauberer beschwören böse Geister mit Zauberformeln.

**witch,** *pl* **-es** [wɪtʃ, -ɪz] *n*
I only know witches from fairy tales.
Salem, a port in Massachusetts, was the scene of incredible witch hunts in 1692.

**Hexe** *f*
Ich kenne Hexen nur aus Märchen.
Salem, eine Hafenstadt in Massachusetts, war 1692 der Schauplatz unglaublicher Hexenverfolgungen.

**sorcery** ['sɔːsəri] *n*
**witchcraft** ['wɪtʃkrɑːft] *n*
People believed in sorcery (witchcraft) in the Middle Ages.

**Hexerei** *f*
Im Mittelalter glaubten die Menschen an Hexerei.

**mystery** ['mɪstri] *n*
That will always remain a mystery.

**Geheimnis** *n*
Das wird immer ein Geheimnis bleiben.

**mysterious** [mɪ'stɪəriəs] *adj*
A mysterious atmosphere prevailed.

**geheimnisvoll**
Es herrschte eine geheimnisvolle Atmosphäre.

**secret** ['siːkrət] *n*
**confide sth to sb** [kən'faɪd] *v*
Can I confide a secret to you?

**Geheimnis** *n*
**jdm. etw. anvertrauen**
Kann ich dir ein Geheimnis anvertrauen?

**secret** ['siːkrət] *adj*
These papers are classified as secret documents.

**geheim**
Diese Papiere sind als geheim eingestuft.

**riddle** ['rɪdl] *n*
Oedipus solved the riddle of the Sphinx.

**Rätsel** *n*
Ödipus hat das Rätsel der Sphinx gelöst.

**miracle** ['mɪrəkl] *n*
By some miracle nothing happened to them.

**Wunder** *n*
Wie durch ein Wunder ist ihnen nichts passiert.

**be haunted** ['hɔːntɪd]
**ghost** [gəʊst] *n*
This castle is haunted by ghosts.

**heimgesucht werden**
**Gespenst** *n*
Dieses Schloss wird von Gespenstern heimgesucht.

**be obsessed with** [əb'sest]
He is obsessed with the idea that he is the saviour of mankind.

**besessen sein von**
Er ist von der Vorstellung besessen, der Erlöser der Menschheit zu sein.

**Martian** ['mɑːʃn] *n*
**extraterrestrial** [ˌekstrətə'restriəl] *n*
**close encounter of the third kind**
[kləʊs ɪn'kaʊntə] *n*

**Marsmensch** *m*
**Außerirdische(r)** *m*
**Begegnung der dritten Art** *f*

# 23.6 Die Astrologie

**astrology** [ə'strɒlədʒi] *n*
Do you believe in astrology?

**Astrologie** *f*
Glaubst du an die Astrologie?

**astrologer** [ə'strɒlədʒə] *n*
The astrologers read our fate in the stars.

**Astrologe/Astrologin** *m/f*
Die Astrologen lesen unser Schicksal in den Sternen.

**horoscope** ['hɒrəskəʊp] *n*
Give me the newspaper, please. I'd like to read my horoscope.

**Horoskop** *n*
Gib mir bitte die Zeitung. Ich möchte mein Horoskop lesen.

**star sign** ['stɑː saɪn] *n*
**sign of the zodiac**
[saɪn əv ðə 'zəʊdiæk] *n*
– Which star sign (sign of the zodiac) are you?
– I'm Leo.

**Sternbild** *n*, **Tierkreiszeichen** *n*

– Was für ein Tierkreiszeichen bist du?

– Ich bin Löwe.

**Capricorn** ['kæprɪkɔːn] *n*
**Aquarius** [ə'kweəriəs] *n*
**Pisces** ['paɪsiːz] *n, pl*
**Aries** ['eəriːz] *n*

**Steinbock** *m*
**Wassermann** *m*
**Fische** *Pl*
**Widder** *m*

| | |
|---|---|
| **Taurus** ['tɔːrəs] *n* | **Stier** *m* |
| **Gemini** ['dʒemɪnaɪ] *n* | **Zwillinge** *Pl* |
| **Cancer** ['kænsə] *n* | **Krebs** *m* |
| **Leo** ['liːəʊ] *n* | **Löwe** *m* |
| **Virgo** ['vɜːgəʊ] *n* | **Jungfrau** *f* |
| **Libra** ['liːbrə] *n* | **Waage** *f* |
| **Scorpio** ['skɔːpiəʊ] *n* | **Skorpion** *m* |
| **Sagittarius** [ˌsædʒɪ'teəriəs] *n* | **Schütze** *m* |

# 24.1 Der Staat, die Regierung

**state** [steɪt] *n*
A United Europe presupposes that the member states will sacrifice a part of their national sovereignty.

The heads of the Commonwealth states and governments met in London.

**Staat** *m*
Ein Vereintes Europa setzt voraus, dass die Mitgliedstaaten auf einen Teil ihrer nationalen Souveränität verzichten.

Die Staats- und Regierungschefs des Commonwealth trafen sich in London.

**nationality** [næʃ'næləti] *n*
She has German and Italian nationality.

**Staatsangehörigkeit** *f*
Sie hat die deutsche und die italienische Staatsangehörigkeit.

**the national** ['næʃnəl]
He is a British national.

**Staatsangehörige(r)** *m/f*
Er ist britischer Staatsangehöriger.

**flag** [flæg] *n*
The British national flag is called the "Union Jack" and the American is called the "Stars and Stripes".

**Fahne** *f*, **Flagge** *f*
Die britische Nationalflagge heißt „Union Jack" und die amerikanische „Stars and Stripes".

**national anthem** [ˌnæʃnl 'ænθəm] *n*
The British national anthem starts with the words "God save the Queen"; the American with the words "My country 'tis of thee".

**Nationalhymne** *f*
Die britische Nationalhymne beginnt mit den Worten „God save the Queen", die amerikanische mit den Worten „My country 'tis of thee".

**the United Kingdom (the UK)**
[juˌnaɪtɪd 'kɪŋdəm ( juː 'keɪ)]
The official term for the British state is the "United Kingdom of Great Britain and Northern Ireland". The UK includes

– **England** ['ɪŋglənd]
– **Scotland** ['skɒtlənd]
– **Wales** [weɪlz]
– **Northern Ireland** [ˌnɔːðən 'aɪələnd]
The capital cities are London, Edinburgh, Cardiff and Belfast.

**das Vereinigte Königreich**

Die offizielle Bezeichnung für den britischen Staat ist das „Vereinigte Königreich von Großbritannien und Nordirland". Das UK umfasst
– **England**
– **Schottland**
– **Wales**
– **Nordirland**
Die Hauptstädte sind London, Edinburgh, Cardiff und Belfast.

**Great Britain (GB)**
[greɪt 'brɪtn (dʒiː 'biː)] *n*

**Großbritannien** *n*

Great Britain includes England, Scotland and Wales. The term Great Britain (GB) is often used instead of UK.

Großbritannien umfasst England, Schottland und Wales. Die Bezeichnung Großbritannien (GB) wird oft anstelle von UK gebraucht.

**overseas possession**
[ˌəʊvəsiːz pəˈseʃn] n
Great Britain's overseas possessions exist today only as some small islands. A distinction is made between
– **colonies** [ˈkɒləniz] (e.g. the Falkland Islands, Gibraltar, Montserrat, St. Helena) and
– **dependencies** [dɪˈpəndənsiz] (e.g. Bermuda and the Virgin Islands).
The dependencies have a greater degree of autonomy than the colonies.

**überseeische Besitzung** f

Großbritanniens überseeische Besitzungen bestehen heute nur noch aus einigen kleinen Inseln. Man unterscheidet:
– **Kolonien** (z.B. die Falklandinseln, Gibraltar, Montserrat, St. Helena) und
– **Dependencies** (z.B. Bermuda und die Jungferninseln).
Die Dependencies haben einen höheren Grad an Selbständigkeit als die Kolonien.

**... government** [ˈgʌvənmənt] n
  **central** [ˌsentrəl ˈ...]
  **federal** [ˌfedərəl ˈ...]
  **local** [ˌləʊkl ˈ...]

**... Regierung** f
  **Zentral-**
  **Bundes-**
  **Regional-**

**(Prime) Minister** [(praɪm) ˈmɪnɪstə] n
**cabinet** [ˈkæbɪnət] n
**Chancellor** [ˈtʃɑːnsələ] n

**(Premier-)Minister/in** m/f
**Ministerrat** m, **Kabinett** n
**Kanzler** m

**Ministry**[1] **of ...** [ˌmɪnɪstri, -z əv] n
**Minister**[1] **of ...** [ˌmɪnɪstər əv] n
  **Foreign Affairs** [ˌfɒrən əˈfeəz]
  **the Interior** [ɪnˈtɪəriə]
  **Finance** [ˈfaɪnæns]
  **Defence** [dɪˈfens]
  **Justice** [ˈdʒʌstɪs]
  **the Environment** [ɪnˈvaɪrənmənt]

**... Ministerium** n
**... Minister/in** m/f
  **Außen-**
  **Innen-**
  **Finanz-**
  **Verteidigungs-**
  **Justiz-**
  **Umwelt-**

1 Ministry bzw. Minister und die damit gebildeten Wortverbindungen werden international gebraucht. Briten und Amerikaner verwenden für Ministerium „Department" und für Minister „Secretary". Besondere Ausdrücke sind:

| GB/USA | GB/USA |
| --- | --- |
| Home Office/Department of the Interior (Innenministerium) Home Secretary/Secretary of the Interior (Innenminister) Foreign Office/State Department (Außenministerium) Foreign Secretary/Secretary of State (Außenminister) | Lord Chancellor/Attorney General (Justizminister) the Treasury/Treasury Department (Finanzministerium) Chancellor of the Exchequer/ Secretary of the Treasury (Finanzminister) |

The American Defense Department is based in a five-sided building. It is therefore sometimes called the Pentagon. (Das amerikanische Verteidigungsministerium befindet sich in einem fünfeckigen Bau. Es wird deshalb manchmal das Pentagon genannt.)

| | |
|---|---|
| **Education** [ˌedʒuˈkeɪʃn] | **Erziehungs-** |
| **Cultural Affairs** [ˌkʌltʃərəl əˈfeəz] | **Kultus-** |

**embassy, pl -ies** [ˈembəsi, -z] *n* — **Botschaft** *f*
**ambassador** [emˈbæsədə] *n* — **Botschafter/in** *m/f*
**diplomat** [ˈdɪpləmæt] *n* — **Diplomat/in** *m/f*
**civil servant** [ˌsɪvl ˈsɜːvənt] *n* — **Staatsbeamte/Staatsbeamtin** *m/f*

**govern** [ˈgʌvn] *v* — **regieren**
Germany is governed by the Chancellor together with his ministers.
In Deutschland regiert der Kanzler zusammen mit seinen Ministern.

**rule** [ruːl] *v* — **(be)herrschen**
Great Britain ruled the oceans in the 19th century.
Im 19. Jahrhundert beherrschte Großbritannien die Weltmeere.

**reign** [reɪn] *v* — **herrschen**
The British Queen reigns but she does not govern.
Die englische Königin herrscht, aber sie regiert nicht.

**power** [ˈpaʊə] *n* — **Macht** *f*
Margaret Thatcher came into power in 1979 with the Conservative Party.
1979 ist Margaret Thatcher mit der Konservativen Partei an die Macht gekommen.

**resign** [rɪˈzaɪn] *v* — **zurücktreten**
Following the scandal, the Minister had to resign.
Nach dem Skandal musste der Minister zurücktreten.

**overthrow** [ˌəʊvəˈθrəʊ] *v* — **stürzen**
**coup d'état** [kuː deɪˈtɑː] *n* — **Staatsstreich** *m*
The government was overthrown by a coup d'état.
Die Regierung wurde durch einen Staatsstreich gestürzt.

**parliament** [ˈpɑːləmənt] *n* — **Parlament** *n*
**MP** (Member of Parliament) [em ˈpiː] *n* — **Abgeordnete(r)** *m/f*
**legislation** [ˌledʒɪsˈleɪʃn] *n* — **Gesetzgebung** *f*
**majority** [məˈdʒɒrəti] *n* — **Mehrheit** *f*, **Regierungspartei** *f*
**opposition** [ˌɒpəˈzɪʃn] *n* — **Opposition** *f*
**coalition** [ˌkəʊəˈlɪʃn] *n* — **Koalition** *f*

**bill** [bɪl] *n* — **Gesetzesvorlage** *f*
**introduce** [ˌɪntrəˈdjuːs] *v* — **einbringen**
**reject** [rɪˈdʒekt] *v* — **ablehnen**
The government introduced a bill on military service.
Die Regierung hat eine Gesetzesvorlage zum Wehrdienst eingebracht.
The House of Lords rejected the bill.
Das Oberhaus hat die Gesetzesvorlage abgelehnt.

**pass a law** [pɑːs ə ˈlɔː]
The Parliament passed the law increasing VAT.

**ein Gesetz verabschieden**
Das Parlament hat das Gesetz über die Erhöhung der Mehrwertsteuer verabschiedet.

**... system of government**
[ˌsɪstəm əv ˈ...] n
  **democratic** [ˌdeməˈkrætɪk]
  **republican** [rɪˈpʌblɪkən]
  **socialist** [ˈsəʊʃəlɪst]

**... Regierungsform** f

  demokratische
  republikanische
  sozialistische

**democracy** [dɪˈmɒkrəsi] n
**kingdom** [ˈkɪŋdəm] n
**king/queen** [kɪŋ/kwiːn] n
**empire** [ˈempaɪə] n
**emperor/empress**
[ˈempərə/ˈempres] n
**prince/princess** [prɪns/prɪnˈses] n
**aristocracy** [ˌærɪˈstɒkrəsi] n  ⎫
**nobility** [nəʊˈbɪləti] n  ⎭

**Demokratie** f
**Königreich** n
**König/in** m/f
**Kaiserreich** n
**Kaiser/in** m/f

**Prinz/essin** m/f; **Fürst/in** m/f

**Adel** m

**monarch** [ˈmɒnək] n
**... monarchy** [ˈmɒnəki] n
  **constitutional** [ˌkɒnstɪˈtjuːʃnl ˌ...]
  **absolute** [ˈæbsəluːt ˌ...]
**dictator** [dɪkˈteɪtə] n
**dictatorship** [dɪkˈteɪtəʃɪp] n
**anarchy** [ˈænəki] n

**Monarch/in** m/f
**... Monarchie** f
  konstitutionelle
  absolute
**Diktator** m
**Diktatur** f
**Anarchie** f

● **Expressions**

**be more royal than the king**

**päpstlicher als der Papst sein**

**In the country of the blind, the one-eyed man is king.**

**Unter den Blinden ist der Einäugige König.**

# 24.2 Die Verfassung, die Menschenrechte

**constitution** [ˌkɒnstɪˈtjuːʃn] n
The Federal Republic of Germany's Constitution dates from 1949 and is called the "Grundgesetz".

**Verfassung** f
Die Verfassung der Bundesrepublik Deutschland datiert von 1949 und heißt „Grundgesetz".

It goes against the constitution to censor the press.

Es verstößt gegen die Verfassung, die Presse zu zensieren.

**a ... constitution**
  **federal** [ˌfedərəl ..'..]
  **democratic** [deməˌkrætɪk ..'..]

**eine ... Verfassung**
  **föderative**
  **demokratische**

**constitutional** [ˌkɒnstɪ'tjuːʃənl] *adj*
Unlike France and Great Britain, Germany has a Federal Constitutional Court.

**Verfassungs-, verfassungsmäßig**
Im Gegensatz zu Frankreich und Großbritannien gibt es in Deutschland ein Bundesverfassungsgericht.

Laws must be constitutional.

Gesetze müssen verfassungsgemäß sein.

**separation of powers**
[səpəˌreɪʃn əv 'pəʊəz] *n*
Separation of powers means that the different branches of government, i.e.

**Gewaltenteilung** *f*

Die Gewaltenteilung bedeutet, dass die verschiedenen Verfassungsorgane, nämlich

– **the executive** (government)
  [ɪg'zekjətɪv]

– **die Exekutive** (Regierung)

– **the legislative** (parliament)
  ['ledʒɪslətɪv] and

– **die Legislative** (Parlament) und

– **the judicial** (justice) [dʒu'dɪʃl]
are independent from each other and mutual control exists.

– **die Judikative** (Justiz)
voneinander unabhängig sind und sich gegenseitig kontrollieren.

**the people** ['piːpl] *n, plural verb*
In a democracy the people are sovereign.

**das Volk**
In der Demokratie ist das Volk der Souverän.

**citizen** ['sɪtɪzn] *n*
All citizens have the same rights.

**Bürger/in** *m/f*
Alle Bürger haben die gleichen Rechte.

**charter** ['tʃɑːtə] *n*
The United Nation's Charter was signed in San Francisco by 51 states in 1945.

**Charta** *f*, **Verfassungsurkunde** *f*
Die Charta der Vereinten Nationen wurde 1945 in San Franzisco von 51 Staaten unterzeichnet.

**human rights** [ˌhjuːmən 'raɪts] *n, pl*
Documents where human rights are guaranteed include, for example:
– the American Declaration of Independence of 1776
– the French Constitution of 1793
– the European Convention of Human Rights of 1950
– the UN Charter of 1945 and of 1948
  (Universal Declaration of Human rights)

**Menschenrechte** *Pl*
Dokumente, in denen die Menschenrechte garantiert werden, sind z. B.:
– die amerikanische Unabhängigkeitserklärung von 1776
– die französische Verfassung von 1793
– die europäische Menschenrechtskonvention von 1950
– die Charta der Vereinten Nationen von 1945 und 1948 (Allgemeine Erklärung der Menschenrechte)

**civil rights** [ˌsɪvl ˈ.] *n, pl*
Civil rights are set out in all democratic
constitutions. They include
- equality in the eyes of the law
- universal suffrage
- equal opportunities in education and
  employment
- freedom of ...
    religion
    assembly
    the press
    expression
    speech
- the right of property
- the right of privacy.

**Bürgerrechte** *Pl*
Bürgerrechte sind in allen demokratischen
Verfassungen aufgeführt. Zu ihnen gehören:
- Gleichheit vor dem Gesetz
- allgemeines Wahlrecht
- Gleichstellung in der Ausbildung und
  auf dem Arbeitsmarkt
- ... Freiheit
    Religions-
    Versammlungs-
    Presse-
    Meinungs-
    Rede-
- das Recht auf Eigentum
- das Recht auf Privatleben.

# 24.3 Die Politik, die Parteien

**politics** [ˈpɒlətɪks] *n, sing. verb*
More and more women go into politics.
She has never been interested in politics.
Politics is a relatively new subject at
university.

**Politik** *f*
Immer mehr Frauen sind politisch aktiv.
Sie hat sich nie für Politik interessiert.
Politik ist ein verhältnismäßig junges
Studienfach an der Universität.

**policy,** *pl* **-ies** [ˈpɒləsi, -z] *n*
The party is determined to implement
their immigration policy.
The government is pursuing a policy on
social reform.

(bestimmte) **Politik** *f*
Die Partei ist entschlossen, ihre Ein-
wanderungspolitik in die Tat umzusetzen.
Die Regierung betreibt eine Politik der
sozialen Reformen.

**... policy** *n*
  **foreign** [ˌfɒrən ˈ...]
  **energy** [ˌənədʒi ˈ...]
  **defence** [dɪˌfens ˈ...]
  **economic** [iːkəˌnɒmɪk ˈ...]

**... Politik** *f*
  **Außen-**
  **Energie-**
  **Verteidigungs-**
  **Wirtschafts-**

**political** [pəˈlɪtɪkl] *adj*
I don't share your political views.

**politisch**
Ich teile deine politischen Ansichten nicht.

**politician** [ˌpɒləˈtɪʃn] *n*
Sir Winston Churchill was surely the
most popular politician Great Britain has
ever had.

**Politiker/in** *m/f*
Sir Winston Churchill war sicherlich der
populärste Politiker, den Großbritannien
jemals hatte.

**political party** [.,... 'pɑːti] *n*
If you want to become politically involved you must join a political party.

**Partei** *f*
Wenn du dich politisch engagieren möchtest, musst du in eine Partei eintreten.

**In Great Britain there are:**
the Conservative party (the Conservatives, the Tories) [kən'sɜːvətɪvz, 'tɔːriz]
the Labour party (the Socialists)
the Liberal Democratic party
(the Liberal Democrats) ['deməkræts]
the Green party (the Greens)
the Nationalist parties

**In Großbritannien gibt es:**
die konservative Partei
(die Konservativen, die Tories)
die Labour Partei (die Sozialisten)
die liberal-demokratische Partei
(die Liberaldemokraten)
die Grünen
die nationalistischen Parteien

**In the USA there are:**
the Republican party (the Republicans)

the Democratic party (the Democrats)

**In den USA gibt es:**
die Republikanische Partei
(die Republikaner)
die Demokratische Partei
(die Demokraten)

**In the Federal Republic of Germany there are:**
the Christian Democrats
the Social Democrats
the Greens
the Liberal Democrats
the Republicans

**In der Bundesrepublik Deutschland gibt es:**
die Christdemokraten
die Sozialdemokraten
die Grünen
die Freien Demokraten
die Republikaner

**party leader** [,pɑːti 'liːdə] *n*
**party member** [,.. 'membə] *n*

**Parteiführer/in** *m/f*
**Parteimitglied** *n*

**right-wing** [raɪt 'wɪŋ] *n; adj*
**left-wing** [left '.] *n; adj*
**the centre** ['sentə]
She is on the right-wing/left-wing/in the centre of the Conservative party.
There are more and more right-wing/left-wing extremists.

**der rechte Flügel; rechts**
**der linke Flügel; links**
**das Zentrum, die Mitte**
Sie gehört in der konservativen Partei zum rechten/linken Flügel/zur Mitte.
Es gibt immer mehr Rechts-/Linksextremisten.

# 24.4 Die Wahlen

**election** [ɪ'lekʃn] *n*
In democratic states the following political elections can take place:

**Wahl** *f*
In demokratischen Staaten kann es folgende politische Wahlen geben:

– the general elections[1] (to elect the Members of Parliament, the MPs)

– die Parlamentswahlen (um die Abgeordneten zu wählen)

– the local government elections (to elect the town, district, county councillors)

– die lokalen und regionalen Wahlen (um die Stadt-, Kreis- und Countyräte zu wählen)

– the European Parliament elections (to elect the Members of the European Parliament, the MEPs)

– die Wahlen zum Europäischen Parlament (um die Europa-Abgeordneten zu wählen)

– the presidential elections (to elect the President, e.g. in the USA)

– die Präsidentschaftswahlen (um den Präsidenten zu wählen, z.B. in den USA)

**elect sb** [ɪˈlekt] *v*
He was elected mayor.
MPs are the elected representatives of the nation.

**jdn. wählen**
Er wurde zum Bürgermeister gewählt.
Die Abgeordneten sind die gewählten Vertreter des Volkes.

**electoral** [ɪˈlektərəl] *adj*
The electoral campaign ends on the day before polling day.

**Wahl-**
Die Wahlkampagne endet am Vortag des Wahltags.

**eligible to vote** [ˈelɪdʒəbl tə vəʊt] *adj*
Young people are 18 years of age are eligible to vote.

**wahlberechtigt**
Jugendliche sind mit 18 Jahren wahlberechtigt.

**first-past-the-post-system** [ˌfɜːst pɑːst ðə ˌpəʊst ˈsɪstəm] *n*
**majority system** [meˌdʒɒrəti ˈ..] *n*

**Mehrheitswahlrecht** *n*

**system of proportional representation** [ˈ.. əv prəˌpɔːʃənl ˌreprɪzenˈteɪʃn] *n*
In Great Britain the first-past-the-post-system (the majority system) is practised, whereas in Germany a mixture of majority and proportional representation exists.

**Verhältniswahlrecht** *n*

In Großbritannien wird das Mehrheitswahlrecht praktiziert, während in Deutschland eine Mischung aus Mehrheits- und Verhältniswahlrecht besteht.

**the polls** [pəʊls] *pl*
Against all expectations, he was defeated at the polls.

**die Wahl**
Entgegen allen Erwartungen unterlag er bei der Wahl.

**vote** [vəʊt] *v*
– Have you already voted?
– No. I'll vote this afternoon.

**wählen, stimmen**
– Hast du schon gewählt?
– Nein. Ich gehe heute Nachmittag wählen.

At the last elections I voted for the Green party candidate.

Bei der letzten Wahl stimmte ich für den Kandidaten der Grünen.

---

1 In Großbritannien gibt es auch Nachwahlen (by-elections). Sie finden in einem Wahlbezirk statt, wenn dessen Abgeordneter vorzeitig aus dem Parlament ausscheidet.

**vote** [vəʊt] *n*
Only when all the votes have been counted is the official result of the election announced.
More and more voters make use of the postal vote.

**Wahl** *f*, **Stimme** *f*
Erst wenn alle Stimmen ausgezählt sind, wird das offizielle Ergebnis der Wahl bekannt gegeben.
Immer mehr Wähler machen von der Briefwahl Gebrauch.

**receive ...** [rɪ'siːv] *v*
   more than 50% of the votes
   an absolute majority
   a relative majority

**... erhalten**
   mehr als 50% der Stimmen
   die absolute Mehrheit
   die relative Mehrheit

**voter** ['vəʊtə] *n*
Voters should be informed of each party's manifesto.

**Wähler/in** *m/f*
Die Wähler sollten über das Programm jeder Partei informiert sein.

**the right to vote** [raɪt tə 'vəʊt] *n*
**polling station** ['pəʊlɪŋ ˌsteɪʃn] *n*
**ballot paper** ['bælət ˌpeɪpə] *n*

**Wahlrecht** *n*
**Wahllokal** *n*
**Wahlzettel** *m*

**stand for (election)**[1]
[stænd fər (ɪ'lekʃn)]
He refused to stand for the town council again.
The party chooses the candidates who stand for election.

**sich zur Wahl stellen, sich bewerben**

Er hat es abgelehnt sich noch einmal als Stadtrat zu bewerben.
Die Partei wählt die Kandidaten aus, die sich zur Wahl stellen.

**constituency,** *pl* **-ies**
[kən'stɪtjʊənsi, -z] *n*
He keeps in touch with the residents in his constituency.

**Wahlkreis** *m*

Er pflegt den Kontakt mit den Bewohnern seines Wahlkreises.

**abstention** [əb'stenʃn] *n*
Abstention indicates that the citizens are dissatisfied with their politicians.

**Stimmenthaltung** *f*
Die Stimmenthaltung ist ein Zeichen für die Unzufriedenheit der Bürger mit ihren Politikern.

# 24.5 Demonstrieren

**demonstration** [ˌdemən'streɪʃn] *n*
**demo** ['deməʊ] *n, informal*
Are you going on the demonstration (on the demo) tomorrow?

**Demonstration** *f*
**Demo** *f*
Gehst du morgen zur Demonstration (zur Demo)?

---

1 *AE*: to run for office – Three candidates ran for the office of District Attorney in Los Angeles. (Drei Kandidaten haben sich um das Amt des Generalstaatsanwalts in Los Angeles beworben.)

**demonstrator** ['demənstreɪtə] n
The demonstrators gathered at 11 o'clock in front of the town hall.

**Demonstrant/in** m/f
Die Demonstranten versammelten sich um 11 Uhr vor dem Rathaus.

**demonstrate** ['demənstreɪt] v
In 1968 in Paris hundreds of thousands of pupils and students demonstrated against the established order.

**demonstrieren**
1968 demonstrierten in Paris Hunderttausende von Schülern und Studenten gegen die bestehende Ordnung.

**protest march** [ˌprəʊtest 'mɑːtʃ] n
In 1963 supporters of the civil rights movement staged a protest march to Washington led by Martin Luther King.

**Protestmarsch** m
1963 organisierten die Anhänger der Bürgerrechtsbewegung einen Protestmarsch nach Washington, der von Martin Luther King angeführt wurde.

**rally,** pl **-ies** ['ræli, -z] n
In the 1960s rallies took place at Trafalgar Square in support of nuclear disarmament.
The rally was directed against the nuclear weapons policy of the government.

**Massendemonstration** f
In den 60er Jahren fanden auf dem Trafalgar Square Massendemonstrationen für nukleare Abrüstung statt.
Die Massenkundgebung richtete sich gegen die Atomwaffenpolitik der Regierung.

**non-violent protest**
[nɒn ˌvaɪələnt 'prəʊtest] n
Gandhi pursued a policy of non-violent protest and of civil disobedience.
Examples of non-violent protest are:

**gewaltlose(r) Protest** m

Gandhi verfolgte eine Politik des gewaltlosen Protestes und des bürgerlichen Ungehorsams. Beispiele für gewaltlosen Protest sind:

**boycott** ['bɔɪkɒt] n
**sit-in** [sɪt 'ɪn] n
**sit-down blockade** [sɪt daʊn blɒ'keɪd] n
**hunger strike** ['hʌŋgə straɪk] n

**Boykott** m
**Sitzstreik** m
**Sitzblockade** f
**Hungerstreik** m

**citizens' action group**
[ˌsɪtɪzənz 'ækʃn gruːp] n
The residents of the area founded a citizens' action group to prevent the construction of a nuclear power station.

**Bürgerinitiative** f

Die Bewohner der Gegend gründeten eine Bürgerinitiative, um den Bau eines Atomkraftwerks zu verhindern.

**clash** [klæʃ] n
During the demonstration there were clashes between police and demonstrators.

**Zusammenstoß** m
Während der Demonstration kam es zwischen der Polizei und den Demonstranten zu Zusammenstößen.

**anarchist** ['ænəkɪst] n
The demonstration went ahead peacefully until a few anarchists started throwing stones at the police.

**Anarchist/in** m/f, **Chaot/in** m/f
Die Demonstration verlief friedlich, bis einige Chaoten begannen, die Polizei mit Steinen zu bewerfen.

**protest** [prə'təst] *v*
The residents protested against the construction of the motorway.

**protestieren**
Die Anwohner protestierten gegen den Bau einer Autobahn.

**banner** ['bænə] *n*
The demonstrators were positioned in front of the embassy entrance holding banners.

**Spruchband** *n*
Die Demonstranten postierten sich mit Spruchbändern vor dem Eingang der Botschaft.

**slogan** ['sləʊɡən] *n*
I couldn't understand the slogans they were shouting.

**Parole** *f*
Ich konnte die Parolen, die sie schrien, nicht verstehen.

**flyer** ['flaɪə] *n*
Students handed out flyers outside the university.

**Flugblatt** *n*
Studenten verteilten vor der Universität Flugblätter.

## 24.6 Die Waffen, das Militär

**arms** [ɑːmz] *n, pl*
**armament** ['ɑːməmənt] *n*
**disarmament** [dɪs'ɑːməmənt] *n*
**weapon** ['wepən] *n*
**gun** [ɡʌn] *n*
**rifle** ['raɪfl] *n*
**pistol** ['pɪstl] *n*
**revolver** [rɪ'vɒlvə] *n*
**machine-gun** [mə'ʃiːn ɡʌn] *n*
**bullet** ['bʊlɪt] *n*
**cartridge** ['kɑːtrɪdʒ] *n*
**(hand-)grenade** [('hænd) ɡrə,neɪd] *n*
**dagger** ['dæɡə] *n*
**sword** [sɔːd] *n*
**sabre** ['seɪbə] *n*

**Waffen** *Pl*
**Rüstung** *f*, **Bewaffnung** *f*
**Abrüstung** *f*
**Waffe** *f*
**Schusswaffe** *f* (Gewehr, Pistole, Geschütz)
**Gewehr** *n*
**Pistole** *f*
**Revolver** *m*
**Maschinengewehr** *n*
**Kugel** *f*
**Patrone** *f*
**(Hand-)Granate** *f*
**Dolch** *m*
**Schwert** *n*
**Säbel** *m*, **Degen** *m*

**arm** [ɑːm] *v*
He was armed with a pistol.

**bewaffnen, rüsten**
Er war mit einer Pistole bewaffnet.

**load** [ləʊd] *v*
He did not know that the rifle was loaded.

**laden**
Er wusste nicht, dass das Gewehr geladen war.

**aim at** [eɪm] *v*
**target** ['tɑːɡɪt] *n*

**zielen**
**(Ziel-)Scheibe** *f*

Aim at the black point in the middle of the target! | Ziele auf den schwarzen Punkt in der Mitte der Scheibe!

**shoot** [ʃuːt] *v*
The soldiers shot at everything which moved on the street.
He was shot in the leg.
Three soldiers were shot dead in an ambush.

**(er)schießen**
Die Soldaten schossen auf alles, was sich auf der Straße bewegte.
Er wurde ins Bein getroffen.
Drei Soldaten wurden aus dem Hinterhalt erschossen.

**fire** ['faɪə] *v*
He fired the pistol twice.
The artillery fired several shots at the town centre.

**schießen, feuern**
Er hat zweimal mit der Pistole geschossen.
Die Artillerie feuerte mehrere Schüsse auf das Zentrum der Stadt.

**hit** [hɪt] *v*
**miss** [mɪs] *v*
He was hit on the shoulder.
The bullet hit/missed the target.

**treffen**
**verfehlen**
Er wurde an der Schulter getroffen.
Die Kugel traf/verfehlte das Ziel.

**army** ['ɑːmi] *n*
After his A-levels he joined the army to become an officer.
The army was put on alert.

**Armee** *f*, **Militär** *n*
Nach dem Abitur ging er zum Militär, um Offizier zu werden.
Die Armee wurde in Alarmbereitschaft versetzt.

**armed forces** [ɑːmd 'fɔːsɪz] *n, pl*
**army** ['ɑːmi] *n*
**navy** ['neɪvi] *n*
**air force** ['eə fɔːs] *n*

**Streitkräfte** *Pl*, **Militär** *n*
**Heer** *n*
**Marine** *f*
**Luftwaffe** *f*

**military** ['mɪlətri] *adj*
**military service** [,... 'sɜːvɪs] *n*
**community service** [kə,mjuːnəti '..] *n*
As an alternative to military service, he did community service in an old people's home.

**Militär-, Wehr-**
**Wehrdienst** *m*
**Zivildienst** *m*
Anstelle des Wehrdienstes leistete er Zivildienst in einem Altersheim.

**uniform** ['juːnɪfɔːm] *n*
**helmet** ['helmɪt] *n*
**soldier** ['səʊldʒə] *n*
**NCO**[1] [,en siː 'əʊ] *n*
**sergeant** ['sɑːdʒənt] *n*
**officer** ['ɒfɪsə] *n*
**lieutenant** [lef'tenənt] *n*
**captain** ['kæptɪn] *n*
**major** ['meɪdʒə] *n*

**Uniform** *f*
**Helm** *m*
**Soldat** *m*
**Unteroffizier** *m*
**Feldwebel** *m*
**Offizier** *m*
**Leutnant** *m*
**Hauptmann** *m*, **Kapitän** *m*
**Major** *m*

1 = non-commissioned officer

| | |
|---|---|
| **colonel** ['kɜ:nl] *n* | **Oberst** *m* |
| **general** ['dʒenrəl] *n* | **General** *m* |
| **admiral** ['ædmərəl] *n* | **Admiral** *m* |
| **Field-Marshal** [fi:ld 'mɑ:ʃl] *n* | **Feldmarschall** *m* |
| **headquarters** [hed'kwɔ:təz] *n,* | **Hauptquartier** *n* |
| *sing. or plural verb* | |
| **troops** [tru:ps] *n, pl* | **Truppen** *Pl* |
| **garrison** ['gærɪsn] | **Garnison** *f* |
| **barracks** ['bærəks] *n, sing. or plural verb* | **Kaserne** *f* |
| **tank** [tæŋk] *n* | **Panzer** *m* |
| **warship** ['wɔ:ʃɪp] *n* | **Kriegsschiff** *n* |
| **cruiser** ['kru:zə] *n* | **Kreuzer** *m* |
| **submarine** [,sʌbmə'ri:n] *n* | **U-Boot** *n* |
| **aircraft carrier** ['eəkrɑ:ft ,kæriə] *n* | **Flugzeugträger** *m* |
| **fighter plane** ['faɪtə pleɪn] *n* | **Jäger** *m* |
| **bomber** ['bɒmə] *n* | **Bomber** *m* |
| **nuclear missile** [,nju:kliə 'mɪsaɪl] *n* | **Atomrakete** *f* |
| **atom bomb** ['ætəm bɒm] *n* | **Atombombe** *f* |

# 24.7 Der Krieg, der Frieden

**war** [wɔ:] *n*
The war had never been officially declared.
My father fought in the Second World War.
Who is actually waging war against whom in the Balkan states?
During the war food was rationed.

**Krieg** *m*
Der Krieg war nie offiziell erklärt worden.
Mein Vater machte den Zweiten Weltkrieg mit.
Wer führt auf dem Balkan eigentlich Krieg gegen wen?
Im Krieg waren die Lebensmittel rationiert.

**civil war** [,sɪvl '.] *n*
Hemingway's novel "For whom the bell tolls" is about the Spanish civil war from 1936 to 1939.

**Bürgerkrieg** *m*
Hemingways Roman „Wem die Stunde schlägt" handelt vom Spanischen Bürgerkrieg 1936–1939.

**prisoner of war (POW)** *n*
[,prɪznə əv '. (,pi: əʊ 'dʌblju:)]
The Red Cross inspected the prisoner of war camp.

**Kriegsgefangene(r)** *m/f*

Das Rote Kreuz inspizierte das Kriegsgefangenenlager.

**postwar period** [,pəʊstwɔ: 'pɪəriəd] *n*
During the whole of the postwar period the black market flourished.

**Nachkriegszeit** *f*
Während der ganzen Nachkriegszeit blühte der Schwarzmarkt.

**front** [frʌnt] *n*
He was at the front for two years.
Many British soldiers lost their lives on
the Western Front.

**Front** *f*
Er war zwei Jahre an der Front.
Viele britische Soldaten verloren an der
Westfront ihr Leben.

**enemy** ['enəmi] *n*
The enemy retreated during the night.
The parachutists jumped down behind the
enemy lines.

**Feind** *m*
Der Feind zog sich in der Nacht zurück.
Die Fallschirmjäger sprangen hinter den
feindlichen Linien ab.

**fight** [faɪt] *v*
The French fought on the British side
against the Germans.

**kämpfen**
Die Franzosen kämpften an der Seite der
Briten gegen die Deutschen.

**fighting** ['faɪtɪŋ] *n, sg, no indefinite article*
The fighting has already lasted several
weeks.
When the fighting stopped there was
neither a victor nor a vanquished.

**Kampf/Kämpfe** *m/Pl*
Die Kämpfe dauern schon mehrere
Wochen an.
Als die Kämpfe eingestellt wurden, gab es
weder einen Sieger noch einen Besiegten.

**battle** ['bætl] *n*
The battle started at 5 o'clock in the
morning.
Who won the battle of Waterloo?

**Kampf** *m*, **Schlacht** *f*
Der Kampf begann um 5 Uhr morgens.

Wer hat die Schlacht bei Waterloo
gewonnen?

**attack** [ə'tæk] *n; v*
There was a surprise attack.
The soldiers attacked the town at dawn.

**Angriff** *m*; **angreifen**
Es gab einen Überraschungsangriff.
Die Soldaten griffen die Stadt im
Morgengrauen an.

**raid** [reɪd] *n*
The raid was carried out by a special unit.

**Überfall** *m*
Der Überfall wurde von einer
Spezialeinheit ausgeführt.

**air raid** ['eə reɪd] *n*
Coventry was destroyed by German air
raids in 1940/41.

**Luftangriff** *m*
Coventry wurde 1940/41 durch deutsche
Luftangriffe zerstört.

**defend** [dɪ'fend] *v*
The inhabitants of the town defended
themselves successfully.

**verteidigen**
Die Bewohner der Stadt verteidigten sich
erfolgreich.

**invasion** [ɪn'veɪʒn] *n*
Germany's invasion of Poland resulted in
the Second World War.

**Einmarsch** *m*, **Überfall** *m*
Der Überfall Deutschlands auf Polen hatte
den Zweiten Weltkrieg zur Folge.

**invade** [ɪn'veɪd] *v*
The country was invaded by the enemy
during the night.

ein Land **überfallen**
Das Land wurde in der Nacht vom Feind
überfallen.

**penetrate** ['penɪtreɪt] *v*
The tanks were the first to penetrate the town.

**eindringen**
Die Panzer sind als Erste in die Stadt eingedrungen.

**deploy** [dɪ'plɔɪ] *v*
During the crisis in Iraq in 1997/1998, 30,000 American soldiers were deployed in the Middle East.

**stationieren**
Während der Irak-Krise 1997/1998 hatten die Amerikaner im Nahen Osten 30.000 Soldaten stationiert.

**deployment** [dɪ'plɔɪmənt] *n*
In the 1970s, the deployment of American nuclear weapons in Germany came up against strong resistance from the population.

**Stationierung** *f*
In den 70er Jahren stieß die Stationierung amerikanischer Atomwaffen in Deutschland bei der Bevölkerung auf großen Widerstand.

**occupy** ['ɒkjupaɪ] *v*
Tibet is still occupied by China.

**besetzen**
Tibet ist noch immer von China besetzt.

**occupation** [ˌɒkju'peɪʃn] *n*
The Serb occupation of Kosovo lasted several months.

**Besetzung** *f*
Die Besetzung des Kosovo durch die Serben dauerte einige Monate.

**retreat** [rɪ'triːt] *n; v*
The retreat of Napoleon's army from Russia began at the end of the year 1812.

The soldiers retreated, pursued by enemy tanks.

**Rückzug** *m*; **sich zurückziehen**
Am Ende des Jahres 1812 begann der Rückzug der napoleonischen Armee aus Russland.
Die Soldaten zogen sich zurück, verfolgt von den feindlichen Panzern.

**defeat** [dɪ'fiːt] *n; v*
Following the defeat the army had to surrender unconditionally.
The army of the Northern States defeated the South at Gettysburg.

**Niederlage** *f*; **besiegen**
Nach der Niederlage musste sich die Armee bedingungslos ergeben.
Bei Gettysburg besiegte die Armee der Nordstaaten den Süden.

**victory** ['vɪktəri] *n*
Washington won a glorious victory over the British army at Yorktown in 1781.

**Sieg** *m*
Washington errang bei Yorktown 1781 einen glänzenden Sieg über die britische Armee.

**victorious** [vɪk'tɔːriəs] *adj*
The victorious army received a triumphant welcome.

**siegreich**
Der siegreichen Armee wurde ein triumphaler Empfang bereitet.

**victor** ['vɪktə] *n*
The victors had no pity for the defeated.

**Sieger** *m*
Die Sieger hatten kein Mitleid mit den Besiegten.

**conquer** ['kɒŋkə] v
In 1982 the Argentinians tried in vain to
conquer the Falkland Islands.

**erobern, besiegen**
1982 versuchten die Argentinier vergeblich, die Falklandinseln zu erobern.

**conquest** ['kɒŋkwest] n
In the past the aim of military conflict was
mainly the conquest of land.

**Eroberung** f
In der Vergangenheit war das Ziel
militärischer Auseinandersetzung
meistens die Eroberung von Land.

**armistice** ['ɑ:mɪstɪs] n
The countries at war signed an armistice.

**Waffenstillstand** m
Die kriegführenden Staaten schlossen
einen Waffenstillstand.

**peace** [pi:s] n
Five years after the end of the war, both
countries have finally made peace.

**Frieden** m
Fünf Jahre nach Kriegsende haben die beiden Länder endlich Frieden geschlossen.

**be at peace with sb** [pi:s]
The Europeans owe their prosperity to a
large extent to the fact that they have
been at peace with each other since 1945.

**friedlich miteinander leben**
Ihren Wohlstand verdanken die Europäer
zu einem Großteil der Tatsache, dass sie
seit 1945 friedlich miteinander leben.

**peacetime** ['pi:staɪm] n
Everyone hopes that the peacetime will
last even longer.

**Friedenszeit** f
Alle hoffen, dass die Friedenszeit noch
lange andauert.

**peacekeeping forces**
[ˌpi:ski:pɪŋ 'fɔ:sɪz] n, pl
International peacekeeping forces under
UN-mandate can act all over the world to
maintain peace.

**Friedenstruppe** f

Internationale Friedenstruppen mit
UNO-Mandat können weltweit zur
Friedenssicherung aktiv werden.

**peaceful** ['pi:sfl] adj
Countries with different cultures must
tolerate each other and be prepared to
live in peaceful coexistence.

**friedlich**
Länder mit unterschiedlichen Kulturen
müssen sich gegenseitig tolerieren und zu
einer friedlichen Koexistenz bereit sein.

**dove of peace** [dʌv əv pi:s] n
The dove is a symbol of peace. Picasso's
dove of peace is famous.

**Friedenstaube** f
Die Taube ist ein Symbol des Friedens.
Berühmt ist die Friedenstaube von Picasso.

**peace ...**
　　**talks** ['. tɔ:ks] n, pl
　　**treaty** ['. ˌtri:ti] n
　　**mouvement** ['. ˌmu:vmənt] n

**Friedens...**
　　**Verhandlungen** Pl
　　**Vertrag** m
　　**Bewegung** f

**pacifist** ['pæsɪfɪst] n
As a pacifist he opposed all armed
conflict.

**Pazifist** m
Als Pazifist war er gegen jede bewaffnete
Auseinandersetzung.

# 25.1 Das Recht, das Gesetz

**right** [raɪt] *n*
Every citizen has rights and duties.
You have no right to preferential treatment.
You're old enough to know the difference between right and wrong.

**Recht** *n*
Jeder Bürger hat Rechte und Pflichten.
Sie haben kein Recht auf bevorzugte Behandlung.
Du bist alt genug, um den Unterschied zwischen Recht und Unrecht zu kennen.

**law** [lɔ:] *n*
Anyone who does not obey the law runs the risk of being punished.
He clearly broke the law by giving false evidence.
Not paying tax is against the law.

He has specialized in civil law/criminal law.

**Gesetz** *n*, **Recht** *n*
Wer das Gesetz nicht beachtet, läuft Gefahr bestraft zu werden.
Mit seiner falschen Zeugenaussage hat er eindeutig gegen das Gesetz verstoßen.
Keine Steuern zu bezahlen verstößt gegen das Gesetz.
Er hat sich auf Zivilrecht/Strafrecht spezialisiert.

**lawyer**[1] [ˈlɔ:jə] *n*
You must definitely consult a lawyer on this matter.

**Rechtsanwalt/Rechtsanwältin** *m/f*
In dieser Sache musst du unbedingt einen Rechtsanwalt konsultieren.

**legal** [ˈli:gl] *adj*
The use of certain drugs is legal in the Netherlands.

**gesetzlich, legal**
In den Niederlanden ist der Gebrauch bestimmter Drogen legal.

**illegal** [ɪˈli:gl] *adj*
He was arrested for illegal arms trading.

**ungesetzlich, illegal**
Er wurde wegen illegalen Waffenhandels festgenommen.

**unlawful** [ʌnˈlɔ:fl] *adj*
What you're doing is not only morally reprehensible but also unlawful.

**strafbar, gesetzeswidrig**
Was du da tust, ist nicht nur moralisch verwerflich, sondern auch strafbar.

**justice** [ˈdʒʌstɪs] *n*
Do you believe there is justice in the world?

**Gerechtigkeit** *f*
Glaubst du an eine Gerechtigkeit in der Welt?

**injustice** [ɪnˈdʒʌstɪs] *n*
That is an appalling injustice.

**Ungerechtigkeit** *f*
Das ist eine himmelschreiende Ungerechtigkeit.

**just** [dʒʌst] *adj*
**unjust** [ʌnˈdʒʌst] *adj*

**gerecht**
**ungerecht**

1 *AE*: attorney; *BE* auch: solicitor (nur bei niederen Gerichten zugelassen) und barristor (bei höheren Gerichten zugelassen)

I consider that punishment to be just/ unjust.

Ich halte das für eine gerechte/ungerechte Strafe.

**fair** [feə] *adj*
**unfair** [ʌnˈfeə] *adj*
Our mother was strict but fair.
He felt that he had been unfairly treated.

**gerecht**
**ungerecht**
Unsere Mutter war streng, aber gerecht.
Er fühlte sich ungerecht behandelt.

**the Judiciary** [dʒuˈdɪʃəri]
**the Courts** [kɔːts]
The Judiciary (The Courts) must be independent.

**das Rechtswesen, die Justiz**

Die Justiz muss unabhängig sein.

**court** [kɔːt] *n*
The affair came to court.
The argument finally landed in court.

**Gericht** *n*
Die Sache kam vor Gericht.
Der Streit landete schließlich vor Gericht.

**trial** [ˈtraɪəl] *n*
Everyone has the right to a fair trial.

During the trial the accused said nothing about his actions.

**Prozess** *m*
Jeder hat das Recht auf einen fairen Prozess.
Während des Prozesses äußerte sich der Angeklagte nicht zu seiner Tat.

**judge** [dʒʌdʒ] *n*
The judge refused the petition.

**Richter/in** *m/f*
Der Richter lehnte den Antrag ab.

**accuse** [əˈkjuːz] *v*
He was accused of fraud.
She was wrongfully accused.

**anklagen, beschuldigen**
Er wurde wegen Betrugs angeklagt.
Sie wurde zu Unrecht beschuldigt.

**accusation** [ˌækjuˈzeɪʃn] *n*
Do you have any proof of your accusations?

**An-, Beschuldigung** *f*
Hast du irgendwelche Beweise für deine Beschuldigungen?

**sue sb for sth** [suː] *v*
If you do not pay we will sue you.

**gerichtlich vorgehen, klagen**
Wenn Sie nicht bezahlen, werden wir gerichtlich gegen Sie vorgehen.

**try** [traɪ] *v*
The case was tried in a federal court.

vor Gericht **verhandeln**
Der Fall wurde vor einem Bundesgericht verhandelt.

**charge sb with sth** [tʃɑːdʒ] *v*
He was charged with hit-and-run driving.

vor Gericht **anklagen**
Er wurde wegen Unfallflucht angeklagt.

**charge** [tʃɑːdʒ] *n*
**prosecution** [ˌprɒsɪˈkjuːʃn] *n*
**prosecutor** [ˈprɒsɪkjuːtə] *n*

**Strafanzeige** *f*
**Anklage(behörde)** *f*
**Ankläger/in** *m/f*, **Staatsanwalt/ Staatsanwältin** *m/f*

**defendant** [dɪˈfendənt] n
**accused** [əˈkjuːzd] n
**defend** [dɪˈfend] v
His lawyer defended him very well.
He refused a lawyer and defended himself.

**Angeklagte(r)** m/f

**verteidigen**
Sein Anwalt hat ihn wirklich gut verteidigt.
Er verzichtete auf einen Anwalt und verteidigte sich selbst.

**defence** [dɪˈfens] n
The defence demanded an acquittal for the accused.

**Verteidigung** f
Die Verteidigung beantragte Freispruch für den Angeklagten.

**witness** [ˈwɪtnəs] n
**summon** [ˈsʌmən] v
He was the only witness to the crime.
He was summoned to appear in court as a witness.

**Zeuge/Zeugin** m/f
**vorladen**
Er war der einzige Zeuge des Verbrechens.
Er wurde als Zeuge vor Gericht vorgeladen.

**testify** [ˈtestɪfaɪ] v
She was called upon to testify in court.

The neighbour testified that the accused had left the house at 5 p.m.

**bezeugen, als Zeugen aussagen**
Sie wurde aufgefordert als Zeugin vor Gericht auszusagen.
Der Nachbar bezeugte, dass der Angeklagte das Haus um 17 h verlassen hatte.

**evidence** [ˈevɪdəns] n, sg, no indefinite article
He was acquitted for lack of evidence.

The letter was an important piece of evidence in the trial.

**Beweis/e** m/Pl
Er wurde aus Mangel an Beweisen freigesprochen.
Der Brief war ein wichtiger Beweis in dem Prozess.

**guilt** [gɪlt] n
**innocence** [ˈɪnəsns] n
– Are you convinced of his innocence?
– No, on the contrary. I'm convinced of his guilt.
There is no evidence of his innocence/ guilt.
He protested his innocence.

**Schuld** f
**Unschuld** f
– Sind Sie von seiner Unschuld überzeugt?
– Nein, im Gegenteil. Ich bin von seiner Schuld überzeugt.
Es gibt keine Beweise für seine Schuld/ Unschuld.
Er beteuerte seine Unschuld.

**guilty** [ˈgɪlti] adj
The verdict of the jury was guilty/not guilty.

**schuldig**
Das Urteil der Geschworenen lautete schuldig/nicht schuldig.

**innocent** [ˈɪnəsnt] adj
She was the innocent victim in a drink-driving accident.

**unschuldig**
Sie war das unschuldige Opfer eines durch Trunkenheit am Steuer verursachten Unfalls.

**sentence** ['sentəns] *n*
**be sentenced** ['sentənst]
– What was his sentence?
– He was sentenced to five years in
  prison.
I believe that he definitely deserved that
sentence.

**Strafe** *f*, **Urteil** *n*
**verurteilt werden**
– Zu welcher Strafe wurde er verurteilt?
– Er wurde zu 5 Jahren Gefängnis
  verurteilt.
Ich bin der Meinung, dass er die Strafe
sehr wohl verdient hat.

**be convicted of ...** [kən'vɪktɪd]
  **theft** [.,.. əv 'θeft]
  **drug trafficking**
  [.,.. əv 'drʌg ˌtræfɪkɪŋ]

**wegen ... verurteilt werden**
  **Diebstahls**
  **Handels mit Drogen**

**conviction** [kən'vɪkʃn] *n*
His conviction surprised us all.

**Verurteilung** *f*
Seine Verurteilung hat uns alle überrascht.

**acquit** [ə'kwɪt] *v*
Was she sentenced or acquitted?

**freisprechen**
Wurde sie verurteilt oder freigesprochen?

**death penalty** ['deθ ˌpenlti] *n*
The death penalty has been abolished in
most European states.

**Todesstrafe** *f*
Die Todesstrafe wurde in den meisten
europäischen Staaten abgeschafft.

**punish** ['pʌnɪʃ] *v*
Every violation of the law will be
punished.
He was punished for his thoughtlessness.

**bestrafen**
Jeder Verstoß gegen das Gesetz wird
bestraft.
Er wurde für seinen Leichtsinn bestraft.

**self-defence** [self dɪ'fens] *n*
She acted in self-defence.

**Notwehr** *f*
Sie hat in Notwehr gehandelt.

**act wilfully** [ækt 'wɪlfəli]
**mitigating circumstances**
[ˌmɪtɪgeɪtɪŋ 'sɜːkəmstənsɪz] *n*
If he has acted wilfully the court will not
take any mitigating circumstances into
account.

**vorsätzlich handeln**
**mildernde Umstände**

Wenn er vorsätzlich gehandelt hat,
wird ihm das Gericht keine mildernden
Umstände gewähren.

**remorse** [rɪ'mɔːs] *n*
He did not show any signs of remorse
during the trial.

**Reue** *f*
Während des Prozesses zeigte er
keinerlei Zeichen von Reue.

**regret sth** [rɪ'gret] *v*
Do you at least regret what you've done?

**etw. bedauern, bereuen**
Bedauerst du wenigstens, was du getan
hast?

# 25.2 Die Polizei

**the police** [pəˈliːs] *plural verb, no indefinite article*
The emergency number for the police is 110 in Germany and 999 in Great Britain.
The police have the right to carry out identity checks in public areas.

**die Polizei**

Der Notruf der Polizei ist 110 in Deutschland und 999 in Großbritannien.
Die Polizei hat das Recht, an öffentlichen Orten Personenkontrollen durchzuführen.

**police** [pəˈliːs]
He is a police officer.
He was taken into police custody overnight.

**Polizei-, polizeilich**
Er ist Polizeibeamter.
Er wurde über Nacht in Polizeigewahrsam genommen.

**policeman/policewoman**
[ˈ.mən/ˈ.wʊmən] *n*
**police station** [ˈ. ˌsteɪʃn] *n*
**inspector** [ɪnˈspektə] *n*
**superintendent** [ˌsuːpərɪnˈtendənt] *n*
**task force** [ˈtɑːsk fɔːs] *n*

**Polizist/in** *m/f*

**Polizeirevier** *n*
**Inspektor/in** *m/f*
**Kommissar/in** *m/f*
**Soko** *f* (= Sonderkommission)

**inquiry,** *pl* **-ies** [ɪnˈkwaɪəri, -z] *n*
**investigation** [ɪnˌvestɪˈgeɪʃn] *n*
The investigations (inquiries) into this matter have not yet been brought to a close.

**Ermittlung** *f*, **Untersuchung** *f*

Die Ermittlungen in dieser Sache sind noch nicht abgeschlossen.

**investigate** [ɪnˈvestɪgeɪt] *v*
The police are investigating this murder case at the moment.

**ermitteln, untersuchen**
Die Polizei ermittelt zur Zeit in diesem Mordfall.

**motive** [ˈməʊtɪv] *n*
The motive for the crime still remains a mystery to the police.

**Motiv** *n*
Für die Polizei liegt das Tatmotiv noch im Dunkeln.

**clue** [kluː] *n*
The police don't yet have a clue who could have committed the crime.

**Anhaltspunkt** *m*, **Spur** *f*
Die Polizei hat noch keinen Anhaltspunkt, wer das Verbrechen begangen haben könnte.

**search** [sɜːtʃ] *v*
Both driver and car were thoroughly searched at the border.

**durchsuchen**
An der Grenze wurden Fahrer und Wagen gründlich durchsucht.

**search for ...** [sɜːtʃ]
  **a criminal** [ˈkrɪmɪnl]
  **witnesses** [ˈwɪtnəsɪz]
  **evidence** [ˈevɪdəns]

**nach ... suchen, fahnden**
  **einem Verbrecher**
  **Zeugen**
  **Indizien**

**pursue** [pə'sjuː] v
The gangsters were pursued by the police.

**verfolgen**
Die Gangster wurden von der Polizei verfolgt.

**suspect** ['sʌspekt] n
There is more than one suspect in this murder enquiry.

**Verdächtige(r)** m/f
Es gibt in dieser Mordsache mehr als einen Verdächtigen.

**suspect** [səs'pekt] v
The police suspected her of being involved in the matter.

**verdächtigen**
Die Polizei verdächtigte sie, mit dieser Sache etwas zu tun zu haben.

**suspicion** [sə'spɪʃn] n
She was arrested on suspicion of fraud.

My suspicions were confirmed.

**Verdacht** m
Sie wurde unter Betrugsverdacht festgenommen.
Mein Verdacht hat sich bestätigt.

**suspicious** [sə'spɪʃəs] adj
Did you notice anything suspicious?

**verdächtig**
Hast du etwas Verdächtiges bemerkt?

**interrogation** [ɪn,terə'geɪʃn] n
The interrogation lasted several hours.

**Verhör** n
Das Verhör dauerte mehrere Stunden.

**interrogate** [ɪn'terəgeɪt] v
He was interrogated by the police.

**befragen, verhören**
Er wurde von der Polizei verhört.

**proof** [pruːf] n, no plural
They do not have any proof that he was the murderer.
Do you have any proof of your suspicions?

**Beweis,e** m, Pl
Sie haben keine Beweise dafür, dass er der Mörder ist.
Hast du irgendwelche Beweise für deinen Verdacht?

**prove** [pruːv] v
His finger prints prove that he was at the scene of the crime.

**beweisen**
Seine Fingerabdrücke beweisen, dass er am Tatort war.

**confession** [kən'feʃn] n
Finally he made a full confession.

**Geständnis** n
Schließlich legte er ein volles Geständnis ab.

**confess** [kən'fes] v
She confessed the deed.

**gestehen**
Sie hat die Tat gestanden.

**deny** [dɪ'naɪ] v
He denied the act.
Although she denied committing the crime, she was sentenced on the basis of circumstantial evidence.

**leugnen, bestreiten**
Er hat die Tat geleugnet.
Obwohl sie bestritt, das Verbrechen begangen zu haben, wurde sie aufgrund von Indizien verurteilt.

**report sb/sth to the police** [rɪ'pɔːt]
We've reported the burglary to the police.

**jdn./etw. bei der Polizei anzeigen**
Wir haben den Diebstahl bei der Polizei angezeigt.

**catch** [kætʃ] v
After a dramatic car chase the bank robbers were caught by the police.

**fassen**
Nach einer dramatischen Verfolgungsjagd mit dem Auto wurden die Bankräuber von der Polizei gefasst.

**seize** [siːz] v
The police seized two kilos of hashish.

**beschlagnahmen**
Die Polizei beschlagnahmte zwei Kilo Haschisch.

**arrest** [əˈrest] n; v
There were several arrests during the protest march.
Six people were arrested during the raid.

**Verhaftung** f; **verhaften**
Bei der Demonstration gab es mehrere Verhaftungen.
Bei der Razzia wurden sechs Personen verhaftet.

**prison** [ˈprɪzn] n
After the interrogation the criminal was sent to prison.

**Gefängnis** n
Nach dem Verhör wurde der Verbrecher ins Gefängnis gebracht.

**prisoner** [ˈprɪznə] n
**break out of** [breɪk ˈaʊt] v
**escape from** [ɪˈskeɪp] v
Three prisoners broke out of the prison (escaped from prison).

**Häftling** m

**ausbrechen**

Drei Häftlinge sind aus dem Gefängnis ausgebrochen.

**imprison** [ɪmˈprɪzn] v
The police imprisoned the drunkard overnight.

**einsperren**
Die Polizei sperrte den Betrunkenen über Nacht ein.

**detention cell** [dɪˈtenʃn sel] n
He ran amok in the police station and had to be put in a detention cell.

**Arrestzelle** f
Er lief auf dem Polizeirevier Amok und musste in die Arrestzelle gesteckt werden.

**bobby** [ˈbɒbi] n, informal
**the old bill** [əʊld ˈbɪl] informal

**Polizist** m
**die Polizei**

# 25.3 Das Verbrechen

**crime**[1] [kraɪm] n
This crime has never been solved.

In the past few years the number of crimes has noticeably decreased in New York.

**Verbrechen** n, **Tat** f
Dieses Verbrechen ist nie aufgeklärt worden.
In den letzten Jahren ist die Zahl der Verbrechen in New York merklich zurückgegangen.

1 crime = Verbrechen i. allg. Sinn wird ohne Artikel gebraucht. Z. B.: Crime in Europe has increased alarmingly. (Die Kriminalität in Europa hat alarmierend zugenommen.)/Interpol fights worldwide against organized crime. (Interpol bekämpft weltweit das organisierte Verbrechen.)

Genocide is a crime against humanity.

Völkermord ist ein Verbrechen gegen die Menschheit.

The police found a cartridge case at the scene of the crime.

Die Polizei fand am Tatort eine Patronenhülse.

**criminal** ['krɪmɪnl] *n*
The police have put up a £ 10,000 reward for information leading to the capture of the criminal.

**Verbrecher/in** *m/f*
Für Hinweise, die zur Ergreifung des Verbrechers führen, hat die Polizei eine Belohnung von 10.000 £ ausgesetzt.

**criminal** ['krɪmɪnl] *adj*
The Mafia is a criminal association which originates from Sicily.

**verbrecherisch, kriminell**
Die Mafia ist eine kriminelle Vereinigung, die ihren Ursprung in Sizilien hat.

**offence** [ə'fens] *n*
Offences of this kind have recently been more severely punished.

**Vergehen** *n*, **Delikt** *n*
Vergehen dieser Art werden seit kurzem härter bestraft.

**offender** [ə'fendə] *n*
That is a detention centre for young offenders.

**Straftäter/in** *m/f*
Das ist ein geschlossenes Heim für jugendliche Straftäter.

**juvenile delinquency**
[ˌdʒuːvənaɪl dɪ'lɪŋkwənsi] *n*
Juvenile deliquency today is a serious problem of our society.

**Jugendkriminalität** *f*

Die Jugendkriminalität ist heute ein ernstes Problem unserer Gesellschaft.

**forgery,** *pl* **-ies** ['fɔːdʒəri, -z] *n*
Hitler's diaries turned out to be forgeries.

**Fälschung** *f* (insbesondere Dokumente)
Hitlers Tagebücher stellten sich als Fälschung heraus.

**fake** [feɪk] *n*
A few of the old masters, which he had collected, proved to be fakes.

**Fälschung** *f* (insbesondere Kunstgegenstände)
Einige der alten Meister, die er gesammelt hatte, stellten sich als Fälschung heraus.

**commit ...** [kəˌmɪt]
  **a crime** [ə 'kraɪm]
  **theft** ['θeft]
  **burglary** ['bɜːgləri]
  **(a) murder** ['mɜːdə]
  **fraud** ['frɔːd]
  **an act of violence** [ækt əv 'vaɪələns]

**... begehen**
  **ein Verbrechen**
  **einen Diebstahl**
  **einen Einbruch**
  **einen Mord**
  **einen Betrug**
  **eine Gewalttat**

**thief,** *pl* **thieves** [[θiːf, θiːvz] *n*
**burglar** ['bɜːglə] *n*
**murderer** ['mɜːdərə] *n*
**gangster** ['gæŋstə] *n*
**(bomb) attack** [('bɒm) əˌtæk] *n*

**Dieb/in** *m/f*
**Einbrecher/in** *m/f*
**Mörder/in** *m/f*
**Gangster** *m*
**(Bomben-)Anschlag** *m*, **Attentat** *n*

**kidnapping** [ˈkɪdnæpɪŋ] *n*
**ransom** [ˈrænsəm] *n*
**rape** [reɪp] *n*

**Entführung** *f*
**Lösegeld** *n*
**Vergewaltigung** *f*

**hostage** [ˈhɒstɪdʒ] *n*
The gangsters took a bank clerk as
hostage.

**Geisel** *f*
Die Gangster nahmen einen
Bankangestellten als Geisel.

**bribe** [braɪb] *v*
The construction company tried in vain to
bribe the relevant official.

**bestechen**
Die Baufirma versuchte vergeblich, den
zuständigen Beamten zu bestechen.

**steal** [stiːl] *v*
The gang was specialized in stealing luxury
cars.
His wallet was stolen in the underground.

**stehlen**
Die Bande war darauf spezialisiert,
Luxusautos zu stehlen.
Ihm wurde in der Untergrundbahn die
Brieftasche gestohlen.

**rob sb of sth** [rɒb] *v*
The bank was robbed twice within three
years.

**jdn. ausrauben**
Die Bank wurde innerhalb von drei Jahren
zweimal ausgeraubt.

**robbery** [ˈrɒbəri] *n*
Following a series of robberies the
residents of this area no longer feel safe
any more.

**Einbruch** *m*, **Raub** *m*
Nach einer Reihe von Einbrüchen fühlen
sich die Bewohner dieser Gegend nicht
mehr sicher.

**mug sb of sth** [mʌg] *v*
In this area you run the risk of being
mugged.

**jdn. überfallen und ausrauben**
In dieser Gegend läufst du Gefahr
überfallen und ausgeraubt zu werden.

**loot** [luːt] *v*
**riot** [ˈraɪət] *n*
During the riot cars were set on fire,
windows smashed and shops looted.

**plündern**
**Krawall** *m*
Während der Krawalle wurden Autos
angezündet, Scheiben eingeschlagen und
Geschäfte geplündert.

**burgle** [ˈbɜːgl] *v*
Their house was burgled while they were
on holiday.

**in etw. einbrechen**
Während sie in Urlaub waren, wurde in
ihrem Haus eingebrochen.

**break into** [breɪk] *v*
The thieves broke into the house through
the garage.

**einbrechen, eindringen**
Die Diebe drangen durch die Garage in
das Haus ein.

**murder** [ˈmɜːdə] *v*
He was found murdered in his flat.

**ermorden**
Er wurde in seiner Wohnung ermordet
aufgefunden.

335

**kill** [kɪl] v
Nobody was killed during the bank raid.

**töten**
Bei dem Banküberfall wurde niemand getötet.

Three people were killed during the bomb attack.

Bei dem Anschlag kamen drei Menschen ums Leben.

**assassinate** [ə'sæsɪneɪt] v
President Kennedy was assassinated in 1963.

**ermorden**
Präsident Kennedy wurde 1963 ermordet.

**violence** ['vaɪələns] n
Poverty, unemployment and poor living conditions often provide a breeding ground for violence.
Too much violence is shown on television.

**Gewalt** f
Armut, Arbeitslosigkeit und schlechte Wohnverhältnisse sind oft der Nährboden von Gewalt.
Im Fernsehen wird zu viel Gewalt gezeigt.

**violent** ['vaɪələnt] adj
Some people become violent when they drink alcohol.

**gewalttätig**
Manche Menschen werden gewalttätig, wenn sie Alkohol trinken.

**vandalism** ['vændəlɪzm] n
Five young people were arrested for vandalism.

**Vandalismus** m
Fünf Jugendliche wurden wegen Vandalismus festgenommen.

**abuse** [ə'bjuːs] n
Child abuse must be more severely punished.

**Missbrauch** m
Der Missbrauch von Kindern muss härter bestraft werden.

**torture** ['tɔːtʃə] n; v
They did not succeed in making him confess by using torture.
Many opponents of the Regime were tortured.

**Folter** f; **foltern**
Es gelang ihnen nicht, durch Folter ein Geständnis von ihm zu erpressen.
Viele Gegner des Regimes wurden gefoltert.

**blackmail** ['blækmeɪl] n; v
That is blackmail!
An ex-colleague tried to blackmail him.

**Erpressung** f; **erpressen**
Das ist Erpressung!
Ein ehemaliger Mitarbeiter versuchte ihn zu erpressen.

**corrupt** [kə'rʌpt] adj
The political system in this country is corrupt.

**korrupt, bestechlich**
Das politische System in diesem Land ist korrupt.

**corruption** [kə'rʌpʃn] n
Corruption and violence govern this state.

**Korruption** f
In diesem Staat herrschen Korruption und Gewalt.

## ● Expression

**daylight robbery**
Just imagine this. The car repairs cost
£ 500. Is that not daylight robbery?

**der reine Wucher**
Stell dir vor, die Autoreparatur hat 500 £
gekostet hat. Ist das nicht der reine
Wucher?

# 25.4 Die multikulturelle Gesellschaft, der Rassismus

**multicultural** [ˌmʌltiˈkʌltʃərəl] *adj*
Both the USA and Great Britain have
multicultural societies.

**multikulturell**
Sowohl die USA als auch Großbritannien
haben eine multikulturelle Gesellschafts-
form.

**ethnic minority** [ˌeθnɪk maɪˈnɒrəti] *n*
In the USA ethnic minorities make up
approximately 30 % of the population
while in Great Britain they make up
approximately 5.5 %.

**ethnische Minderheit** *f*
In den USA machen die ethnischen
Minderheiten ungefähr 30 % der
Bevölkerung aus, in Großbritannien
dagegen ungefähr 5,5 %.

**the whites** [waɪts]
**the blacks** [blæks]
**the coloured person** [ˌkʌləd ˈpɜ:sn]
**the coloured population**
[ˌ.. pɒpjuˈleɪʃn]

**die Weißen**
**die Schwarzen**
**der/die Farbige**
**die farbige Bevölkerung**

**immigration** [ˌɪmɪˈgreɪʃn] *n*
Many politicians are of the opinion that
immigration must be limited.

**Einwanderung** *f*
Viele Politiker sind der Meinung, dass man
die Einwanderung beschränken muss.

**immigrant** [ˈɪmɪgrənt] *n*
Most of the immigrants in Great Britain are
Indians, Pakistanis and Afro-Caribbeans.

**Einwanderer/in** *m/f*
Die meisten Einwanderer in Großbritannien sind Inder, Pakistani
und Schwarze aus der Karibik.

**immigrate** [ˈɪmɪgreɪt] *v*
Her ancestors immigrated to Great
Britain in the 19th century.

**einwandern**
Ihre Vorfahren sind im 19. Jahrhundert in
Großbritannien eingewandert.

**emigration** [ˌemɪˈgreɪʃn] *n*
Emigration was often the only possibility
of escaping persecution from the Nazis.

**Auswanderung** *f*, **Emigration** *f*
Auswanderung war oft die einzige
Möglichkeit, der Verfolgung durch die
Nazis zu entkommen.

**emigrant** ['emɪgrənt] *n*
Many emigrants have found refuge in London, Paris and New York.

**Auswanderer/in** *m/f*, **Emigrant/in** *m/f*
Viele Emigranten haben in London, Paris und New York Zuflucht gefunden.

**emigrate** ['emɪgreɪt] *v*
In the 1930's many artists emigrated from Germany to America.

**auswandern**
In den 30er Jahren wanderten viele Künstler von Deutschland nach Amerika aus.

**refugee** [ˌrefju'dʒiː] *n*
Today more and more refugees flee from crisis areas to Italy, Germany and France.

**Flüchtling** *m*
Heute fliehen immer mehr Flüchtlinge aus Krisengebieten nach Italien, Deutschland und Frankreich.

**asylum** [ə'saɪləm] *n*
Sweden granted political asylum to many refugees during the Nazi period.
More and more refugees seek asylum for political and economic reasons.

**Asyl** *n*
Schweden hat in der Nazizeit vielen Flüchtlingen politisches Asyl gewährt.
Immer mehr Flüchtlinge suchen aus politischen und wirtschaftlichen Gründen um Asyl nach.

**become assimilated into** [ə'sɪməleɪtɪd]
Many immigrants have no difficulty in becoming assimilated into a new community.

**sich anpassen, sich integrieren**

Viele Einwanderer habe keine Schwierigkeit sich in die neue Gemeinschaft zu integrieren.

**assimilation** [əˌsɪmə'leɪʃn] *n*
**stick to** [stɪk] *v*
There are immigrants who stay together, sticking to their way of life and defending themselves against any type of assimilation.

**Anpassung** *f*, **Integration** *f*
**festhalten**
Es gibt Einwanderer, die unter sich bleiben, an ihrer Lebensweise festhalten und sich gegen jede Form von Integration zur Wehr setzen.

**race** [reɪs] *n*
Nobody has the right to treat anyone from another race as inferior.

Race politics do not solve any problems in the long term.

**Rasse** *f*
Niemand hat das Recht, einen Angehörigen einer anderen Rasse als minderwertige Person zu behandeln.
Rassenpolitik löst auf Dauer keine Probleme.

**racism** ['reɪsɪzəm] *n*
Racism is a plague of our century.

**Rassismus** *m*, **Fremdenhass** *m*
Rassismus ist eine Plage unseres Jahrhunderts.

**racist** ['reɪsɪst] *n*
Racists preach intolerance, contempt and hate.

**Rassist/in** *m/f*
Rassisten predigen Intoleranz, Verachtung und Hass.

**racist** ['reɪsɪst] *adj*
Politicians who pursue racist aims should not be elected.

**rassistisch**
Politiker, die rassistische Ziele verfolgen, dürften nicht gewählt werden.

**racial** ['reɪʃl] *adj*
Racial conflict repeatedly led to massive riots and street battles in this area.

**Rasse-, rassisch**
Rassenkonflikte führten in dieser Gegend wiederholt zu schweren Krawallen und Straßenschlachten.

**race discrimination**
[. dɪˌskrɪmɪ'neɪʃn] *n*
This party pursues systematic race discrimination.

**Rassendiskriminierung** *f*

Diese Partei betreibt systematisch Rassendiskriminierung.

**be (racially/socially) discriminated against** [(ˌreɪʃəli/ˌsəʊʃəli) dɪ'skrɪmɪneɪtɪd]
Many immigrant workers are racially/ socially discriminated against.

**(rassisch/sozial) diskriminiert werden**

Viele Gastarbeiter werden rassisch/sozial diskriminiert.

**prejudice** ['predʒʊdɪs] *n*
Many prejudices are based on ignorance.

**Vorurteil** *n*
Viele Vorurteile beruhen auf Unwissenheit.

**be prejudiced** ['predʒʊdɪst]
How can you be so prejudiced against these people? You're not a racist, are you?

**Vorurteile haben**
Wie kannst du solche Vorurteile gegenüber diesen Menschen haben? Du bist doch kein Rassist.

**persecute** ['pɜ:sɪkju:t] *v*
Even today there are still minorities who are persecuted.

**verfolgen**
Auch heute gibt es noch Minderheiten, die verfolgt werden.

**extermination** [ɪkˌstɜ:mɪ'neɪʃn] *n*
**exterminate** [ɪk'stɜ:mɪneɪt] *v*
The aim of Nazi race politics was to exterminate the Jewish nation. (... was the extermination of the Jewish nation.)

**Ausrottung** *f*
**ausrotten**
Ziel der nazistischen Rassenpolitik war es, das jüdische Volk auszurotten. (... war die Ausrottung des jüdischen Volkes.)

**deport** [dɪ'pɔ:t] *v*
In the course of the Second World War millions of people were deported for political or ethnic reasons.

**deportieren**
Im Verlauf des Zweiten Weltkrieges wurden Millionen von Menschen aus politischen oder ethnischen Gründen deportiert.

**anti-Semitism** [ˌænti 'semətɪzəm] *n*
**anti-Semite** [ˌænti 'si:maɪt] *n*
**concentration camp**
[ˌkɒnsn'treɪʃn kæmp] *n*

**Antisemitismus** *m*
**Antisemit/in** *m/f*
**Konzentrationslager** *n*

| | |
|---|---|
| **deportation** [ˌdiːpɔːˈteɪʃn] *n* | **Deportation** *f* |
| **racial segregation** [ˌreɪʃl segrɪˈgeɪʃn] *n* | **Rassentrennung** *f* |
| **apartheid** [əˈpɑːthaɪt] *n* | **Apartheid** *f* |

# 25.5  Das Rauchen, der Alkohol, die Drogen

**smoking** [ˈsməʊkɪŋ] *n*
No smoking.
Smoking is usually banned on public transport, in schools, hospitals, public areas and work places.

The train has smoking and non-smoking compartments.

**das Rauchen**
Rauchen verboten!
Rauchen ist für gewöhnlich verboten in öffentlichen Verkehrsmitteln, in Schulen, Krankenhäusern, Orten mit Publikums-verkehr und am Arbeitsplatz.

Der Zug hat Raucher- und Nichtraucher-abteile.

**smoke** [sməʊk] *v*
Do you mind if I smoke?

**rauchen**
Haben Sie etwas dagegen, wenn ich rauche?

**smoker** [ˈsməʊkə] *n*
He is a heavy smoker.

**Raucher/in** *m/f*
Er ist ein starker Raucher.

**smoke** [sməʊk] *n*
Cigarette smoke is dangerous even for non-smokers.

**Rauch** *m*
Zigarettenrauch ist sogar für Nichtraucher gefährlich.

**light** [laɪt] *v*
She was nervous and lit a cigarette.

**anzünden**
Sie war nervös und zündete sich eine Zigarette an.

**lighter** [ˈlaɪtə] *n*
As he could not find his lighter he asked me for a light.

**Feuerzeug** *n*
Als er sein Feuerzeug nicht finden konnte, bat er mich um Feuer.

**tobacco** [təˈbækəʊ] *n*
**nicotine** [ˈnɪkətiːn] *n*
Tobacco contains nicotine.

**Tabak** *m*
**Nikotin** *n*
Tabak enthält Nikotin.

**tobacconist's** [təˈbækənɪsts] *n*
**cigarette machine** [sɪgəˌret məˈʃiːn] *n*
**a packet of cigarettes** [ˌpækɪt əv ..'.s]
**cigar** [sɪˈgɑː] *n*
**pipe** [paɪp] *n*
**match** [mætʃ] *n*
**ashtray** [ˈæʃtreɪ] *n*

**Tabakwarenladen** *m*
**Zigarettenautomat** *m*
**eine Schachtel Zigaretten**
**Zigarre** *f*
**Pfeife** *f*
**Streichholz** *n*
**Aschenbecher** *m*

**alcohol** ['ælkəhɒl] *n*
– Can I offer you a whisky?
– No, thank you. I don't drink alcohol.
I can offer you a non-alcoholic beer.

**Alkohol** *m*
– Kann ich Ihnen einen Whisky anbieten?
– Nein, danke. Ich trinke keinen Alkohol.
Ich kann dir ein alkoholfreies Bier anbieten.

**spirits** ['spɪrɪts] *n, pl*
**schnapps** [ʃnæps] *n, sg, no indefinite article*
**red/white wine** ['red/'waɪt waɪn] *n*
**liqueur** [lɪ'kjʊə] *n*

**Spirituosen** *Pl*
**Schnaps** *m*
**Rot-/Weißwein** *m*
**Likör** *m*

**alcoholic** [ˌælkə'hɒlɪk] *n*
He belongs to an Alcoholics Anonymous group.

**Alkoholiker/in** *m/f*
Er gehört einer Gruppe Anonymer Alkoholiker an.

**alcoholism** [ˌælkə'hɒlɪzəm] *n*
There are many reasons for alcoholism: stress at work, personal problems, unemployment etc.

**Alkoholismus** *m*
Alkoholismus kann viele Gründe haben: Stress im Beruf, Probleme im Privatleben, Arbeitslosigkeit usw.

**drunk**[1] [drʌŋk] *adj*
**tipsy** ['tɪpsi] *adj*
I was a bit tipsy but I wasn't drunk.

**betrunken**
**beschwipst**
Ich war ein bisschen beschwipst, aber nicht betrunken.

**be teetotal** [ti:'təʊtl] *informal*
My mother is teetotal.

**keinen Alkohol trinken**
Meine Mutter trinkt keinen Alkohol.

**sober** ['səʊbə] *adj*
Because she was sober, the breath test was negative.

**nüchtern**
Da sie nüchtern war, war der Alkoholtest negativ.

**(soft/hard) drug** [(sɒft/hɑ:d) 'drʌg] *n*
In Europe more and more young people take drugs.

**(weiche/harte) Droge** *f*
In Europa nehmen immer mehr Jugendliche Drogen.

**drug trade** ['drʌg treɪd] *n*
The drug trade is steadily increasing in Europe.

**Drogenhandel** *m*
Der Drogenhandel nimmt in Europa ständig zu.

**drug abuse** ['drʌg əˌbju:s] *n*
Many diseases are related to drug abuse.

**Drogenmissbrauch** *m*
Viele Krankheiten stehen im Zusammenhang mit Drogenmissbrauch.

**hashish** ['hæʃɪʃ] *n*
**opium** ['əʊpiəm] *n*
**cocaine** [kəʊ'keɪn] *n*

**Haschisch** *n*
**Opium** *n*
**Kokain** *n*

**drug dealer** ['drʌg ˌdi:lə] *n*
The small drug dealers are caught whereas the big ones manage to escape.

**Dealer** *m*
Die kleinen Dealer werden geschnappt, während man die großen laufen lässt.

---

1 Zu *ins Röhrchen blasen* s. S. 163

**drug addict** [ˈdrʌg ˌædɪkt] *n*
That is a special clinic where drug addicts are treated.

**Drogensüchtige(r)** *m/f*
Das ist eine Spezialklinik für die Behandlung von Drogensüchtigen.

**addicted** [əˈdɪktɪd] *adj*
It doesn't take long to become addicted to hard drugs.

**süchtig**
Harte Drogen machen sehr schnell süchtig.

**be bad for the health** [bæd fə ðə ˈhelθ]
Smoking/Alcohol/Taking drugs is bad for the health.

**gesundheitsschädlich sein**
Rauchen/Alkohol/Der Genuss von Drogen ist gesundheitsschädlich.

**be harmful to sth** [ˈhɑːmfl]
Alcohol is particularly harmful to the liver.

**für etw. schädlich sein**
Alkohol ist für die Leber besonders schädlich.

**reduce life expectancy**
[rɪˌdjuːs ˈlaɪf ɪkˌspektənsi]
The consumption of drugs reduces life expectancy.

**die Lebenserwartung verkürzen**

Der Konsum von Drogen verkürzt die Lebenserwartung.

● **Expression**

**Put that in your pipe and smoke it.**

Your are not my superior and cannot give me any orders. Put that in your pipe and smoke it.

**Das kannst du dir hinter die Ohren schreiben.**
Du bist nicht mein Vorgesetzter und hast mir keine Befehle zu geben. Das kannst du dir hinter die Ohren schreiben.

# 26.1 Die Verfassung der Vereinigten Staaten

**the Constitution of the United States**
[ˌkɒnstɪˈtjuːʃn əv ðə juˌnaɪtɪd ˈsteɪts]
The Constitution of the United States dates from 1787. It was signed by the representatives of the 13 states, the Founding Fathers.

**die Verfassung der Vereinigten Staaten**
Die Verfassung der Vereinigten Staaten datiert von 1787. Sie wurde von den Vertretern der 13 Staaten, den Gründungsvätern, unterzeichnet.

**amendment** [əˈmendmənt] n
Changes to the Constitution are possible only through amendments.

**Verfassungszusatz** m
Verfasssungsänderungen sind nur mittels Verfassungszusätzen möglich.

**Bill of Rights** [bɪl əv ˈraɪts] n
The first ten amendments, which were added to the Constitution in 1791, constitute the Bill of Rights. It is a catalogue of civil rights.

**Bill of Rights** f
Die ersten zehn Amendments, die 1791 der Verfassung hinzugefügt wurden, stellen die Bill of Rights dar. Es handelt sich um einen Katalog von Bürger-rechten.

**system of government**
[ˌsɪstəm əv ˈgʌvənmənt] n
The system of government is made up of three constitutional branches. They are:
– the President/Vice-President (executive branch)
– the Congress (legislative branch)
– the Supreme Court (judicial branch).

**Regierungssystem** n
Das Regierungssystem besteht aus drei Verfassungsorganen. Es sind dies:
– der Präsident/der Vizepräsident (Exekutive)
– der Kongress (Legislative)
– das Oberste Bundesgericht (Judikative).

**President** [ˈprezɪdənt] n
The President is the head of state and government. He is elected indirectly by the people through the Electoral College. His term of office is 4 years. He can only be re-elected once. The President's residence is the White House.

**Präsident/in** m/f
Der Präsident ist Staatsoberhaupt und Regierungschef. Er wird vom Volk indirekt über Wahlmänner gewählt. Seine Amtszeit beträgt 4 Jahre. Er kann nur einmal wiedergewählt werden. Der Amtssitz des Präsidenten ist das Weiße Haus.

**vice-president** [vaɪs ˈ...] n
The vice-president is elected to office together with the President.

**Vizepräsident/in** m/f
Der Vizepräsident wird zusammen mit dem Präsidenten in sein Amt gewählt.

**Congress** ['kɒŋgres] n
The Congress is the law-making body. Its seat is the Capitol. It consists of two Houses: the House of Representatives and the Senate.

**Kongress** m
Der Kongress ist die gesetzgebende Körperschaft. Sein Sitz ist das Capitol. Er besteht aus zwei Häusern, dem Repräsentantenhaus und dem Senat.

**House of Representatives**
[haʊs əv ˌreprɪˈzentətɪvz] n
The Representatives are elected in congressional districts for two years.

**Repräsentantenhaus** n

Die Abgeordneten werden in Wahlkreisen auf zwei Jahre gewählt.

**Senate** ['senət] n
**senator** ['senətə]
The Senators are elected by the people for 6 years. Each state is represented in the Senate by two Senators.

**Senat** m
**Senator/in** m/f
Die Senatoren werden auf 6 Jahre vom Volk gewählt. Jeder Staat ist mit zwei Senatoren im Senat vertreten.

**Supreme Court** [suːˌpriːm ˈkɔːt] n
It is made up of the Chief Justice and 8 Associate Justices. They are appointed by the President for life.

**Oberste(s) Bundesgericht** n
Es besteht aus dem Obersten Bundesrichter und 8 Bundesrichtern. Sie werden vom Präsidenten auf Lebenszeit ernannt.

**System of checks and balances**
[ˌsɪstəm əv ˈtʃeks ənd ˈbælənsɪz] n
Each constitutional branch has powers which the others do not have. In this way the power is equally divided and mutual control exists. This separation of powers is called the "System of checks and balances".

**System gegenseitiger Gewaltenkontrolle**
Jedes Verfassungsorgan hat Zuständigkeiten, die die anderen nicht haben. Dadurch wird die Macht gleichmäßig aufgeteilt und es besteht eine gegenseitige Kontolle. Diese Gewaltenteilung nennt man „System of checks and balances".

**Federal Republic** [ˌfedərəl rɪˈpʌblɪk] n
**Federal Government**
[ˌ... ˈɡʌvənmənt] n
**governor** ['ɡʌvənə] n
The United States is a federal republic. It is made up of 50 states and the District of Columbia. Besides the Congress and the Federal Government in Washington, each state has a parliament and a state government with a governor at its head.

**Bundesrepublik** f
**Bundesregierung** f

**Gouverneur/in** m/f
Die USA sind eine Bundesrepublik. Sie besteht aus 50 Staaten und dem District of Columbia. Neben dem Kongress und der Bundesregierung in Washington gibt es in jedem Staat ein Parlament und eine Staatsregierung, an deren Spitze der Gouverneur steht.

**District of Columbia (DC)**
[ˌdɪstrɪkt əv kəˈlʌmbɪə (diː ˈsiː)] n
The District of Columbia is a federal district which includes the city of Washington.

**District of Columbia** m

Der District of Columbia ist ein Bundesdistrikt, der die Stadt Washington umfasst.

# 26.2 Die USA: Bevölkerung, Gesellschaft, Nation

**population** [ˌpɒpjuˈleɪʃn] *n*
The USA has a population of 271 million.

**Bevölkerung** *f*, **Einwohner** *Pl*
Die USA haben 271 Millionen Einwohner.

**heterogeneous** [ˌhetərəˈdʒiːniəs] *adj*
**ethnic group** [ˌeθnɪk ˈgruːp] *n*
The population of the USA is heterogeneous. It is made up of different ethnic groups, the Whites (71.3%), the African-Americans (13%), the Hispanics (9%), the Asians (3%), the Indians and Eskimos (1%).

**heterogen**
**ethnische Gruppe** *f*
Die Bevölkerung der USA ist heterogen. Sie setzt sich aus verschiedenen ethnischen Gruppen zusammen, den Weißen (71,3%), den Afro-Amerikanern (13%), den Lateinamerikanern (9%), den Asiaten (3%), den Indianern und Eskimos (1%).

**nation of immigrants**
[ˌneɪʃn əv ˈɪmɪgrənts] *n*
Apart from the American Indians, the inhabitants of America all came from foreign countries. The USA is therefore often called a nation of immigrants.

**Einwanderernation** *f*

Abgesehen von den Indianern, kamen alle Bewohner Amerikas von außerhalb des Landes, so dass die USA oft eine „Nation von Einwanderern" genannt werden.

**Pilgrim Fathers** [ˌpɪlgrɪm ˈfɑːðəz] *n, pl*
**New England** [njuː ˈɪŋglənd] *n*
The first settlers in New England were the Pilgrim Fathers. They were Puritans who left England in 1620 for religious reasons.

**Pilgerväter** *Pl*
**Neuengland** *n*
Die ersten Siedler in Neuengland waren die Pilgerväter. Es waren Puritaner, die 1620 aus religiösen Gründen England verließen.

**melting-pot theory**
[ˌmeltɪŋ pɒt ˈθɪəri] *n*
The melting-pot theory means that the different races and nationalities mix and thus form a new homogeneous society.

**Schmelztiegel-Theorie** *f*

Die Schmelztiegel-Theorie besagt, dass die verschiedenen Rassen und Nationalitäten sich vermischen und so eine neue homogene Gesellschaft bilden.

**salad bowl theory** [ˌsæləd bəʊl ˈ...] *n*
The salad bowl theory means that the ethnic groups stay together and preserve their identity. However they consider themselves loyal citizens of the nation, whose language they speak.

**Salatschüssel-Theorie** *f*
Die Salatschüssel-Theorie besagt: Die ethnischen Gruppen bleiben unter sich und bewahren ihre Identität. Sie halten sich jedoch für loyale Bürger des Landes, dessen Sprache sie sprechen.

**ethnic neighbourhood**
[ˌeθnɪk ˈneɪbəhʊd] *n*
Ethnic neighbourhoods are, for example:
- Chinatown in San Francisco and Manhattan
- Harlem in Manhattan (Blacks)
- the Bronx in New York City (Puerto Ricans).

**ethnische(s) Wohngebiet** *n*

Ethnische Wohngebiete sind z. B.:
- Chinatown in San Francisco and Manhattan
- Harlem in Manhattan (Schwarze)
- the Bronx in New York City (Puerto Ricaner).

**multicultural society**
[ˌmʌltiˌkʌltʃərəl səˈsaɪəti] *n*
**multiracial society** [ˌmʌltiˌreɪʃl .ˈ...] *n*
The USA today has a multicultural/multiracial society which reflects the cultural and ethnic diversity of its population.

**multikulturelle Gesellschaft** *f*

**gemischtrassige Gesellschaft** *f*
Die USA besitzen heute eine multikulturelle/gemischtrassige Gesellschaft, die die kulturelle und ethnische Vielfalt der Bevölkerung widerspiegelt.

**egalitarian** [iˌgælɪˈteərɪən] *adj*
**winner** [ˈwɪnə] *n*
**loser** [ˈluːzə] *n*
The strong emphasis placed on the egalitarian principle led the USA to become a performance-orientated society, made up of almost only winners and losers.

**Gleichheits-**
**Gewinner** *m*
**Verlierer** *m*
Die starke Betonung des Gleichheitsprinzips führte in den USA zu einer Leistungsgesellschaft, in der es beinahe nur noch Gewinner und Verlierer gibt.

**the American dream**[1]
[əˌmerɪkən ˈdriːm]
**the frontier spirit** [ˌfrʌntɪə ˈspɪrɪt]
**the ideal of the self-made man**
[aɪˈdiːəl əv ðə ˌself meɪd ˈmæn]
The American dream, the frontier spirit and the ideal of the self-made man are modern myths which have decisively formed the Americans and the American nation.

**der amerikanische Traum**

**der Pioniergeist**
**das Ideal des Selfmademan**

Der amerikanische Traum, der Pioniergeist und das Ideal des Selfmademan sind moderne Mythen, die den Amerikaner und die amerikanische Nation entscheidend geformt haben.

---

1 The American dream is the optimistic belief in America as the country of unlimited opportunities in which the hard-working are rewarded for their efforts. (Der amerikanische Traum ist der optimistische Glaube an Amerika als ein Land der unbegrenzten Möglichkeiten, in dem der Tüchtige für seine Mühe belohnt wird.)

# 26.3 Drei ethnische Minderheiten in den USA: Schwarze, Hispanics, Indianer

**the black** [blæk]
Today approximately 33.5 million blacks live in the USA, which is 13% of the population.

**der/die Schwarze**
Heute leben ungefähr 33,5 Millionen Schwarze in den USA, das sind 13% der Bevölkerung.

**Negro,** pl **-oes** ['niːgrəʊ, -z] n
**African American**[1]
[ˌæfrɪkən əˈmerɪkən] n
Blacks are offended by the term Negro and prefer being called African Americans.

**Neger/in** m/f
**Afro-Amerikaner/in** m/f (Amerikaner/in afrikanischer Abstammung)
Die Schwarzen empfinden den Ausdruck Neger als Beleidigung und möchten African Americans genannt werden.

**segregation** [ˌsegrɪˈgeɪʃn] n
Segregation is today legally forbidden but in certain areas it actually continues to exist, for example, 30% of blacks live in black residential areas and 60% of whites live in exclusively white residential areas.

**Rassentrennung** f
Die Rassentrennung ist heute gesetzlich verboten, tatsächlich aber besteht sie in bestimmten Bereichen fort, z.B.: 30% der Schwarzen leben in schwarzen Wohngebieten und 60% der Weißen in ausschließlich weißen Wohngebieten.

**integrate** ['ɪntɪgreɪt] v
The black middle class has been the most successful in integrating themselves into white society, namely in professional life, in school and at university.

**integrieren**
Am besten ist es der schwarzen Mittelschicht gelungen, sich in die weiße Gesellschaft zu integrieren, und zwar im Berufsleben, in der Schule und auf der Universität.

**poverty trap** ['pɒvəti træp] n
30% of blacks belong to the underclass. They are caught in the poverty trap. The poverty trap can be a vicious circle: poverty – drugs – violence – crime.

**Armutsfalle** f
30% der Schwarzen gehören der sogenannten „underclass" an. Sie sind in der Armutsfalle gefangen. Die Armutsfalle kann ein Teufelskreis sein: Armut – Drogen – Gewalt – Verbrechen.

**Hispanic** [hɪˈspænɪk] n
The term Hispanic describes a citizen of the USA of Spanish or Latin-American descent.

**Hispanic** m/f
Als Hispanics bezeichnet man Einwohner der USA von spanischer oder lateinamerikanischer Abstammung.

**barrio** ['bæriəʊ] n
Hispanics live mainly in barrios. Here they practise their language and culture.

**Barrio** n (spanisches Stadtviertel)
Die Hispanics leben größtenteils in Barrios. Hier pflegen sie ihre Sprache und Kultur.

1 BE: Afro-American

**wetback** ['wetbæk] *n*
Illegal immigrants from Mexico are often called wetbacks because many of them swim across the Rio Grande to the USA, arriving with a wet back.

**Wetback** *m/f*
Illegale Einwanderer aus Mexiko werden oft Wetbacks genannt, weil viele von ihnen über den Rio Grande schwimmen und mit nassem Rücken in den USA ankommen.

**Spanglish** ['spæŋglɪʃ] *n*
Many Hispanics speak Spanglish, a mixture of Spanish and English.

**Spanglish** *n*
Viele Hispanics sprechen Spanglish, eine Mischung aus Spanisch und Englisch.

**Native American** [ˌneɪtɪv əˈmerɪkən] *n*
**American Indian** [əˌmerɪkən ˈɪndiən] *n*
When Christopher Columbus discovered the New World in 1492 he believed that he was in India and called the natives of the American continent Indians. The official expression today is Native American or American Indian.

**Indianer/in** *m/f*
Als Christoph Columbus 1492 die Neue Welt entdeckte, glaubte er in Indien zu sein und nannte die Eingeborenen des amerikanischen Kontinents Indianer. Die offizielle Bezeichnung ist heute „Native American" oder „American Indian".

**tribe** [traɪb] *n*
The Indians lived together in tribes.

**Stamm** *m*
Die Indianer lebten in Stämmen zusammen.

**reservation** [ˌrezəˈveɪʃn] *n*
Today a quarter of Indians live on reservations.

**Reservat** *n*
Heute leben ein Viertel der Indianer in Reservaten.

# 27.1 Das Vereinigte Königreich: Verfassung und Regierung

**the unwritten constitution**
[ʌnˌrɪtn ˌkɒnstɪˈtjuːʃn]
The United Kingdom does not have a single constitutional document. It is often said that the constitution is unwritten. It is in fact made up of a collection of historical documents (e. g. the Magna Charta – 1215, the Bill of Rights – 1689 etc.), Acts of Parliament and legal precedents.

**die ungeschriebene Verfassung**

Das Vereinigte Königreich hat kein einheitliches Verfassungsdokument. Man sagt oft, die Verfassung sei ungeschrieben. Tatsächlich besteht sie aus einer Sammlung historischer Dokumente (z. B. der Magna Charta – 1215, der Bill of Rights – 1689 usw.), aus Gesetzen und höchsten Gerichtsentscheidungen (Präzedenzfällen).

**Constitutional Monarchy**
[ˌkɒnstɪˌtjuːʃnl ˈmɒnəki] *n*
**Parliamentary Democracy**
[pɑːləˌmentri dɪˈmɒkrəsi] *n*
The United Kingdom is a Constitutional Monarchy and a Parliamentary Democracy.

**konstitutionelle Monarchie** *f*

**parlamentarische Demokratie** *f*

Das Vereinigte Königreich ist eine konstitutionelle Monarchie und eine parlamentarische Demokratie.

**the Monarch: the King/the Queen**
[ˈmɒnək: kɪŋ/kwiːn]
The British Monarchy is hereditary. The Monarch is the head of state of the United Kingdom, the head of the Commonwealth and the head of the Church of England. The monarch's role is in fact limited to representative tasks.

**der Monarch: der König/die Königin**

Die britische Monarchie ist erblich. Der Monarch ist Staatsoberhaupt des Vereinigten Königreiches, Oberhaupt des Commonwealth und der Church of England. Tatsächlich beschränkt sich seine Rolle auf repräsentative Aufgaben.

**Prime Minister** [praɪm ˈmɪnɪstə] *n*
– The Prime Minister's residence is 10 Downing Street.
– He is the leader of the majority party in Parliament.
– His term of office is a maximum of 5 years.
– He appoints ministers, Law Lords and Life Peers[1].
– He can dissolve Parliament at any time and call general elections.

**Premierminister/in** *m/f*
– Der Amtssitz des Premierministers ist Downing Street 10.
– Er ist der Führer der Mehrheitspartei im Parlament.
– Seine Amtszeit beträgt maximal 5 Jahre.
– Er ernennt die Minister, die höchsten Richter und die Life Peers.
– Er kann jederzeit das Parlament auflösen und Neuwahlen anordnen.

---

1 = nicht erbliche Mitglieder des Oberhauses

**government** [ˈgʌvənmənt] n
The government is made up of the Prime Minister and the ministers, of whom about 20 are in the Cabinet. Those in the Cabinet can also be called "Secretaries" and are the heads of the different government departments.

**Regierung** f
Die Regierung besteht aus dem Premierminister und den Ministern, davon ungefähr 20 mit Kabinettsrang. Diese Letzteren heißen auch „Secretaries" und stehen an der Spitze der verschiedenen Ministerien.

**Parliament** [ˈpɑːləmənt] n
The Parliament comprises two Houses, the House of Commons and the House of Lords.

**Parlament** n
Das Parlament beteht aus zwei Häusern, dem Unterhaus und dem Oberhaus.

**House of Commons**
[haʊs əv ˈkɒmənz] n
The House of Commons is made up of the Prime Minister, the ministers and the Members of Parliament (MPs) of the ruling and opposition parties.

**Unterhaus** n

Das Unterhaus setzt sich zusammen aus dem Premierminister, den Ministern, den Abgeordneten der Regierungs- und Oppositionsparteien.

**House of Lords** [. əv ˈlɔːdz] n
The House of Lords has approximately 550 members, the Peers.

**Oberhaus** n
Das Oberhaus hat ungefähr 550 Mitglieder, die Peers.

**local authority** [ˌləʊkl ɔːˈθɒrəti] n
This term encompasses: the county, the district, the community.

**Gebietskörperschaft** f
Dieser Begriff beinhaltet: das County, den Kreis, die Gemeinde.

**devolution** [ˌdiːvəˈluːʃn] n
In the stricter sense of the word, *devolution* means the transfer of power from the central government to the regional parliaments of Scotland, Wales and Northern Ireland.

**Dezentralisierung** f
Unter *devolution* versteht man im engeren Sinne die Verlagerung von zentraler Regierungsgewalt auf die regionalen Parlamente in Schottland, Wales und Nordirland.

# 27.2  Großbritannien – Vom Empire zum Commonwealth

**seafaring nation** [ˌsiːfeərɪŋ ˈneɪʃn] n
Since the 16th century Britain had developed into a seafaring nation. In the 19th century it ruled the seas all over the world and owned an empire.

**Seefahrernation** f
Seit dem 16. Jh. entwickelte sich Britannien zu einer Seefahrernation. Im 19. Jh. beherrschte es die Weltmeere und besaß ein Weltreich.

**colonialism** [kəˈləʊniəlɪzm] *n*
British colonialism primarily pursued
economic objectives.

**Kolonialismus** *m*
Der britische Kolonialismus verfolgte in
erster Linie wirtschaftliche Ziele.

**colony,** *pl* **-ies** [ˈkɒləni, -z] *n*
**trading post** [ˈtreɪdɪŋ pəʊst] *n*
Great Britain founded colonies and
trading posts all over the world.

**Kolonie** *f*
**Handelsniederlassung** *f*
Großbritannien gründete in der
ganzen Welt Kolonien und Handels-
niederlassungen.

**trade route** [ˈtreɪd ruːt] *n*
**territory,** *pl* **-ies** [ˈterətri, -z] *n*
The trade routes to overseas possessions[1]
were secured through the acquisition of
territories of strategic importance. Such
territories were: Gibraltar, Malta, Cyprus,
Aden and Ceylon.

**Handelsroute** *f*
**Gebiet** *n*
Die Handelsrouten zu den überseeischen
Besitzungen wurden durch den Erwerb
von Gebieten mit strategischer Bedeutung
gesichert. Solche Gebiete waren:
Gibraltar, Malta, Zypern, Aden und
Ceylon.

**East India Company**
[iːst ˌɪndiə ˈkʌmpəni] *n*
Trade lay in the hands of trade companies.
The most important was the East India
Company which was founded in 1588.

**Ostindiengesellschaft** *f*
Der Handel lag in den Händen von
Handelsgesellschaften. Die wichtigste war
die Ostindiengesellschaft, gegründet 1588.

**British Empire** [ˌbrɪtɪʃ ˈempaɪə] *n*
The British Empire reached its height
under Queen Victoria (1819–1901). It
made up a quarter of the earth's surface.

**britische(s) Weltreich** *n*
Das britische Weltreich erreichte seinen
Höhepunkt unter Queen Victoria
(1819–1901). Es umfasste ein Viertel der
Erdoberfläche.

**the British Commonwealth of
Nations** [ˌ.. ˈkɒmənwelθ əv ˌneɪʃnz]
**self-government** [ˈself ˌgʌvənmənt] *n*
From the middle of the 19th century
more and more colonies claimed self-
government and the Empire developed
into a confederation of about 50 states,
called the British Commonwealth of
Nations.

**das Commonwealth, der britische
Staatenbund**
**Unabhängigkeit** *f*
Seit der Mitte des 19. Jh. forderten immer
mehr Kolonien ihre Unabhängigkeit und
das Empire entwickelte sich zu einem
Staatenbund von ungefähr 50 Staaten,
genannt Commonwealth.

---

1 Zu *overseas possessions* s. S. 312

# 27.3 Englisch als Weltsprache

**universal language**
[ˌjuːnɪˌvɜːsl ˈlæŋgwɪdʒ] n
English is today a universal language. It is spoken by 1.7 billion people and is the native language of 470 million people in countries such as Great Britain, the USA, Ireland, Canada, Australia and New Zealand.

**Weltsprache** f

Englisch ist heute eine Weltsprache. Es wird von 1,7 Milliarden Menschen gesprochen und ist die Muttersprache von 470 Millionen Menschen in Ländern wie Großbritannien, die USA, Irland, Kanada, Australien und Neuseeland.

**varieties of English**
[vəˈraɪətiz əv ˌɪŋglɪʃ] n, pl
The most important regional varieties of the English language are the American, the West Indian, the Indian, the Australian and the Nigerian versions of English.

**Varietäten des Englischen** Pl

Die wichtigsten regionalen Varietäten der englischen Sprache sind das amerikanische, das westindische, das indische, das australische und das nigerianische Englisch.

**British English (BE)** n
**American English (AE)** n
The main differences between British and American English are as follows:

**britische(s) Englisch (BE)** n
**amerikanische(s) Englisch (AE)** n
Die wesentlichen Unterschiede zwischen dem britischen und dem amerikanischen Englisch betreffen:

**pronunciation** [prəˌnʌnsiˈeɪʃn] n

**Aussprache** f

| BE | AE | Example | BE | AE |
|---|---|---|---|---|
| [ɑ] | [æ] | answer | [ˈɑːnsə] | [ˈænsə] |
| [ɒ] | [ɑ] | job | [dʒɒb] | [dʒɑːb] |
| [ʌ] | [ə] | love | [lʌv] | [ləv] |
| [t] | [d] | water | [wɔːtə] | [wɔːdər] |
| [ju] | [u] | new | [njuː] | [nuː] |
| [-] | [r] | work | [wɜːk] | [wɜːrk] |

**spelling** [ˈspelɪŋ] n

**Rechtschreibung** f

| BE | AE | | BE | AE |
|---|---|---|---|---|
| -our | -or | | colour | color |
| -re | -er | | theatre | theater |
| -ll- | -l- | | travelling | traveling |
| -ogue | -og | | dialogue | dialog |
| -ce | -se | | defence | defense |

**vocabulary** [vəˈkæbjələri] *n*     **Wortschatz** *m*

| BE | AE | | BE | AE | |
|---|---|---|---|---|---|
| flat | apartment | Wohnung | pavement | sidewalk | Gehweg |
| boot | trunk | Kofferraum | underground | subway | U-Bahn |
| maize | corn | Mais | rubbish | trash | Müll |
| autumn | fall | Herbst | trousers | pants | Hose |
| lift | elevator | Fahrstuhl | | | |

**grammar** [ˈgræmə] *n*     **Grammatik** *f*

| BE | AE |
|---|---|
| **present perfect** [ˌpreznt ˈpɜːfɪkt] *I've just come home.* | **simple past tense** *I just came home.* |
| **should** + infinitive [ʃʊd] *It is necessary that I should be informed.* | **subjunctive** *It is necessary that I be informed.* |
| **adverbs with** –ly [ˈædvɜːbz wɪð li] *He looked at me really strangely.* | **adverb forms without** -ly *He looked at me real strange.* |

Anglicism [ˈæŋglɪsɪzəm] *n*
Americanism [əˈmerɪkənɪzəm] *n*
Anglicisms or Americanisms are English or American words and expressions which are used in other languages. For example, in German: *Jeans, Feedback, Manager* etc.

**Anglizismus** *m*
**Amerikanismus** *m*
Anglizismen oder Amerikanismen sind englische oder amerikanische Wörter und Ausdrücke, die in anderen Sprachen benützt werden. Im Deutschen z. B.: *Jeans, Feedback, Manager* usw.

# 28.1 Die Europäische Union (Die EU)

**the European Union (the EU)**
[jʊərəˌpiːən ˈjuːnjən (iː ˈjuː)]
The European Union represents an economic and monetary community. It comprises 15 member states with a total population of 370 million.

**die Europäische Union (die EU)**

Die Europäische Union stellt eine Wirtschafts- und Währungsgemeinschaft dar. Sie umfasst 15 Mitgliedsstaaten mit einer Gesamtbevölkerung von 370 Millionen.

**single market** [ˌsɪŋgl ˈmɑːkɪt] *n*
Today within the EU there exists a single market. This implies:
– Free movement of people, goods and capital
– Free markets for electricity and services such as telecommunications and insurance.

**einheitliche(r) Markt** *m*
Heute besteht innerhalb der EU ein einheitlicher Markt. Das bedeutet:
– Freie Bewegung von Menschen, Waren und Kapital
– Freie Märkte für Strom und Dienstleistungen wie Telekommunikation und Versicherungen.

**single currency** [ˌ.. ˈkʌrənsi] *n*
The EU states (with the exception of Great Britain, Denmark, Sweden and Greece) have a single currency, the Euro.

**einheitliche Währung** *f*
Die Staaten der EU (mit Ausnahme von Großbritannien, Dänemark, Schweden und Griechenland) besitzen eine einheitliche Währung, den Euro.

**European flag** [..ˌ.. ˈflæg] *n*
The European flag has a circle made up of 12 yellow stars on a blue background.

**Europafahne** *f*
Die Europafahne hat einen Kreis von 12 gelben Sternen auf blauem Untergrund.

**The EU's institutions:**

**Die Einrichtungen der EU:**

**European Council** [..ˌ.. ˈkaʊnsl] *n*
– It is composed of the heads of states and governments.
– It defines the general guidelines on European policy.

**Europäische(r) Rat** *m*
– Ihm gehören die Staats- und Regierungschefs an.
– Er legt die großen Linien der europäischen Politik fest.

**Council of the European Union** *n*
– It consists of the government ministers of the member states, concerned with the issues under discussion, e. g. the 15 agriculture ministers, the 15 finance ministers etc.
– It has decision-making powers.

**Ministerrat** *m*
– Ihm gehören die Minister der Mitgliedstaaten an, die für die zur Diskussion stehenden Probleme zuständig sind, z. B. die 15 Landwirtschaftsminister, die 15 Finanzminister usw.
– Er hat Entscheidungsgewalt.

**European Commission** [..,.. kəˈmɪʃn] *n*
– It is based in Brussels.
– It is made up of the president and 20 commissioners. It represents a type of European government.

**Europäische Kommission** *f*
– Sie hat ihren Sitz in Brüssel.
– Sie besteht aus dem Präsidenten und 20 Kommissaren. Sie stellt eine Art europäische Regierung dar.

**European Parliament** [..,.. ˈpɑːləmənt] *n*
– It sits in Strasbourg.
– The MEPs are directly elected in their respective countries (for 5 years).

– It has the right to veto the Commission's budget.
– It controls the Commission's work.

– It can influence EU legislation but does not have the right to pass laws.

**Europaparlament** *n*

– Es tagt in Straßburg.
– Die Abgeordneten werden in den jeweiligen Ländern direkt gewählt (auf 5 Jahre).
– Es hat das Recht, gegen das Budget der Kommission sein Veto einzulegen.
– Es überwacht die Arbeit der Kommission.
– Es kann Einfluss auf die EU-Gesetzgebung nehmen, hat aber nicht das Recht, Gesetze zu verabschieden.

**European Central Bank** [..,.. ˌsentrəl ˈbæŋk] *n*
The European Central Bank has its headquarters in Frankfurt am Main. It is reponsible for the stability of the Euro.

**Europäische Zentralbank** *f*

Die Europäische Zentralbank hat ihren Sitz in Frankfurt am Main. Sie ist verantwortlich für die Stabilität des Euro.

**European Court of Justice** [..,.. ˌkɔːt əv ˈdʒʌstɪs] *n*

**Europäische(r) Gerichtshof** *m*

**European Court of Auditors** [ˈɔːdɪtəz] *n*

**Europäische(r) Rechnungshof** *m*

# 28.2  Die Dritte Welt

**Third World** [θɜːd ˈwɜːld] *n*
**developing country,** *pl* **-ies** [dɪˌveləpɪŋ ˈkʌntri, -z] *n*
Developing countries are often called Third World countries. They are mostly found in Africa, Asia and Latin America.

Third World countries are characterized by

**Dritte Welt** *f*
**Entwicklungsland** *n*

Die Entwicklungsländer werden oft die Dritte Welt genannt. Es gibt sie hauptsächlich in Afrika, Asien und Lateinamerika.
Die Länder der Dritten Welt sind gekennzeichnet durch

- a low standard of living (malnutrition, famine, poor medical care)

- a weak industrial infrastructure

- a lack of social and democratic institutions
- a high birth rate
- a high level of illiteracy.

— einen niederen Lebensstandard (Unterernährung, Hungersnot, schlechte ärztliche Versorgung)
— einen niederen industriellen Entwicklungsstand
— einen Mangel an sozialen und demokratischen Einrichtungen
— eine hohe Geburtenrate
— einen hohen Anteil von Analphabeten.

**aid** [eɪd] *n*
Help for developing countries can be in the form of financial, technological or humanitarian aid.

**Hilfe** *f*
Die Unterstützung der Entwicklungsländer kann in Form von finanzieller, technologischer oder humanitärer Hilfe geschehen.

**World Bank** [wɜːld ˈbæŋk] *n*
The World Bank is an agency of the UN. It promotes investment into developing countries and if necessary lends money.

**Weltbank** *f*
Die Weltbank ist eine Einrichtung der UNO. Sie fördert Investitionen in den Entwicklungsländern und gibt, wenn notwendig, Kredite.

# 29.1 Die Sprache

**language** ['læŋgwɪdʒ] *n*
**speak** [spiːk] *v*
She speaks three languages fluently:
English, French and Spanish.
Her native language is English.
The word *actually* is much more common
in the spoken language than in the written
language.
This organization offers language courses
in England.

**Sprache** *f*
**sprechen**
Sie spricht fließend drei Sprachen:
Englisch, Französisch und Spanisch.
Ihre Muttersprache ist Englisch.
Das Wort *actually* kommt in der ge-
sprochenen Sprache sehr viel häufiger vor
als in der geschriebenen.
Diese Organisation bietet Sprachkurse in
England an.

A distinction is made between:
**formal language** [ˌfɔːml '..]
*It would be very nice of you if you could
please be quiet.*
**standard language** [ˌstændəd '..]
*Could you be quiet, please?*
**informal (colloquial) language**
[ɪnˌfɔːml (kəˌləʊkwiəl) '..]
*Quiet, please!*
**vulgar language** [ˌvʌlgə '..]
*Shut up!*

Man unterscheidet:
**die gehobene Sprache**
*Es wäre sehr freundlich von Ihnen, wenn Sie
ruhig sein würden.*
**die Standardsprache**
*Könntet ihr bitte ruhig sein?*
**die Umgangssprache**

*Ruhe, bitte!*
**die vulgäre Sprache**
*Haltet die Klappe!*

**pronounce** [prə'naʊns] *v*
How do you pronounce this word?

**aussprechen**
Wie sprichst du dieses Wort aus?

**express (oneself)** [ɪk'spres] *v*
I have ideas but I cannot express them.

Children often express themselves using
vivid language.

**(sich) ausdrücken**
Ich habe Ideen, aber ich kann sie nicht
ausdrücken.
Kinder drücken sich oft in einer bildhaften
Sprache aus.

**accent** ['æksent] *n*
He speaks with a Scottish accent.

**Akzent** *m*
Er spricht mit schottischem Akzent.

**slang** [slæŋ] *n*
This author uses many slang expressions
in his novels.

**Slang** *m*, **Jargon** *m*
Dieser Schriftsteller verwendet in seinen
Romanen viele Slang-Ausdrücke.

**dialect** ['daɪəlekt] *n*
In this remote area the inhabitants still
speak in dialect.

**Mundart** *f*, **Dialekt** *m*
In dieser abgelegenen Gegend sprechen
die Leute noch Dialekt.

**write** [raɪt] v
Write soon to let us know how you are
doing.

**schreiben**
Schreib uns bald, wie es dir geht.

**(hand) writing** [(ˈhænd) ˌraɪtɪŋ] n
**spelling** [ˈspelɪŋ] n
**letter** [ˈletə] n
**consonant** [ˈkɒnsənənt] n
**vowel** [ˈvaʊəl] n
**syllable** [ˈsɪləbl] n
**punctuation mark**[1]
[ˌpʌŋktʃuˈeɪʃn mɑːk] n

**Schrift** f
**Rechtschreibung** f
**Buchstabe** m
**Konsonant** m
**Vokal** m
**Silbe** f
**Satzzeichen** n

**spell** [spel] v
Could you please spell your name?

**buchstabieren**
Könnten Sie bitte Ihren Namen
buchstabieren?

**mean** [miːn] v
What does this word mean?

**bedeuten**
Was bedeutet dieses Wort?

**translate** [trænsˈleɪt] v
This bestseller was translated into
15 languages.

**übersetzen**
Dieser Bestseller wurde in 15 Sprachen
übersetzt.

**word** [wɜːd] n
The word *hour* is written with an *h*.
I'll give you my word.

**Wort** n
Das Wort *hour* wird mit *h* geschrieben.
Ich gebe dir mein Wort.

**four-letter word** [ˌfɔː letə ˈwɜːd] n
The use of four-letter words seems to be
typical of young people of this age.

**unanständige(s) Wort** n
Der Gebrauch unanständiger Wörter
scheint für Jugendliche dieses Alters
typisch zu sein.

**swear word** [ˈsweə wɜːd] n
He was the sort of person who constantly
used swear words, mainly *bloody* and *damn*.

**Kraftausdruck** m, **Fluch** m
Er war jemand, der ständig Kraft-
ausdrücke gebrauchte, meistens *bloody*
and *damn*.

**vocabulary** [vəˈkæbjələri] n
The English language has a considerably
larger vocabulary than the German
language.

**Wortschatz** m
Die englische Sprache verfügt über einen
wesentlich größeren Wortschatz als die
deutsche Sprache.

**sentence** [ˈsentəns] n
Identify the subject and the verb in this
sentence.

**Satz** m
Bestimme Subjekt und Prädikat in diesem
Satz.

---

1 Punctuation marks include: full stop, *AE:* period (.)/comma (,)/semicolon (;)/
colon (:)/question mark (?)/exclamation mark (!)/apostrophe (')/hyphen Bin-
destrich (-)/dash Gedankenstrich (-)/dots (...)/slash (/)/quotation marks *or* inverted commas (" ")/brackets ( )

| | |
|---|---|
| main clause [meɪn ˈklɔːz] n | **Hauptsatz** m |
| subordinate clause [sʌˌbɔːdɪnət '.] n | **Gliedsatz** m |

- How many clauses are there in this sentence?
- Two. A main clause and a subordinate clause.

– Wie viele Sätze enthält dieses Satzgefüge?
– Zwei. Einen Haupt- und einen Gliedsatz.

grammar [ˈɡræmə] n     **Grammatik** f

A distinction is made in grammar between morphology[1] and syntax[2].
That is an easy grammar exercise.

In der Grammatik unterscheidet man zwischen Morphologie und Syntax.
Das ist eine leichte Grammatikübung.

| | |
|---|---|
| word class [ˈwɜːd klɑːs] n | **Wortklasse** f |
| part of the sentence [ˌpɑːt əv ðə ˈsentəns] n | **Satzglied** n |

speech [spiːtʃ] n     **Rede** f

John F. Kennedy ended his famous speech which he gave in Berlin in 1963 with the words, "Ich bin ein Berliner".

John F. Kennedy beendete seine berühmte Rede, die er 1963 in Berlin hielt, mit den Worten „Ich bin ein Berliner".

direct speech [dəˌrəkt '.] n     **direkte Rede** f

indirect speech [ɪndəˌrekt '.] n ⎫
reported speech [rɪˌpɔːtɪd '.] n ⎬     **indirekte Rede** f ⎭

In direct speech a statement is literally repeated. For example: *He said, "You're mad!"* Direct speech is placed in inverted commas.
In indirect (reported) speech a statement is reported. For example: *He said that I was mad.*

In der direkten Rede wird eine Äußerung wörtlich wiedergegeben. Z. B.: *Er sagte: „Du bist verrückt!"* Die direkte Rede wird in Anführungszeichen gesetzt.
In der indirekten Rede wird eine Äußerung sinngemäß wiedergegeben. Z. B.: *Er sagte, ich sei verrückt.*

● **Expressions**

**Speech is silver but silence is golden.**     **Reden ist Silber, Schweigen ist Gold.**

**have words with sb**     **mit jdm. streiten**
We have had words with each other.     Wir haben uns gestritten.

**not mince one's words**     **kein Blatt vor den Mund nehmen**
She is known for not mincing her words.     Sie ist dafür bekannt, dass sie kein Blatt vor den Mund nimmt.

**say sth in a roundabout way**     **etw. durch die Blume sagen**
He said to him in a roundabout way that he no longer needed his cooperation.     Er sagte ihm durch die Blume, dass er seine Mitarbeit nicht mehr benötige.

1 = the study of the formation of words (Lehre von der Form der Wörter)
2 = the study of the use of words in sentences (Lehre vom Gebrauch der Wörter im Satz)

359

**keep one's word**
He did not keep his word.

**(sein) Wort halten**
Er hat sein Wort nicht gehalten.

**take the words straight out of sb's mouth**
– What do you think? We could go to Portugal for a few days over Easter.

– That was just what I was going to suggest. You took the words straight out of my mouth.

**jdm. das Wort aus dem Mund nehmen**
– Was hältst du davon? Wir könnten an Ostern für einige Tage nach Portugal fahren.

– Das wollte ich gerade vorschlagen. Du nimmst mir das Wort aus dem Mund.

# 29.2  Die Interpretation von Texten

**interpretation** [ɪnˌtɜːprɪˈteɪʃn] n
Every interpretation requires exact knowledge of the text.

**Interpretation** f
Jede Interpretation erfordert eine genaue Kenntnis des Textes.

**analysis**, pl **analyses** [əˈnæləsɪs, -siːz] n
This interpretation is based above all on a textual analysis.

**Analyse** f
Diese Interpretation stützt sich vor allem auf eine Textanalyse.

**analyse** [ˈænəlaɪz] v
**examine** [ɪgˈzæmɪn] v
Analyse (Examine) the narrative technique of the author.
Analyse (Examine) the different stages of development which the protagonist goes through in the course of the story.

**analysieren, untersuchen**
Analysieren Sie die Erzähltechnik des Autors.
Untersuchen Sie die verschiedenen Entwicklungsstufen, welche die Hauptfigur im Laufe der Erzählung durchmacht.

**explain** [ɪkˈspleɪn] v
How do you explain the main character's swing of opinion?

**erklären**
Wie erklären Sie sich den Meinungsumschwung der Hauptfigur?

**summarize** [ˈsʌməraɪz] v
**sum up** [sʌm ˈʌp] v
I would like to summarize (sum up) the content of this chapter in three points.
Summarize (Sum up) the plot in a few words.

**zusammenfassen**
Ich möchte den Inhalt dieses Kapitels in drei Punkten zusammenfassen.
Fassen Sie die Handlung in wenigen Worten zusammen.

**summary** [ˈsʌməri] n
A summary contains the main ideas of the text and is written in the present tense.

**Inhaltsangabe** f
Eine Inhaltsangabe enthält die Hauptgedanken des Textes und wird im Präsens abgefasst.

**pick out** [pɪk ˈaʊt] *v*
Pick out the key words from the text.

**herausuchen**
Suchen Sie aus dem Text die
Schlüsselwörter heraus.

**distinguish** [dɪˈstɪŋgwɪʃ] *v*
In classical tragedy the following sections
can be distinguished: exposition, conflict,
dénouement [ˌdeɪˈnuːmõ].

**unterscheiden**
In der klassischen Tragödie kann man
folgende Teile unterscheiden: die
Exposition, den Konflikt, die Auflösung.

**quote** [kwəʊt] *v*
In this context I would like to quote from
an article which appeared in yesterday's
"Independent".

**zitieren**
Ich möchte in diesem Zusammenhang aus
einem Artikel zitieren, der gestern im
„Independent" erschien.

**quotation** [kwəʊˈteɪʃn] *n*
Literal quotations from a text must be
placed in inverted commas.

**Zitat** *n*
Wörtliche Zitate aus einem Text müssen
in Anführungsstriche gesetzt werden.

**author** [ˈɔːθə] *n*
According to the author, a reform of the
school system is necessary.
The author tells the story from a child's
perspective.

**Autor/in** *m/f*
Nach Meinung des Autors muss das
Schulsystem reformiert werden.
Der Autor erzählt die Geschichte aus der
Perspektive eines Kindes.

**tell of sb/sth** [tel] *v*
In his book, "A Portrait of the Artist as a
Young Man", James Joyce tells of his youth
in Dublin.

**von jdm./etw. erzählen**
In seinem Buch „A Portrait of the Artist
as a Young Man" erzählt James Joyce von
seiner Jugendzeit in Dublin.

**deal with sth** [diːl] *v*
In his book the author deals with the
political situation in China.

**etw. behandeln**
In seinem Buch behandelt der Autor die
politische Lage in China.

**be about sth** [bi əˈbaʊt] *v*
The novel is about a girl who has run away
from home.

**von etw. handeln**
Der Roman handelt von einem Mädchen,
das von zu Hause ausgerissen ist.

**learn** [lɜːn] *v*
In Patrick O'Brian's novels we learn a lot
about life on board a sailing ship at the
end of the 18th century.

**erfahren**
In Patrick O'Brians Romanen erfahren wir
eine Menge über das Leben an Bord eines
Segelschiffes am Ende des 18. Jahrhunderts.

**mention** [ˈmenʃn] *v*
In this context I would also like to
mention the problem of overpopulation.

**erwähnen**
In diesem Zusammenhang möchte ich auch
das Problem der Übervölkerung erwähnen.

**bring up** [brɪŋ ˈʌp] *v*
**raise** [reɪz] *v*
The subject was not brought up (was not
raised).

**zur Sprache bringen**
Dieses Thema wurde nicht zur Sprache
gebracht.

**convey** [kən'veɪ] v
Wordsworth's poem "The daffodils"
conveys an atmosphere of perfect
harmony between man and nature.

**vermitteln**
Das Gedicht „Narzissen" von
Wordsworth vermittelt eine Atmosphäre
vollkommener Harmonie zwischen
Mensch und Natur.

**account** [ə'kaʊnt] n
His account was lively and full of details.

As a witness she was able to give an exact
account of the accident.

**Bericht** m, **Schilderung** f
Seine Schilderung war lebendig und voller
Details.
Als Zeugin konnte sie einen genauen
Bericht des Unfalls geben.

**describe** [dɪ'skraɪb] v
In his novels Charles Dickens describes
the world of the ordinary people in
19th century England with love and
humour.

**beschreiben, schildern**
Charles Dickens beschreibt in seinen
Romanen mit Liebe und Humor die Welt
der kleinen Leute im England des
19. Jahrhunderts.

**description** [dɪ'skrɪpʃn] n
Donna Leon's detective novels contain
exact descriptions of Venice.

**Beschreibung** f
Die Kriminalromane von Donna Leon
enthalten genaue Beschreibungen von
Venedig.

**character** ['kærəktə] n
The two main characters in the
play represent completely different
philosophies of life.

**Person** f, **Figur** f
Die beiden Hauptfiguren des Stückes
vertreten vollkommen unterschiedliche
Weltanschauungen.

**structure** ['strʌktʃə] n
**part** [pɑːt] n
**chapter** ['tʃæptə] n
**act** [ækt] n
**scene** [siːn] n
**stanza** ['stænzə] n
**verse** [vɜːs] n
**line** [laɪn] n
**rhyme** [raɪm] n
**rhythm** ['rɪðəm] n
**break** [breɪk] n

**Aufbau** m, **Struktur** f
**Element** n, **Teil** m
**Kapitel** n
**Akt** m
**Szene** f
**Strophe** f
**Vers** m
**Zeile** f
**Reim** m
**Rhythmus** m
**Pause** f, **Einschnitt** m

**divide into** [dɪ'vaɪd] v
The article is divided into four parts.

**sich gliedern, sich einteilen lassen**
Der Artikel gliedert sich in vier
Abschnitte.

**consist of** [ kən'sɪst] v

The novel consists of 12 chapters.

**aus etw. bestehen, sich
zusammensetzen**
Der Roman besteht aus 12 Kapiteln.

**contain** [kən'teɪn] *v*
Each stanza of the poem contains 6 lines.

**umfassen**
Jede Strophe des Gedichts umfasst
6 Zeilen.

**plot** [plɒt] *n*
In the course of the novel the plot
becomes more complicated.

**Handlung** *f*
Im Verlauf des Romans wird die Handlung
verwickelter.

**setting** ['setɪŋ] *n*
The setting of her last novel is Manhattan.

**Schauplatz** *m*
Der Schauplatz ihres letzten Romans ist
Manhattan.

**be set** [bi 'set]
The story is set in Wales at the beginning
of the 20th century.

**spielen**
Die Geschichte spielt in Wales zu Beginn
des 20. Jahrhunderts.

**action** ['ækʃn] *n*
**take place** [teɪk 'pleɪs]
**develop** [dɪ'veləp] *v*
– Where and when does the action take
  place?
– The action takes place in Lisbon in the
  1930's.
How does the action develop?

**Handlung** *f*, **Geschehen** *n*
**stattfinden**
**sich entwickeln**
– Wo und wann spielt die Handlung?

– Die Handlung findet in den 30er Jahren
  in Lissabon statt.
Wie entwickelt sich die Handlung?

**introductory paragraph**
[ˌɪntrəˌdʌktəri 'pærəgrɑːf] *n*
In the introductory paragraph we learn
a lot about the characters and their
relationship with each other.

**einleitende(r) Abschnitt** *m*

In dem einleitenden Abschnitt erfahren
wir eine Menge über die Personen und
ihre Beziehungen zueinander.

**episode** ['epɪsəʊd] *n*
In his memoirs the author tells of an
episode which took place in St. Petersburg
in 1873.

**Episode** *f*
In seinen Memoiren erzählt der Autor
eine Episode, die sich 1873 in
St. Petersburg ereignete.

**conflict** ['kɒnflɪkt] *n*
What are the reasons for the conflict?

**Konflikt** *m*
Welches sind die Ursachen des Konfliktes?

**climax** ['klaɪmæks] *n*
How does the conflict reach its climax?

**Höhepunkt** *m*
Wie erreicht der Konflikt seinen
Höhepunkt?

**turning point** ['tɜːnɪŋ pɔɪnt] *n*
Where is the turning point in the action?

**Wendepunkt** *m*
Wo ist der Wendepunkt der Handlung?

**final section** [ˌfaɪnl 'sekʃn] *n*
Only in the final section does the author
provide an explanation for the main
character's behaviour.

**letzte(r) Abschnitt** *m*
Erst im letzten Abschnitt liefert der Autor
eine Erklärung für das Verhalten der
Hauptfigur.

**end** [end] *n; v*
The author is successful in maintaining the reader's suspense until the end of the novel.
How does the play end?

**Ende** *n;* **enden, ausgehen**
Dem Autor gelingt es, die Spannung des Lesers bis zum Ende des Romans aufrecht zu erhalten.
Wie geht das Stück aus?

**happy ending** [ˌhæpi 'endɪŋ] *n*
That is a love story without a happy ending.

**Happy End** *n*
Das ist eine Liebesgeschichte ohne Happy End.

**symbol** ['sɪmbl] *n*
The rose is a symbol for love.

**Symbol** *n*
Die Rose ist ein Symbol für die Liebe.

**symbolic** [sɪm'bɒlɪk] *adj*
In literature gestures, situations and words often have symbolic meanings.
The colour white is symbolic of innocence.

**symbolisch**
In der Literatur haben Gesten, Situationen und Worte oft symbolische Bedeutung.
Die Farbe Weiß steht symbolisch für Unschuld.

**impress** [ɪm'pres] *v*
What impresses me the most about Sherlock Holmes is his cool-headedness and his powers of deduction.

**beeindrucken**
Was mich an Sherlock Holmes am meisten beeindruckt, sind seine Kaltblütigkeit und seine Kombinationsgabe.

**identify with** [aɪ'dentɪfaɪ] *v*
I find the theme of the book very interesting, however I can't identify with the characters.

**sich identifizieren**
Das Thema des Buches finde ich sehr interessant, mit den Personen kann ich mich jedoch nicht identifizieren.

**stylistic device** [staɪˌlɪstɪk dɪ'vaɪs] *n*
– Which stylistic device is the author using?
– The author uses ...
  **a metaphor** ['metəfə]
  **a simile** ['sɪməli]
  **exaggeration** [ɪgˌzædʒə'reɪʃn]
  **understatement** ['ʌndəsteɪtmənt]
  **a comparison** [kəm'pærɪsn]
  **... language** ['læŋgwɪdʒ]
    **abstract** [æb'strækt ˌ..]
    **descriptive** [dɪ'skrɪptɪv ˌ..]
    **direct** [də'rekt ˌ..]
    **ironic** [aɪ'rɒnɪk ˌ..]
    **vivid** ['vɪvɪd ˌ..]
    **plain** ['pleɪn ˌ..]

**Stilmittel** *n*
– Welches Stilmittel gebraucht der Autor?

– Der Autor verwendet ...
  **eine Metapher**
  **ein Gleichnis**
  **die Übertreibung**
  **die Untertreibung**
  **einen Vergleich**
  **eine ... Sprache**
    **abstrakte**
    **beschreibende**
    **direkte**
    **ironische**
    **bildhafte**
    **nüchterne**

| | |
|---|---|
| **His style is ...** [staɪl] | **Sein Stil ist ...** |
| concise [kən'saɪs] | knapp |
| clear [klɪə] | klar |
| simple ['sɪmpl] | einfach |
| realistic [ˌriːə'lɪstɪk] | realistisch |
| awkward ['ɔːkwəd] | schwerfällig |
| narrative ['nærətɪv] | erzählend |
| colloquial [kə'ləʊkwiəl] | umgangssprachlich |
| poetic [pəʊ'etɪk] | poetisch |

**literary genre** ['lɪtərəri ˌʒɒnrə] n
To which literary genre does this text belong?

**literarische Gattung** f
Zu welcher literarischen Gattung gehört der Text?

**literary period** ['.... ˌpɪəriəd] n
To which literary period does this text belong?

**literarische Epoche** f
Welcher literarischen Epoche gehört der Text an?

● **Expression**

**without rhyme or reason**
She has left without rhyme or reason.

**grundlos, unverständlich**
Niemand kann verstehen, warum sie abgereist ist.

# 29.3 Seine Meinung sagen, argumentieren

**opinion** [ə'pɪniən] n
I didn't hesitate to give my opinion.

**Meinung** f, **Ansicht** f
Ich habe nicht gezögert meine Meinung zu sagen.

What is your opinion on this topic?
In my opinion you acted well.

Was ist Ihre Meinung zu diesem Thema?
Meiner Meinung nach hast du richtig gehandelt.

I'm of the opinion that we shouldn't rush things.

Ich bin der Meinung, dass wir in dieser Sache nichts übereilen sollten.

**point of view** [pɔɪnt əv 'vjuː] n
From your point of view you're right, of course.
He maintained his point of view and refused to compromise.

**Standpunkt** m
Von deinem Standpunkt aus hast du natürlich Recht.
Er beharrte auf seinem Standpunkt und lehnte jeden Kompromiss ab.

**think** [θɪŋk] v
I think that you've behaved badly.

What do you think of it?

**meinen, finden**
Ich finde, dass du dich schlecht benommen hast.

Was meinst du dazu?

**consider to be sth** [kən'sɪdə] v
The expert considered some of the documents to be forgeries.
His teachers consider him to be intelligent.

**für etw. halten, als etw. betrachten**
Der Sachverständige hielt einige der Dokumente für Fälschungen.
Seine Lehrer halten ihn für intelligent.

**regard as sth** [rɪ'gɑːd] v
I regard her as one of the most important novelists of the 20th century.
This invention is regarded as sensational.

**für etw. halten, gelten**
Ich halte sie für eine der bedeutendsten Romanautorinnen des 20. Jahrhunderts.
Diese Erfindung gilt als sensationell.

**find** [faɪnd] v
– How did you like the film?
– I found it exciting/boring.

**finden**
– Wie hat dir der Film gefallen?
– Ich fand ihn spannend/langweilig.

**talk** [tɔːk] v
I really have to talk to the boss.
– What did you talk about?
– We talked about our student days together.

**sprechen, sich unterhalten**
Ich muss unbedingt mit dem Chef sprechen.
– Worüber habt ihr euch unterhalten?
– Wir haben uns über unsere gemeinsame Studienzeit unterhalten.

**discuss** [dɪ'skʌs] v
– What are you discussing?
– We're just discussing the issue of whether girls should do community service or not.

**diskutieren**
– Worüber diskutiert ihr?
– Wir diskutieren gerade über die Frage, ob Mädchen Zivildienst leisten sollten oder nicht.

**criticize** ['krɪtɪsaɪz] v
You do nothing but criticize.
Stop criticizing everything around you.
He constantly criticizes his boss.

**kritisieren**
Du kannst nur kritisieren.
Kritisiere nicht immer an allem herum.
Er kritisiert ständig seinen Chef.

**object** [əb'dʒekt] v
I object to you associating yourself with these people.

**etw. dagegen haben**
Ich habe etwas dagegen, dass du mit diesen Leuten verkehrst.

**suggest** [sə'dʒest] v
– What do you suggest?
– I suggest that we fly to England and hire a car there.

**vorschlagen**
– Was schlägst du vor?
– Ich schlage vor, wir fliegen nach England und mieten uns dort ein Auto.

**advice** [əd'vaɪs] n, sg, no indefinite article
I can do without your advice.
That was a really good piece of advice.

**Rat/Ratschläge** m/Pl
Auf Deine Ratschläge kann ich verzichten.
Das war wirklich ein guter Ratschlag.

**question** ['kwestʃn] v

I don't question that it happened in that way.

Why do you always question everything?

**in Frage stellen, bezweifeln**

Ich bezweifle nicht, dass sich das so zugetragen hat.

Warum stellst du immer alles in Frage?

**judgement** ['dʒʌdʒmənt] n

I'm no expert, so I can't pass any judgement.

**Urteil n, Beurteilung f**

Ich bin kein Experte, deshalb kann ich kein Urteil abgeben.

**talk** [tɔːk] n
**discussion** [dɪ'skʌʃn] n
**criticism** ['krɪtɪsɪzm] n
**objection** [əb'dʒekʃn] n
**suggestion** [sə'dʒestʃn] n
**debate** [dɪ'beɪt] n
**conversation** [ˌkɒnvə'seɪʃn] n
**comment** ['kɒmənt] n
**conviction** [kən'vɪkʃn] n

**Gespräch n, Unterredung f**
**Diskussion f**
**Kritik f**
**Einwand m**
**Vorschlag m**
**Debatte f**
**Unterhaltung f**
**Bemerkung f, Stellungnahme f**
**Überzeugung f**

**subject** ['sʌbdʒɪkt] n
**topic** ['tɒpɪk] n
**issue** ['ɪʃuː] n

**Thema n, Gesprächsgegenstand m**

The relationship between the sexes is one of the most popular subjects (topics, issues) in chat shows.

Die Beziehung der Geschlechter ist eines der beliebtesten Themen in Talkshows.

**claim** [kleɪm] v

If you claim that, then you must also be able to prove it.

**behaupten**

Wenn du das behauptest, musst du es auch beweisen können.

**say** [seɪ] v

What did you say?

What you're saying sounds quite reasonable.

**sagen**

Was hast du gesagt?

Was du da sagst, klingt ganz vernünftig.

**example** [ɪg'zɑːmpl] n
**for example (e. g.** [iː 'dʒiː]**)**

There are countries without natural resources, for example (e. g.) Japan.

As an example of successful restoration, I could mention the Reichstag in Berlin.

**Beispiel n**
**zum Beispiel (z. B.)**

Es gibt Länder ohne Energievorkommen, zum Beispiel (z. B.) Japan.

Als Beispiel für eine gelungene Restaurierung könnte ich den Reichstag in Berlin anführen.

**such as** ['sʌtʃ əz]

Countries such as Great Britain, Germany and France have approximately the same standard of living.

**wie**

Länder wie Großbritannien, Deutschland und Frankreich haben in etwa den gleichen Lebensstandard.

**illustrate** [ˈɪləstreɪt] v
To illustrate my thoughts I would like to cite an event which recently happened.

**veranschaulichen**
Um meinen Gedanken zu veranschaulichen, möchte ich ein Ereignis anführen, das sich neulich zugetragen hat.

**mean** [miːn] v
Okay, I haven't told you everything. That doesn't mean however that I'm a liar.

**bedeuten**
Gut, ich habe dir nicht alles gesagt. Das bedeutet aber nicht, dass ich ein Lügner bin.

The Euro has become weaker compared to the dollar. That means that EU imports will become cheaper for the Americans.

Der Euro ist gegenüber dem Dollar schwächer geworden. Das bedeutet, dass EU-Importe für die Amerikaner billiger werden.

**that is to say/i. e.** [aɪ ˈiː]
They live in Russell Square, that is to say not far away from the British Museum.

**das heißt/d. h.**
Sie wohnen am Russell Square, das heißt, nicht weit vom Britischen Museum entfernt.

Law forbids young people, i. e. people under 18 years of age, to be sold alcoholic drinks.

Das Gesetz verbietet, an Jugendliche, d. h. Personen unter 18 Jahren, alkoholische Getränke zu verkaufen.

**to be precise** [prɪˈsaɪs]
I was there twice, to be precise on Monday and Thursday.
He graduated from an American university, to be precise from Princeton.

**und zwar, nämlich**
Ich war zweimal dort, und zwar am Montag und am Donnerstag.
Er hat an einer amerikanischen Universität studiert, und zwar in Princeton.

**advantages and disadvantages** n, pl
[ədˈvɑːntɪdʒɪs ənd ˌdɪsədˈvɑːntɪdʒɪs]
**consider** [kənˈsɪdə] v
Before making your decision, consider the advantages and disadvantages well.

**Vor- und Nachteile** Pl

**abwägen**
Bevor du eine Entscheidung triffst, wäge gut die Vor- und Nachteile ab.

**take into consideration**
[kənˌsɪdəˈreɪʃn]
We had not taken this possibility into consideration.
You must take into consideration that he is a foreigner.

**in Betracht ziehen**

Wir hatten diese Möglichkeit nicht in Betracht gezogen.
Du musst berücksichtigen, dass er Ausländer ist.

**on the one hand … on the other hand** [hænd]
On the one hand I am glad I have found a position in Glasgow, but on the other hand I regret having to leave London.

**einerseits … andererseits**

Einerseits bin ich froh, in Glasgow eine Stelle gefunden zu haben, andererseits bedauere ich, London verlassen zu müssen.

**agree** [əˈgriː] v

We are friends but we do not always agree with each other.
I completely agree with you.
Even if you don't agree to it, I'll still do it.

**einverstanden sein, derselben Meinung sein**
Wir sind Freunde, sind aber nicht immer derselben Meinung.
Ich stimme dir voll zu.
Auch wenn du nicht damit einverstanden bist, werde ich es tun.

**agreement** [əˈgriːmənt] n
Finally we reached an agreement on the price.

**Einigung** f
Schließlich haben wir uns über den Preis geeinigt.

**disagree** [ˌdɪsəˈgriː] v

They often disagreed about how to bring up their children.
I disagree with you buying yourself a motorbike.

**verschiedener Meinung sein, nicht einverstanden sein**
Sie waren oft verschiedener Meinung, wenn es um die Erziehung der Kinder ging.
Ich bin nicht damit einverstanden, dass du dir ein Motorrad kaufst.

**argue** [ˈɑːgjuː] v
We want to discuss and not argue.
They argue from morning to night.

**(sich) streiten**
Wir wollen diskutieren und nicht streiten.
Sie streiten sich von morgens bis abends.

**argument** [ˈɑːgjumənt] n
What was the argument actually about?
I am not convinced by your argument.

**Streit** m; **Argument** n
Worum ging es eigentlich bei dem Streit?
Deine Argumente überzeugen mich nicht.

**give in** [gɪv ˈɪn] v
Although he had not convinced me, I gave in for the sake of peace.

**nachgeben**
Obwohl er mich nicht überzeugt hatte, gab ich um des lieben Friedens willen nach.

**be right** [raɪt]
**be wrong** [rɒŋ]
You always have to be right.
Admit that you're wrong.

**Recht haben**
**Unrecht haben**
Du musst immer Recht haben.
Gib zu, dass du Unrecht hast.

**persuade** [pəˈsweɪd] v
You can't persuade me to come along.

**überreden**
Du kannst mich nicht überreden mitzukommen.

**in fact** [ɪn ˈfækt] adv
**really** [ˈriːəli] adv
**actually** [ˈæktʃuəli] adv
He was suspected for a long time by the police but he was in fact (actually) innocent. (... but really he was innocent.)

**tatsächlich**

Er wurde lange von der Polizei verdächtigt, tatsächlich war er aber unschuldig.

**of course** [əv ˈkɔːs] adv
**certainly** [ˈsɜːtnli] adv

**natürlich, selbstverständlich**

Of course you can rely on me. (You can certainly rely on me.)

Selbstverständlich kannst du dich auf mich verlassen.

**probably** ['prɒbəbli] *adv*
I don't know where he is. He has probably gone home.

**wahrscheinlich**
Ich weiß nicht, wo er ist. Wahrscheinlich ist er nach Hause gegangen.

**perhaps** [pə'hæps] *adv*
**maybe** ['meɪbi] *adv*
– Are you coming with us to the cinema tonight?
– Maybe. (Perhaps.)
I'll maybe call on you tomorrow.
(I'll call on you tomorrow perhaps.)

**vielleicht**
– Kommst du heute abend mit ins Kino?
– Vielleicht.
Vielleicht komme ich morgen bei dir vorbei.

**obviously** ['ɒbviəsli] *adv*
He had obviously drunk too much.

**offensichtlich**
Offensichtlich hatte er zu viel getrunken.

**possibly** ['pɒsəbli] *adv*
– Are you going to buy the flat?
– Possibly, but we haven't decided yet.

**möglicherweise, vielleicht**
– Werdet ihr die Wohnung kaufen?
– Vielleicht, aber wir haben uns noch nicht entschieden.

**surely** ['ʃʊəli] *adv*
**definitely** ['defɪnətli] *adv*
She will surely (definitely) be very pleased with the present.

**sicherlich**
Sie wird sich über das Geschenk sicher sehr freuen.

**hopefully** ['həʊpfli] *adv*
Hopefully nothing has happened to the children.

**hoffentlich**
Hoffentlich ist den Kindern nichts passiert.

**basically** ['beɪsɪkli] *adv*
Basically he is selfish.

**im Grunde**
Im Grunde ist er ein Egoist.

# 29.4 Aufzählen, gliedern

**firstly** ['fɜːstli] *adv*
**secondly** ['sekəndli] *adv*
**thirdly** ['θɜːdli] *adv*
I enjoy shopping in this grocery shop. Firstly it is situated near my flat so that I can go there on foot. Secondly the produce is always fresh and thirdly the prices are reasonable.

**erstens**
**zweitens**
**drittens**
Ich kaufe in diesem Lebensmittelgeschäft gerne ein. Erstens liegt er nahe bei meiner Wohnung, so dass ich zu Fuß gehen kann. Zweitens ist das Gemüse immer frisch und drittens sind die Preise vernünftig.

**first (of all)** [fɜːst (əv 'ɔːl)] adv
**next** [nekst] adv
**then** [ðen] adv
**after that** [ˌɑːftə 'ðæt] adv
**in brief** [ɪn 'briːf] adv
Yesterday we went to London. First of all we visited Westminster Cathedral. Next we walked along the Thames. Then we went to a café. After that we travelled with the underground back home. In brief we had a wonderful day.

**zunächst**
**anschließend, darauf**
**dann**
**danach**
**kurz gesagt**
Gestern waren wir in London. Zunächst besichtigten wir Westminster Cathedral. Anschließend machten wir einen Spaziergang an der Themse. Dann kehrten wir in einem Café ein. Danach fuhren wir mit der Untergrundbahn wieder nach Hause. Kurz gesagt, wir haben einen herrlichen Tag verbracht.

**at first** [ət 'fɜːst] adv
**afterwards** ['ɑːftəwədz] adv
**finally** ['faɪnəli] adv
At first I really liked the flat. Afterwards however I had my doubts because of the noise of the traffic. But finally we decided, not least because of the reasonable price, to buy the flat.

**zuerst, zunächst**
**danach, dann**
**schließlich**
Zunächst gefiel mir die Wohnung sehr gut. Dann kamen mir jedoch gewisse Bedenken wegen des Straßenlärms. Aber schließlich entschlossen wir uns, nicht zuletzt wegen des günstigen Preises, die Wohnung zu kaufen.

**besides** [bɪ'saɪdz] adv
I don't like swimming in the sea. Besides it's too cold today.

**außerdem**
Ich bade nicht gerne im Meer. Außerdem ist es heute zu kalt.

**start by doing sth** [stɑːt baɪ 'duːɪŋ] v
I would like to start by summarizing the main ideas of the text.

**zunächst**
Ich möchte zunächst die Hauptgedanken des Textes zusammenfassen.

**come to** [kʌm] v
I am now coming to the second point.

**kommen zu, dazu übergehen**
Ich komme nun zum zweiten Punkt.

**in conclusion** [ɪn kən'kluːʒn]
**to conclude** [kən'kluːd]
In conclusion (To conclude) one can say that the air raids on Serbia are very controversial.

**zum Schluss, abschließend**
**zum Schluss**
Abschließend kann man sagen, dass die Luftangriffe auf Serbien sehr umstritten sind.

**in the beginning** [ɪn ðə bɪ'gɪnɪŋ]
In the beginning she was very friendly. Then she suddenly changed her behaviour towards me.

**am Anfang, anfänglich**
Anfänglich war sie sehr freundlich. Dann änderte sie plötzlich ihr Verhalten mir gegenüber.

**in the end** [ɪn ði 'end]
In the end I was able to convince him.

**schließlich**
Schließlich konnte ich ihn überzeugen.

**in addition** [ɪn əˈdɪʃn]
He earns a fixed salary and has in addition an expense allowance.

**dazu, außerdem**
Er bekommt ein Festgehalt und dazu eine Aufwandsentschädigung.

**too** [tuː] *adv*
**as well** [əz ˈwel] *adv*
**as well as** [əz ˈwel əz] *adv*
**neither** [ˈnaɪðə] *adv*
**either** [ˈaɪðə] *adv, in negative sentences*
**neither ... nor** [ˈnaɪðə ... nɔː] *conj*
– Is your sister coming to the concert too (as well)?
– No.
– Then I'm not going either.
We visited the Museum of Modern Art in New York as well as the Guggenheim Museum.
– I like the picture./I don't like the picture.

– Me too./Me neither.
This car assures neither performance nor economicalness.

**auch, ebenfalls**

**und auch, ebenso wie**

**auch nicht**

**weder ... noch**
– Kommt deine Schwester auch mit zu dem Konzert?
– Nein.
– Dann gehe ich auch nicht.
In New York besuchten wir das Museum of Modern Art und auch das Guggenheim Museum.
– Mir gefällt das Bild./Mir gefällt das Bild nicht.
– Mir auch./Mir auch nicht.
Dieses Auto überzeugt weder durch Leistung noch durch Sparsamkeit.

**furthermore** [ˌfɜːðəˈmɔː] *adv, formal*
**moreover** [mɔːrˈəʊvə] *adv*
I don't want to go on a skiing holiday this year. Furthermore (Moreover) I don't have any money.

**außerdem, überdies**

Ich habe keine Lust, dieses Jahr Skiurlaub zu machen. Außerdem habe ich auch kein Geld.

**by and large** [baɪ ənd ˈlɑːdʒ]
I do not agree with all of the details in the project but by and large I find it good.

**im Großen und Ganzen**
Ich bin nicht mit allen Einzelheiten des Projekts einverstanden, aber im Großen und Ganzen finde ich es gut.

**to sum up** [sʌm ˈʌp] *v*
To sum up the past year was very successful for our company.

**zusammenfassend**
Zusammenfassend lässt sich sagen: Das vergangene Jahr war für unsere Firma sehr erfolgreich.

● **Expressions**

**get hold of the wrong end of the stick** *informal*
If you think that you can live here forever then you have got hold of the wrong end of the stick.

**auf dem Holzweg sein**

Wenn du glaubst, du könntest hier für immer wohnen, dann bist du auf dem Holzweg.

**be at the end of one's tether**

She was at the end of her tether and could not bear her colleagues' spiteful remarks any more.

**am Ende (seiner Kräfte, seiner Geduld) sein**

Sie war am Ende und konnte die gehässigen Bemerkungen ihrer Kollegen nicht mehr ertragen.

# 29.5 Räumlich zuordnen

**in the foreground** ['fɔːgraʊnd]
In the foreground of the photo you can see children playing with a ball.

**im Vordergrund**
Im Vordergrund des Fotos sieht man Kinder, die Ball spielen.

**in the middle** ['mɪdl]
In the middle of the yard there is a large tree.

**in der Mitte**
In der Mitte des Hofes steht ein großer Baum.

**in the background** ['bækgraʊnd]
In the background of the picture you can make out the Alps.

**im Hintergrund**
Im Hintergrund des Bildes erkennt man die Alpen.

**at the back of** [bæk]
At the back of the garden there is a small hut.

**hinten**
Hinten im Garten steht eine kleine Hütte.

**in front of** [frʌnt]
You cannot park your car in front of the hotel.

**vor**
Sie können Ihr Auto nicht vor dem Hotel parken.

**behind** [bɪ'haɪnd] *prep*
Behind the house there is a garden.

**hinter**
Hinter dem Haus befindet sich ein Garten.

**opposite** ['ɒpəzɪt] *prep*
There is a chemist's opposite the station.

**gegenüber**
Gegenüber dem Bahnhof befindet sich eine Apotheke.

**on (to) the left/right of** [left/raɪt]
The kitchen is to the left (on the left) of the entrance.
The emergency exit is to the right (on the right) of the lift.

**links/rechts von**
Die Küche befindet sich links vom Hauseingang.
Der Notausgang ist rechts vom Fahrstuhl.

**next to** [nekst] *prep*
The bathroom is next to the bedroom.

**neben**
Das Bad befindet sich neben dem Schlafzimmer.

**beside** [bɪ'saɪd] *prep*
Come and sit beside me.
Go und get my notebook, please. It's beside the telephone.

**neben**
Komm und setz dich neben mich.
Hole mir bitte mein Notizbuch. Es liegt neben dem Telefon.

**on the side** [saɪd]
The street is on the other side of the river.
The toilet is at the end of the corridor on the right hand side/on the left hand side. (to the right/to the left).

**auf der Seite**
Die Straße liegt auf der anderen Seite des Flusses.
Die Toilette befindet sich am Ende des Flurs auf der rechten Seite/auf der linken Seite.

● **Expressions**

**in the middle of nowhere**
**somewhere in the back of beyond**
He used to live on a farm in Vernon, in the middle of nowhere (somewhere in the back of beyond).

**wo sich Fuchs und Hase gute Nacht sagen**
Er lebte damals auf einer Farm in Vernon, in einer Gegend, wo sich Fuchs und Hase gute Nacht sagen.

**know sth back to front**
I know this computer program back to front.

**etw. aus dem Effeff kennen**
Dieses Computerprogramm kenne ich aus dem Effeff.

*Zu* at the top/at the bottom *s. S. 282.*

# 29.6  Zeitlich einordnen

**present** ['preznt] *n*
**past** [pɑːst] *n*
**future** ['fjuːtʃə] *n*
He lives more in the past than in the present.
In future we will obtain our fuel oil from another company.

**Gegenwart** *f*
**Vergangenheit** *f*
**Zukunft** *f*
Er lebt mehr in der Vergangenheit als in der Gegenwart.
In Zukunft werden wir das Heizöl von einer anderen Firma beziehen.

**currently** ['kʌrəntli] *adv*
Prices are currently stable.
Currently everything in politics revolves around the war in the Balcans.

**gegenwärtig, zur Zeit**
Zur Zeit sind die Preise stabil.
In der Politik dreht sich zur Zeit alles um den Krieg auf dem Balkan.

**at present** [ət 'preznt]
At present everything I do goes wrong.
My father is on a business trip at present.

**zur Zeit**
Zur Zeit läuft bei mir alles schief.
Mein Vater ist zur Zeit auf Geschäftsreise.

**at the moment** ['məʊmənt]
**just now** [dʒʌst 'naʊ] adv
At the moment (Just now) I'm reading "Pride and Prejudice" by Jane Austen.

**zurzeit, im Augenblick**

Im Augenblick lese ich „Stolz und Vorurteil" von Jane Austen.

**be** + -ingform [bi]
Leave your brother alone. He is doing his homework.

**gerade**

Lass deinen Bruder in Ruhe! Er macht gerade seine Hausaufgaben.

**now** [naʊ] adv
Now I would like to give my opinion on that.
From now on I'll do all my bank transactions online.

**jetzt**

Jetzt möchte ich meine Meinung dazu sagen.
Von jetzt an erledige ich alle meine Bankgeschäfte online.

**today/nowadays** [tə'deɪ/'naʊədeɪz] adv
Today (Nowadays) nearly everyone owns a television set.

**heute/heutzutage**

Heutzutage besitzt fast jeder ein Fernsehgerät.

**early** ['ɜ:li] adv
We're ten minutes too early. The bus doesn't come until 5 o'clock.

**früh**

Wir sind 10 Minuten zu früh. Der Bus kommt erst um 5 Uhr.

**late** [leɪt] adj, adv
The train was 15 minutes late.
Yesterday we arrived home late.

**spät**

Der Zug hatte 15 Minuten Verspätung.
Gestern sind wir spät nach Hause gekommen.

**lately** ['leɪtli] adv
I haven't seen him lately.

**in letzter Zeit**

Ich habe ihn in letzter Zeit nicht gesehen.

**recently** ['ri:sntli] adv
We have only recently discussed this problem.

**kürzlich, neulich**

Wir haben uns erst neulich über dieses Problem unterhalten.

**shortly** ['ʃɔ:tli] adv
The law will shortly be passed.

**in Kürze, gleich**

Das Gesetz wird in Kürze verabschiedet.

**in ... times** [taɪmz]
In Roman times there was already a flourishing wine trade in this area.
This cathedral was built in Norman times.

**zur Zeit der ...**

Schon zur Zeit der Römer gab es in dieser Gegend einen lebhaften Weinhandel.
Diese Kathedrale wurde zur Zeit der Normannen gebaut.

**period** ['pɪəriəd] n
That was the best period of my life.

I went through a bad period then.

**Zeit** f, **Zeitabschnitt** m

Das war die schönste Zeit in meinem Leben.
Damals machte ich eine schwierige Zeit durch.

**previously** ['pri:viəsli] *adv*
**used to** ['ju:st tə] *v*
Previously there was a school, a nursery and a grocery shop in our small town.
(There used to be a school ...)
I used to enjoy eating meat but now I prefer fish.

**früher**
Früher gab es in unserem kleinen Ort eine Schule, einen Kindergarten und ein Lebensmittelgeschäft.
Früher mochte ich Fleisch sehr gerne, heute esse ich lieber Fisch.

**for** [fə] *prep*
I haven't seen him for three years.

I've occupied myself with this problem for a long time.

**seit**
Seit drei Jahren habe ich ihn nicht mehr gesehen.
Ich beschäftige mich schon seit langem mit diesem Problem.

**ago** [ə'gəʊ] *adv*
She got married two years ago.

**vor**
Sie hat vor zwei Jahren geheiratet.

**in** [ɪn] *prep*
In a week I'll know the result.
Tourism in this area has increased in the last years.

**in**
In einer Woche erfahre ich das Ergebnis.
Der Tourismus hat in den letzten Jahren in dieser Gegend zugenommen.

**from** [frəm] *prep*
From 1st May there are new timetables.

**ab**
Ab dem 1. Mai gibt es neue Fahrpläne.

**from ... to ...** *prep*
He was absent from 15th to 26th January.

**von ... bis ...**
Er war in der Zeit vom 15. bis 26. Januar abwesend.

**during** ['djʊərɪŋ] *prep*
**while** [waɪl] *conj*
During his studies he led a carefree life.

I enjoy listening to classical music while ironing.

**während**
Während seines Studiums führte er ein sorgloses Leben.
Während ich bügele, höre ich gerne klassische Musik.

**in the course of** [kɔːs]
Many things have changed in the course of last year.

**im Verlauf, im Laufe**
Vieles hat sich im Laufe des letzten Jahres verändert.

**up to** [ʌp tə] *prep*
**until** [ən'tɪl] *prep/conj*
**by** [baɪ] *prep*
On Thursday the shops are open until 8 p.m.
In any case, I'll wait until you come.

**bis**

Am Donnerstag sind die Geschäfte bis 20 h geöffnet.
Ich werde auf jeden Fall warten bis du kommst.

I have to have finished this work by next week.
– How long can you stay?
– Until (Up to) 28th.

Mit dieser Arbeit muss ich bis nächste Woche fertig sein.
– Wie lange kannst du bleiben?
– Bis zum 28.

**since** [sɪns] *prep*
She has lived in Spain since 1990.

**seit**
Sie lebt seit 1990 in Spanien.

**since** [sɪns] *conj*
She is feeling a lot better since she has been doing sport.
Since he stopped smoking he has put on weight.

**seit, seitdem**
Es geht ihr gesundheitlich viel besser, seit sie Sport treibt.
Seit er nicht mehr raucht, hat er zugenommen.

**when** [wen] *conj*
When it startet raining, the tennis match was stopped.
We do not know when they will arrive.

**wenn, als, wann**
Als es zu regnen begann, wurde das Tennisspiel abgebrochen.
Wir wissen nicht, wann sie eintreffen werden.

**as soon as** [suːn] *conj*
I will let you know as soon as I get the exact data.

**sobald**
Ich gebe dir Bescheid, sobald ich die genauen Daten habe.

● **Expression**

**on the spur of the moment**
I certainly did not intend to buy anything. But I liked the coat so much that I bought it on the spur of the moment.

**ganz spontan**
Ich hatte überhaupt nicht die Absicht etwas zu kaufen. Aber der Mantel gefiel mir so gut, dass ich ihn ganz spontan gekauft habe.

# 29.7 Sich auf jdn./etw. beziehen; etw. in einen Zusammenhang stellen

**refer to sth** [rɪˈfɜː] *v*
I refer to your letter dated 10th June 2000.

This text refers to the photo on the cover.

**sich auf etw. beziehen**
Ich beziehe mich auf Ihr Schreiben vom 10. Juni 2000.
Dieser Text bezieht sich auf das Foto auf der Titelseite.

**concern** [kən'sɜːn] *v*
This matter concerns you as much as me.

**betreffen**
Diese Sache betrifft dich ebenso wie mich.

**as far as sb/sth is concerned**
[kən'sɜːnd]
**as for sb/sth**
As far as the artistic merit of the film is concerned, I don't share your opinion.
As for me, I'll not run as a candidate.

**was (an)betrifft**

Was den künstlerischen Wert des Films anbetrifft, bin ich nicht deiner Meinung.
Was mich betrifft, so werde ich nicht kandidieren.

**relationship** [rɪ'leɪʃnʃɪp] *n*
**connection** [kə'nekʃn] *n*
Today we know that there is a relationship between anorexia and psychological problems.
There is definitely a connection between the death of the forests and acid rain.

**Zusammenhang** *m*

Heute weiß man, dass ein Zusammenhang besteht zwischen Magersucht und seelischen Problemen.
Es besteht sehr wohl ein Zusammenhang zwischen dem Waldsterben und dem sauren Regen.

**in the context** ['kɒntekst]
**out of context**
The job cuts must be seen in the context of the company's rationalization measures.

Politicians are often quoted out of context by the press.

**im Zusammenhang**
**aus dem Zusammenhang**
Die Entlassungen müssen im Zusammenhang mit Rationalisierungs-maßnahmen des Betriebs gesehen werden.
Politiker werden von der Presse häufig aus dem Zusammenhang zitiert.

**in the field** [fiːld]
He is unbeatable in this field.
There has been very little progress made in the field of solar energy.

**auf dem Gebiet**
Auf diesem Gebiet ist er unschlagbar.
Die Fortschritte auf dem Gebiet der Nutzung der Solarenergie sind sehr gering.

**level** ['levl] *n*
These decisions are taken at local/national level.

**Ebene** *f*
Diese Entscheidungen werden auf regionaler/nationaler Ebene gefällt.

**correspond to** [ˌkɒrə'spɒnd] *v*
The result does not correspond to our expectations.

**entsprechen**
Das Ergebnis entspricht nicht unseren Erwartungen.

**allusion** [ə'luːʒn] *n*
Peter Greenaway's films are full of allusions to Renaissance painters' pictures.

**Anspielung** *f*
Die Filme von Peter Greenaway sind voller Anspielungen auf Bilder von Renaissancemalern.

# 29.8 Vergleich, Ähnlichkeit, Unterschied

**compare** [kəm'peə] v
This exhibition offers the opportunity to compare Constable's paintings to those of Turner.

**vergleichen**
Diese Ausstellung gibt Gelegenheit, die Gemälde von Constable mit denen von Turner zu vergleichen.

**comparison** [kəm'pærɪsn] n
It is interesting to make comparisons between the behaviour of certain animals and the behaviour of humans.

In comparison with the Germans, the British appear to be more interested in sport.

**Vergleich** m
Es ist interessant, einen Vergleich anzustellen zwischen dem Verhalten bestimmter Tiere und dem Verhalten des Menschen.
Im Vergleich zu den Deutschen scheinen sich die Briten mehr für Sport zu interessieren.

**comparable** ['kɒmpərəbl] adj
The house was built in 1968 for £ 70,000. A comparable house today costs at least three times the amount.

**vergleichbar**
Das Haus wurde 1968 für 70.000 £ gebaut. Ein vergleichbares Haus kostet heute mindestens das Dreifache.

**similar** ['sɪmɪlə] adj
They have reached similar results.

**ähnlich**
Sie sind zu ähnlichen Ergebnissen gekommen.

**resemble** [rɪ'sembl] v
The portrait does not resemble Uncle George very much.

**ähnlich sein**
Das Portrait ist Onkel George nicht sehr ähnlich.

**resemblance** [rɪ'sembləns] n
I cannot see any resemblance between Frederick and his brother Howard.

**Ähnlichkeit** f
Ich kann keine Ähnlichkeit zwischen Frederick und seinem Bruder Howard feststellen.

**different** ['dɪfrənt] adj
They have dealt with the same topic but from different points of view.

**verschieden**
Sie haben das gleiche Thema behandelt, aber unter verschiedenen Gesichtspunkten.

**difference** ['dɪfrəns] n
What is the fundamental difference between the Romanesque and Gothic style of architecture?

**Unterschied** m
Worin besteht der wesentliche Unterschied zwischen dem romanischen und dem gotischen Baustil?

**differ** ['dɪfə] v
The twins differ very much in character.

**sich unterscheiden**
Die Zwillinge unterscheiden sich sehr in ihrem Charakter.

**tell sth from sth** [tel] *v*
Surely you can tell a donkey from a horse?

**etw. von etw. unterscheiden**
Du wirst doch einen Esel von einem Pferd unterscheiden können?

**like** [laɪk] *prep*
Now you're speaking exactly like your mother.
A school like Eton places great importance on good family background and good behaviour of its pupils.

**wie**
Jetzt sprichst du genauso wie deine Mutter.
Eine Schule wie Eton legt großen Wert auf gute Herkunft und gutes Benehmen der Schüler.

**as ... as** [əz]
She is as pretty as her sister.
She does not eat as much as him.
I've just as much work as you.

**(eben)so ... wie**
Sie ist so hübsch wie ihre Schwester.
Sie isst nicht so viel wie er.
Ich habe genau so viel Arbeit wie du.

**... than** [ðən] *after comparatives*
She is older than me.
She has more imagination than her brother.
He is less talented than his sister.
I've made fewer mistakes than you.

**... als** *nach Komparativen*
Sie ist älter als ich.
Sie besitzt mehr Fantasie als ihr Bruder.

Er ist weniger begabt als seine Schwester.
Ich habe weniger Fehler gemacht als du.

**prefer** [prɪˈfɜː] *v*
She prefers drinking beer to wine.
I prefer going to the cinema than to the theatre.

**lieber, vorziehen**
Sie trinkt lieber Bier als Wein.
Ich gehe lieber ins Kino als ins Theater.

**would rather** [wəd ˈrɑːðə] *v*
I would rather read novels than poems.
She would rather die than ask him for help.

**lieber**
Ich lese lieber Romane als Gedichte.
Sie würde lieber sterben, als ihn um Hilfe zu bitten.

## ● Expression

**Like attracts like.**
What, you go to that club? But only riff-raff go there. Oh well, like attracts like.

**Gleich und gleich gesellt sich gern.**
Was, Du besuchst diesen Klub? Dort trifft sich doch nur Gesindel. Na ja, gleich und gleich gesellt sich gern.

# 29.9 Unterstreichen, hervorheben

**emphasize** ['emfəsaɪz] v
**underline** [ˌʌndə'laɪn] v
**stress** [stres] v

**unterstreichen, hervorheben, betonen**

He underlined/emphasized/stressed the idea of solidarity in his speech.
In seiner Rede hob er den Gedanken der Solidarität hervor.

The accident in the Montblanc tunnel emphasizes (underlines/stresses) the need to improve safety precautions.
Das Unglück im Montblanc-Tunnel unterstreicht die Notwendigkeit, die Sicherheitsvorkehrungen zu verbessern.

**put emphasis on sth** ['emfəsɪs]
**den Nachdruck auf etw. legen**
Education today puts emphasis on creativity, initiative and team spirit.
Die Pädagogik legt heute den Nachdruck auf Kreativität, Initiative und Teamgeist.

**insist on sth** [ɪn'sɪst] v
**auf etw. beharren, bestehen**
I don't want to insist on this point any longer.
Ich möchte nicht länger auf diesem Punkt beharren.

**place importance on sth** [ɪm'pɔːtns]
**auf etw. Wert legen**
My boss places great importance on punctuality.
Mein Chef legt großen Wert auf Pünktlichkeit.

# 29.10 Zeigen, zum Ausdruck bringen

**show** [ʃəʊ] v
**zeigen**
The photo shows wine-growers during the grape harvest.
Das Foto zeigt Winzer bei der Weinlese.

This deed shows his generosity.
Diese Tat zeigt seine Großmut.

**represent** [reprɪ'zent] v
**darstellen**
The picture represents a young farmer's wife.
Das Bild stellt eine junge Bäuerin dar.

**express** [ɪk'spres] v
**(sich) ausdrücken**
She is only three years old but is already very good at expressing herself.
Sie ist erst drei Jahre alt, drückt sich aber schon sehr gut aus.

This dream expresses her fears.
Dieser Traum bringt ihre Ängste zum Ausdruck.

**reveal** [rɪ'viːl] v
**enthüllen, verraten**
A slight tremble revealed her excitement.
Ein leichtes Zittern verriet ihre Erregung.

**prove** [pru:v] *v*
This idea proved to be brilliant.

**sich erweisen**
Diese Idee hat sich als genial erwiesen.

**mirror** ['mɪrə] *v*
His disappointment was mirrored in his face.
This book mirrors society life in that period.

**(sich) widerspiegeln**
Seine Enttäuschung spiegelte sich in seinem Gesicht wider.
Dieses Buch spiegelt das Gesellschaftsleben jener Zeit wider.

**mean** [mi:n] *v*
What does this sign mean?
She does not answer. What does this mean?

**bedeuten**
Was bedeutet dieses Schild?
Sie gibt keine Antwort. Was bedeutet das?

# 29.11  Die Ursache, der Grund

**cause** [kɔ:z] *n; v*
Do you know what the cause of her suicide was?
His unreliability caused us much trouble.

**Ursache** *f;* **verursachen**
Kennen Sie die Ursache ihres Selbstmordes?
Seine Unzuverlässigkeit hat uns viel Ärger verursacht.

**reason** ['ri:zn] *n*
You really have no reason to complain.

I don't know the reason why she did not accept the invitation.
For what reason was the meeting put off till next week?

**Grund** *m*
Du hast wirklich keinen Grund dich zu beklagen.
Ich kenne den Grund nicht, weshalb sie die Einladung nicht angenommen hat.
Aus welchem Grund wurde das Treffen auf nächste Woche verschoben?

**motive** ['məʊtɪv] *n*
I think the motive for this murder was pure greed.

**Motiv** *n*
Ich glaube, das Motiv für diesen Mord war reine Geldgier.

**be due to sth** [dju:]

The deficit is due to unforeseen expenses.

**von etw. herrühren, durch etw. verursacht sein**
Das Defizit rührt von unvorhergesehenen Ausgaben her.

**be founded on sth** ['faʊndɪd]

What are your suspicions founded on?
The strength of this currency is founded on a healthy economy.

**sich auf etw. gründen, auf etw. beruhen**
Worauf gründet sich dein Verdacht?
Die Stärke dieser Währung beruht auf einer gesunden Wirtschaft.

**provoke** [prə'vəʊk] v
The expulsion of Kosovon Albanians provoked a storm of protest throughout the world.

**provozieren, hervorrufen**
Die Vertreibung der Kosovo-Albaner rief in der ganzen Welt einen Proteststurm hervor.

**because** [bɪ'kɒz] conj
You're overweight because you eat too much. It's as simple as that.

**weil**
Du hast Übergewicht, weil du zu viel isst. So einfach ist das.

**as** [əz] conj
As he could not find any work, he emigrated to Australia.

**da**
Da er keine Arbeit finden konnte, wanderte er nach Australien aus.

**since** [sɪns] conj
Since tomorrow is Sunday we can have a lie-in.

**da, da ja**
Da morgen Sonntag ist, können wir ausschlafen.

**because of** [bɪ'kɒz] prep
**on account of** [ə'kaʊnt] prep
Because of a traffic hold-up we nearly missed the plane.
The open-air concert could not take place on account of the bad weather.

**wegen**
Wegen einer Verkehrsstockung hätten wir beinahe das Flugzeug verpasst.
Wegen des schlechten Wetters konnte das Open-air-Konzert nicht stattfinden.

# 29.12  Die Folge

**result** [rɪ'zʌlt] n
As a result of an accident the motorway was closed for two hours.
The bad harvest is a result of the hot, dry weather.
This result is not satisfactory.

**Folge** f, **Ergebnis** n
Als Folge eines Unfalls war die Autobahn für zwei Stunden gesperrt.
Die schlechte Ernte ist eine Folge des heißen, trockenen Wetters.
Dieses Ergebnis ist nicht zufriedenstellend.

**result in sth** [rɪ'zʌlt] v
This affair resulted in the relevant minister's resignation.

**etw. zur Folge haben**
Diese Affäre hatte den Rücktritt des zuständigen Ministers zur Folge.

**consequence** ['kɒnsɪkwəns] n
If you do that, you must also accept the consequences.

**Folge** f, **Konsequenz** f
Wenn du das tust, musst du auch die Folgen tragen.

**effect** [ɪ'fekt] n
This gas has negative effects on the ozone layer.

**Auswirkung** f
Dieses Gas hat negative Auswirkungen auf die Ozonschicht.

**it follows that** ['fɒləʊz]
Our expenses have increased, however our income has not. It follows that we must save.

**daraus folgt**
Unsere Ausgaben sind gestiegen, unser Einkommen jedoch nicht. Daraus folgt, dass wir sparen müssen.

**conclude** [kənˈkluːd] v
May I conclude from what you have just said that you agree with my suggestion?

**folgern, schließen**
Darf ich aus Ihren Worten schließen, dass Sie mit meinem Vorschlag einverstanden sind?

**so that** [səʊ ˈðət] conj
He spoke slowly so that everybody could understand him well.

**so dass**
Er sprach langsam, so dass ihn jeder gut verstehen konnte.

**therefore** [ˈðeəfɔː] adv
**so** [səʊ] adv
They share the same tastes and likings and therefore (so) they get on very well.

**deshalb, daher**
Sie haben den gleichen Geschmack und die gleichen Vorlieben, deshalb verstehen sie sich so gut.

# 29.13 Die Absicht, das Ziel, der Zweck

**plan** [plæn] n
What are your holiday plans for this year?
Unfortunately nothing came of my career plans.

**Plan** m, **Absicht** f
Was sind eure Ferienpläne für dieses Jahr?
Aus meinen beruflichen Plänen ist leider nichts geworden.

**plan** [plæn] v
He plans to give up his business in the coming year.
What have you planned for next weekend?

**planen, vorhaben**
Er plant, sein Geschäft im kommenden Jahr aufzugeben.
Was hast du am nächsten Wochenende vor?

**purpose** [ˈpɜːpəs] n
You definitely did that on purpose.

**Zweck** m, **Absicht** f
Du hast das sicher mit Absicht getan.

**intention** [ɪnˈtenʃn] n
The community bought the castle with the intention of turning it into a youth centre.
I went to see him with the intention of making up with him.

**Absicht** f
Die Gemeinde hat das Schloss mit der Absicht gekauft, dort ein Jugendzentrum einzurichten.
Ich suchte ihn mit der Absicht auf, mich mit ihm auszusöhnen.

**intend** [ɪnˈtend] *v*
I intend to go to America for a year after my A-levels.

**beabsichtigen, vorhaben**
Ich beabsichtige, nach dem Abitur für ein Jahr nach Amerika zu gehen.

**intentionally** [ɪnˈtenʃənəli] *adv*
Sorry. It was a mistake. I didn't do it intentionally.

**absichtlich**
Entschuldige. Es war ein Versehen. Ich habe es nicht absichtlich getan.

**goal** [gəʊl] *n*
**aim** [eɪm] *n*
**objective** [əbˈdʒektɪv] *n*
We must make an effort if we want to achieve our aim (our goal/our objective).
If you want to be successful, you must set yourself a goal (an objective).

**Ziel** *n*

Wir müssen uns anstrengen, wenn wir unser Ziel erreichen wollen.
Wenn du Erfolg haben möchtest, musst du dir ein Ziel setzen.

**be going to do sth** [gəʊɪŋ]
I'm going to look for a new job.

**beabsichtigen, werden**
Ich beabsichtige, mir eine neue Stelle zu suchen.

**in aid of** [eɪd]
The concert was organized in aid of cancer research.

**zu Gunsten**
Das Konzert wurde zu Gunsten der Krebsforschung veranstaltet.

**in favour of** [ˈfeɪvə]
He changed his will in favour of his youngest daughter.

**zu Gunsten**
Er hat sein Testament zu Gunsten seiner jüngsten Tochter geändert.

**at the expense of** [ɪkˈspens]
Mass production is often at the expense of quality.

**auf Kosten von**
Massenproduktion geht oft auf Kosten der Qualität.

# 29.14 Der Gegensatz

**contrast** [ˈkɒntrɑːst] *n*
In contrast to Great Britain, Germany does not possess any overseas territories.

**Kontrast** *m*, **Unterschied** *m*
Im Unterschied zu Großbritannien besitzt Deutschland keine überseeischen Gebiete.

**contrast with** [kənˈtrɑːst] *v*

The dark curtains contrast with the white furniture.

**einen Kontrast, einen Gegensatz bilden**

Die dunklen Vorhänge bilden einen Kontrast zu den weißen Möbeln.

**opposite** [ˈɒpəzɪt] *n*
He is the complete opposite of his sister.

**Gegenteil** *n*, **Gegensatz** *m*
Er ist ganz das Gegenteil von seiner Schwester.

It is said that opposites attract.
The opposite of *slim* is *fat*.

Man sagt, Gegensätze ziehen sich an.
Das Gegenteil von *schlank* ist *dick*.

**contradiction** [ˌkɒntrəˈdɪkʃn] *n*
What you're saying is full of
contradictions and has no sense
to it whatsoever.

**Widerspruch** *m*
Was du da sagst, ist voller Widersprüche
und macht überhaupt keinen Sinn.

**contradict** [ˌkɒntrəˈdɪkt] *v*
His words contradict his actions.

**widersprechen**
Seine Worte stehen im Widerspruch zu
seinen Handlungen.

**contrary to sth** [ˈkɒntrəri] *adj*
That is contrary to our agreement.

**gegen, entgegengesetzt**
Das ist gegen unsere Vereinbarungen.

**on the contrary** [ˈkɒntrəri]
The price does not appear to be too high
for me. On the contrary I find it very
reasonable.

**im Gegenteil**
Der Preis kommt mir nicht zu hoch vor.
Im Gegenteil, ich finde ihn sehr günstig.

**whereas** [weərˈæz] *conj*
He lives the high life, whereas his income
is very modest.
It is raining in the north, whereas it is
sunny in the south.

**während**
Er lebt auf großem Fuß, während seine
Einkünfte recht bescheiden sind.
Im Norden regnet es, während im Süden
die Sonne scheint.

**incompatible** [ˌɪnkəmˈpætəbl] *adj*
His love of luxury is incompatible with his
income.

**unvereinbar**
Sein Hang zum Luxus ist unvereinbar mit
seinem Einkommen.

# 29.15 Die Einschränkung, das Zugeständnis

**admit** [ədˈmɪt] *v*
**concede** [kənˈsiːd] *v*
I admit (I concede) that I made a mistake.
Just admit (concede) that I'm right.

**zugeben, eingestehen**
Ich gebe zu, einen Fehler gemacht zu haben.
Gib doch zu, dass ich Recht habe.

**concession** [kənˈseʃn] *n*
I'm not ready to make further concessions.

**Zugeständnis** *n*
Ich bin nicht bereit weitere
Zugeständnisse zu machen.

**reservations** [ˌrezəˈveɪʃnz] *n, pl*
I agree without having any reservations.
Do you have any reservations about his
honesty?

**Vorbehalt** *m*, **Bedenken** *Pl*
Ich stimme ohne Vorbehalt zu.
Haben Sie Bedenken bezüglich seiner
Ehrlichkeit?

**although** [ɔːl'ðəʊ] *conj*
Nobody believes me, although I only speak the truth.

**obgleich, obwohl**
Man glaubt mir nicht, obwohl ich nur die Wahrheit sage.

**but** [bət] *conj*
In America you can take your driving test at 16 years of age but here you must be 18 years of age.
I'm not ill but only tired.

**aber, sondern** (nach Verneinung)
In Amerika kann man den Führerschein mit 16 Jahren machen, bei uns aber erst mit 18.
Ich bin nicht krank, sondern nur müde.

**however** [haʊ'evə] *adv*
I don't like his pictures. However I recognize that he is a great painter.
– Are you coming?
– Yes. However I must still ask my parents' permission.

**jedoch, dennoch**
Seine Bilder gefallen mir nicht. Ich erkenne jedoch an, dass er ein großer Maler ist.
– Kommst du mit?
– Ja. Ich muss jedoch meine Eltern noch um Erlaubnis fragen.

**at least** [ət 'liːst] *adv*
He knows this area well. At least he claims he does.

**wenigstens, zumindest**
Er kennt sich auf diesem Gebiet aus. Das behauptet er wenigstens.

**in any case** [ɪn ˌeni 'keɪs]
In any case you can't put the blame on me.

In any case I'll call you this evening.

**auf jeden Fall, jedenfalls**
Auf jeden Fall kannst du mir nicht die Schuld geben.
Ich rufe dich auf jeden Fall heute Abend an.

**in spite of** [ɪn spaɪt]
In spite of his good intentions he has not changed.

**trotz**
Trotz seiner guten Vorsätze hat er sich nicht geändert.

# 29.16 Die Bedingung, die Voraussetzung

**condition** [kən'dɪʃn] *n*
I will only agree under these conditions.

I'm doing the shopping for you, on condition that you give me your car.

He imposed conditions which I could not meet.

**Bedingung** *f*, **Voraussetzung** *f*
Ich bin nur unter diesen Bedingungen einverstanden.
Ich mache die Besorgung für dich, unter der Voraussetzung, dass du mir dein Auto gibst.
Er stellte Bedingungen, die ich nicht erfüllen konnte.

**suppose** [sə'pəʊz] *v*
Suppose you had lots of money. Which car would you buy?

**annehmen**
Angenommen, du hättest viel Geld. Welches Auto würdest du dir kaufen?

**if** [ɪf] *conj*
If it rains we'll stay at home.
If he was not so lazy he could be very
successful.

**wenn**
Wenn es regnet, bleiben wir zu Hause.
Wenn er nicht so faul wäre, könnte er
sehr erfolgreich sein.

**in that case** [ɪn ˈðæt keɪs]
In that case I must consider it for a
second time.

**in diesem Fall**
In diesem Fall muss ich mir das noch
einmal überlegen.

**unless** [ʌnˈles] *conj*
I'm not talking to you any more unless
you apologize.

**wenn ... nicht, es sei denn**
Wenn du dich nicht entschuldigst, rede ich
nicht mehr mit dir.

**provided that** [prəˈvaɪdɪd] *conj*
I'm going to buy myself a car provided that
I pass my driving test.

**vorausgesetzt, dass**
Ich kaufe mir ein Auto, vorausgesetzt, ich
bestehe die Fahrprüfung.

# 29.17  Mit Hilfe von

**with the help of** [help]
This complicated sum can be done very
quickly with the help of an electronic
calculator.

**mit Hilfe von**
Mit Hilfe eines elektronischen Rechners
kann diese komplizierte Rechnung sehr
schnell gemacht werden.

**through** [θruː] *prep*
She got the au-pair job through an agency.

**durch Vermittlung; über**
Sie bekam die Aupairstelle durch die
Vermittlung einer Agentur.

**thanks to** [θæŋks]
Thanks to your help I managed it.

**dank**
Dank deiner Hilfe habe ich es geschafft.

# Alphabetisches Inhaltsverzeichnis

# Alphabetisches Verzeichnis der Stichwörter

ballerina 292
ballet 292
ballot paper 319
ballpoint 235
Baltic Sea 219
ban 23
banana 115
band 292
bandage 69
bank 273, savings ~ 273, river ~ 217
bankrupt 258
bankruptcy 258
banner 321
baptism 134
bar 101
bark 203
barley 266
barn 265
barometer 193
barracks 323
barrio 347
basement 87
basic 34, know the ~s 34
basically 370
basin 216, wash-~78
basket 104
basketball 153
bath 77, ~tub 78
bathroom 89, 678
battery 97
battle 324
BE 352, 353
be 375, ~ in/out 90, ~ on at 296
beak 206
beam 101
bean, green ~ 115
bear 204
beat 151
beautician 78
beauty 29
because 383, ~ of 383
bed 91, 147, stay in ~ 67, make the ~ 93, ~ linen 95, ~ and breakfast 130
bedroom 89
bee 205
beech 209

beef 114
beer 104, 113
beggar 54
beginning, at the ~ of 199, in the ~ 371
behave 38
behaviour 38, 50
behind 4, 373
belief 300
believe 300
bell 89, 164, 302, ring the ~ 234, ~-tower 302
belly 4
belt 82, 216
bend 158
benefit, social security etc. ~ 254
berth 171
beside 374, ~s 371
Bible 300
bicycle 164, ~ helmet 164
bike 164, mountain ~ 164
bikini 82
bilberry 115
bill 118, 273, 313
Bill, ~ of Rights 343
billion 179
biography 294
biology 235, 241
birch 209
bird 204
biro 235
birth 26, 282, ~ rate 60, ~ control 61, give ~ to a baby 64
birthday 134, happy ~ 134
biscuit 114
bishop 301
bitch 204
bite 203
bitter 113
black 214, 337, 347
Black Forest 219
blackberry 115
blackbird 205
blackboard, ~ duster 235
blackcurrant 115
blackmail 336
bladder 6

blame 41, put the ~ on 41
blanket 95
bleed 69
blender 94
bless 301
blind 9, 89
blister 70
blizzard 192
block, ~ of flats 87
blockade, sit-down ~ 320
blond(e) 29
blood 6, 69, ~- pressure 69
blossom 52, 210
blotting paper 236
blouse 81
blow 192, ~-dry 78
blue 213, light/dark ~ 213
boar 206
board 101, full/half ~ 131, notice~ 138, on ~ 173
boat 174, sailing/rowing ~ 175
bobby 333
bobsleigh 153
body 237, part of the ~ 3, dead ~ 75
bodywork 166
boil 107
bold type 283
bomb, atom ~ 323
bomber 323
bone 6
bonnet 166
book 118, 129, 293, ~ shop 103, cookery/recipe ~ 107, reference ~ 294
booking 129, make/cancel a ~ 129
bookkeeper 247
boom 259
boost 260
boot 82, 166
border 128, natural ~ 218
boring 40
born 26
borrow 123, 272
boss 257
botany 241
bother 20, 39

crossroads 158
crow 205
crowd 2
crucifix 302
cruel 40
cruelty 40
cruise 168, 176
cruiser 323
crusade 303
cube 182
cucumber 115
cul-de-sac 158
cultivate 266
cultivation 266
Cultural Affairs 313
culture 222, 282
cup 94, ~ of coffee 113,
    plastic ~ 212
cupboard 91
cure 73
curiosity 36
curious 36
currency 274, single ~ 354
current 96
currently 374
curriculum vitae 28
curry powder 109
curtain 91
curve 182
custom 55, ~s 128, ~s officer/
    official 128
customer 104
cut 78, 99, 260, ~ back the
    tree etc. 148
cutlery 94
CV 28
cycling 152
cyclist 164
cylinder 182
cynical 39

**D**
daffodil 210
dagger 321
daily 200, ~ paper 280
dairy, ~ product 114
daisy 210, ex-eye ~ 210
damage 177, 226
damp 189, 218

dance 135, 292
dancer 292
dandelion 210
Danish pastry 114
dark 9, 29, 88, ~ blue 213
darkness 8
darn 83
darts 146
dashboard 167
data, statistical ~ 186
date 197, have a ~ 121, ~
    from/back to 223
daughter 63, ~-in-law 63
dawn 190
day 200, next ~/the ~ before
    etc. 200
dazzle 9
DC 344
dead 75, ~ body 75
deaf 10, ~ and dumb 10
deal 256, ~ in 261, ~ with
    361
dealer, drug ~ 341
death 75, 282, ~ penalty 330
debate 367
debts 273
deceased 75
December 199
decent 40
decide 20
decision 20
deck 175
declare 128
decline 224
decor, ~ and costumes 297
decrease 60, 186
deep 9, 183
deer 206
defeat 151, 325
defence 312, 316, 329
defend 324, 329
defendant 329
definitely 370
degree 185, 193, 241
dejected 17
dejection 17
delayed 173
delicatessen 104
delicious 112

delinquency, juvenile ~ 334
deliver 139, 262
delivery 262
demand 20, 253, ~ too much
    of 59
demo 319
democracy 314, Parliamenta-
    ry ~ 349
democratic 314, 315
demography 59
demonstration 319
demonstrator 320
demontrate 320
denim 83
densely 60
density 60
dentist 72
deny 332
depart 171
department 240, ~ store 103,
    clothing etc. ~ 103, outpa-
    tients' ~ 73
departure 171, 172
dependency 312
dependent 44
deploy 325
deployment 325
deport 339
deportation 340
deposit 273
depressed 17
depression 17, 260
depth 184
descend 218
describe 362
description 362
descriptive 364
desert 217
design 182, 288
desk 91, 137, 235, cash ~
    105, teacher's ~ 235
despair 17, 18, 50
despairing 17
desperate 17
desperation 17
despise 43
dessert 118
destination 131
detached 86

400

duvet 95, ~ cover 95
dye 214

**E**

e.g. 367
eagle 205
ear 3
early 197, 375,
earn 251, 271
earring 85
earth 216, ~'s surface 216
earthquake 218
ease, at ~ 16
east 217, the ~ 219, Middle/
  Far ~ 219, ~ India Company 351
Easter 135
Eastern 223
eat 112, ~ out 117
ECG 72
eclipse, solar/lunar ~ 202
ecological 225
ecology 225
economic 259, 316, ~al 272,
  ~s 242
economy 259, 282, market
  etc. ~ 259
editing 298
edition 280
editor 280
editorial 281
educate 34, ~ed 34
education 34, 313, all-round
  ~ 34, physical/religious ~
  235, adult ~ centre 246,
  further ~ 246
effect 383, put into ~ 306
effluent 228
effort 20
egalitarian 346
egg 114, lay ~s 206
either 372
elbow 4
elderly, the ~ 1, ~ people 1
elect 318
election 317
electoral 318
electric(al) 96, ~ appliance
  96, ~ goods shop 103

electrician 248
electricity 96, 269, generation
  of ~ 269
electronics, ~ industry 263
elegant 80
element 211
elephant 204
eligible, ~ to vote 318
elite 54
e-mail 144
emancipated 57
emancipation 57
embark 176
embassador 313
embassy 313
emerald 85
emerge 304
emigrant 338
emigrate 338
emigration 337
emit 227
emotion 15, conflicting ~s 16
emotional 16
emperor 314
emphasis 381
emphasize 381
empire 314, publishing ~ 284
employ 250
enclosed 139
encounter 49, close ~ of the
  third kind 309
end 364, at the ~ of 199, in
  the ~ 371
enemy 324
energy 31, 316, 269, ~ resources 269, nuclear/solar
  ~ 270
engaged 62, 142
engagement 62
engine 166, turn the ~ off 167
engineer 243, 245, 248
engineering 243
England 311
English, ~ Channel 219, varieties of ~ 352,
engraving 288
enjoy 112
Enlightenment 222
enter 90

entertaining 40, 126
entertainment, ~ industry
  263
enthusiasm 33
entrance, main ~ 302
entry 159
envelope 139
envious 40
environment 55, 225, 312
environmental 225
environmentalist 230
envy 40
epic 294
episode 278, 363
epoch 223
equal, ~ to men 58
equality, ~ between man and
  woman etc. 58
equation 181
equator 219
equilibrium 225
equip 91
equipment, photographic ~
  149, sports ~ 150
eraser 236
escalope 114
escape 333
essay 237
establish 263, ~ oneself 257,
  ~ed order 55
Establishment 55
estate, ~ agent 87, housing ~
  87
estranged 44
estuary 217
eternal 194
eternity 194
ethnic, ~ minority 337, ~
  group 345, ~ neighbour-
  hood 346
EU 354
Europe 219
European, ~ Union/flag/coun-
  cil 354, Council of the ~
  Union 354, ~ Commis-
  sion/Parliament/Central
  Bank/Court of Justic/
  Court of Auditors 355
even 179

## J

jacket 81
jam, traffic ~ 159
January 198
javelin 153
jazz 290
jealous 39
jealousy 39
jeans 81
jet 173
jeweller 84
jewellery 84
jewels 85
Jewish 300
job 246, ~ opportunities 58, ~ centre 247, ~ cuts 251
jobless 250
jogging 152
joint 5, 54
joke 125
joker 126
joking 126
journalist 245, 280
journey 128, 162
Judaism 300
judge 328
judgement 367
judicial 315
Judiciary 328
July 199
jump 153, long/high ~ 153
June 199
just 327
justice 312, 327
juvenile, ~ delinquency 334

## K

keep, ~ an eye on sb 65, ~ on 80
ketchup 109
kettle 94
keyboard 137
kick 10
kidnapping 335
kidney 6, 67
kill 336
kilogram 185
kilometer 185, ~ counter 167

kind 40, 203, ~-hearted 30
kindness 40
king 314, 349
kingdom 314
kiosk 104
kit, repair ~ 165
kitchen 89, 94
kitten 203
knee 5
knickers 82
knife 94
knocked, ~ down 178
know 34, get to ~ 132
knowledge 34, basic ~ 34
knowledgeable 34

## L

laboratory 243, language ~ 234
labour 249
lace 82
lack 32
lacking 32
lake 217, ~ District 127
lamb 204
lamp 96
land 173, 216
landlady 87
landlord 87, 117
lane 158, move into the right/left lane 168
language 241, 357, ~ laboratory 234, foreign ~ 235, universal ~ 352, formal/standard/informal (colloquial)/vulgar ~ 357, abstract etc. ~ 364
lark 205
last 180, 194, 223
late 197, 375, ~ly 375
laugh 125
laughter 125
laundry 95
law 327, pass a ~ 314
lawn 147, ~ mower 147
lawyer 327
layout 283
lazy 32
lazyness 32

lead 47, ~ a happye etc. life 54
leader 281
leaf 210
leaflet 286
leak 228
learn 51, 236, 361
least, at ~ 387
leather 83
leave 90
lecture 240
lecturer 240
leek 115
left, turn ~ 159, on the ~ 373
left-luggage, ~ office/locker 171
left-wing, ~ paper 280
leg 5
legal 327
legislation 313
legislative 315
leisure, ~ time/activity 145
leisurewear 81
lemon 115
lend 123, 272
length 184
Leo 310
leopard 204
lesson 234, be a ~ to 51
let 22, ~ (out) 88
letter 138, 358, ~s to the editor 282
lettuce 115
level 378
libel 305
liberty 22
Libra 310
library 157
licence, driving ~ 163
lie 217, 305
lieutenent 322
life, outlook on ~ 45, philosophy of ~ 45, way of ~ 50, 54, lead a ... ~ 54, quality of ~ 230, ~ expectancy 60, 342
lifestyle 54
lift 89, give sb a ~ 166

408

light 8, 88, 96, 113, 185, 340, ~ blue 213, traffic ~s 159
lighter 340
lighthouse 175
lighting 96, 192, 298
like 30, 43, 112, 380, I would ~ 21, 105, ~ doing 145
liking, take a ~ to 122
lilac 209
lily 210, ~ of the valley 210
limbs 4
limestone 212
lime-tree 209
limit 23
line 362, The ~ is engaged/busy. 142, straight ~ 182
linen 83
lining 83
link 218
lion 204
lip 3
lipstick 78
liqueur 341
liquid 211
listen 9, 290
listener 279
literary, ~ genre etc. 293, 365, ~ period 365
literature 241, 293
lithograph 288
litre 185
live 87, 156, ~ in Glasgow etc. 87, ~ on 111
lively 30
liver 6, 67
lizard 206
load 321
loan 272
lobster 205
local 156, 312, ~ government 156, ~ programme 278, ~ paper 280, ~ section 282, ~ authority 350
located 217
lock 90, 217
loft 89
logic 14, ~al 14
London 127, Greater ~ 155
lonely 16

loner 54
long 29, 183
loo 89
look 8, 28, take a (close) ~ at 8, ~ forward 18, ~ after sb 65, ~ up 294
loose, ~ connection 97
loot 335
lorry 101, 165
lose 18, 31, 151, ~ consciousness 70
loser 54, 346
loss 258, be at a ~ 50
loudspeaker 291
louse 205
love 16, 43, ~ freedom etc. 41, be in/fall in ~ with 43, send o's ~ 140
luck 52
lucky 52
luggage 171, ~ trolley 172
lunch 111
lung(s) 6

**M**
M.A. 241
m.p.h., at 60 ~ 165
M.Sc. 241
machine, sewing ~ 83, washing ~ 95, vending ~ 104, stamp ~ 139, answering/fax ~ 143, cash ~ 273, cigarette ~ 340, ~-gun 321
mad 122
magazine 280
magic 308, ~al 308
magician 308
magpie 205
mainland 216
maize 266
major 323
majority 313, ~ system 318
make 82, 107, ~ sb do sth 24, ~ it 51, ~ a film 298, ~-up 78
male 203
malfunction 243
mammal 204
man 1

management 257
manager 257
mankind 1
manner 29
manufacture 264, ~r 264
manure 267
map 216, street ~ 157, underground/road ~ 161
maple 209
marble 212
March 199
margarine 114
marina 175
maritime 175
mark 224, 237, leave its/their ~ on 49
market 104, 261, ~ research 187, ~ economy 259, single ~ 354, ~-place 157
Marks and Spencer 104
marriage 62, 282
married 27, 62, get ~ 62
marry 62
marsh 217
Martian 309
mask 135
Mass 301
masses, the ~ 2
match 104, 151, 340
material 82, 211, raw ~ 211
maternity, ~ ward 73, ~ benefit 254
mathematics 235
May 199
maybe 370
mayonnaise 109
mayor 156
meadow 267
meal 107, go out for a ~ 117, one-course/set ~ 117
mean 14, 32, 40, 358, 368, 382
meaning 14, ~ of life 52
meanness 33
measure 183, tape ~ 183
meat 114, cold ~s 115
mechanic 248, motor ~ 169
medicine 72

414

simplicity 32, 33
since 377, 383
sincere 40
sincerity 40
sing 203, 290
singer 290
single 27, 62, ~ person 54, ~-storey 86, ~ market/currency 354
sink 94, 176
sister 63, ~-in-law 63
site, building ~ 101
sit-in 320
situated 217
situation 49
size 80
ski jumping 153
skiing 152, ~ goggles 82, downhill etc. ~ 153
skilful 35
skill 35
skilled 35, ~ worker 249
skin 6
skirt 81
skull 6
sky 189, starry ~ 202
slang 357
sledging 153
sleeping, ~ car 171
sleeve 83
slick, oil ~ 228
slide 150
slim 29
slip road 159
slogan 285, 321
slow 196, ~ down 168, ~ly 165
smart 81
smell 10
smile 125
smog 228
smoker 340
smoking 340, ~ compartment 171
snack 111, ~ bar 117
snail 206
snake 206
snow 191
snowflake 191

so 384, ~ that 384
soap 78, ~ opera 278
soar 186
sober 341
sociable 41
social 39, 53, ~ mobility etc. 53, ~ climber 54, ~ studies 235, ~ science 242, ~ security 253, ~ security benefit 254, ~ worker 255
socialist 314
society 53, affluent etc. ~53, on the fringes of ~ 56, multicultural/multiracial ~ 346
sociology 242
sock 82
socket 97
sofa 91
soil 267
solar, ~ eclipse/system 202, ~ energy 270
solder 100
soldier 322
sole 205
solid 211
solitary 54
solitude 41
soloist 292
solution 48
son 63, ~-in-law 63
song 290, pop ~ 290
soon, as ~ as 377
sorcerer 308
sorcery 308
sore 68, ~ throat 68
sorrow 17
sort, ~ sth out 37
soul 14
sound 9, ~ track 298
soup 117, ~ bowl 94
source 217, 283, ~ of a river 217
south 217
souvenir 132
sow 148, 267
spa, ~ resort 131
space, outer ~ 244, ~ industry 263

spacecraft 243
spacious 88
spade 148
spaghetti 114
Spain 127
Spanglish 348
spanner 98
sparrow 205
sparsely 60
speak 357
speciality 107
specialize 246
species 203
speculate 275
speculation 275
speech 359, direct/indirect/reported ~ 359
speed, ~ limit 163
speedometer 167
spell 358
spelling 358
spend 130, 271
sphere 182
spice 109
spicy 113
spider 205
spill, oil ~ 228
spine 6
spirit 308, ~s 341
spite, in ~ of 387
split, ~ up with 63
spoke 164
sponge 235
sponsor 274
spoon 94
sport 151, 235, 282, ~s jacket 81, ~s shop 103, do ~ 150, ~s field etc. 150, ~s hall 234, ~s programme 278
sporting, ~ event 150
sportsman 150
sportswear 81
sporty 151
spotted 83
sprain, ~ o's ankle 70
spring 153, 200
sprocket 164
spruce 209
square 157, 182, 183, 238